Arno Lustiger

Schalom Libertad!

Arno Lustiger

Schalom Libertad!

Juden im spanischen Bürgerkrieg

athenäum

CIP-Titelaufnahme der Deutschen Bibliothek

Lustiger, Arno:
Schalom Libertad!: Juden im spanischen Bürgerkrieg /
Arno Lustiger. – Frankfurt am Main: Athenäum, 1989
ISBN 3-610-08529-0

Umschlaggestaltung: Karl Gerstner, Basel.
Umschlagfoto: Robert Capa. Abschiedszeremonie für die Freiwilligen der Internationalen Brigaden am 25. Oktober 1938 in der Nähe von Barcelona – © Cornell Capa, New York
Die im Buch abgebildeten Fotos sind im Besitz von Arno Lustiger, Frankfurt am Main.
Satzerfassung: Uwe Blank, Gomaringen
Satzverarbeitung: Verlag politisches Archiv GmbH, 8300 Landshut
Druck und Bindung: Uhl GmbH & Co., Radolfzell
Printed in West-Germany
ISBN 3-610-08529-0

Inhaltsverzeichnis

Danksagung

Ohne die tatkräftige Hilfe vieler Menschen wäre es nicht möglich gewesen, dieses Buch zu schreiben. Ihnen allen schulde ich Dank für die Unterstützung, die Aufmunterung und den Enthusiasmus für dieses Buchprojekt.

Henri Szulevic (Largo), Nizza, hat mich als erster in die unbekannte Welt der jüdischen Spanienkämpfer eingeführt und mich seitdem in jeder möglichen Weise unterstützt. Mimi Sterenzi, Raanana/Israel, Widerstandskämpferin und Witwe eines Spanienkämpfers, begleitete das Projekt mit großer Ausdauer und Begeisterung. Dr. Gabriel Ersler, Paris, der sich mit der Geschichte des Bürgerkrieges beschäftigt, verdanke ich viele wichtige Quellen und Hinweise. Schyka Garber, Tel Aviv, Spanienkämpfer und Freiwilliger in der Jüdischen Brigade im Zweiten Weltkrieg, verdanke ich viele Verbindungen zu palästinensischen (jüdischen) Spanienkämpfern. Ted Schneider, New York, öffnete mir die Türen zu amerikanischen Quellen. Prof. Albert Prago, New York, war mein Partner bei der Organisation des internationalen Treffens jüdischer Spanienkämpfer in Madrid im Oktober 1986. Santiago Alvarez, Politkommissar des V. Armeekorps der republikanischen Armee und Politbüromitglied der spanischen KP, ließ mich die Dankbarkeit und Solidarität des spanischen Volkes mit den jüdischen Verteidigern der Republik fühlen und gab mir viel Mut und Aufmunterung für dieses Buch. Victor Berch, Chef-Bibliothekar der Brandeis University, Waltham, Mass. USA, der das Zentralarchiv der amerikanischen Spanienkämpfer betreut, war mein Gastgeber im Campus der Universität. Benjamin Lubelski, Autor, Slavistik-Bibliothekar der Hebräischen Universität und Vorsitzender des Verbandes der israelischen Spanienkämpfer, verdanke ich wichtige Hinweise auf osteuropäische Quellen. Bernard Libermann, Brüssel, Widerstandskämpfer und Organisator der jüdischen Spanienhilfe in Belgien und des Treffens jüdischer Spanienkämpfer in Brüssel im Jahre 1986, hat mir wichtige Quellen über die jüdischen Freiwilligen aus Belgien erschlossen. Patrick von zur Mühlen, Bonn, verdanke ich viele wichtige, mir sonst unzugängliche Dokumente aus den spanischen Archiven.

David Goldberg, Paris, Vorsitzender des Verbandes jüdischer Spanienkämpfer in Frankreich, Ilex Beller, Spanienkämpfer und Vorsitzender des Verbandes jüdischer Kriegsveteranen und Résistancekämpfer AMILAR, sowie Rick

Schiffer, Vorsitzender des Verbandes jüdischer Résistancekämpfer in Belgien, machten mich mit mehreren Kampfgenossen bekannt. Primo Levi, mein Schicksalsgenosse aus Auschwitz, gab mir wenige Tage vor seinem Freitod wichtige Hinweise über Vittorio Vidali. Ich danke auch Bill Alexander, London, dem Vorsitzenden des Verbandes britischer Freiwilliger, Livia Alon, der Chefarchivarin des Lavon Institutes in Tel Aviv, Dina Abramovicz vom Yivo Institut, New York, Hans Landauer vom Archiv des österreichischen Widerstandes, Wien, Rudi van Dorselaer vom Centre de la Histoire de Seconde Guerre Mondiale, Brüssel, Prof. Konrad Kwiet, Prof. Guy Stern, Detroit, Prof. Diethart Kerbs, Berlin, Dolores Ibarruri – La Pasionaria, die ich zweimal sehen durfte, General Alexandr Ossipenko, dem Vorsitzenden der Spaniensektion des sowjetischen Kriegsveteranen-Verbandes, und Dr. Lavoslav Kadelburg, dem Vorsitzenden der Föderation jüdischer Gemeinden in Jugoslawien, Belgrad.

Einigen Freunden kann ich meinen Dank nicht mehr abstatten, weil sie inzwischen leider verstorben sind: Paulinka Pintchuk, Jakob Lurie und Schlome Szleyen, der seine Gesundheit in Francos Lagern ruiniert hat, aus Tel Aviv, Józef Krakowski aus Frankfurt und Dr. Jacques Grunblatt in Mexiko. Auch denjenigen Personen, die aufgrund ihrer Erfahrungen in Zuchthäusern, Konzentrationslagern und Gulags in diesem »Jahrhundert der Wölfe« ausdrücklich anonym bleiben wollten, darf ich trotzdem herzlich danken.

Vor allem danke ich den Interviewpartnern, die nach Jahrzehnten des Schweigens aufgrund bitterer Erfahrungen mir Vertrauen schenkten und mir über ihr Leben erzählten. Besonderen Dank schulde ich Eva und Dr. Bernhard Littwak, die meine ersten Interviewpartner waren und seitdem zu meinen liebsten Freunden zählen. Den beiden überlebenden Kommandanten der jüdischen Einheit »Botwin«, Emanuel Mink und Alter Szerman, mit denen ich bei allen Treffen jüdischer Spanienkämpfer in Madrid, Tel Aviv, Brüssel und Paris zusammenkam, schulde ich Dank und tiefempfundenen Respekt.

Ihnen allen, den gefallenen und überlebenden Helden des jüdischen Widerstandes in Spanien, in der Résistance, in den Lagern und Partisaneneinheiten, dem unbekannten jüdischen Soldaten, widme ich dieses Buch.

Frankfurt, im März 1989 *Arno Lustiger*

Statt eines Vorwortes

Während der Recherchen für dieses Buch wurde ich von unzähligen Gesprächs- und Interviewpartnern, Archivaren und Angehörigen von Interbrigadisten gefragt, wie ich zu dem Vorhaben gekommen sei, ein Buch über jüdische Spanienkämpfer zu schreiben. Einigen erklärte ich die Gründe in ein paar Worten, die anderen vertröstete ich mit dem Hinweis, daß ich dies im Buch schildern werde. Dieses Versprechen möchte ich nun einlösen.

Als der Bürgerkrieg ausbrach, war ich zwölf Jahre alt und bestand gerade die Aufnahmeprüfung ins jüdische Fürstenberg-Gymnasium in Bendzin, einer zu achtzig Prozent von Juden bewohnten Stadt im polnisch-oberschlesischen Kohlebecken Zaglembie. Ich war gleichzeitig Mitglied einer zionistischen und einer bundistischen Jugendorganisation. Julek, Zygmunt, Basia und ich waren die einzigen Gymnasiasten der Kinderorganisation des Bundes SKIF (»Sozialistischer Kinder Farband«). Alle anderen waren jiddisch sprechende Proletarierkinder. Wir Kinder wußten damals schon, daß es sich in Spanien nicht um einen beschränkten Konflikt in einem fernen Land handelte, sondern um das Schicksal der Welt. Mein Freund und Klassenkamerad Lutek war Mitglied der illegalen kommunistischen Jugendorganisation KZMP und transportierte als Kurier Geld und Dokumente für Spanien-Freiwillige an die tschechische Grenze. Während des Krieges landete er im Gulag in Sibirien.

Wir alle verfolgten den Kriegsverlauf in Spanien. Die Ortsnamen Guadalajara und Teruel waren uns so vertraut wie Warschau und Lodsch, Tel Aviv, Haifa und Leningrad. Aus unserem Industriegebiet, wo es eine gut organisierte Arbeiterschaft gab, meldeten sich viele polnische und jüdische Freiwillige nach Spanien. Ausgebürgert wurde, wer als Spanienkämpfer bekannt geworden war.

Die Niederlage der Republik und der Triumph des Faschismus in Europa waren das Signal für Hitler, Polen zu überfallen und damit den Weltkrieg zu entfesseln. Dessen Opfer sowie den Mord an sechs Millionen Juden halte ich für eine direkte Folge der unsäglichen Dummheit und Ängstlichkeit der westlichen Politiker, die Spanien den Faschisten durch ihre Nichteinmischungs- und Beschwichtigungspolitik ausgeliefert hatten.

Dies wäre Grund genug, sich mit dem Bürgerkrieg in Spanien zu beschäftigen. Der Zufall wollte aber, daß ich im Laufe meines Lebens mehrere Begegnungen hatte, die dieses Interesse für Spanien noch verstärkten und in eine bestimmte Bahn lenkten. Im Konzentrationslager Auschwitz-Blechhammer lernte ich einen Mithäftling kennen, der sich Bruno Schwarz nannte. Er stammte aus Deutschland, emigrierte 1933 über Belgien nach Palästina und kam 1937 zur Weltausstellung nach Paris. Von dort ging er als Freiwilliger nach Spanien. Er wurde später in Gurs interniert und konnte nach Paris flüchten. Während des Krieges kämpfte er in der Résistance und ging dann ins unbesetzte Südfrankreich. Als ihn die Gestapo in die Fahndungsliste aufgenommen hatte, flüchtete er nach Nizza, das italienisch besetzt war. Nach dem Badoglio-Putsch überrannte die Wehrmacht alle italienisch besetzten Gebiete, und auch Nizza wurde deutsches Besatzungsgebiet. Bruno wurde bei einer Straßenrazzia aufgegriffen und ins Konzentrationslager gebracht. Ich war der einzige, der von seiner Eigenschaft als Spanienkämpfer wußte. Wir lebten in der gleichen Baracke und arbeiteten im gleichen Kommando im Werk. Viele Tage und Abende erzählte mir Bruno von seinen Kämpfen und von seinen Kameraden in den Brigaden. Von ihm erfuhr ich zum ersten Mal, daß es im spanischen Bürgerkrieg außerordentlich viele Juden gab, deren Zahl in keinem Verhältnis zu ihrem Bevölkerungsanteil stand. Während des Todesmarsches von Auschwitz-Blechhammer ins Konzentrationslager Groß Rosen im Januar 1945 erkrankte Bruno an Durchfall. Er konnte kaum gehen, und ich stützte ihn mehrere Tage beim Marschieren. Aber bald war auch ich fast am Ende. Nach einer Pause fand ich ihn nicht wieder. Er ist mit Sicherheit erschossen worden. Das war das Schicksal aller, die nicht marschieren konnten.

Nach dem Kriege lebte ich als Verschleppter im DP-Lager Frankfurt-Zeilsheim. Dort traf ich Chaim, jüdischer Spanienkämpfer aus Litauen. Während des Krieges kämpfte er als Offizier in der Roten Armee. Im Dezember 1945 kam er als sowjetischer Besatzungsoffizier nach Berlin. Er meldete sich als Zivilist im jüdischen DP-Lager in Berlin-Schlachtensee und ging von dort nach Zeilsheim, wo ich ihn kennenlernte. Wir wurden Freunde, und auch von ihm hörte ich viel über die jüdischen Helden in Spanien. Chaim meldete sich im Mai 1948 im Rekrutierungsbüro der Hagana im DP-Lager Zeilsheim »Gijus« als Freiwilliger beim gerade tobenden Unabhängigkeitskrieg des jungen Staates Israel. Wenige Tage nach seinem Eintreffen fiel er in der von Ben Gurion befohlenen Schlacht vor Kastel bei Jerusalem.

1982 flog ich von Tel Aviv nach Paris, wo ich meine Verwandten besuchen wollte. Im Flugzeug saß ich zufällig neben einem Juden aus Paris. Es war Henri Szulevic (Largo), ebenfalls ein jüdischer Spanienkämpfer. Vier Stunden lang ließ ich mir von Largo seine Lebensgeschichte erzählen. Da mir das nicht genügte, vertagte ich den Verwandtenbesuch und verbrachte die nächsten zwei Tage in seiner Wohnung, wo er mir weiter über die damaligen Ereignisse in Spanien berichtete. In Paris faßte ich den Entschluß, dieses Buch zu schreiben.

Je mehr ich mich in die Standardwerke und die Sekundärliteratur über den Bürgerkrieg vertiefte, desto stärker wurde meine Überzeugung, daß die Rolle der jüdischen Spanienkämpfer von der Geschichtsschreibung überhaupt nicht gewürdigt wurde. Ich fing an, Materialien zu sammeln, ohne mir ein Zeitlimit zu setzen.

Im Juni 1984 erlitt ich in Jerusalem einen Herzinfarkt. Als ich auf der Intensivstation um mein Leben rang, dachte ich an die vergessenen jüdischen Kämpfer von Spanien, deren Geschichte niemand schreiben würde, wenn ich nicht überleben sollte. Ich schwor mir, das Buch zu schreiben.

Ich mußte zwei Monate in Israel bleiben, da ich vorher nicht fliegen durfte. Ich benutzte diese Zeit für Interviews mit israelischen Spanienkämpfern und für Recherchen im Zentralarchiv der Gewerkschaft Histadrut im Lavon-Institut. In mehreren Gesprächen mit dem Präsidenten des Instituts, Jeruham Meschel, der früher Generalsekretär des israelischen Gewerkschaftsbundes war, überzeugte ich diesen, daß es an der Zeit sei, der negativen oder gleichgültigen Haltung der israelischen Öffentlichkeit gegenüber den jüdischen Spanienkämpfern entgegenzutreten und ihnen die zustehende Anerkennung und Ehre zu bezeugen. Meine Gespräche hatten Erfolg, und die Anregungen fielen auf fruchtbaren Boden, denn ich wurde darin von der spanisch sprechenden Direktorin des Archivs, Livia Alon, tatkräftig unterstützt. Das Lavon-Institut organisierte eine würdige Veranstaltung im September 1986 in Tel Aviv, bei der der Staatspräsident Chaim Herzog die Hauptrede hielt. Der Anlaß war der 50. Jahrestag der Gründung der Internationalen Brigaden. Zu dieser Veranstaltung, an der ich als Ehrengast teilnehmen durfte, kamen Delegationen jüdischer Spanienkämpfer aus mehreren Ländern.

Hoffentlich wird dieses Buch die jüdischen Spanienkämpfer, ihre Kämpfe und Opfer dem Vergessen entreißen.

Die Spanienfront

Emblem der Internationalen Brigaden

Die Vorgeschichte des spanischen Bürgerkrieges

Das spanische Volk hatte kein Glück mit seinen Königen. Einer der schlimmsten war Ferdinand VII. Seine Schrekkensherrschaft förderte den revolutionären Geist der aufstrebenden Bürgerschaft in ihrem Kampf gegen die feudalabsolutistische Reaktion. Kurz nach der Krönung Ferdinands VII. fiel Napoleon in Spanien ein, um dort einen Brückenkopf gegen England zu bilden. Als Ferdinand VII. sein Land während eines Treffens mit Napoleon in Bayonne diesem auslieferte, erhob sich das Volk von Madrid spontan am 2. Mai 1808 gegen die Eindringlinge. Die damals gebildeten Juntas, Volksräte und Ausschüsse begründeten die Tradition der Auflehnung gegen fremde Mächte, die 1936 ihren Höhepunkt erlebte.

Man könnte den spanischen Bürgerkrieg von diesem

Zeitpunkt des Jahres 1808 aus datieren. Der Aufstand von Madrid breitete sich im ganzen Lande aus. Napoleon selbst griff mit einem riesigen Heer aus Franzosen, Deutschen und vor allem Polen in den Kampf ein. Die polnischen Reiter erstürmten den Paß von Somosierra. Der Krieg ging weiter.

Im September 1810 tagte das Parlament, die Cortes, in Sevilla. Es sollte eine liberale Verfassung, die die Souveränität des Volkes sicherte, verabschiedet werden. Die Reaktion brachte dies zum Fall. Der Krieg machte es notwendig, die Cortes nach Cadiz zu verlegen. Dort wurde 1812 die neue Verfassung beschlossen, die die Grundlage aller liberalen Bestrebungen des spanischen Volkes werden sollte. Die Verfassung von Cadiz schaffte die Inquisition ab, verstaatlichte den Besitz der Kirche und schuf Provinzverwaltungen. Die Liberalen besaßen aber noch nicht die Kraft, weitgehende Gesellschafts-, Land- und Wirtschaftsreformen durchzusetzen. Die Cortes bestätigten Ferdinand VII. als König und wählten einen Regentschaftsrat, in welchem die Kirche und die Feudalen vertreten waren und starken Einfluß ausübten. Als 1813 die Franzosen vertrieben wurden, verleugnete der König die Verfassung. Es fing die Zeit einer schrecklichen Repression und Tyrannei an, bis sich 1820 das Volk unter der Führung von Rafael del Riego gegen den König erhob und ihn festnehmen ließ. Die Reaktion rief die Heilige Allianz um Hilfe. Es kamen 60 000 Franzosen ins Land, die zusammen mit 40 000 spanischen Söldnern den Absolutismus wieder einführten und den König auf den Thron setzten.

Dem König Ferdinand folgte die liberale Königin Maria Christina und später Isabella II. Nach einer Flottenerhebung in Cadiz und einem Volksaufstand gegen die Monarchie mußte sie abdanken. Am 11. Februar 1873 wurde die erste spanische Republik ausgerufen, aber die reaktionären Generale unter der Führung Canovas entfesselten einen Bürgerkrieg und ruhten nicht eher, bis die liberalen republikanischen Kräfte zerschlagen waren. Im Dezember 1874 war der Traum von der Republik nach knapp zwei Jahren zu Ende. Die Cortes wurden aufgelöst und Alfons zum König erklärt. Spanien glich einem revolutionären Hexenkessel. Schon 1879 gab es sozialistische Gruppen in Madrid. 1888 wurde die Sozialistische Partei Spaniens gegründet. Es gab auch eine starke anarchistische Bewegung und eine revolutionäre Bauernbewegung, die blutig unterdrückt wurde. 1902 bestieg den Thron der liberale König Alfons XIII., der das Land reformierte und industrialisierte.

Eine unfähige Regierung löste in der Folge die andere ab, bis der General Primo de Rivera 1923 die Macht an sich riß und sich mit Zustimmung des Königs zum Diktator erklärte. Als de Rivera am 16. März 1930 während einer Reise in Paris starb, verstärkten sich die Bestrebungen vieler Kreise, die Monarchie abzuschaffen und die Republik zu begründen. Es entstand eine explosive Situation, die in einen Bürgerkrieg münden konnte. Als Ventil bot man die Gewährung der Zensur- und Pressefreiheit zwanzig Tage vor den Wahlen an. König Alfons XIII. war gezwungen, mit den Führern des Revolutionären Komitees, die im Gefängnis saßen, über die Modalitäten von noch durchzuführenden Gemeindewahlen zu verhandeln.

Eine Welle revolutionärer und republikanischer Begeisterung erfaßte alle Schichten der Bevölkerung. Im März 1931 wurde vor dem Obersten Gerichtshof in Madrid über die Freilassung der revolutionären Führer verhandelt. Sie wurden freigesprochen und entlassen. Nun stand den Wahlen nichts mehr im Wege. Am 12. April 1931 wählten die Spanier zum ersten Male in einer freien Wahl ihre Gemeindeverwaltungen und -parlamente, und zwar ohne irgendwelche Spannungen oder Unruhen. 49 von den 50 Provinzhauptstädten stimmten für die Republik und gegen die monarchistischen Kandidaten. Zwei Tage darauf, am 14. April 1931, proklamierten die Stadtverwaltungen vieler Großstädte, wie Barcelona, Sevilla und Valencia, die Republik. Der König verließ am gleichen Tage unauffällig auf einem Schiff das Land, ohne formell abzudanken. Die Republik wurde geboren, nach Jahrhunderten der Unterdrükkung durch die Könige, den Adel, den Klerus und die Militärs. Mit Freude wurde sie empfangen, die »niña bonita« – das schöne Mädchen, die zweite Republik.

Welche politischen und gesellschaftlichen Kräfte wirkten in der spanischen Republik? Man kann sich kaum eine von so starken Gegensätzen und Feindseligkeiten bestimmte Gesellschaft vorstellen wie die in Spanien im Jahre 1931. Die Provisorische Regierung wurde aus Mitgliedern des Revolutionären Rates gebildet, die durch ihre Verschwörung gegen die Monarchie die Gründerväter der Republik waren. Sozialisten, Republikaner und Katalanen wählten zu ihrem Vorsitzenden Alcala Zamora, einen bürgerlichen Politiker. Noch vor Etablierung der Regierung kam es zu Unruhen, die kein gutes Omen für die Republik waren. Die Kirche nahm eine negative Stellung zur Republik ein. Es erschienen rote Fahnen auf Gebäuden, und Kirchen wurden gebrandschatzt. Auch die Armee wurde unruhig und wurde deshalb umorganisiert: 45 Infanterie- und Kavallerieregimenter wurden in acht Divisionen zusammengefaßt.

Am 28. Juni 1931 wurde eine Verfassunggebende Versammlung gewählt – je 50 000 Einwohner ein Abgeordneter, 116 Sozialisten, 60 Radikalsozialisten, 30 Republikaner (Parteiführer war Azaña), 17 Föderalisten, 90 Radikale (Parteiführer war Lerroux), 22 Progressive (Parteiführer war Zamora). Am 14. Juli 1931 tagte die Versammlung und bereitete eine neue Verfassung vor. Sie wurde am 9. Dezember 1931 in Kraft gesetzt und sollte bis zum 18. Juli 1936, viereinhalb Jahre lang, Geltung haben.

Die Republik erlebte drei Phasen: eine linke (Dezember 1931 bis Dezember 1933), eine rechte, »bienio negro«, das schwarze Doppeljahr (Dezember 1933 bis Februar 1936), und wieder eine linke (Februar 1936 bis Juli 1936). Das brennende Problem, die Agrarfrage, wurde mit dem Bodengesetz von 1932 angegangen. Die unfähige Beamtenschaft verhinderte eine zügige Durchführung der Bodenreform. Eine neue und umfassende Arbeitsgesetzgebung mit vielen sozialen Einrichtungen und Maßnahmen verbesserte die Lage der Arbeiter und gab ihnen das Gefühl, ein wichtiger Teil der Gesellschaft zu sein. Die Regierung plante die Gründung von 27 000 Schulen, um den Analphabetismus in weiten Kreisen der Bevölkerung zu bekämpfen. Das schwierigste Problem waren die separatistischen Strömungen in Katalonien und im Baskenland sowie starke Autonomiebestrebungen in Galizien. Die Autonomie Kataloniens mit einer eigenen Regierung, der Generalitat, war beschlossene Sache. Die Katalanen gehörten ja zu den wichtigen Gründern der Republik. Das baskische Autonomiestatut wurde in zwei Provinzen angenommen.

Die Beziehungen zur Kirche hatten sich verschlechtert. Die führenden Männer der Republik waren antiklerikal eingestellt – kein Wunder nach den Jahrhunderten der ungezügelten Machtausübung durch den Klerus – und wollten neue Verhältnisse schaffen. 1932 wurde der bis dahin allmächtige Jesuitenorden aufgelöst und sein Vermögen verstaatlicht. Den übrigen Orden wurde jegliche Schul- und Erziehungsarbeit untersagt. Der Staat strich binnen zwei Jahren die Budgets für die Kirchen und machte sich dadurch den nun einkommenslos gewordenen niederen und Landklerus zum Feind. Die Abschaffung der Militärseelsorge, die Einführung der Zivilehe und weitere Gesetze trugen zur Verschärfung der Gegensätze zwischen dem säkularen und dem religiös eingestellten Teil der Gesellschaft bei.

In der linken politischen Landschaft wetteiferten die Sozialisten, die Anarchosyndikalisten, die schon 1870 in Spanien wirkten, die starke Gewerkschaft UGT und die nicht zahlreichen Kommunisten um Mitglieder, Einfluß und Macht.

An den Wahlen vom 3. Dezember 1933 beteiligten sich 19 Parteien und der UGT-Gewerkschaftsbund. Zum ersten Male durften auch Frauen wählen. Die anarchistische Gewerkschaft CNT empfahl ihren Mitgliedern Wahlenthaltung. Die Folge für die Linke war eine Katastrophe: Die Linken erhielten nur 99 Sitze, das Zentrum 167 und die Rechte 207. Unter den Linken gab es 58 Sozialisten und nur einen Kommunisten. Es folgten die zwei schwarzen Jahre – »bienio negro«. Unruhen brachen in vielen Städten aus, Klöster und Kirchen wurden angegriffen, und es wurden Attentate auf Züge verübt. Die Rechte organisierte sich in der CEDA, die eine konservative Regierung stellte. Rechts außen wirkte die Falange, die vom Sohn des Diktators de Rivera 1932 gegründet worden war und 1934 mit der rechtsradikalen Gruppe JONS fusionierte. Sie war populistisch-faschistisch, antibürgerlich und antirepublikanisch.

Es kam in der Folge zu einer ungeheuren Polarisierung der gesamten spanischen Gesellschaft. Die Falangisten folgten Mussolini und Hitler und uniformierten ihre Mitglieder. Die roten und schwarzen Halstücher identifizierten die Sozialisten, UGT-Mitglieder und die Anarchisten. Man grüßte sich mit dem Rotfront-Gruß, der geballten Faust oder mit zum faschistischen Gruß gehobenem Arm. Generalstreiks legten alle Großstädte Spaniens lahm. In Madrid gab es sogar einen Aufstand, der aber bald zusammenbrach. In Asturien entwickelte sich 1934 ein von Sozialisten geführter Aufstand zu einem Provinzbürgerkrieg, der von der Regierung blutig niedergeschlagen wurde. Prominente Politiker der Linken, wie Caballero und Azana, wurden ins Gefängnis gesperrt. Auch in Barcelona wurde ein Aufstand niedergeschlagen. In Asturien bekämpfte die Armee unter dem Kommando des Generals Francisco Franco, dessen Truppen sich zahlreicher Verbrechen schuldig machten, die Aufständischen. Die Armee erschoß mehr als zweihundert Arbeiter und verhaftete dreißigtausend Aufständische, die erst 1936 amnestiert und freigelassen wurden. Im »bienio negro« gab es mehrere Kabinettsumbildungen, aber die CEDA blieb die dominierende Kraft.

Am 16. Februar 1936 fanden die Cortes-Wahlen statt, die mit einem Sieg der zur Volksfront zusammengeschlossenen Linken endeten. Die stärksten Partner der Volksfront waren die Sozialisten mit 99 Sitzen, die schwächsten waren die Kommunisten mit nur 17 Sitzen. Die Volksfront gewann 278 Sitze, die absolute Mehrheit, die Nationale Front mit CEDA an der Spitze 134 Mandate und die Mitte 55 Mandate. Die zehn Basken, die in der Partei der Mitte waren, gingen später zur Volksfront über.

Die neue Regierung Azaña mußte die Zensur und den Alarmzustand der Sicherheitskräfte beibehalten, weil es Unruhen seitens faschistischer Elemente gab. Die Bodenreform wurde endlich in Angriff genommen, und die Industrieunternehmen mußten entlassene und ausgesperrte Arbeiter nach der großen Streikwelle wieder einstellen.

Die Rechte wollte sich mit dem Sieg der Linkskoalition nicht abfinden und inszenierte gewaltsame Demonstrationen. Die stürmische Begeisterung weiter Bevölkerungskreise, die ungeduldig auf die während des Wahlkampfes versprochenen weitgehenden Reformen wartete, forcierte den Widerstand der Rechten sowie vor allem der Militärs und des Klerus. Die Generale schmiedeten Pläne, um Spanien vor den Revolutionären zu »retten«.

Die neue Regierung Azaña stand vor der gewaltigen Aufgabe, die Gemüter zu beruhigen, den republikanischen Rechtsstaat zu schützen und das rückständige Land zu modernisieren. Diesen Bestrebungen widersetzten sich die in der CEDA versammelten parlamentarischen Rechten sowie die faschistischen Falange- und Requeté-Organisationen. Die Anarchosyndikalisten der CNT-FAI wandten sich von der Regierung ab, entfachten mit undurchführbaren Forderungen, zum Beispiel nach einer 36-Stunden-Woche, gewaltsame Streiks und provozierten damit die starken Arbeitgeberverbände. Die gemäßigten Sozialisten mit Pietro, Negrin und de los Rios suchten einen mittleren Weg, um der Regierung eine erfolgreiche Arbeit zu ermöglichen. Auch die Kommunisten hielten sich an die Verpflichtungen als Volksfront-Partner und stellten der Regierungsarbeit keine Hindernisse in den Weg.

Im Mai 1936 erlebte Spanien den Höhepunkt der sozialen Spannungen mit unzähligen von den Anarchisten ausgerufenen Streiks, Demonstrationen und Unruhen. Der sozialistische Gewerkschaftsbund UGT mußte teilweise mitziehen, um keine Mitglieder zu verlieren. Im Juni 1936 gab es gewaltsame Auseinandersetzungen zwischen Arbeitern und der Staatspolizei Guardia Civil. Es wurden Kirchen und Klöster angezündet. Die bereits beschlossenen Maßnahmen der Bodenreform hatten die feudalen Großgrundbesitzer zu erbitterten Gegnern der Regierung werden lassen.

Im Juli wurden wichtige Führungspersönlichkeiten der Linken und Rechten Opfer von politischen Attentaten. Der Weg zum faschistischen Militärputsch und zum Bürgerkrieg war vorgezeichnet.

Der Bürgerkrieg

»In Spanien ist der Himmel hell« war das Codewort und das Signal für einen Militärputsch unter Anführung faschistischer Generale. Der Zweck: die Beseitigung der erst seit 1931 existierenden Republik und die Errichtung einer klerikal-faschistischen Diktatur. Als das Codewort am 17. Juli 1936 vom Radiosender Ceuta in Spanisch-Marokko ausgestrahlt wurde, begann der spanische Bürgerkrieg.

Als am 1. April 1939 Franco triumphierend den Tagesbefehl über die Beendigung des Krieges bekanntgab, errang die Faschistenkoalition einen eindrucksvollen Sieg gegen die Freiheit, Demokratie und Humanität. Hitler und Mussolini konnten ihre Pläne für weitere Angriffskriege in der Gewißheit vorbereiten, daß ihnen seitens der westlichen Demokratien kein ernsthafter Widerstand drohte. Spanien wurde zu einem gewaltigen Manövergebiet mißbraucht, dessen Bürger die Opfer waren. Die Luftwaffenpiloten, die dort den Luftterror einübten, legten fünf Monate später zunächst Warschau und dann weitere Städte in Asche.

Der Aufruf Francos zum Aufstand gegen die Republik richtete sich an die im ganzen Lande verteilten Heeresgarnisonen, die Luftwaffe, Polizeitruppen und die Kriegsmarine. Die faschistischen Generale, die Mitverschwörer Francos, versuchten, schlagartig die Macht im Lande zu ergreifen. Dies gelang ihnen im Westen Spaniens. Cadiz, Sevilla, Cordoba, Burgos und Zaragoza wurden von den Faschisten erobert. In allen größeren Städten dagegen, in Madrid, Barcelona, Bilbao, Valencia, Cartagena, Alicante, Malaga, und in Katalonien erhob sich das Volk, um die erst fünf Jahre alte Republik zu verteidigen.

Durch den Franco-Putsch am 18. Juli 1936 fiel die Republik faktisch auseinander. Obwohl eine Regierung aus bürgerlichen Parteien gebildet wurde, lag die Macht in den Händen der revolutionären Räte, der Gewerkschaften und der von den Arbeiterparteien schnell gebildeten Milizen.

Erst mit der Berufung des charismatischen Linkssozialisten Largo Caballero zum Regierungschef einer Regierung, an welcher auch Kommunisten teilnahmen, hatte die demokratisch gebildete Regierungsmacht größeren Anteil am Geschehen.

Doch zunächst mußte die Republik verteidigt werden. Die Abwehr des faschistischen Aufstandes nahm revolutionäre Formen an. Arbeitermilizen überwältigten die putschenden Garnisonen in Madrid, Barcelona und Valencia und eilten, fast ohne Bewaffnung oder militärische Ausbildung, an die Front. »Spanien ist in Gefahr!« rief die asturische Parlamentsabgeordnete Dolores Ibarruri, die legendäre La Pasionaria, den Massen zu. »Seid bereit, die Republik, die Freiheit und die demokratischen Errungenschaften des Volkes zu verteidigen.« Nur dem Mut und der Opferbereitschaft der milicianos war es zu verdanken, daß zwei Drittel des Landes, darunter die lebenswichtigen Industriegebiete, für die Republik zunächst gesichert werden konnten.

Wie reagierte die Welt? Deutschland und Italien haben nicht lange mit einer massiven Hilfe gezögert. Hitler und Mussolini erkannten schnell die Bedeutung eines faschistischen Spaniens für ihre eigenen strategischen Pläne. Über das nationalistische Gebiet Spaniens ergoß sich ein Strom von Rüstungsgütern und Soldaten. Göring sandte schnell Transportflugzeuge zum Übersetzen der Truppen von Afrika nach Spanien. Die im Anschluß aufgestellte, hervorragend ausgestattete deutsche Legion Condor verhalf Franco zu einer Überlegenheit in der Luft und auf dem Lande. Deutschland lieferte Flugzeuge, Panzer, Geschütze und sonstiges Kriegsmaterial. Italien schickte mit den 75 000 Soldaten des CTV (Corpo Truppe Volontarie) Hunderte von Panzern und Flugzeugen, 250 000 Gewehre, 9 000 Maschinengewehre, 16 000 Tonnen Fliegerbomben. Daneben kämpften in Spanien 20 000 Portugiesen auf der Seite Francos, von denen 8 000 gefallen sind. Francos Truppe wuchs von 32 000 im Putschmonat Juli auf fast das Doppelte zehn Monate später im Mai 1937. Alles in allem eine eindrucksvolle faschistische Streitmacht.

Was tat der demokratische Westen? Am 23. Juli 1936 riefen die in Brüssel versammelten Führer der Sozialistischen Internationale alle demokratischen Staaten auf, die spanischen Arbeiter und Bauern zu unterstützen. Die in Frankreich an der Macht befindliche Volksfrontregierung unter Léon Blum schickte in den ersten Tagen einige Flugzeuge, Waffen und Munition. Aber sehr bald geriet sie unter den Druck der einflußreichen konservativen und klerikalen Kreise, die zu Franco hielten. Pazifismus und Defaitismus lähmten große Teile der Linken. Die Furcht vor einem Weltkrieg ging um. Zudem klammerte sich Frankreich an das verbündete England. Die konservative britische Regierung unter Chamberlain riet dringend von einer Einmischung ab und befürwortete die Nichtintervention und ein Waffenembargo. Für diese feige Beschwichtigungspolitik sollte die Welt später teuer bezahlen.

Die amerikanische Regierung verhängte ein Embargo gegen die rechtmäßige Regierung, die spanische Republik. Der amerikanische Konzern Texas Oil Company belieferte Franco den ganzen Krieg über mit Kraftstoff, auf Kredit. Erst nach dem Münchener Abkommen und nach dem Verrat und der Zerstörung der Tschechoslowakei besann sich die US-Regierung, die obendrein noch von ultrakonservativen und isolationistischen Abgeordneten und Teilen der öffentlichen Meinung unter Druck gesetzt wurde, ihrer Fehler und Unterlassungen.

Überraschend für alle war die zunächst passive Haltung der Sowjetunion. War es das Bemühen, sich an Frankreich und England, den potentiellen Verbündeten angesichts der Gefahr des Faschismus, zu binden? Lange Zeit kam kein Wort, weder von sowjetischen Staatsorganen noch von der Komintern. Aber vielleicht gab es noch andere Gründe. Der Ausbruch des Bürgerkrieges fiel zeitlich mit der großen Verhaftungs- und Prozeßwelle in der Sowjetunion zusammen.

Am 23. August 1936 trat auch die Sowjetunion dem von England und Frankreich vorgeschlagenen Nichtinterventionsabkommen bei. Diesem Abkommen schlossen sich noch weitere 21 europäische Staaten an, auch solche, die mit dem Konflikt nicht im entferntesten etwas zu tun hatten. Um mit gutem Beispiel voranzugehen, führten die Initiatoren dieses Abkommens das Embargo gleich durch: Frankreich am 8. August, England am 15. August und die Sowjetunion am 28. August 1936. Die Sowjetunion unterschrieb das Abkommen hauptsächlich aus Angst, auf der internationalen Arena isoliert zu werden.

Am 22. Juli 1936 sollte in Barcelona die Arbeiterolympiade eröffnet werden, als Gegenstück zu dem zur gleichen Zeit in Berlin stattfindenden Schauspiel, wo mehrere Delegationen, zum Beispiel die französische, vor dem Führer mit dem Hitlergruß defilierten. Rund zweitausend Arbeitersportler und mehrere tausend Gäste kamen nach Barcelona. Wegen des Putsches wurden die Spiele abgesagt, aber einige Teilnehmer blieben in Spanien, um die bedrohte Republik zu verteidigen. Mit ihnen zusammen meldeten sich sofort bei den Milizen deutsche und italienische politische Emigranten, die in Spanien im Exil lebten. Viele von ihnen waren deutsche und polnische Juden, darunter vier Frauen. Sie bildeten die erste internationale Kampfgruppe »Thälmann« unter Führung von Max Friedemann, mit Chaim Besser als seinem Stellvertreter. Alle Mitglieder nahmen an den Kämpfen gegen die Putschisten in Barcelona teil. Die Gruppe war bereits am 23. Juli 1936 auf dem Weg zur Front von Tardienta.

Diese ersten Freiwilligen, die in den von verschiedenen Parteien gebildeten Milizen kämpften, folgten viele Tausende aus aller Welt, die spontan und ohne besondere Aufforderung zur Verteidigung der spanischen Republik eilten. Erst mit einer Verzögerung von vielen Wochen, nachdem klar geworden war, daß Deutschland und Italien nicht daran dachten, sich an das Nichtinterventionsabkommen zu halten, begann die Sowjetunion, die Hilfe für Spanien zu organisieren.

Erst nach den Prozessen und Hinrichtungen in Moskau trat Mitte September 1936 das Exekutivkomitee der Komintern zusammen. Es war Dimitrow, der gleich mit der Sprache herauskam: Spanien werde nach dem Sieg keine altmodische demokratische Republik sein, sondern eine Volksdemokratie, kein Sowjetstaat, aber ein antifaschistischer, mit Beteiligung der linksgerichteten Bürger. Enteignung und Kollektivierung könnten warten. Erst müßte der Krieg gewonnen werden. Die Arbeitermilizen müßten mit regulären Armee-Einheiten vereinigt werden zu einer einzigen republikanischen Armee. Schon vorher, am 27. August 1936, war der erste sowjetische Botschafter, der frühere Generalsekretär des Völkerbundes, Marcel Rosenberg, in Spanien eingetroffen. Mit ihm waren viele Spezialisten aus Heer, Marine, Luftwaffe, hohe Geheimpolizei-Offiziere und Journalisten wie Michail Kolzow und Ilja Ehrenburg gekommen. Rosenberg und Kolzow wurden 1938 erschossen. Die Streitkräfte wurden nach dem Muster der Roten Armee straff organisiert. Jedem Einheitskommando wurde ein Politkommissar zugeteilt.

Ende Oktober trafen endlich große Mengen an Kriegsmaterial aus der Sowjetunion ein. Spanien bezahlte alle Lieferungen mit dem Goldschatz der Regierung, dem drittgrößten der Welt. Die sowjetischen Militärberater schufen die unentbehrliche technisch-militärische Infrastruktur.

Am wichtigsten für den weiteren Verlauf des Krieges war

aber die Aufstellung der Internationalen Brigaden. Die Interbrigaden und ihre Kämpfer werden für immer das Symbol für den Kampf der fortschrittlichen Welt gegen die Barbarei des Faschismus bleiben.

Es war die Absicht Francos, Spaniens Hauptstadt schnell zu erobern, denn abgesehen von sentimentalen und patriotischen Werten hing davon die Anerkennung seines Regimes durch viele Staaten ab. Seit dem 4. November 1936 sendete Radio Burgos täglich das Programm »Die letzten Stunden von Madrid«. Am 7. November 1936 erklärte Franco, daß er am nächsten Tag der Messe in Madrid beiwohnen werde. Am 8. November hatten seine Truppen den Manzanares-Fluß nahe Madrid erreicht. Am gleichen Tage traf in Madrid die XI. Brigade ein. Zum ersten Male seit Kriegsbeginn erblickten die fast verzweifelten Madrider eine disziplinierte, hervorragend ausgebildete und ausgestattete Truppe. Man kann sich die Begeisterung der Bevölkerung kaum vorstellen. Diese steigerte sich noch mehr, als in der Schlacht am 8. November zum ersten Male sowjetische Panzer eingriffen und sich am Himmel sowjetische Jagdflugzeuge zeigten, die die faschistische Luftherrschaft beendeten. Madrid hielt sich bis zum Ende des Krieges. Erst am 28. März 1939 konnte Franco Madrid erobern. *No pasaran* – sie werden nicht durchkommen – wurde hier Wirklichkeit.

Durch ihre Embargopolitik schufen die Westmächte eine Situation, in welcher die Sowjetunion das Monopol auf Militärhilfe hatte. Dies wurde von den militärischen, politischen, geheimdienstlichen und sonstigen Stellen der Kommunisten ausgenutzt. Die in der Sowjetunion in Gang befindliche Jagd auf Trotzkisten, Agenten, Abweichlern, Anarchisten etc. wurde nach Spanien zusammen mit sowjetischen Geheimpolizisten exportiert. Die von diesen verübten Willkürakte, oft ohne Wissen und Einwirkungsmöglichkeit der spanischen Regierung, fügten der republikanischen Seite einen großen Schaden zu. Die Faschisten konnten in der westlichen Welt die Angst vor einem Sowjetstaat auf spanischem Boden, mit Staatsterror nach Moskauer Muster, schüren.

Im Juli 1938 entschloß sich die Armeeführung zu einer riesigen Anstrengung, die die letzte Offensive der Republik werden sollte, die Schlacht am Ebro. Durch fast übermenschliche Leistungen der Interbrigadisten, die mit der Überlegenheit der Faschisten an Panzern, Geschützen und Hunderten von Flugzeugen fertig werden mußten, gelang es in kurzer Zeit, den Faschisten relativ große Gebiete abzutrotzen. Im September 1938 jedoch konnte die republikanische Armee keine Reserven mehr einsetzen. Das Embargo schlug durch. An der spanisch-französischen Grenze stauten sich Militärtransporte, die von der französischen Regierung nicht durchgelassen wurden. Im Mittelmeer griffen italienische U-Boote zahlreiche sowjetische und sogar britische Schiffe mit Kriegslieferungen für die Republik an und versenkten viele von ihnen. Ende 1938 stoppte die Sowjetunion ihre Lieferungen. Die Welt hatte die Republik aufgegeben.

Als keine Hoffnung auf einen Sieg der Republik mehr bestand, beantragte Regierungschef Negrin beim Völkerbund am 21. September 1938 die Entlassung und Heimführung aller ausländischen Kombattanten auf beiden Seiten. Ab dem nächsten Tag wurden nach und nach alle Interbrigaden von der gerade tobenden Ebro-Schlacht zurückgezogen und in nach nationalen Gruppen aufgeteilte Repatriierungslager verlegt. Die repatriierungsfähigen Spanienkämpfer, wie Franzosen, Engländer, Amerikaner usw., kehrten nach Hause zurück. Die Italiener, Deutschen, Polen, Österreicher, die Juden – sie alle hatten keine Heimat mehr – blieben in Spanien und meldeten sich freiwillig, um die Flucht der Zivilbevölkerung nach Frankreich zu decken. Als Letzte verließen sie spanischen Boden Ende März 1939 mit dem Bewußtsein, daß ihr und ihrer gefallenen Kameraden Opfer umsonst war. Sie wurden sofort unter unmenschlichen Bedingungen in provisorischen Internierungslagern in Südfrankreich und in der Sahara untergebracht.

Die Internationalen Brigaden

Salvador de Madariaga teilt den Bürgerkrieg in eine nationale und eine internationale Phase ein. Er datiert die nationale, innerspanische Phase vom 17. Juli 1936 bis zum 8. November 1936, als die erste Internationale Brigade, die XI. Brigade, durch die Straßen Madrids unter dem Kommando von General Manfred Stern (Kléber) an die Front marschierte. Der 8. November 1936 sollte ein wichtiges Datum sowohl des spanischen Bürgerkrieges als auch der internationalen Solidarität mit der vom Militärputsch bedrohten spanischen Republik werden.

Für mich beginnt die internationale Phase nicht erst im November 1936, sondern mit dem ersten Tag der Rebellion, weil die Faschisten von Anfang an die Hilfe Italiens und Deutschlands erhielten, und vor allem, weil internationale Freiwillige an den Kämpfen der ersten Stunden gegen die Putschisten in Barcelona und Madrid teilnahmen. Die von freiwilligen Milizionären gebildete Gruppe »Thälmann« war die erste internationale Einheit in Spanien. Viele Tausende von Freiwilligen sollten folgen. Am 3. August erreichten Barcelona zwölf Italiener und nach wenigen Tagen fünfzehn Franzosen, der Kern der späteren Centurias und Columnas der Miliz. Im gleichen Monat formierten sich Gruppen von deutschen und italienischen Freiwilligen, die später die ersten Kämpfer der Centurias »Thälmann« und »Giustizia e Libertá« waren. Ebenfalls im August 1936 kämpften kleine Gruppen polnischer, jüdischer und französischer Freiwilliger bei ihnen. Dort fiel Leon Baum. Ein ehemaliger tschechischer Fremdenlegionär kommandierte diese Gruppe. Sein Stellvertreter war der polnische Jude Leib Jampolski (Jean-Paul). In Irun kämpfte auch eine baskische Gruppe von zweihundert Mann unter dem Kommando des jüdisch-französischen Hauptmanns Jacques Menachem. Im September 1936 waren die Centurias »Thälmann« sowie »Giustizia e Libertá« an der Aragon-Front bei Huesca. Im gleichen Monat wurden die polnische Gruppe der »36« und weitere italienische und französische Freiwilligeneinheiten gebildet. Die internationalen Freiwilligen kämpften an vielen Fronten, in der frühen Phase des Krieges bei Madrid und an der Aragon-Front.

Schon am 26. Juli 1936 wurde auf einer gemeinsamen Sitzung der Gewerkschaftsinternationale Profintern und der Komintern in Prag der Beschluß gefaßt, eine Brigade mit fünftausend Freiwilligen zu bilden. Diesem Beschluß folgten aber keine Taten. Erst im September 1936 intervenierten in Moskau Maurice Thorez, Generalsekretär der KPF, und Willi Münzenberg beim Politbüro der KPdSU für die Gründung einer Internationalen Brigade. Der Vorschlag wurde angenommen, und der Sekretär der Komintern, Dimitrow, fuhr nach Paris, um die Organisation der Brigade zu leiten. Das Politbüro faßte den entsprechenden Beschluß am 22. September 1936.

Seit dem Beschluß des Politbüros strömten viele Freiwillige nach Spanien. Vorher entschied die republikanische Regierung die Umwandlung der Arbeitermilizen in Einheiten der regulären Armee und die Aufstellung von fünfzehn

Reservebrigaden. Der Parlamentsvorsitzende Martinez Barrio ließ fünf Ziffern der fünfzehn Brigaden für die internationalen Freiwilligen reservieren, die mit römischen Zahlen numeriert wurden, von XI. bis XV.

Am 22. Oktober 1936 beschloß die republikanische Regierung, die Bildung Internationaler Brigaden zuzulassen. Die hohen kommunistischen Parteifunktionäre, der Franzose André Marty, später als »Schlächter von Albacete« bekannt, die Italiener Mario Nicoletti (Guiseppe de Vittorio) und Luigi Longo (Gallo) wurden mit dem Aufbau und der Leitung der Brigaden beauftragt. Ihre Basis war in Albacete.

Die XI. Thälmann-Brigade, die erste Brigade, bestand aus Freiwilligen von 24 Nationalitäten und hieß »9. Brigada Movil de Choque«. Sie wurde am 1. November in die XI. Brigade umbenannt. Ihr Gründungskommandeur war der österreichische Jude General Manfred Stern (Emilio Kléber). Die später »Thälmann-Brigade« genannte Einheit nahm an der Verteidigung Madrids und an vielen anderen Kämpfen des Krieges teil. Im Juli 1937 wurde Richard Staimer Chef der XI. Brigade. Ende Januar 1938 kämpften in ihrem Bestand 841 Internationale und 2 574 Spanier, denn die hohen Verluste konnten nicht mehr mit internationalen Freiwilligen ersetzt werden.

Die XII. Garibaldi-Brigade wurde am 9. November 1936 gegründet. Ihr Gründungskommandeur war der ungarische Jude General Mate Zalka, Politkommissare waren Luigi Longo und der deutsche Schriftsteller Gustav Regler, der die Kämpfe der Brigade und den Tod des Generals Zalka im Juni 1937 bei Huesca in seinem Buch »Das große Beispiel« beschrieben hat. Ende Januar 1938 hatte die XII. Brigade einen Bestand von 1 401 internationalen und 1 726 spanischen Soldaten und Offizieren.

Die XIII. Dombrowski-Brigade wurde Anfang Dezember 1936 gebildet. Ihr erster Kommandeur war Wilhelm Zaisser (General Gomez). Die XIII. Brigade wurde im August 1937 wegen schwerer Verluste an vielen Fronten aufgelöst. Die Überlebenden integrierte man in die 150. Internationale Dombrowski-Brigade, die am 4. August 1937 als die zweite XIII. Dombrowski-Brigade formiert wurde. Diese Umgliederungen führten zu Fehlern und Verwechslungen in der Geschichtsschreibung. Ihr Chef wurde Jan Barwinski, der später von Michail Chartschenko abgelöst wurde. In dieser Brigade kämpften die meisten polnischen und jüdischen Freiwilligen. Ende Januar 1938 umfaßte sie 1 244 internationale und 1 931 spanische Soldaten.

Die XIV. Brigade, »La Marseillaise«, wurde am 22. Dezember 1936 gegründet. Ihr Gründungskommandeur war Karol Swierczewski, ein sowjetischer Offizier polnischer Abstammung (General Walter). Er wurde später durch Major Putz, Hauptmann Dumont und M. Sagnier ersetzt. Ende Januar 1938 kämpften in ihrem Bestand 1 675 internationale und 2 396 spanische Soldaten.

Die XV. Lincoln-Brigade wurde im Juli 1937 gegründet. Gründungskommandeur war der Jugoslawe General Copic, der später durch Klaus Kahle ersetzt wurde.

Die 129. slawische Brigade wurde als letzte im Februar 1938 gegründet. Gründungskommandeur war der polnische Jude General Waclaw Komar. Die Brigade kämpfte meistens an der Oriente-Front.

Die Internationalen Brigaden integrierte man in größere Armeeverbände der republikanischen Armee. In der Armeegruppe A, deren Kommandeur General Walter wurde, kämpften die XII. und XIV. Brigade, in der Armeegruppe B die XI. und die XV. Brigade unter dem Kommando von Janos Galicz (General Gal).

Im Frühjahr 1937 wurden die 35. und die 45. Division formiert, in deren Bestand Internationale Brigaden kämpften. Chef der 35. Division war General Walter, Chef der 45. Division General Mate Zalka. Als dieser im Juni 1937 fiel, übernahm das Kommando Ende August 1937 General Kléber, der kurz darauf in die Sowjetunion beordert wurde. Über sein Schicksal wurde nichts Authentisches bekannt.

Es gab darüber hinaus internationale Bataillone in der 86. Brigada Mixta. Internationale Freiwillige waren in den Artillerie-, Panzerabwehr- und Flak-Batterien, in den Sanitätsdiensten, technischen Einheiten, Verbindungstruppen etc. Spanisch sprechende Freiwillige aus Mexiko, Kuba und Südamerika kämpften in der 11. und 46. spanischen Division sowie in der »Primera Brigada Movil de Choque«, die später zur 10. Brigade in der 46. Division umgruppiert wurde.

Bestand der Brigaden Ende Januar 1938:

	Internationale		Spanier	
XI. – XV. Brigade	7 384		10 410	
andere Einheiten	2 994		9 399	
Sanitätsdienste und Verwundete	4 297		4 834	
in der Basis Albacete	5 341		4 832	
	19 017	+	29 635	= 48 652

Das Generalkommissariat der Brigaden unter Führung von Luigi Longo (Gallo) gab Frontzeitungen, Bücher etc. in vielen Sprachen heraus. Nachstehend die nicht komplette Liste der Frontzeitungen: »Le Volontaire de la Liberté«, »Vers la Liberté«, »Elore«, »Dabrowszczak«, »Commune de Paris«, »Pasaremos«, »Il Garibaldino«, »Our fight«, »El soldato de la Republica«, »La Voz de la Sanidad«, »Venceremos«, »Dimitrovac«, »Le Volontaire antifasciste«, »Salud«, »Kompania Mikkiewicz«, »Tschapajef«, »Botwin«, »Ayuda Medical Internacional«.

Zu den Standardwerken über die Internationalen Brigaden zählt das Buch »Die Völker an der Seite der spanischen Republik 1936-1939«, das im ProgreßVerlag 1975 in Moskau in vielen Sprachen als Übersetzung des Buches »Solidarnost narodow s ispanskoj respubliki« erschien. (Bekanntlich kämpften Freiwillige aus 54 Nationalitäten in Spanien.) Dieses von der Akademie der Wissenschaften der UdSSR und vom Verband der sowjetischen Kriegsveteranen herausgegebene Buch wurde von einer internationalen Kommission sorgfältig redigiert. Dem Redaktionskollegium gehörten Mitglieder aus acht Ländern an: UdSSR, Tschechoslowakei, Polen, Jugoslawien, Italien, England, Frankreich und DDR. Das Kollegium bestellte Beiträge von zwanzig nationalen Spanienkämpfer-Verbänden, darunter aus Argentinien, Irland, Norwegen, Finnland, Kuba, aus Ländern, die relativ wenige Freiwillige gestellt hatten. Aus Palästina waren dreihundert Freiwillige gekommen. Trotzdem ist das israelische Spanienkämpfer-Komitee nicht zur Mitarbeit aufgefordert worden. Dementsprechend fehlt in dem fast vierhundertseitigen Standardwerk jeglicher Hinweis auf die Beteiligung jüdischer oder palästinensischer Freiwilliger in den Internationalen Brigaden. Hingegen werden die jüdisch-sowjetischen und Komintern-Offiziere wie Manfred Stern, Grigorij Stern und Jakob Smuschkewitsch, deren Namen in sowjetischen Enzyklopädien und anderen Nachschlagewerken fehlen, weil sie von Stalin hingerichtet wurden, erwähnt, wenn auch in knapper Form.

Die Statistik über die Internationalen Brigaden weist stark divergierende Zahlen auf. Die höchste Zahlenangabe stammt von den Faschisten in Spanien. Sie wollten damit auf die starke Unterstützung der Republik durch die Bolschewisten hinweisen und vor der kommunistischen Gefahr für die Welt warnen. In einer Broschüre des spanischen Außenministeriums aus dem Jahre 1952 steht die Zahl von 125 000 Interbrigadisten. Die gleiche Zahl erwähnte bereits Lizon Galdea in seinem in Madrid 1940 erschienenen Buch. Auch der Chefpropagandist Francos, Luis Bolin, nannte diese Zahl. Der spanische Historiker und Bibliograph des Bürgerkrieges, La Cierva, nennt die Zahl von 80 000. Wilhelm Zaisser (General Gomez), Chef der Brigaden-Basen in Albacete, registrierte vom November 1936 bis April 1938 51 984 Freiwillige. Zu ihnen sind ca. 10 000 Freiwillige zu zählen, die nicht über Albacete in die verschiedenen Dienste der Republik, wie technische, Informations- und Sanitätsdienste, integriert wurden. Karol Swierczewski (General Walter), sowjetischer Offizier polnischer Abstammung und in Spanien Kommandeur der XIII. Brigade und später der 35. Division, schätzte in seiner militärwissenschaftlichen Habilitationsschrift 42 000 Interbrigadisten.

Bevor die Brigaden im Oktober 1938 Spanien verließen, stellte André Marty eine Liste der Freiwilligen nach Nationalitäten auf, die eine Summe von 32 109 ergab.

Franzosen	8 950	Engländer	1 824	Holländer	613
Polen	3 110	Belgier	1 721	Ungarn	528
Italiener	2 944	Tschechen	1 062	Kanadier	512
Amerikaner	2 336	Balten	887	Schweizer	402
Deutsche	2 212	Österreicher	868	Portugiesen	131
Balkan	2 089	Skandinavier	793	Verschiedene	1 121
				Zusammen	32 109

Eine weit höhere Zahl nennt Andreu Castells: 59 000. Ein Bericht des spanischen Verteidigungsministeriums vom 31. April 1938 weist 15 992 ausländische Kämpfer in 16 verschiedenen internationalen Einheiten auf; von ihnen seien 559 Sanitätspersonal und 2 361 Verwundete in Lazaretten. Zu diesem Zeitpunkt waren bereits 15 000 Interbrigadisten gefallen. Die entsprechende Aufstellung vom 24. Januar 1938 weist noch 19 017 Interbrigadisten auf. Die Militärkommission des Völkerbundes stellte nach mehreren Kontrollen im Oktober 1938 fest, daß insgesamt 32 109 Freiwillige nach Spanien gekommen waren. Eine Liste vom 15. Oktober 1938 weist 11 605 internationale Kämpfer auf, sechs Tage später sind es nur noch 5 654 ausländische Soldaten, nachdem die repatriierungsfähigen Freiwilligen Spanien verlassen haben. Immer noch befanden sich Schwerverwundete in den Lazaretten in Fernés, Mataró, Moya, S'Agaro und Vich, die nicht mitgezählt und erst in buchstäblich letzter Minute evakuiert werden konnten.

Woher kamen die internationalen Freiwilligen? In einem

Bericht des Verteidigungsministeriums vom 15. Oktober 1938 aus Barcelona wird die nationale Zusammensetzung von 11 605 Interbrigadisten aufgeführt.

Europa

Albanien	8	Holland	130	Rumänien	165
Belgien	262	Irland	14	Rußland	151
Bessarabien	3	Italien	1 054	San Marino	1
Bulgarien	85	Jugoslawien	261	Schweden	157
Dänemark	122	Lettland	80	Schweiz	105
Deutschland	709	Litauen	31	Türkei	5
England	813	Luxemburg	10	Tschechos-	
Estonien	18	Norwegen	43	lowakei	476
Finnland	84	Österreich	491	Ukraine	50
Frankreich	2 054	Polen	1 250	Ungarn	193
Griechenland	31	Portugal	186		

Afrika

Marokko	35	Tanger	14

Asien

Armenien	6	Indien	4	Palästina	7
China	4	Irak	1	Philippinen	1

Australien 1

Amerika

Argentinien	17	Kuba	65	Puerto	3
Bolivien	2	Mexiko	33	Lat.-Amerika	
Brasilien	41	Panama	1	div.	196
Chile	3	Paraguay	2	Kanada	315
Dominik.Rep.	4	Peru	1	USA	1 101

Unbekannte
Nationalität 706

Mit diesen Zahlen allein kann man die Bedeutung der Internationalen Brigaden für die Republik nicht messen. Bis 1938 verfügte die republikanische Armee über 776 Bataillone, und die Interbrigaden zählten im Schnitt nur 25 Bataillone. Die Interbrigaden waren eine Elite- und Stoßtruppe, die an die gefährlichsten Frontabschnitte geschickt wurden und mit Mut und Opferbereitschaft kämpften. Sie wurden unter strengste Disziplin gestellt und wurden von vielen ihrer Kommandeure und besonders von Kommissaren nicht wie idealistische und opferwillige Kämpfer behandelt, sondern wie bezahlte Söldner. Die Komintern und der kommunistische Funktionärsapparat beherrschten von

Anfang an die Interbrigaden trotz des oft herausgestellten Volksfront-Charakters dieser Truppe. Bald wurde das sowjetische System der Politkommissare trotz Widerstandes der spanischen Regierung in der gesamten Armee eingeführt. Das Quinto Regimiento und die Interbrigaden waren kommunistische Stützen innerhalb der Armee. Nach dem sowjetischen Historiker K.L. Majdanik standen im Frühjahr 1937 zwei Drittel der Armee unter dem Einfluß der kommunistischen Partei. Vergeblich versuchten die spanischen Kriegminister den Einfluß der kommunistischen Politkommissare in der Armee einzudämmen. Im Sommer 1938 waren achtzig bis neunzig Prozent der Kommandostellen von Kommunisten besetzt. In den Interbrigaden war der kommunistische Einfluß noch größer. Jeder Freiwillige wurde einer genauen Untersuchung seiner persönlichen und politischen Vergangenheit unterzogen. Über die Kommunisten unter ihnen forderte man Auskünfte von den Parteiapparaten ihrer Herkunftsländer an. Die Nichtkommunisten wurden mit Mißtrauen behandelt. Die Zentrale in Moskau strahlte eine paranoide Furcht vor Trotzkisten, Spitzeln und Verrätern aus.

Die Interbrigaden kämpften in allen wichtigen Schlachten des Bürgerkrieges, zuerst bei der Verteidigung Madrids, dann bei Teruel und Lopera im Dezember 1936. Im Februar 1937 kämpften sie am Jarama-Fluß, im März und April in der Schlacht von Guadalajara, im Juni bei Huesca und im Juli bei Brunete, im August bei Quinto, im September bei Belchite und im Oktober 1937 bei Fuentes del Ebro. Im Januar und Februar 1938 kämpften sie um Teruel und im März und April an der Ostfront und am Ebro in Belchite, Caspe, Gandesa, Lerida. Von Juli bis September 1938 kämpften die fünf Brigaden XI.-XV. in der Ebro-Schlacht, wo sie anfänglich Siege erzielen konnten und später den Faschisten weichen mußten. Die 129. Brigade schlug sich noch im Oktober 1938 an der Levante-Front bei Manzanero, von wo sie auf dem Seeweg nach Katalonien kam.

Am 21. September 1938 erklärte Ministerpräsident Negrin vor dem Völkerbund in Genf die Bereitschaft Spaniens, die ausländischen Freiwilligen von der Front zurückzuziehen. Er tat dies in der Erwartung, daß auch Italien und Deutschland ihre Truppen abziehen würden. Hinzu kam der Umstand, daß seit 1938 der Zustrom von Freiwilligen nach Spanien fast unterblieb und die rund 15 000 in Spanien kämpfenden ausländischen Überlebenden keinen bedeutenden militärischen Faktor mehr darstellten. Es ist auch möglich, daß Negrin das Leben der Freiwilligen schonen wollte. Negrin stellte als einzige Bedingung, daß mit dem Rückzug der Interbrigaden das Embargo über die Republik aufgehoben werde. Am 30. September 1938 beschloß der Völkerbund, eine Militärkommission mit der Überwachung des Rückzugs der Brigaden von der Ebro-Schlacht zu betrauen. Nach mehreren Kontrollen stellte die Kommission 9 843 demobilisierte Interbrigadisten in Katalonien und 2 830 Soldaten der 129. Brigade an der abgeschnittenen Südfront fest, die sich später auf dem Seeweg unter Befehl ihres Kommandeurs General Waclaw Komar nach Katalonien durchschlugen. Am 12. Januar 1939 hatten nach Angaben der Kommission 4 650 Freiwillige Spanien verlassen.

Seit dem Fall Barcelonas am 26. Januar waren bereits über fünfhunderttausend Menschen nach dem Norden geflüchtet. Frankreich hatte wenige Tage vorher seine Schranken für den militärischen Nachschub geöffnet, der auf dem Landwege kam und monatelang an der Grenze festgehalten worden war. Doch die Front brach zusammen, und Hunderttausende flüchteten in Richtung französische Grenze.

In dieser aussichtslosen Lage wurde das letzte internationale Aufgebot der Republik formiert. Rund fünftausend demobilisierte Interbrigadisten konnten nicht repatriiert werden. Die Deutschen, Österreicher und Tschechen erwartete zu Hause das Konzentrationslager. Die Polen, Jugoslawen, Bulgaren sowie alle Juden unter ihnen hatten wegen ihres Einsatzes in Spanien ihre Staatsbürgerschaft verloren und mußten mit Repressionen rechnen.

Am 26. Januar 1939, dem Tage des Falls von Barcelona, formierte sich die aus entlassenen ehemaligen Interbrigadisten bestehende freiwillige Internationale Gruppierung »Agrupacion Internacional«. Sie bestand aus 4 500 Männern und wurde unter das Kommando des letzten Kommandeurs der XIII. Dombrowski-Brigade, des polnischen Juden Henryk Torunczyk, gestellt. Die »Agrupacion« bestand aus den Resten der Brigaden »Dombrowski«, »Thälmann« und »Lincoln«. Operationschef war der heutige polnische General Juliusz Hibner, der Kommissar war Ernst Blank, der bis dahin Kommissar der Thälmann-Brigade gewesen war. Er fiel am 5. Februar 1939 und wurde durch den Italiener Giuliano Paietta (Camen) ersetzt. Chef der Dombrowski-Brigade wurde der Ungar Mihaly Szalvai-Tschapaiev. Sie bestand aus zwei schwachen Bataillonen: »Dombrowski« und »Rakosi«. Kommandeur der Thälmann-Brigade der »Agrupacion« war Heinrich Rau, sein Stabschef

Ludwig Renn. Die dritte Einheit bildete die Lincoln-Brigade. Chef des Sanitätsdienstes der »Agrupacion« war Dr. M. Flato. Die Soldaten der »Agrupacion« opferten sich, um den Ansturm der Faschisten aufzuhalten und um die Flucht der Zivilbevölkerung nach Frankreich zu decken.

Wenige Tage vor der Überschreitung der französischen Grenze erreichte die »Agrupacion« nachts der Befehl Martys, Autos und Ambulanzen zu requirieren, um »die Kader zu retten«, im Klartext, die Soldaten im Stich zu lassen und nur die Parteiprominenz über die Grenze zu bringen. Vier jüdische Offiziere mit dem Kommandanten Torunczyk an der Spitze widersetzten sich diesem Ansinnen. Torunczyk, Hibner, Szurek und Dr. Flato blieben mit ihrer Truppe bis zur letzten Minute.

Nirgendwo in der Literatur über den Bürgerkrieg und über die Brigaden findet diese Kampfgruppe und ihr ehrenvolles Ende Erwähnung. In keinem der Standardwerke wird diese Schlußphase des Krieges mit Beteiligung der Internationalen erwähnt. Auch die gesamte kommunistische und osteuropäische Militärgeschichtsschreibung mit ihren materiellen Möglichkeiten und Dokumentationsquellen hat es bis heute nicht fertiggebracht, diese Ereignisse zu beschreiben. Ein gutes Beispiel für diese Ignoranz ist das Werk »Dombrowszczacy« von Oberst Prof. Dr. Lech Wyszczelski, Warschau 1986.

Die »Agrupacion« ermöglichte die Flucht von 470 000 Soldaten und Zivilisten nach Frankreich. Am 8. Februar marschierten 750 erschöpfte Soldaten der »Agrupacion« unter Henryk Torunczyk zur Grenze. Sie wurden dort vom Ministerpräsidenten Negrin, Armeechef Modesto, La Pasionaria und Marty verabschiedet. Dem Kommandanten des polnischen Bataillons, Mrozek, wurde die Fahne der Republik zur Verwahrung übergeben. Einundfünfzig Tage später, am 1. April 1939, endete der Bürgerkrieg. Fünf Monate danach, am 1. September 1939, begann der Zweite Weltkrieg.

Die ideologischen Fronten

Die Poststempel von Birobidschan. Zwischen 1935 und 1955 verlor das Jüdische Autonome Gebiet seinen jüdischen Charakter. 1935: Jiddische Umschrift in hebräischen Lettern, Birobidschan Jidd. A(utonomer) R(ajon). 1947: nur noch das Wort Birobidschan in Jiddisch.
1955: Das Wort Birobidschan nur noch in kyrillischen Buchstaben, kein Hinweis auf das Jüdische Autonome Gebiet.

Der Kommunismus und die Juden

Man kann den hohen Anteil der Juden am spanischen Bürgerkrieg nicht richtig begreifen und bewerten, wenn man die Bedeutung des Kommunismus für die Juden nicht kennt. Die russische kommunistische Bewegung ging aus der Sozialdemokratie hervor. Im Jahre 1898 wurde in Minsk die Russische Sozialdemokratische Arbeiter Partei (RSDAP) gegründet. Der Gründungsparteitag wurde deshalb in Minsk abgehalten, weil es dort, wie auch in anderen Zentren des russischen Reiches, schon damals eine starke jüdische Arbeiterorganisation gab, den »Bund«. Der Bund war das aktivste und wichtigste korporative Mitglied der RSDAP. Als beim zweiten Parteitag der RSDAP im Jahre 1903 in Brüssel, der in London fortgesetzt wurde, Lenin die Forderungen des Bundes nach kultureller, organisatorischer und sprachlicher Autonomie des jüdischen Proletariats ablehnte, traten die Bundisten aus der Partei aus. Im gleichen Jahr 1903 schrieb Lenin die Thesen: »Braucht das jüdische Proletariat eine ›selbständige‹ politische Partei?« und »Das letzte Wort des bundistischen Nationalismus«. Später folgten die ebenso polemischen wie unsachlichen Angriffe: »Über die national-kulturelle Autonomie« und »Kritische Bemerkungen zur nationalen Frage«. Lenin selbst war bis zu seinem Tode im Jahre 1924 frei von jeglichem Antisemitismus und bekämpfte ihn heftig. Seine Rede gegen den Antisemitismus wurde während der Revolution 1918 als Schallplatte aufgenommen und bei Soldatenversammlungen vorgespielt. Im Juli 1918 wurde ein »Dekret des Rates der Volkskommissare über die Ausrottung der antisemitischen Bewegung« veröffentlicht.

Was Lenin bei den jüdischen Linken störte, war ihr Bestehen auf Individualismus, der seiner totalitären Idee vom »demokratischen« Zentralismus widersprach. Trotzdem gab es viele jüdische Kommunisten, die sich dem leninistischen Primat der Partei vor allen anderen Belangen unterwarfen und mit Lenin zusammen den sowjetischen Staat und die kommunistische Weltbewegung aufbauten. Der erste sowjetische Staatspräsident war der Jude Jakob Swjerdlow.

Die Feindschaft des in der Sowjetunion etablierten Sozialismus gegen die beiden nationalen Bewegungen der Juden, den Bund und den Zionismus, blieb bis zum heutigen Tage eine der wenigen Konstanten der bolschewistischen Ideologie. Ein jüdischer Kommunist mußte auf die nationalen jüdischen Forderungen verzichten, während andere nationale Minderheiten gefördert wurden. An dieser negativen Einstellung änderte auch die Tatsache nichts, daß die sozialistisch-zionistische Arbeiterpartei »Poale Zion« während des russischen Bürgerkrieges eigene Freiwilligeneinheiten mit jiddischen Frontzeitungen und Kommandeuren stellte und den Sowjetstaat unter großen Opfern verteidigte. Obwohl sie später kommunistisch wurde, ist sie erst 1928 offiziell aufgelöst worden.

Der junge Sowjetstaat konnte es sich gar nicht leisten, auf die Tausende von jüdischen Revolutionären als Kader zu verzichten, denn für diese fand man fast keinen Ersatz. Um die Juden für die Partei zu mobilisieren, zu motivieren und zu leiten, wurde 1917 unter Vorsitz von S. Dimanstein das Kommissariat für jüdische Angelegenheiten gegründet. 1918 entstand die jüdische Sektion der KPdSU, die »Jewsekzja«, die von nun an das Entscheidungsmonopol für die Aktivität unter den Juden hatte. Ursprünglich gehörten der »Jewsekzja« auch nichtkommunistische Mitglieder an, wie Bundisten und Zionisten; sie wurden später liquidiert.

Nach der inneren Stabilisierung des Regimes wurden die Funktionäre der »Jewsekzja«, die Jewseki, zur Auflösung der kompletten Infrastruktur der Juden in der Sowjetunion eingesetzt. Es wurden liquidiert: die Gemeinden, Synagogen, Talmudschulen, Büchereien, Druckereien, Zeitungen und Verlage, die gesamte hebräische Literatur samt ihren Autoren, Verlagen und Druckereien. An Stelle dieser wurden offizielle Zeitungen in jiddischer Sprache gegründet: »Der Emes« (»Prawda« – die Wahrheit), »Stern«, »Oktiabr« und viele andere. Der Vernichtung der jüdischen Infrastruktur folgte eine Blüte kommunistisch inspirierter jiddischer Literatur. Zum ersten Male in der Geschichte förderte und unterstützte ein Staat die jiddische Literatur. In den sechs Jahren von 1928 bis 1935 erschienen 2 460 jiddische Bücher in einer Gesamtauflage von 11,4 Millionen. Das jüdische Theater »Habima« führte Hunderte von Vorstellungen auf. Auf den Trümmern der hebräischen Literatur und Kultur erblühte die proletarische jiddische Literatur und Dichtung.

Die nationalen Bestrebungen der Juden fanden ihren Ausdruck im Zionismus, dem großen Gegner des Kommunismus beim Kampf um die klassenbewußten jüdischen Arbeiter. Als Gegengewicht wurde am 7. Mai 1934 das Jüdische Autonome Gebiet Birobidschan, das bereits 1930 an der chinesischen Grenze im Fernen Osten gegründet worden war, anerkannt. Die jüdischen Kommunisten aus aller Welt kamen dorthin, um den Traum von einer jüdisch-kommunistischen Heimat erfüllt zu sehen. Auch eine Gruppe von zionistischen Pionieren aus Palästina fuhr nach Birobidschan, unter ihnen Leopold Trepper, der spätere Grand Chef der Roten Kapelle. Der Traum währte nur kurz. Während der »Säuberungen« in den dreißiger Jahren verschwand die gesamte Führung des Autonomen Gebietes, das noch heute besteht, mit einer jiddischen Zeitung »Birobidschaner Stern«. Zehntausend Juden aus Birobidschan nahmen als Soldaten der Roten Armee am Zweiten Weltkrieg teil. Die »Geserd« (»Gesellschaft far jüdische Erdkolonisazje in Ratnvarband« – Gesellschaft für jüdische landwirtschaftliche Ansiedlung in der Sowjetunion) sammelte in der jüdischen Welt Geld für Birobidschan. Es war eine Art zionistische Organisation der Sowjetunion. Fast alle Funktionäre der Geserd meldeten sich als Freiwillige nach Spanien, wie zum Beispiel Sigmund Stein, der hauptamtlich bei der Geserd in Prag wirkte.

Neben Birobidschan gab es jüdische Siedlungen auf der Krim und in der Ukraine. Die Tatsache, daß es solche Gebiete gab, wo Jiddisch Amts- und Gerichtssprache war, entzündete den Enthusiasmus jüdischer Arbeiter auf der ganzen Welt, die an den Sieg der kommunistischen Revolution glaubten, mit dem alle Probleme der Juden gelöst sein würden.

Als die Kommunistische Internationale 1919 in Moskau gegründet wurde, bemühten sich viele jüdische Arbeiterparteien und deren linke Flügel um die Aufnahme, darunter auch Zionisten und Bundisten. Die Aufnahmebedingungen waren sehr restriktiv. Die kommunistischen Parteien, die Mitglieder der Komintern blieben, wurden von Moskau aus mit eiserner Hand dirigiert. Die außenpolitischen Interessen der Sowjetunion hatten Vorrang. Die »Säuberungen« und der Große Terror, die Hungersnöte mit ihren Millionen von Toten, das Gulag-System mußten akzeptiert werden. Die Kommunisten mußten der Politik des strikten Antifaschismus über die Volksfront-Ideologie bis zum Freundschaftspakt mit Hitler folgen.

Der Sommer und Herbst 1941 waren die kritischsten Zeiten in der Geschichte der Sowjetunion. Die deutschen Armeen eroberten große Teile der Sowjetunion und machten Millionen von Kriegsgefangenen. Stalin flüchtete im Oktober 1941 aus Moskau nach Kujbyschew. Die Sowjetunion stand mit dem Rücken zur Wand. Ohne Hilfe aus dem Westen war sie verloren. Im September 1941 wurden aus der sowjetischen Haft die beiden weltbekannten jüdischen Arbeiterführer Henryk Ehrlich und Wiktor Alter entlassen. Der Vorsitzende des Bundes, Henryk Ehrlich, wurde 1882 in Lublin geboren und nahm an der russischen Revolution teil. Wiktor Alter, 1890 in Mlawa geboren, besuchte als Vertreter der Sozialistischen Internationale die jüdischen Soldaten 1937 in Spanien. Beide entwarfen den Plan eines internationalen jüdischen antifaschistischen Komitees, das zum Ziel haben sollte, die Hilfe der jüdischen Öffentlichkeit für die Sowjetunion zu mobilisieren. Der Plan wurde im Oktober 1941 an Stalin übergeben.

Das Präsidium sollte aus zehn jüdischen Persönlichkeiten aus der ganzen Welt und aus der Sowjetunion bestehen. Ehrlich und Alter nahmen Kontakte zu westlichen Botschaften in Kujbyschew, dem Sitz der Regierung, auf, um den internationalen Charakter des Komitees zu sichern. Dies hätte eine Schiene zwischen den sowjetischen und westlichen Juden dargestellt. Wahrscheinlich aus diesem Grunde verfügte Stalin die Verhaftung und Exekution der beiden jüdischen sozialistischen Führer am 4. Dezember 1941. Erst dann befahl er die Gründung eines sowjetisch-jüdischen, nicht international-jüdischen, antifaschistischen Komitees.

In einer Plenarsitzung des Jüdischen Antifaschistischen Komitees wurde jeder Sohn und jede Tochter des jüdischen Volkes aufgerufen, den Schwur abzulegen, nicht eher zu ruhen, bis Hitler und seine Henker von dieser Welt verschwunden seien. Der Text des Schwurs wurde am 22. Juni 1942, dem ersten Jahrestag des Krieges, von Radio Moskau an die Juden in den USA, Großbritannien, Kanada, Kuba, Mexiko, Palästina, Argentinien, Brasilien, Uruguay, Chile, Südafrika, Australien und in anderen Ländern gerichtet.

Die beiden Präsidenten des Komitees, der Schauspieler Salomon Michoels sowie der Oberst und jiddische Schriftsteller Itzik Feffer, wurden auf höchste Order Mitte 1943 zu einer siebenmonatigen Propagandareise in alle Zentren der noch existierenden jüdischen Welt geschickt. Auf Versammlungen in allen westlichen Großstädten wurden große Summen für die Sowjetunion gesammelt. Die USA-Tour begann im Dezember 1943. Die beiden Juden wurden wenige Jahre später auf Befehl Stalins ermordet. Das Komitee gab die jiddische Zeitung »Einigkeit« heraus. Im Oktober 1948 wurde es auf Anweisung Stalins aufgelöst und das Erscheinen der Zeitung eingestellt. Die ermordeten Mitglieder des Jüdischen Antifaschistischen Komitees sind erst im Februar 1989 rehabilitiert worden.

Die polnische KP wurde 1918 gegründet durch Fusion der traditionsreichen SDKPiL und der PPS-Linksfraktion. Zur Führung der ersteren gehörte Rosa Luxemburg. Die Partei hatte einen hohen Anteil von Juden in der Führung und unter den Mitgliedern. 1923 fand der zweite Parteikongreß statt. Dreißig Prozent der Delegierten waren Juden bei einem Bevölkerungsanteil von nur zehn Prozent. Die jüdische Sektion der Partei kämpfte erbittert gegen den Bund und gegen die Zionisten. Aus den Reihen der KPP rekrutierten sich die meisten zukünftigen jüdischen Spanienkämpfer.

In Palästina gab es bereits 1919 die jüdische kommunistische Partei MPS, die verächtlich »Mopse« genannt wurde. Es kam in der Folge zu vielen Spaltungen, Fusionen und Konflikten, sowohl mit den Zionisten als auch mit der britischen Mandatsmacht. Auf Befehl der Komintern wurde die PKP (so hieß sie mittlerweile) »arabisiert«, da man den Zionismus für eine utopische Bewegung ohne Überlebenschance hielt. Als 1936 die von den Klerikal-Faschisten unter Führung des Muftis von Jerusalem, Amin el Husseini, angezettelten Unruhen ausbrachen (sie wurden von den Nationalsozialisten und italienischen Faschisten tatkräftig unterstützt), entschloß sich die Komintern, diese als nationalrevolutionäre Aktionen einzustufen, und befahl allen PKP-Mitgliedern, auch den jüdischen, die arabischen Terroristen zu unterstützen. Es gab Hunderte von Toten und Verletzten. Die jüdischen Kommunisten standen vor einem schrecklichen Dilemma, denn ihnen war der nationalistisch-faschistische Charakter des Aufstandes weit besser bekannt als der Komintern-Führung in Moskau. Der Ausbruch des spanischen Bürgerkrieges rettete viele jüdische Kommunisten vor der Alternative, Terror gegen jüdische Arbeiter gemeinsam mit fanatisierten chauvinistischen Arabern auszuüben oder die Partei zu verlassen. In Spanien konnte man den Verfolgungen durch die britische Polizei entkommen und mit der Waffe in der Hand die Faschisten bekämpfen.

In den USA wirkten lange vor der Jahrhundertwende viele jüdische Arbeiterparteien. Juden waren auch zahlreich in der Sozialistischen Partei und in der Sozialistischen Arbeiterpartei (»Socialist Labour Party«) vertreten. Nach der Oktoberrevolution sympathisierten viele jüdische Sozialisten mit der Kommunistischen Partei, weil die Gegner die »Weißen« waren, die die Juden in Pogromen massakrierten. 1919 wurde eine Jüdische Föderation der Kommunistischen Partei gegründet, nach dem Muster der »Jewsekzja«, aus welcher die »Arbeter-Partei« hervorging, deren Organ die jiddische Zeitung »Freiheit« war. Wegen der starken sowjetischen Unterstützung der jiddischen Kultur und Literatur neigten viele jüdische Sozialisten zum Kommunismus. Fünfzehn Prozent der Mitglieder der KP waren Juden, in der Führung noch mehr. Wegen der Unterstützung der Araber durch die Komintern während der Unruhen in Palästina in den Jahren 1929 und 1936 traten viele Juden aus der Partei aus. Als die Nationalsozialisten an die Macht kamen, stieg der Anteil der Juden in der KP wieder an. Die Moskauer Prozesse wie auch der Hitler-Stalin-Pakt hatten eine Austrittswelle zur Folge. Bei Ausbruch des spanischen Bürgerkrieges meldeten sich viele jüdisch-amerikanische Kommunisten als Freiwillige bei den Internationalen Brigaden. Fast alle Politkommissare in Spanien und die meisten Offiziere der Lincoln-Brigade waren Juden.

Der Faschismus auf dem Vormarsch

Die Juden Europas sahen sich in den dreißiger Jahren einer starken Welle des Nationalismus, Faschismus und Antisemitismus konfrontiert, deren unmittelbare Opfer sie wurden. Mit großer Sorge beobachteten sie die Signale des sich anbahnenden Umschwungs weiter Kreise der Bevölkerung nach rechts, die von den Erfolgen des Nazismus in Deutschland und des Faschismus in Italien fasziniert waren. Die Vorstellung, daß auch Spanien ein siegreiches Mitglied der faschistischen Achse werden sollte, hatte sie folglich mehr beunruhigt als ihre nichtjüdischen Genossen in den Arbeiterparteien. Dies war einer der Gründe für die überproportional große Beteiligung jüdischer Freiwilliger am spanischen Bürgerkrieg.

Am 27. Februar 1936 wurde der sowjetisch-französische Freundschaftspakt geschlossen. Die Nationalsozialisten benutzten dies als Ausrede, um wenige Tage darauf das Rheinland zu besetzen, weil Frankreich angeblich den Locarno-Pakt verletzt hätte. In Deutschland stabilisierte sich das NS-Regime nach Ausschaltung aller politischen Gegner, der Kommunisten, Sozialdemokraten, Gewerkschaften und anderer. Am 17. Juni 1936 übernahm Himmler die Polizei- und Sicherheitsdienste.

In Palästina entfesselte der klerikal-faschistische Großmufti von Jerusalem eine Terror- und Mordwelle gegen die dortigen Juden, die euphemistisch »Unruhen« genannt wurde. Der Terror wurde von deutschen Nazi-Agenten und von italienischen Faschisten geschürt und unterstützt, und die Komintern befahl den Genossen der PKP, auch den jüdischen, die Araber bei diesem Terror zu unterstützen. Jede der drei totalitären Mächte wollte die Engländer im Mittleren Osten schwächen oder beerben.

In Österreich herrschten die Austrofaschisten, nachdem es Dollfuß gelungen war, den Aufstand des republikanischen Schutzbundes 1934 niederzuwerfen.

In Ungarn war das Jahr 1936 das siebzehnte Jahr des Regimes des autoritären faschistischen Admirals Horthy. In weiten Teilen der Gesellschaft und besonders der Armee gab es nazistische und faschistische Tendenzen. Die Erfolge Hitlers und Mussolinis motivierten die Faschisten zu Eroberungsplänen auf Kosten der Nachbarn. Die faschistischen Pfeil-Kreuzler waren später treue Kollaborateure der Nazis.

Auch in Rumänien konnten die faschistischen Legionäre der Eisernen Garde große Erfolge bei der Bevölkerung verbuchen. Sie erreichten 17 Prozent der Stimmen bei den Wahlen von 1937.

In Norwegen wirkte Vidkun Quisling, der allen Nazi-Kollaborateuren während des Zweiten Weltkrieges seinen Namen leihen sollte. Er gründete die nazistische »Nasjonal Samling«, die Partei der nationalen Einheit, die jedoch die starke Position der führenden Arbeiterpartei nicht erschüttern konnte. Quisling wurde 1943 »Ministerpräsident« Norwegens und beendete sein Leben am Galgen.

In Polen herrschte seit dem Staatsstreich von Pilsudski im Jahre 1926 eine Militärjunta von Obristen und Generalen, die ehemalige Mitkämpfer Pilsudskis in den polnischen Legionen während des Ersten Weltkrieges waren. Der greise Marschall war eine Art Vaterfigur der Polen und hatte nicht alle Ideale seiner Jugend als revolutionärer Sozialist über Bord geworfen. Pilsudski schützte mit seinem Ansehen die über drei Millionen Juden Polens. Als er 1935 starb – vorher schloß er noch einen Freundschaftspakt mit Hitler –, konnten sich die Militär-Faschisten und die Endeki (die antisemitischen, faschistischen Nationaldemokraten) mit ihrer nach Nazimuster geschaffenen Miliz »Blyskawica« (Blitz) voll entfalten. Es gab in unzähligen Städten und Städtchen Polens Pogrome mit Todesopfern, wie zum Beispiel in Przytyk, und unzähligen Sachzerstörungen

ationalen Einheit, die jedoch die starke Position der führenden Arbeiterpartei nicht erschüttern konnte. Quisling wurde 1943 »Ministerpräsident« Norwegens und beendete sein Leben am Galgen.

In England ist der Faschismus mit dem Namen Sir Oswald Mosley verbunden. Die rechten Gruppen organisierten sich im Oktober 1932 in der »British Union of Fascist« (BUF), deren Führer Mosley sie im Parlament vertrat. Die Kämpfe gegen die Juden fanden ihren Höhepunkt in der »Schlacht von Cable Street« am 4. Oktober 1936.

Auch das kleine Belgien fehlte nicht auf der Landkarte des europäischen Faschismus. Dort gab es mehrere faschistische Organisationen wie »Rex«, »Verdinaso«, »Légion Nationale« und »Vlaamsch Nationaal Verbond« (VNV). Die bekannteste unter ihnen war die rexistische Bewegung, die zusammen mit dem VNV einen großen Einfluß ausübte.

Bei den Wahlen 1935 errangen die Rexisten über elf Prozent der Stimmen. Den Faschisten standen viele Zeitungen und Zeitschriften zur Verfügung, die ihre nationalistischen und antisemitischen Ideen verbreiteten. Mit der

Zustimmung des katholischen Klerus gründete Leon Degrelle 1933 das Parteiorgan »Rex«. Degrelle wurde der anerkannte Führer der belgischen Faschisten, die in den Wahlen vom 24. Mai 1936 einen sensationellen Erfolg errangen. Mit 271 000 Stimmen erhielten die Rex-Bewegung 21 von 202 Parlamentssitzen und die flämischen Nationalisten 16 Sitze; zusammen beherrschten sie damit fast ein Sechstel des Parlaments. Während der deutschen Besatzung gründete Degrelle die wallonische SS-Division. Er wurde nach dem Kriege in absentia zum Tode verurteilt und lebt heute in Madrid.

Ilja Ehrenburg hat in seiner Autobiographie »Menschen, Jahre, Leben« die Gefahren des Faschismus im damaligen Europa mit großer Eindringlichkeit geschildert:

»Im aufgescheuchten und gedemütigten Europa der dreißiger Jahre war es schwer zu atmen. Der Faschismus marschierte – immer weiter und weiter. Niemand gebot ihm Einhalt. Jeder Staat, jeder Mensch sogar versuchte, sich für sich allein loszukaufen; um jeden Preis, auch um den des Schweigens. Es waren Jahre des Linsengerichts. [...] Und plötzlich stand ein Volk auf und bot dem Faschismus die Stirn. Es vermochte weder sich noch Europa zu retten. Doch wenn die Worte von der Würde des Menschen für meine Generation noch einen Sinn behielten, so nur dank Spanien. Es gab uns die Luft, die wir noch atmen konnten.«

Die Juden

Die ersten Internationalen in Albacete 1936. 1. von links: A. Szerman, 3. von links: L. Inselstein, in Madrid kurz nach der Aufnahme gefallen.

Die Juden in Spaniens Geschichte

Juden wohnten bereits im 3. Jahrhundert n.Chr. auf der Iberischen Halbinsel, wie ein jüdischer Grabstein in Andalusien beweist. Vom 8. bis zum 13. Jahrhundert wurde Spanien von den Arabern beherrscht. Das 10. und 11. Jahrhundert gelten als das goldene Zeitalter der spanischen Juden. Nach der christlichen Rückeroberung Spaniens fing die Zeit der Judenverfolgungen an. Im Jahre 1478 wurde die Heilige Inquisition gegründet, deren Opfer meistens Juden waren. In wenigen Jahren wurden über zweitausend Menschen auf dem Scheiterhaufen verbrannt, fünfzehntausend gefoltert, verfolgt und enteignet. Isabella und Ferdinand, die seit 1474 gemeinsam die Königreiche Kastilien und Aragon regierten, haben eine Reihe von judenfeindlichen Maßnahmen dekretiert. Seit 1480 mußten Juden in besonderen Stadtvierteln, den »juderias« oder »calls«, wohnen. 1481 begann die Inquisition, die getauften heimlichen Juden, die Marranen, zu verfolgen und zu töten. Der Großinquisitor Tomas de Torquemada entfesselte eine Verfolgungsaktion gegen die Juden mit Schauprozessen und Verbrennungen auf dem Scheiterhaufen.

Am 31. März 1492 wurde das königliche Vertreibungsedikt veröffentlicht. Innerhalb von vier Monaten mußten alle Juden das Land verlassen. Es blieben nur die getauften Juden, die wegen ihrer heimlichen Zugehörigkeit zur jüdischen Religion verfolgt wurden. Die Rabbiner haben einen Bannfluch über Spanien ausgesprochen, der den gläubigen Juden untersagte, spanischen Boden zu betreten. Am 22. Februar 1813, 321 Jahre nach der Vertreibung der Juden, beschlossen die Cortes die Liquidation der Inquisition, aber ein Jahr später, nach dem Sieg der Bourbonen, wurde sie wieder eingeführt. Erst 1834 wurde die Inquisition endgültig abgeschafft. Zwanzig Jahre später durften die Juden wieder in Spanien leben. 1869 beschlossen die Cortes die Religionsfreiheit. Doch auch die Konstitution von 1875 brachte keine Gleichstellung der Juden. König Alfons XIII., der 1886 den Thron bestieg, verkündete 1909 ein Gesetz, das das Verbot der Errichtung jüdischer Gotteshäuser aufhob. Es begann die Periode der Aussöhnung zwischen den Juden und Spaniern. Der König selbst übernahm das Amt des Ehrenpräsidenten der »Union Hispano-Hebrea«, in welcher der Orientalist Schalom Yahuda und der Schriftsteller Ignacio Bauer wirkten. Bauer war Mitglied der Akademie für Geschichte und persönlicher Freund des Königs, der während des Ersten Weltkrieges für die von den Türken verfolgten Juden Palästinas intervenierte. Die 1920 gegründete Organisation »Casa Universal de los Sefardis« kümmerte sich um die Sepharden in der ganzen Welt und wollte sie unter den konsularischen Schutz Spaniens gestellt wissen. Am 20. Dezember 1924 dekretierte der Diktator Primo de Rivera, daß alle Juden spanischen Ursprungs die spanische Staatsbürgerschaft beantragen können, auch wenn sie nicht in Spanien leben. Obwohl die Geltung des Gesetzes nur bis 1930 datiert wurde, rettete es vielen sephardischen Juden das Leben während des Zweiten Weltkrieges.

Als die Republik 1931 ausgerufen wurde, endete die Periode der Intoleranz und der Ungleichheit. Die neue Konstitution schränkte die Macht der Kirche ein. Artikel 3 bestimmte, daß es in Spanien keine Staatsreligion gibt. Artikel 27 garantierte Meinungs- und Religionsfreiheit. Alle Juden und Protestanten betreffenden Beschränkungen wurden abgeschafft. Die Artikel 23 und 24 ermöglichten Spanisch sprechenden Ausländern, die spanische Staatsbürgerschaft zu erwerben. Erst jetzt wurde den Juden die Gleichberechtigung gewährt.

Viele prominente Politiker der zweiten spanischen Republik hatten Verständnis und zeigten Sympathie für die Juden und ihre Probleme. Zu ihnen zählten der Staatspräsident Alcala Zamora, Präsident Manuel Azaña, Ministerpräsident Alejandro Lerroux und andere. Diese Freundschaft zu den Juden sollte bald auf die Probe gestellt werden. Die Nationalsozialisten verhängten nach ihrem Machtantritt im Januar 1933 Verfolgungsmaßnahmen auch gegen die Juden in Oberschlesien, deren Rechte durch ein besonderes Minderheitenstatut geschützt waren. Im Völkerbund in Genf verurteilte der spanische Delegierte diese Maßnahmen und erklärte, Spanien habe aus den Fehlern der Vergangenheit gelernt und werde nicht mehr zulassen, daß den Juden wieder, wo auch immer, Unrecht geschehe. Salvador de Madariaga, der Berichterstatter der Minderheiten-Kommission des Völkerbundes, sprach sich auch für die Juden aus.

Die Feiern des 800. Geburtstages des jüdischen Philosophen und Arztes Moses Maimonides im März 1935 in Cordoba, seiner Geburtsstadt, stand unter der Schirmherrschaft des Staatspräsidenten Alcala Zamora, der selbst anwesend war. Die spanische Post brachte Sondermarken heraus, und die Regierung widerrief das Edikt von 1492 mit den Worten: »Die Vertreibung der Juden ist ein schwarzer Fleck in Spaniens Geschichte, den wir beseitigen wollen.« Als Spanien 1935 und 1936 Staatsverträge mit Ägypten und Griechenland abschloß, sicherten Paragraphen die Rechte und den Schutz der dortigen sephardischen Juden.

Dies ließ die spanischen Reaktionäre, Faschisten und klerikalen Kreise nicht ruhen. Hetzbroschüren verkündeten, daß die Zweite Republik ein Geschöpf des Judentums und des Bolschewismus sei. Es erschienen auch mehrere Bücher, die die angebliche jüdisch-bolschewistische Verschwörung gegen Spanien in Zusammenarbeit mit republikanischen Politikern, als deren Knechte sie wirkten, beschrieben.

Trotzdem organisierten sich in Madrid, Barcelona und anderen Städten jüdische Gemeinden, deren Initiator Ignacio Bauer war. 1934 wurde sogar eine zionistische Organisation in Spanien gegründet. Ein Vertreter dieser Organisation nahm zum ersten Male am Zionistischen Kongreß in Luzern 1935 teil.

Als Hitler 1933 zur Macht kam, gehörte Spanien zu den wenigen europäischen Ländern, die den verfolgten deutschen Juden Asyl gewährten. Bis 1935 kamen über dreitausend jüdische Flüchtlinge nach Spanien. Die meisten nahmen ihren Wohnsitz in Barcelona.

Mit dem »Orden Circular« vom 27. Februar 1933 brachte die republikanische Regierung ihren Willen und ihre Bereitschaft zum Ausdruck, die zwei Millionen sephardischen Juden stärker an ihr einstiges Heimatland zu binden, und zwar durch Gewährung der spanischen Staatsbürgerschaft, durch Entwicklung von Handelsbeziehungen zwischen sephardischen Kaufleuten mit Spanien über besondere sephardisch-spanische Handelskammern und durch enge Zusammenarbeit auf dem Gebiet der Kultur und Pflege der spanischen Sprache und des Ladino. Die republikanische Regierung plante noch nach Ausbruch des Bürgerkrieges, jüdische Flüchtlinge in Spanien anzusiedeln, sobald die Rebellen Francos besiegt worden seien. In der Türkei, Bulgarien, Ägypten, Rumänien, Jugoslawien und Syrien-Libanon, den wichtigsten Ländern der Sepharden, wurden erste Schritte zur Verwirklichung dieser Pläne unternommen. Geplant wurde auch die Aufnahme von einhunderttausend jüdischen Flüchtlingen.

Der spanische Bürgerkrieg fing mit der Rebellion in Spanisch-Marokko an. Die spanischen Faschisten organisierten dort gemeinsam mit den islamisch-judenfeindlichen Kräften und mit Hilfe deutscher Nationalsozialisten blutige Pogrome gegen die dortige kleine jüdische Gemeinschaft. Die Kolonie wurde Operationsgebiet zahlreicher deutscher Agenten, die als Vertreter deutscher Firmen auftauchten. Ein Herr Langenheim, der schon vor 1936 Vertreter der Firma Mannesmann war, organisierte die antisemitischen Ausschreitungen, zusammen mit dem früheren Polizeispitzel Karl Woldemar und dem deutschen Konsul Dr. Brosch.

Die Landesgruppenleitung Spanien der NSDAP ließ Tausende von Schriften und Flugblättern nach Spanisch-Marokko schmuggeln. Es gab Ortsgruppen der NSDAP in Tetuan, Melilla, Ceuta und Lavache, die die nationalsozialistische Propaganda weiterleiteten.

Die Saat der Nationalsozialisten in Spanisch-Marokko ging auf. Noch vor dem Aufstand zirkulierten unter den spanischen Militärs Listen von Juden, Freimaurern und Kommunisten, die von den Aufständischen bei Ausbruch der Rebellion erschossen wurden. Lediglich orthodoxe jüdische Kreise wurden verschont.

Das Organ der spanischen Falange-Faschisten »Arriba

España« hat die Ausgabe vom 2. Februar 1937 dem Kampf gegen das Judentum gewidmet. Die Titelseite zieren zwei Karikaturen aus dem »Stürmer« mit deutschen Inschriften und der spanischen Losung: »Arriba España – Esta es la verdad!« (Hoch Spanien – das ist die Wahrheit).

Die antijüdischen Ausschreitungen, besonders de Llanos Radiosendungen schadeten dem internationalen Ansehen der Faschisten derart, daß Franco sie unterdrückte.

Bei Ausbruch des Bürgerkrieges zählte die jüdische Gemeinschaft Spaniens rund sechstausend Menschen, wovon fünftausend in Barcelona lebten. Als die anarchistischen Verfolgungsmaßnahmen gegen den Klerus mit Niederbrennen der Kirchen, Zerstören der Klöster und Verfolgung der Priester und Nonnen einsetzten, flüchteten die reicheren Juden aus Madrid und Barcelona ins Ausland, so daß im Herbst 1936 nur noch rund fünfhundert Juden in Barcelona wohnten. Viele Juden, die in Spanien blieben, meldeten sich als Freiwillige bei den Milizen und waren somit die ersten nichtspanischen, internationalen Spanienkämpfer.

Nach dem Ende des Bürgerkrieges lebten in Madrid und Barcelona nur hundert jüdische Familien. Alle Gesetze und die Verfassung der Republik wurden aufgehoben. Die Franco-Regierung zeigte unmißverständlich ihre Feindschaft gegenüber den Juden. Das Vertreibungsgesetz von 1492 wurde wieder in Kraft gesetzt, die Synagogen geschlossen, die rituelle Beschneidung verboten (Francos moslemische Söldner durften ihre Söhne weiterhin beschneiden), jüdische Eheschließungen und Begräbnisse verboten und jüdische Kinder zur Teilnahme am katholischen Religionsunterricht gezwungen.

Es gab viele Gründe für die hohe Zahl der für die Republik kämpfenden Juden. Ein Grund war die freundschaftliche Einstellung der Republik zu den Juden und den jüdischen Flüchtlingen sowie die Absicht der demokratischen Spanier, eine Versöhnung zwischen Spanien und den Juden nach Jahrhunderten des Hasses und der Verfolgung herbeizuführen.

Jüdische Reaktionen auf den Ausbruch des Bürgerkrieges

Den spanischen Bürgerkrieg und die Reaktion der Juden der Welt auf diesen Konflikt zu erforschen, zu dokumentieren und darzustellen ist ein äußerst schwieriges Unterfangen. In den von Nationalsozialisten besetzten Ländern Europas sind alle Gemeinde-, Presse- und Parteiarchive jüdischer Organisationen etc. vernichtet worden. Es gibt keine Zeitungsarchive der zahlreichen jüdischen Presseorgane, zum Beispiel in Polen, Rumänien, Frankreich etc. Die sowjetischen Archivbestände über die jüdische Presse sind nicht zugänglich. Lediglich die Archive des Bundes, YIVO-Institutes und der New York Central Library, alle in New York, haben einige Bände der jüdischen Presse in ihrem Besitz. Auch die Special Library der Brandeis University verwahrt Bestände der jüdischen und jiddischen Presse der damaligen Zeit.

Nur der weisen Voraussicht einiger Mandatsträger jüdischer Organisationen in Europa, die Dokumente nach New York geschickt haben, ist es zu verdanken, daß es archivarisches Material gibt. Diese Unterlagen durfte ich dort einsehen. Aus allen Dokumenten, Zeitungen und Berichten der jüdischen Welt geht klar hervor, daß die Juden ohne Rücksicht auf ihre ideologische Position, sei sie sozialistisch, zionistisch oder bürgerlich und selbst religiös, sich für die Republik ausgesprochen haben, im Gegensatz zu weiten Teilen der allgemeinen Öffentlichkeit in den jeweiligen Ländern. Die Juden und ihre Presse waren die ersten, die die spanischen Rebellen mit dem Wort »Faschisten« belegten und somit von Anfang an ihre gegnerische Position zu Francos Truppen und Anhängern in der Welt definierten. Die jüdischen, meistens jiddischen Zeitungen in Europa, Palästina und Südamerika haben die Republik mit redaktionellen Beiträgen und Berichten ihrer Korrespondenten in Spanien bis zum Ende unterstützt.

Das gleiche kann von der großen und einflußreichen jüdischen Gemeinschaft in den USA und ihren Presseorganen gesagt werden. Die Sympathie der Juden für die Republik war groß, »obwohl Spanien noch nicht für die Rückkehr der Juden bereit ist, weil es die alte Krankheit des Antisemitismus noch nicht überwunden hat«. Diese Worte des ehemaligen spanischen Außenministers und Botschafters in Washington während des Bürgerkrieges, Fernando del Rios, kennzeichnen die Grenzen der spanisch-jüdischen

Aussöhnung und Verständigung 450 Jahre nach der Vertreibung der Juden aus Spanien.

Bereits drei Wochen nach dem Ausbruch des Bürgerkrieges schrieb Roger Bramy, Präsident einer amerikanisch-sephardischen jüdischen Gemeinde in Amerika, im »Jewish Journal« als Antwort auf den Leitartikel »Spanien lehrt uns«:

»Sollten die Aufständischen Erfolg haben, können wir mit einer Krise, die ihresgleichen in der Weltgeschichte sucht, rechnen. Nicht nur werden die nazistischen Verfolger ihre Kraft verdoppeln, nicht nur wird die neue spanische Regierung die Verfolgungen forcieren, sondern es wird der letzte Damm, der die Juden Europas vor der Verfolgung schützt, zusammenbrechen. Der Nazismus und Faschismus erkennen keine territorialen Grenzen an, sie sind Mikroben, die die ganze Welt und uns Juden in Amerika angreifen, und wir müssen darauf vorbereitet sein.«

Die Zeitung »American Israelite« aus Cincinatti brachte am 6. August 1936 den Leitartikel »Die Juden müssen gehen, wenn Spanien an die faschistischen Rebellen fällt«. Die Jewish Telegraph Agency (ITA) und weitere Zeitungen berichteten laufend über die Judenverfolgungen in Spanisch-Marokko. Die Jewish-Yearbooks (Jüdische Jahrbücher des amerikanischen Judentums) berichteten von 1936 bis 1939 ausführlich über den Verlauf des Krieges und die Konsequenzen für die Juden.

Der große Führer des amerikanischen Judentums, Rabbi Stephen Wise, der später zu den wichtigsten Gestalten im Rahmen der amerikanischen Spanienhilfe zählte, schrieb kurz nach Ausbruch des Krieges in einem Journal:

»Der spanische Konflikt ist etwas Neues und Befremdendes, eine Rebellion der Macht, der Privilegien und der Armee, zusammen mit der alten Aristokratie gegen die republikanische Regierung, die trotz aller Unzulänglichkeiten die Unterstützung durch das Volk genießt. Macht und Privilegien werden nicht leichthin vor der Gerechtigkeit kapitulieren. [...] Die vollständige und vernichtende Niederlage der faschistischen Rebellen möge die Söhne der Freiheit in vielen Ländern aufmuntern und die Herzen der faschistischen Feiglinge mit Angst erfüllen.«

Auch die linke, kommunistisch beeinflußte jüdische Presse Amerikas warnte vor den Konsequenzen des Sieges Francos für die Juden, ebenso die englischsprachige Zeitung »Jewish Life«, Organ der jüdischen Sektion der KPdUSA, wie auch die jiddischen prokommunistischen Zeitungen Amerikas.

»Ein Sieg Francos in Spanien würde das Signal für das Entflammen der Welt sein. Er würde die Verdammnis für Millionen von Menschen bedeuten, die den nationalen Minderheiten in verschiedenen Ländern Europas angehören; er würde Tod und Verderben für Millionen von Juden bedeuten. Franco darf nicht siegen!«

Diese prophetischen Sätze erschienen in der August-Ausgabe 1937 des New Yorker »Najleben«, des Organs der Organisation für jüdische Kolonisation in der Sowjetunion.

Während 75 Prozent des amerikanischen Volkes, nach der Umfrage des Gallup-Institutes im Jahre 1938, die Republik unterstützten, haben fast alle Juden Spanien nicht nur verbal, sondern auch durch tatsächliche Hilfe unterstützt.

Führende Mitglieder und Geistliche der jüdischen Gemeinden Amerikas beteiligten sich mit Geld- und Sachspenden an der Hilfe für Spanien sowohl im Rahmen der allgemeinen Hilfskomitees als auch im Rahmen eigener Initiativen. Jüdische Zeitungen berichteten über Veranstaltungen, Sammelergebnisse und über Versuche, durch politischen Druck auf Senatoren Spanien zu helfen. Im September 1936 sprach zum Beispiel Jacob Weinstein in San Francisco auf einer Protestveranstaltung gegen den faschistischen Bombenterror in Madrid. Die Unterstützung der republikanischen Seite wurde im redaktionellen Teil, also für die Organisationen unentgeltlich, bekundet.

Robert Singermann, ein jüdisch-amerikanischer Publizist und Historiker der Juden in Spanien, beklagt trotzdem das Fehlen von starken politischen Reaktionen seitens der amerikanischen Juden. Er meint, dies sei der Tatsache zuzuschreiben, daß ihre Energien auf die Hilfe für die jüdischen Flüchtlinge aus den faschistischen Ländern Europas und auf den Kampf der Juden Palästinas gegen den arabischen Terror und die britische Mandatsmacht konzentriert waren. Auch die Neutralität Amerikas wird als Grund angeführt. Der Reform-Rabbiner Joseph Leiser schrieb im Organ seiner Glaubensgemeinschaft »The Reform Advocate« (Chicago) unter dem Titel »Was tun wir für Spanien?«: »Egal ob der Faschismus oder Kommunismus siegen wird, wir sind als Volk, Juden und Amerikaner, davon wesentlich berührt.« Rabbi Leiser forderte die Juden auf, sich politisch auf die Seite der Republik zu stellen, weil die anderen sie sowieso dazu zählten.

Die jüdischen Geistlichen Amerikas haben als einzige

religiöse Gruppe der Welt, gemeint sind alle Religionen, eindeutig Stellung zum spanischen Bürgerkrieg bezogen. Die beiden Verbände der amerikanischen Rabbiner, das »Rabbinical Assembly of America« und die »Central Conference of American Rabbis«, haben sich auf ihren Jahreskonferenzen für die Republik ausgesprochen.

Vom ersten Tage des Ausbruchs des Bürgerkrieges unterstützte die jüdische Arbeiterpresse die Republik. Interessant sind auch die prorepublikanischen und engagierten Stellungnahmen seitens bürgerlicher Kreise der jüdischen Öffentlichkeit. Die Herausgeber allgemeiner jüdischer Zeitschriften übertrafen ihre nichtjüdischen journalistischen Kollegen beim Einsatz zur Verteidigung der spanischen Republik. Selbst Rabbiner, Synagogengemeinden und jüdische sogenannte »Landsmannschaften« (Zusammenschlüsse von Emigranten aus bestimmten Städten Osteuropas) unterstützten Spanien. Ein gutes Beispiel hierfür ist die 1936 in der slowakischen Stadt Mukacevo von Manfred George gegründete Monatsschrift »Jüdische Revue«. Sie diente als Organ der exilierten jüdischen Schriftsteller und Dichter, war bürgerlich und mild zionistisch. Die April-Nummer 1937 war hauptsächlich dem spanischen Bürgerkrieg gewidmet. Die Autoren, neben anderen Otto Katz (Franz Spielhagen), warnten vor den Gefahren für die Welt im Falle eines faschistischen Sieges in Spanien. Manfred George schrieb in einem nicht signierten Leitartikel (»Spaniens Schicksal und das jüdische Volk«, in »Jüdische Revue«, April 1937):

> »Man kann es nicht oft genug wiederholen: der imperiale Antisemitismus, der heute in Europa seine Waffen gegen das Judentum schärft, ist eine zentral geleitete, internationale Verschwörerorganisation, die allmählich eine ausgesprochen politische Färbung annimmt, und die sich auf ganz bestimmte Mächteblocks beschränkt. Das letzte und neueste Beispiel ist das spanische Beispiel. [...] In dem Kampf Spaniens [...] kann es für das jüdische Volk nur eine Stellung geben: die neben dem spanischen Volk, das von denselben Mächten angegriffen wurde, die auch auf den Untergang des jüdischen Volkes sinnen.«

Die jüdischen Sportler aus Frankreich, Belgien, Palästina, Polen und anderen Ländern, die zur Arbeiterolympiade nach Barcelona fuhren, waren die ersten ausländischen Augenzeugen des Geschehens. Sie berichteten darüber ihren Zeitungen zu Hause, die damit zu den ersten Zeitungen der Welt gehörten, die Berichte noch im Juli 1936 brachten. Es waren insbesondere die Tageszeitung »Dawar«, das noch heute existierende Organ des Gewerkschaftsbundes »Histadruth«, die zionistische »Jiddische Presse« in Antwerpen, die kommunistische »Naje Presse« in Paris, die großen jiddischen Zeitungen in Warschau »Hajnt« (Heute) und »Moment« sowie die jiddischen Zeitungen »Vorwerts« und »Morning Freiheit« in New York. Später berichteten alle jüdischen Zeitungen ausführlich über den Krieg.

In der Ausgabe des »Dawar« vom 24. Juli 1936 lesen wir:

»Die Juden in Spanien und besonders die Flüchtlinge aus den faschistischen Ländern befürchten neue Gefahren für den Fall, daß die Faschisten die Macht in Spanien erobern sollten. Kurz vor dem Franco-Putsch erklärte die spanische Regierung, betreffend des Projektes des Antinazi-Verbandes zum Bau neuer Siedlungen für Flüchtlinge aus Deutschland in Barcelona, diese Pläne auszuführen, sobald wieder Ruhe im Lande herrschen wird. [...] 150 jüdische Flüchtlinge aus Deutschland haben sich der Armee angeschlossen und kämpfen gegen die aufständischen Faschisten.«

Die Ausgabe der »Naje Presse« vom 10. November 1936 brachte detaillierte Berichte der kritischen Stunden des 9. November, als das Schicksal der Republik von der Opferbereitschaft, Entschlossenheit und dem Mut der gerade in der Stadt eingetroffenen Freiwilligen der ersten Internationalen Brigade unter dem Kommando von General Emilio Kléber abhing. Der Dramatik dieser Stunden wurde durch sieben Berichte mit Stundenangabe Rechnung getragen. Über alle Spalten hinweg triumphierte die »Naje Presse« am Donnerstag, dem 12. November 1936:

»Auch der gestrige Tag war günstig für die heldenhaften Verteidiger Madrids. Die Milizen haben alle Angriffe der Franco-Armee in Casa del Campo abgeschlagen. Gestern früh war bereits die ganze Gegend von faschistischen Truppen frei. Casa del Campo befindet sich vollständig in den Händen der Republikaner. Die Faschisten, durch die Niederlage wütend geworden, haben ihre besten Kräfte mobilisiert und eine Reihe von Attacken im Laufe des gestrigen Tages an verschiedenen Fronten gestartet. So versuchten sie am Manzanares anzugreifen und am Nordbahnhof. Die Milizionäre haben sie aber überall abgeschlagen, und die Faschisten mußten selbst zugeben, daß sie auf ›unerwartete Schwierigkeiten‹ bei ihrem ›Einmarsch‹ in die Stadt gestoßen sind. Als wir diese Zeilen schrieben, um 2 Uhr nachts, dauerten die Kämpfe an verschiedenen Fronten noch an. Überall kämpfen Republikaner heldenhaft. Besonders zeichnet sich die Internationale Antifaschistische Kolonne aus [gemeint ist die XI. Brigade, die erste der Internationalen Brigaden, unter dem Kommando von General Kléber – d.A.], die aus Freiwilligen aus verschiedenen Ländern besteht und die ein Beispiel für Heldentum und internationale Solidarität ist.«

Die dem sozialdemokratischen Bund und den jüdischen Gewerkschaften in den USA verbundene jiddische Monatszeitung »Zukunft«, die bereits im Jahre 1895 in New York gegründet worden war und die jüdischen Arbeiter Amerikas in ihren zahlreichen Kämpfen über vierzig Jahre lang begleitet hatte, entsandte den jiddischen Journalisten und Schriftsteller Jacob Patt nach Spanien. Er sprach mit sozialistischen Führern an der Front, in den Lazaretten und in der Etappe mit jüdischen Freiwilligen. In seinem Bericht ist unter anderem zu lesen:

»Ein Ereignis besonderer Art war meine Begegnung mit Leopold Frank aus Wien in Valencia. Leopold kam im August 1936 nach Spanien, ohne Papiere, ohne Visum. Er hatte nur einen Mitgliederausweis der SPD bei sich. Er meldete sich sofort an die Front, aber er, ein alter Mann von 66 Jahren, wurde nicht genommen. Er begann zu toben: ›Ich bin Sozialist, ich bin Antifaschist, ich muß kämpfen.‹ Er setzte sich durch, wurde zur Front geschickt. Er wollte auch seine beiden Söhne suchen, die zwei Wochen vor ihm im Juli 1936 nach Spanien gekommen waren, aber dazu hatte er keine Zeit mehr. Der eine von ihnen ist Mediziner, der andere Ingenieur. Jetzt kämpfen sie beide in den Brigaden. Leopold wurde an der Huesca-Front verwundet und kam ins Lazarett.«

Jacob Patt lud Leopold in sein Hotel »Regina« ein, weil inzwischen das Lazarett die Tore geschlossen hatte.

»Wir kommen zum Hotel zurück. Es gibt noch immer kein Zimmer, und es ist spät geworden. Ich lade Leopold in mein Zimmer ein. Er zieht sich aus und zeigt die Narben seiner Verwundungen. Ich setze mich an den Tisch und mache Notizen. Er sagt: ›Ich schieße mit dem Gewehr und Du schreibst mit der Feder.‹ Plötzlich steht er auf. ›Du schreibst von rechts nach links, jiddisch, nicht wahr?‹ ›Ja, jiddisch.‹ ›Bist Du ein Jude?‹ ›Gewiß.‹ ›Ach so. Ich bin auch ein Jude. Mein Vater war ein frommer Mann in Ungarn, aber ich weiß nichts von Religion, und trotzdem, Du bist Jude und ich bin Jude.‹

Am Morgen mußte er sich beim Kriegsministerium melden. Wir haben uns verabschiedet. Salud, Leopold Frank!

Und so sehe ich sie nacheinander, die Juden an den spanischen Fronten. Sie bringen mit sich den tausendjährigen jüdischen Kummer und Schmerz und Glauben zugleich.«

Die Faschisten über die jüdischen Spanienkämpfer

Die Faschisten erkannten von Anfang an die Bedeutung der Juden im spanischen Bürgerkrieg und gingen darauf in ihren Hetz- und Propagandapublikationen entsprechend ein. Bereits 1937 erschien im Nibelungen-Verlag in Berlin und Leipzig das von der Antikomintern kompilierte Werk »Das Rotbuch über Spanien«. Man erwartete einen großen Erfolg und druckte 50 000 Exemplare. Dort ist das Kapitel »... von Juden mit Juden!« ausschließlich den Juden in Spanien gewidmet.

Aber nicht nur die Nazis schätzten den Anteil der Juden am spanischen Bürgerkrieg hoch ein. Die Faschisten anderer Länder standen ihnen nicht nach. Der französische Journalist mit dem Pseudonym Georges Virabeau verfaßte 1943 die 31-seitige Broschüre »Du Sang sur la Cité« (Blut über die Stadt) – »Les Complicités Judeo-Maçonniques dans la Révolution Rouge d'Espagne« (Die Judäo-Freimaurer-Komplizenschaft während der roten Revolution in Spanien). Herausgeber war die faschistische Kollaborationsorganisation »Information Anti-Maçonnique« (Anti-Freimaurer Information). Das Hetz-Bulletin erhielt die Lizenz Nr. 10 seitens der deutschen Besatzungsbehörden, die es wahrscheinlich auch finanzierten. Ein Kapitel ist betitelt »Die Judäeo-Republikanische Armee«. Es wird behauptet, daß fast das gesamte Personal des Sanitätsdienstes der Interbrigaden aus Juden bestehe samt ihrem Chef Dr. Telge (der in Wirklichkeit ein nichtjüdischer Bulgare war).

Auch die spanischen Faschisten versäumten nicht, die Rolle der Juden im Bürgerkrieg herauszustellen. Das Buch »Las Brigadas Internacionales«, das noch vor Kriegsende im Februar 1939 in Barcelona vom »Comité de Information y Actuacion Social«, einer Falange-Institution, herausgegeben wurde, ist mit mehr als hundert Zitaten aus der Weltpresse und den Zeitungen der Brigaden gefüllt. Das elfte Kapitel des Buches lautet: »Die Juden in den Internationalen Brigaden«. Wir sehen das Faksimile des Titelblatts des ersten Bulletins der jüdischen Freiwilligen in Spanien in jiddischer Sprache, »Freiheits-Kemfer«, sowie des Buches von Gina Medem »Los Judios Luchadores de la Libertad« (Die jüdischen Kämpfer für die Freiheit), das im Verlag der Brigaden 1937 in Madrid erschien. Es ist auch das Faksimile des Tagesbefehls der jüdischen Einheit »Botwin« vom

12. Dezember 1937 in jiddisch wiedergegeben. Der Text ist relativ zurückhaltend:

»Die Vertreibung der Juden aus Spanien gehört der Geschichte an. Im Jahre 1492 mußten diejenigen Juden, die nicht zur katholischen Religion konvertierten, die Halbinsel verlassen; die anderen blieben. Seitdem gibt es kein jüdisches Problem in Spanien. Trotzdem kämpften die Juden gegen Spanien in den Internationalen Brigaden.«

»Der jüdische Bolschewismus und die Judäeo-Freimaurerei als Urheber des spanischen Bürgerkrieges« lautet der Titel einer kleinen 23-seitigen Broschüre von Erich Schwarzburg, die im für antisemitische Heftchen spezialisierten Welt-Dienst-Verlag 1944 in Frankfurt erschien. In dieser Zeit hatten die Deutschen andere Sorgen, als über den spanischen Bürgerkrieg nachzudenken, aber das jüdische Thema fand offenbar Interessenten. In der Broschüre heißt es:

»Die enge Verbindung zwischen Judentum, Freimaurerei und Bolschewismus tritt während des spanischen Bürgerkrieges 1936-1939 ganz besonders klar zutage. Die Judäo-Freimaurerei und der jüdische Bolschewismus versuchten mit vereinten Kräften, den spanischen Staat zu unterhöhlen, um auf seinen Trümmern die blutige Fahne der jüdisch-kommunistischen Weltrevolution aufzupflanzen. [...] Das Ziel, das das Weltjudentum mit Hilfe dieses Krieges erreichen will, ist die Vernichtung Deutschlands und die Bolschewisierung Europas. Die deutsche Wehrmacht und ihre Verbündeten werden die von dem Judentum ins Auge gefaßte Bolschewisierung Europas genau so verhindern und die jüdischen Herrschaftspläne genau so zum Scheitern bringen, wie die spanischen Nationalisten unter General Franco den jüdisch-bolschewistischen Anschlag auf Spanien vereitelt haben.«

Als diese Zeilen den Leser Ende 1944 erreichten, mußte die deutsche Wehrmacht die Grenzen des eigenen Landes verteidigen.

Wie viele Juden kämpften in Spanien?

Dieses Kapitel war im ursprünglichen Konzept für dieses Buch nicht vorgesehen. Es erinnerte zu sehr an die Judenzählung im deutschen Heer während des Ersten Weltkrieges, als Völkische und Antisemiten behaupteten, daß sich die Juden vor dem Frontdienst drückten und, wenn überhaupt, nur in der Etappe anzutreffen seien. Die Oberste Heeresleitung ordnete daraufhin die erwähnte Judenzählung an, die das bestätigte, was allgemein bekannt war, nämlich daß die Juden in der gleichen Proportion wie andere Bevölkerungsteile an der Front kämpften. Dieses Ergebnis entsprach nicht den Behauptungen der Antisemiten und wurde deshalb nicht veröffentlicht. Erst nach dem Kriege hat der »Reichsbund jüdischer Frontsoldaten« (RjF) eine komplette Liste aller jüdischen Frontkämpfer mit Angabe der Armee-Einheiten publiziert.

Die Frage nach der Zahl der Juden im spanischen Bürgerkrieg kann nicht beantwortet werden, ohne daß Einigung über einige Kriterien erzielt ist. Sind die Juden eine nationale, ethnische oder nur religiöse Gruppe und im übrigen nur Staatsbürger ihrer jeweiligen Heimatländer? Die Frage »Wer ist Jude?« beschäftigt seit Jahrzehnten die jüdische Welt und den Staat Israel, ohne daß es zu einem annähernden Konsens in dieser Frage gekommen ist. Für die Ostjuden, die den international und intern anerkannten nationalen Minderheiten angehörten, wie zum Beispiel in der Sowjetunion, Polen, Tschechoslowakei, Rumänien, Jugoslawien, gab es in dieser Hinsicht keine Probleme. Sie waren nationale, ethnische Juden ohne Rücksicht auf den Grad ihrer religiösen Bindung. Ihre Muttersprache war Jiddisch oder Ladino, das Judenspanisch der sephardischen Juden Südeuropas und Nordafrikas. Im Personalausweis jedes jüdischen Bürgers der Sowjetunion ist das Wort »Jewrej« (Jude) eingetragen. Die polnischen Juden wurden im polnischen Parlament durch eigene Abgeordnete vertreten, auch durch Bundisten, die sozialistische Atheisten waren.

Was die westlichen Juden betrifft, stellt sich das Problem anders dar. Viele fühlten sich in erster Linie als Bürger ihres Staates, ohne ihre jüdische Herkunft zu verleugnen. Viele amerikanische Juden anglizisierten auf Geheiß der KPdUSA ihre jüdisch klingenden Namen, um bei der Agitation unter nichtjüdischen Arbeitern nicht aufzufallen.

Der Ausbruch des Bürgerkrieges fiel zeitlich mit dem

Großen Terror Stalins und den Moskauer Prozessen zusammen, wo die jüdischen Angeklagten, einst die Elite der kommunistischen Führung, vom Chefankläger Wischinsky mit ihren jüdischen Namen anstatt mit den in der Konspiration und Revolution erworbenen Namen angesprochen wurden. Es war eine Zeit, wo die ungeschriebenen Regeln es den jüdischen Kommunisten angeraten sein ließen, ihre jüdische Identität nicht besonders herauszustellen.

In keinem der Standardwerke über die Geschichte des spanischen Bürgerkrieges wird die große Beteiligung der Juden gewürdigt. Die in der Sowjetunion ermordeten hohen jüdischen Offiziere, deren Namen in den sowjetischen Werken fehlen, werden auch von westlichen Historikern nicht erwähnt. Es gibt groteske Ungenauigkeiten in bezug auf diesen Personenkreis. Oft werden die miteinander nicht verwandten Generale Grigorij Stern und Manfred Stern zu einer Person mit zwei Vornamen vereint. Diese Praxis hat sich bis heute erhalten, nachdem über vierzigtausend Studien und Bücher über den Bürgerkrieg publiziert worden sind. Die Bibliographie über die jüdischen Spanienkämpfer zählt siebzehn Titel, dieses Buch eingeschlossen. Von diesen behandeln nur vier das Thema allgemein, die anderen sind Memoiren.

Eine weitere Frage ist, wer als Spanienkämpfer gelten darf. Waren es nur die Soldaten im Schützengraben oder auch Journalisten, Techniker, Ambulanzfahrer, Dolmetscher? Für dieses Buch gilt der Grundsatz, daß jede Person jüdischer Herkunft, die während des Bürgerkrieges für die Verteidigung der Republik auf spanischem Boden kämpfte oder wirkte, Spanienkämpfer ist. Doch die Angabe von genauen Zahlen ist nicht möglich. Mehrere Forscher haben diese Aufgabe in Angriff genommen, doch diese Versuche eingestellt. Nur Dr. Josef Toch, ein jüdisch-österreichischer Spanienkämpfer, Schriftsteller und Journalist, hat die jüdische Beteiligung quantifiziert. Leider ist diese Arbeit mit Ungenauigkeiten behaftet, worauf ich noch zurückkommen werde.

Viele Spanienkämpfer konnten nicht erfaßt werden, weil sie bereits im Juli 1936 nach Spanien kamen und in den Arbeitermilizen der verschiedenen Parteien kämpften, ohne an einer Stelle zentral registriert worden zu sein. Viele von ihnen fielen schon vor der Gründung der Internationalen Brigaden im Oktober 1936. Die Ladino sprechenden Juden meldeten sich nicht bei den internationalen, sondern spanischen Einheiten, weil Spanisch ihre Muttersprache war. Dolmetscher, Journalisten, Ingenieure waren nirgendwo zentral erfaßt und wurden zum Beispiel in der Sowjetunion, die viele Meister und Facharbeiter in die Fabriken und Montagewerke Spaniens schickte, niemals gewürdigt, selbstverständlich auch nicht die Juden unter ihnen.

In der Zeitschrift »Catalans« vom 30. Juni 1937 spricht Leon Azerrat Cohen (Ben Krimo) von 6 000 Juden in den Internationalen Brigaden. Josef Toch nennt die Zahl von 7 758 jüdischen Freiwilligen in Spanien, bei einer jüdischen Weltbevölkerung von 16,5 Millionen im Jahre 1936. Toch gibt folgende Zahlen jüdischer Spanienkämpfer:

Aus:	
Polen	2 250
USA	1 236
Frankreich	1 043
Großbritannien	214
Palästina	267
Ungarn, Österreich, Tschechoslowakei, Jugoslawien, Kanada, Italien, Skandinavien, Deutschland	1 093
Aus anderen Ländern	1 602
Aus der Sowjetunion	53
Hieraus resultiert die Gesamtzahl von	7 758.

Toch hält diese Zahl für zu niedrig, da die Juden in vielen Ländern ihre Namen geändert haben und deshalb als Juden in den Karteien und Listen der Internationalen Brigaden nicht identifiziert werden können. Toch schreibt in seiner in der Zeitschrift »Zeitgeschichte« im April 1974 in Wien erschienenen Arbeit:

»Der Anteil der Juden war bei den meisten nationalen Kontingenten unvergleichlich höher, als der der Juden in der Bevölkerung des betreffenden Herkunftslandes. So befanden sich unter den 2 150 britischen Interbrigadisten 214 vom Sekretariat der Organisation ehemaliger Spanienkämpfer als Juden agnoszierte Kameraden. Das ist ein Anteil von zehn Prozent, während die Juden in der britischen Bevölkerung damals unter einem Prozent ausmachten. Noch krasser war der Unterschied in Ost- und Mitteleuropa. Während der Bevölkerungsanteil der Juden in Polen etwa elf Prozent ausmachte, waren 45 Prozent des polnischen Kontingents in Spanien Juden! Doch diese Verhältnisse entspringen und entsprechen nur der sonstigen verhältnismäßig stärkeren Beteiligung von Juden in den sozialistischen und kommunistischen Bewegungen der Zwischenkriegszeit. [...]

Zahlenmäßig (im Unterschied zum relativen prozentualen

Anteil) waren die Juden mit ihren 7 758 Freiwilligen das zweitstärkste nationale Kontingent nach den aus dem Nachbarland gekommenen 8 500 Franzosen. Zieht man jedoch von letzterer Zahl die 1 043 Juden ab, die zum französischen Kontingent gezählt worden waren, dann nehmen die Juden (ohne Änderung ihrer Gesamtzahl, wohl aber der der Franzosen) auch zahlenmäßig den ersten Platz ein. Das ist in dieser Betrachtung umso berechtigter, als zwei Drittel der Juden bei den Franzosen sowieso keine wirklichen Franzosen, sondern oft erst kürzlich nach Frankreich gekommene politische Flüchtlinge, z.B. aus Polen, waren.«

In den von Josef Toch genannten Zahlen steckt ein hoher Ungenauigkeitsfaktor. Viele jüdische Freiwillige waren wandernde Juden der Weltrevolution, die in mehreren Ländern wirkten, bevor sie nach Spanien gingen. David Kamy kam von Rußland über China und Japan nach Palästina und von dort nach Belgien; er ging von Belgien nach Spanien, weshalb sein Name in der belgischen Aufstellung auftaucht. Viele polnische Juden kamen nach Spanien über Frankreich und Belgien; sie werden möglicherweise doppelt oder dreifach gezählt. Die Freiwilligen aus Palästina, die polnischer Herkunft waren, werden auch von den Polen mitgezählt.

Man kann den prozentualen Anteil der Juden auf einem anderen, indirekten Wege schätzen. Im Bataillon der 21 Nationalitäten, »Tschapaiew«, waren die palästinensischen Juden mit 20 Freiwilligen die sechstgrößte Nationalitätengruppe unter den 389 Soldaten des Bataillons. In der polnischen Mickewicz-Kompanie gab es 22 jüdische Soldaten. In Kantorowicz' Buch »Tschapaiew« wird über 32 Gefallene besonders berichtet; zehn von ihnen waren Juden. Ein weiteres Beispiel der indirekten Deduktion: Am 18. Juni 1939 befanden sich im Lager Gurs 845 Internierte, die aus Polen stammten; 244 von ihnen, das heißt 29 Prozent, fast ein Drittel, waren Juden. Ein anderes Beispiel: Am 7. April 1939 wurden im Amtsblatt der polnischen Stadt Lwow/Lemberg die Namen von 24 Bürgern veröffentlicht, denen wegen ihrer Beteiligung am spanischen Bürgerkrieg die polnische Staatsangehörigkeit aberkannt wurde, zwölf von ihnen waren Juden.

Die Zahl der deutsch sprechenden jüdischen Spanienkämpfer wird auf fünfhundert geschätzt. Sie kamen meistens auf individueller Basis nach Spanien, aus den Exilländern wie Frankreich, Palästina sowie aus Österreich, der Schweiz, Tschechoslowakei, Bukowina usw. Eine Gruppe jüdischer jugendlicher Freiwilliger kam aus dem Jugendflüchtlingsdorf für deutsche Juden »Werkdorp Nieuwesluis«

in Holland, das von der Stiftung »Joodsche Arbeid« zwecks Berufsumschichtung 1934 errichtet worden war. Die Jungen vertrauten ihre Absicht, sich bei den Brigaden in Spanien zu melden, dem Dorfleiter und Erzieher, dem Palästinenser Mosche Katznelson, an, der sie darin unterstützte.

Der Anteil der Juden unter den amerikanischen Freiwilligen war enorm hoch. In keiner anderen Einheit gab es so viele jüdische Offiziere wie in der Lincoln-Brigade. Der ranghöchste Amerikaner in Spanien war John Gates. Dave Doran, Aaron Lopoff, Dave Reiss, Leonard Lamb und zuletzt Milton Wolff führten das Lincoln-Bataillon. Viele der Politkommissare, wie zum Beispiel Joe Dallet, waren Juden. Professor Albert Prago, selbst ein jüdischer Spanienkämpfer aus den USA, schätzt den Anteil der Juden unter den Amerikanern auf 30 Prozent.

Der spanische Historiker Alberto Fernandez kommt in seinem Beitrag über die jüdischen Spanienkämpfer in der Fachzeitschrift »Tiempo de Historia«, Madrid 1975, zu einer noch höheren Zahl, nämlich 8 510. Während Hugh Thomas von zwei- oder dreitausend Juden spricht, nennt die jüdische New Yorker Zeitung »The American Hebrew« vom 7. Juni 1938 eine fünfstellige Zahl von Juden. Fernandez beweist seine Zahl an einem Beispiel. Nach seinen Forschungen gab es 450 Juden aus Rumänien in Spanien, eine weit höhere Zahl als die von Toch angegebene. Abschließend meint Fernandez, daß es nicht weniger als zehntausend jüdische Spanienkämpfer gegeben habe. In der Zeitung »Cambio« (Madrid) vom 6. Oktober 1986 wird die Zahl von achttausend Juden in Spanien genannt.

Viele nichtjüdische amerikanische Spanienkämpfer hatten während ihrer Zeit in Spanien das Gefühl, daß die Mehrheit der Lincoln-Soldaten Juden waren. Dies beweist jedenfalls eine Gedenktafel für die in Spanien gefallenen dreizehn Studenten und Professoren einer New Yorker Hochschule, des City College of New York (CCoNY). Einhundert Studenten und Professoren dieser Universität kämpften in Spanien. Elf der gefallenen dreizehn Studenten des CCoNY waren Juden: Sidney Babsky, Wilfred Mendelson, Marvin Stern, Eiken Wendkos, Eugene Bronstein (nicht verwandt mit Trotzki), Jacob Freeman, Irving Rifkin, Professor Ralph Wardlaw, Professor Albert Chakin, Benjamin Leider und Abraham Sasson.

Die Forschungen des amerikanischen Spanienkämpfers Adolph Ross sind das beste Beispiel für die Unmöglichkeit, genaue Zahlen über die nationalen Gruppen von Freiwilligen anzugeben. Er fertigte eine Liste aller Freiwilligen an, die vor dem spanischen Bürgerkrieg ihren Wohnsitz in den USA hatten, und benutzte dazu alle verfügbaren Quellen, wie Listen des Veteranenverbandes VALB, des FBI, Schiffspassagier-Listen, Listen des amerikanischen Spionagedienstes und Bücher. Er kam zunächst auf 3 600 Namen. Im Laufe der Recherchen stellte er aber fest, daß mehrere hundert Freiwillige in Spanien unter Pseudonym gekämpft hatten, um ihre Familien vor Verfolgungen und Belästigungen durch das FBI zu schützen. Nach Eliminierung der doppelten Eintragungen und anderer Fehler erhielt er 2 400 Namen. Die Zahl der Toten reduzierte sich von 1 200 auf 750. Die entsprechenden Zahlen für die britischen Freiwilligen sind 2 000 Freiwillige und 526 Gefallene. Von den 750 Gefallenen aus Amerika haben über 200 jüdisch klingende Namen, was die Schätzungen jüdischer Spanienkämpfer über die Zahl der Juden mit über eintausend bestätigt.

Wenn sogar die peniblen Recherchen von A. Ross einen Ungenauigkeitsfaktor einschließen, wie ungenau müssen dann Feststellungen über die europäischen und palästinensischen Juden ausfallen, die aus x-Ländern kamen, dem Herkunftsland, dem Land des ersten und zweiten Wohnsitzes etc. Der Autor ist der Meinung, daß in Spanien rund sechstausend Juden kämpften, die den eingangs beschriebenen Kriterien entsprochen haben. Sollte diese Zahl jedoch viel kleiner sein, wären die jüdischen Spanienkämpfer trotzdem gewaltig überrepräsentiert. Für meine Schätzung von sechstausend jüdischen Freiwilligen in den Interbrigaden spricht eine interne, nicht für die Öffentlichkeit bestimmte Akte im Archiv des spanischen Außenministeriums vom Jahre 1939, die diese Zahl nennt.

David Miller ist ein jüdisch-amerikanischer Spanienkämpfer. Im Dezember 1973 schrieb er einen Brief an Arthur H. Landis, den Verfasser des Standardwerkes über die amerikanischen Spanienkämpfer »The Abraham Lincoln Brigade«, New York 1967. In dem Buch werden die jüdischen Spanienkämpfer 700 mal erwähnt, ohne daß ihre Herkunft festgestellt wird. Ich zitiere im folgenden aus David Millers Brief:

»[...] von März 1937 bis Februar 1939 war ich in Spanien gewesen. Ich habe Ihr Buch über den spanischen Bürgerkrieg mit großem Interesse gelesen.

Eine Frage möchte ich jedoch an Sie richten: In Ihrem Buch weisen Sie mit größter Genauigkeit jeden Schwarzen als Schwarzen und jeden Finnen als Finnen aus, Sie geben WASPs (Anm.: weiße Amerikaner angelsächsisch/protestantischer Herkunft), Ukrainer, Amerikaner polnischer Abstammung, mexikanische Amerikaner und irische Amerikaner als solche zu erkennen.

Allerdings geben Sie die jüdischen Freiwilligen an keiner Stelle als Juden zu erkennen.

Erlauben Sie mir die Frage, warum Sie es ablehnten, die jüdischen Freiwilligen als solche zu nennen? Der Grund für meine Frage ist weder akademischer noch chauvinistischer Natur. Jeder, der über den Holocaust Bescheid weiß, kennt die stets vorgebrachte Anschuldigung, die Juden seien wie Schafe zur Schlachtbank gegangen – ohne Widerstand.«

Der Sekretär der Internationalen Föderation der Widerstandskämpfer, Kurt Goldstein, schrieb dem Autor des vorliegenden Buches unter anderem:

»Ihre Idee, ein Buch über jüdische Spanienkämpfer zu schreiben, um sie der Vergessenheit zu entreißen, finde ich außerordentlich nützlich. Es erinnert mich an jene Worte Fuciks aus der ›Reportage unter dem Strang geschrieben‹: ›Keiner darf vergessen werden‹. Sonst habe ich, ehrlich gesagt, Bedenken gegen ein solches Unternehmen, und zwar ganz einfach deshalb, weil wir ja vor 50 Jahren aus aller Herren Länder, Leute der verschiedensten Gesinnungen, Religionen und Weltanschauungen nach Spanien gegangen sind, ohne zu fragen, bist Du dies oder jenes. Unsere Stärke war ja eben die, daß wir über Ländergrenzen hinweg eine einzige solidarische Familie waren. [...] Also von daher kommen meine Bedenken, jetzt eine Sonderrolle für die jüdischen Spanienkämpfer zu machen.«

Ich schrieb an Kurt Goldstein folgende Antwort:

»Ihre grundsätzliche Zustimmung zur Idee der Verewigung des Andenkens an die jüdischen Spanienkämpfer freut mich sehr, Ihre Bedenken dagegen teile ich nicht bzw. halte sie nicht für sehr schwerwiegend. [...] Gewiß hatten die Juden dort nichts mit der Religion im Sinn, aber die meisten von ihnen waren jüdischer Nationalität, auch wenn sie polnische, sowjetische, ungarische, rumänische oder tschechoslowakische Staatsbürger waren. Ihre Rechte als nationale Minderheiten waren durch internationale Abkommen und Verpflichtungen geschützt. Auch in der Sowjetunion gehört die jüdische Nationalität zu den vielen anderen, welche im Personalausweis vermerkt wird – jewrej. Nur in einigen westlichen Ländern betrachteten sich die Juden als Staatsbürger und sonst nichts, was sich hier und dort später als Illusion erweisen sollte.

Für die Notwendigkeit, den jüdischen Anteil festzuhalten und zu beschreiben, habe ich den bestmöglichen Befürworter, Generalkommissar Luigi Longo-Gallo, welcher im ganzseitigen Vorwort zum Buch von Gina Medem, ›Los judios, luchadores por la libertad‹, herausgegeben vom Generalkommissariat der Internationalen Brigaden aus Anlaß des ersten Jahrestages ihrer Gründung in Madrid 1937, eben dies fordert. Er schreibt u.a. ›... creo que se sentian ya un poco como el vengador de todas las calumnias contra su hermanos de raza‹, also, jüdische Spanienkämpfer als Rächer für alle Verleumdungen gegen ihre Volksbrüder. Warum soll das, was in Madrid 1937 richtig war, heute nicht mehr gelten? Ich kann Ihnen ein halbes Dutzend von faschistischen Publikationen zeigen, die die Rolle der Juden im spanischen Bürgerkrieg für ihre Propaganda nutzen. Sollte man gerade ihnen das letzte Wort zu diesem Thema überlassen?

Worum es mir geht, kann ich mit drei Worten definieren: ›Dem Vergessen entreißen‹.«

Die Fahne der jüdischen Einheit Botwin mit jiddischem, polnischem und spanischem Text: »Far ajer un unser freiheit«

Sie kamen aus aller Welt

Die erste Gruppe jüdischer Freiwilliger aus Paris direkt nach der Ankunft in Albacete. 2. von links: A. Nahumi-Weitz, bereits in Uniform und mit Gewehr.

Die ersten Internationalen

In der Literatur über den spanischen Bürgerkrieg im allgemeinen und die Beteiligung der internationalen Freiwilligen im besonderen wird mit Akribie nachgeforscht, welche Nationalitäten zuerst den Kampf gegen Franco aufnahmen. Diese Variante der nationalen Eitelkeit, die mit Chauvinismus nicht verwechselt werden darf, ist mir nicht unsympathisch, weil sie den Wettstreit um eine gute Sache darstellt. Seitdem haben sich Historiker und Militärhistoriker meistens kommunistischer Länder mit der Angelegenheit befaßt und die Ergebnisse ihrer Forschungen in Studien, die wenig bekannt sind, veröffentlicht. Fast allen diesen Publikationen haftet der Mangel an, daß in ihnen die Namen der jüdischen Kämpfer entweder weggelassen oder den anderen nationalen Gruppen, wie zum Beispiel der polnischen oder der deutschen, zugeordnet werden. Es unterliegt keinem Zweifel, daß die meisten Freiwilligen als überzeugte Internationalisten nach Spanien eilten und ihnen die Zugehörigkeit zu einer nationalen Gruppe nicht wichtig war. Trotzdem waren die Freiwilligen in nationale Gruppen, Einheiten und Brigaden eingeteilt, hatten Frontzeitungen in ihrer jeweiligen Sprache und waren stolz darauf, als Vertreter ihres Volkes in Spanien für die Republik zu kämpfen. Dasselbe trifft für die Spanienkämpfer jüdischer Nationalität und Herkunft zu.

Die ersten Verteidiger der Republik gegen den Putsch Francos waren die zu diesem Zeitpunkt bereits in Spanien wohnenden deutschen und jüdischen Antifaschisten sowie die Teilnehmer der Arbeiterolympiade in Barcelona, die wegen des Putsches ausfiel. Zu ihnen zählten die deutschen Juden Max Friedemann mit seiner Frau Golda, Franz Loewenstein, Werner Hermelin, Egon Infeld, Hessenthaler und Martin Führer. Zu den Juden polnischer Herkunft, die aus verschiedenen Ländern, meistens Belgien und Frankreich, kamen, zählten Chaim Besser, Gustav Schnitzer, Scholek Weinrot, Abrascha Krasnowiecki, Eisik Hofmann, Jechiel Szulewic, Schaja Kindermann, Jacques Penczyna, Natan Mitnowiecki und andere. Die Freiwilligen nannten ihre Gruppe nach dem in Buchenwald inhaftierten Führer der KPD und wählten Max Friedemann zu ihrem Kommandanten.

Friedemann beteiligte sich zusammen mit seiner Frau Golda und vielen anderen antifaschistischen Freunden an den Straßenkämpfen in Barcelona. Haus für Haus, Stockwerk für Stockwerk mußten von den rebellierenden Truppen zurückerobert werden. Auch die Capitania, die Garnisonskommandantur im Hafen, mußte erobert werden. Die wichtige Pedralbes-Kaserne und später die Ataranza-Kaserne wurden erkämpft.

An diesen Kämpfen nahmen internationale Kämpfer, die meisten von ihnen Juden, teil. Als am 22. Juli 1936 die Regierung das »Milizgesetz über die Bildung von Armeeformationen zur Befreiung der von den Faschisten besetzten Gebiete« veröffentlichte, war die Gruppe »Thälmann« schon formiert.

In einigen militärwissenschaftlichen Konferenzen und Symposien wurde das Thema erforscht. Doch auch Max Friedemann, Chaim Besser, Gerhard Wohlrath und Käthe Hempel ist es nicht gelungen, eine komplette Liste der »Thälmann«-Gruppe zu rekonstruieren, die im allgemeinen als deutsche Gruppe bezeichnet wird. Diese Usurpation machte Emanuel Mink streitig, welcher ihr von Anfang an angehörte und als einziger bis zum letzten Tage bei der kämpfenden Truppe blieb, zuletzt als Kommandant der jüdischen Einheit »Botwin«. Mink betrachtete die Gruppe »Thälmann« als jüdische Gruppe, weil fast alle Kämpfer dieser Einheit Juden waren. Sie wurde in der damaligen jüdischen Presse auch »Jüdische Gruppe Thälmann« genannt.

Hier die komplette Liste nach Emanuel Mink:

1. Max Friedemann (genannt Mackie), Kommandant, deutscher Jude.
2. Chaim Besser, Stellvertreter und politischer Delegierter, polnischer Jude. In einer DDR-Publikation wird sein jüdischer Vorname Chaim mit Jaime hispanisiert.
3. Franz Loewenstein, später als Leutnant Adjutant von General Gomez (Wilhelm Zaisser), deutscher Jude.
4. Werner Hermelin, später Politkommissar für alle Ausländer an der Aragon-Front, zuletzt Presse-Delegierter, deutscher Jude.
5. Gustav (Scholem) Schnitzer, später Leutnant an der Aragon-Front, polnischer Jude.
6. Egon Infeldt, später Redakteur des Parteiorgans der CNT-FAI in Barcelona, deutscher Jude.
7. ? Hessenthaler, mit Infeldt Redakteur bei CNT-FAI, deutscher Jude.
8. Scholek (Salomon) Weinrot, polnischer Jude.
9. Martin Führer, zweimal verwundet, deutscher Jude.
10. Eisik Hoffmann, schwer erkrankt, polnischer Jude.
11. Ewald Mans, Deutscher.
12. Erwin Wohlrath, später Kommissar einer MG-Kompanie an der Aragon-Front, Schweizer.
13. Abrascha Krasnowiecki, als Leutnant am 14. April 1937 bei Tardienta gefallen, polnischer Jude.
14. Emanuel Mink, polnischer Jude.
15. Walter Boch, 1938 gefallen, Deutscher aus Kempten.
16. Sam Masters, englischer Jude aus London.
17. Golda Friedemann, Ehefrau von Max Friedemann, polnische Jüdin.
18. Käthe Hempel, Front-Krankenschwester, Schweizerin.

Von den achtzehn Kämpfern der Gruppe »Thälmann« waren vierzehn Juden, womit der Beweis erbracht wäre, daß sie eine jüdische Gruppe war, auch wenn sie von keinem Staat der Welt, auch nicht von Israel, als solche reklamiert wird. Das Urteil von Emanuel Mink sollte den Ausschlag geben.

Zu gleicher Zeit, als die Gruppe »Thälmann« bei Huesca kämpfte, formierten sich andere Gruppen internationaler Kämpfer in Paris. Sie wurden meistens von den Führern der kommunistischen Parteien der jeweiligen Länder in Paris organisiert. Zu ihnen zählte Estera Golde-Strozecka, Direktorin des polnischen KP-Organs »Dziennik Ludowy« in Paris, die 1936 aus Moskau gekommen war und von Beruf Ärztin war. Samuel Bot (Max) organisierte das erste Rekrutierungszentrum für Spanien. Die jungen jüdischen Ärzte Sewek Fischson und Josel Bursztyn untersuchten die Freiwilligen. Samuel Bot fiel 1938 in Spanien, Fischson wurde in Auschwitz als Widerstandskämpfer umgebracht, und Bursztyn wurde als Résistance-Kämpfer in Paris zum Tode verurteilt und erschossen.

Eine der ersten Gruppen von internationalen Freiwilligen, die nach Spanien kamen, war die polnische Gruppe der »9«, die bereits am 28. Juli 1936 aus Frankreich die grenznahe Stadt Irun erreichte und an den Kämpfen dort teilnahm. In dieser Gruppe waren zwei Juden: Joseph Epstein, der spätere Colonel Gilles der Résistance, und Leon Baum. Die Gruppe formierte sich schon in Paris unter dem Namen »Wróblewski«, zum Andenken an den polnischen General, der die Kommune in Paris kommandiert und dort auf den Barrikaden sein Leben gelassen hatte.

Als Irun zwei Tage später am 5. September fiel, konnten die Überlebenden mit einem Motorboot in den französischen Hafen St. Jean de Luz fliehen, wo sie entwaffnet und nach Hendaye gebracht wurden. Sie entkamen und gelangten wieder nach Spanien. Vier Polen und Joseph Epstein meldeten sich bereits am 6. September 1936 in der Kaserne Carlo Marx in Barcelona; zu ihnen stießen dort weitere 29 polnische Freiwillige, darunter mehrere Juden. Diese Gruppe der »36« gab sich den Namen »General Jaroslaw Dombrowski«, nach jenem polnischen General, der am 23. Mai 1871 auf den Barrikaden der Pariser Kommune getötet worden war. Die Gruppe wurde Teil einer der ersten internationalen Milizeinheiten, der Centuria »Commune de Paris«, 30. MGKompanie. Sie wurde am 24. Oktober nach Albacete beordert, wo sie das polnische Dombrowski-Bataillon bildete. Das Bataillon war Teil der XI. Thälmann-Brigade, die sich heroisch bei der Schlacht um Madrid im November schlug; die meisten Freiwilligen sind dort gefallen oder verwundet worden. Das Dombrowski-Bataillon bildete den Kern der späteren berühmten XIII. Dombrowski-Brigade. Die Gruppe der »9«, zu der Leon Baum gehörte, und die Gruppe »36«, zu der Joseph

Epstein und andere jüdische Freiwillige gehörten, waren die Gründer dieser Brigade.

Im August/September 1936 trafen deutsche und italienische Antifaschisten ein, die sich in den Kampfgruppen und Milizkolonnen »Thälmann« – nicht zu verwechseln mit der Gruppe »Thälmann« von Max Friedemann – und »Giustizia e Libertá« vereinigten. Aus diesen kleineren Verbänden entwickelten sich die Internationalen Brigaden »Thälmann« und »Garibaldi«.

Zur gleichen Zeit organisierten sich Hunderte von deutschen, jüdischen, polnischen, französischen und italienischen Freiwilligen zu miserabel ausgerüsteten und ausgestatteten Kampfverbänden, die an die Fronten eilten. Zu diesem Zeitpunkt war dies die einzige auswärtige Hilfe, die die Republik erhielt.

Leon Baum wurde am 3. April 1906 in einem Arbeiterviertel von Lodsch geboren. Die Not trieb ihn und seine Mutter 1920 nach Deutschland. Er war in Berlin in ostjüdischen Arbeiterorganisationen tätig. 1927 kam er nach Belgien, wo er in der jüdischen Gewerkschaft aktiv war. 1933 wurde er aus Belgien wegen kommunistischer Tätigkeit ausgewiesen und ging nach Paris. Er wurde Mitglied der KPF und nahm an den Straßenschlachten des 9. Februar 1935 teil, wurde verhaftet und ausgewiesen. Er kehrte wieder zurück und gründete den jiddischen »Belleviller Arbeter Klub« (BAK) in diesem jüdischen Proletarierviertel von Paris. Er fiel im 3. September in Irun.

Zu den Kämpfern der ersten Stunde in Madrid gehörte *Siegfried Mayer*. Er emigrierte aus Deutschland und gründete einen kleinen Buchladen in Madrid, in welchem antifaschistische Emigrationsliteratur vertrieben wurde. Nach Ausbruch des Franco-Putsches nahm er an der Erstürmung der Montana-Kaserne in Madrid teil. Später wurde er Soldat im ersten internationalen Bataillon »Edgar André« und Verbindungsmann zu den republikanischen Milizen an der Front von Madrid. Im Dezember 1936 fiel er in Casa del Campo.

Albert Nahumi-Weitz

Albert Nahumi wurde 1909 in Kamieniec Podolski in der Westukraine geboren und verlor früh seine Eltern. 1918 formierte sich dort eine nationalistische Armee unter Ataman Petljura, der gegen die Bolschewiken kämpfte. Seine Soldaten verübten zahlreiche Pogrome und Morde an der jüdischen Bevölkerung.

Nahumi wanderte als Pionier nach Palästina aus und schloß sich der dortigen KP an. Die Briten verhafteten den Aktivisten Nahumi mehrmals. Nach mehreren Monaten Gefängnis wurde Nahumi zwar wieder freigelassen, aber die britische Polizei war ihm ständig auf den Fersen. Um den Verfolgungen zu entkommen, ging Nahumi 1932 nach Paris. Dort war er für die KPF unter der jüdischen Jugend tätig und gründete ein Zentralkomitee der Vereinigten Sozialistischen Jüdischen Jugend in Frankreich.

Albert Nahumi gehörte als einer der ersten Freiwilligen zu der Internationalen XI. Brigade, die in Albacete ausgebildet wurde. Dort sprach er Luigi Gallo, Generalkommissar der Internationalen Brigaden, auf die Gründung einer jüdischen Einheit an. Dieser Wunsch wurde erst im Dezember 1937 durch die Benennung einer bisher namenlosen Kompanie der XIII. Dombrowski-Brigade auf den Namen »Botwin« erfüllt.

Nahumis Brigade kam als erste internationale Einheit Anfang November an die Madrider Front. Nahumi fiel bei den erbitterten Kämpfen in der Universitätsstadt.

Emanuel Mink

Am 14. Juli 1986 interviewte ich in Paris Emanuel Mink, einen der beiden überlebenden Kommandanten der jüdischen Einheit »Botwin«. Emanuel Mink oder Mundek, wie er von seinen Freunden genannt wird, ist eine der legendären Gestalten des spanischen Bürgerkrieges, ein typischer Repräsentant der selbstbewußten ostjüdischen Arbeiterbewegung.

Mundek (seine Familie wurde im Krieg von den Nationalsozialisten umgebracht) wurde am 23. April 1913 in Tomaszow in Polen geboren. Schon als Jugendlicher war er

Mitglied jüdischer und kommunistischer Jugendorganisationen. Wegen seiner revolutionären Aktivitäten wurde er verhaftet und zu dreieinhalb Jahren Gefängnis verurteilt, die er in Piotrkow verbüßt hat. Nach der Entlassung aus dem Gefängnis bemühte sich Mundek erfolglos um Arbeit. Weil sich ihm keine Zukunftsperspektiven eröffneten, wanderte Mundek 1934 nach Belgien aus. Aber auch hier war es nicht leicht, Arbeit zu finden. Mundek wurde Mitglied des aktiven Jüdischen Arbeitersportklubs JASK, der auch in anderen Ländern wie Frankreich und Deutschland existierte. In Belgien und Frankreich halfen Patronatsvereine und Landsmannschaften ihren bedürftigen Klassengenossen und Landsleuten. Diese und die Internationale Rote Hilfe unterstützten die Entsendung einer Sportlerdelegation des belgischen JASK zur Arbeiterolympiade im Juli 1936 nach Barcelona. Der Grenzübertritt war illegal. Die Gruppe wurde von einem jüdischen Genossen aus Belgien namens Kotek geführt.

Emanuel Mink berichtet:

»In Barcelona trafen wir Arbeitersportler aus vielen Ländern, darunter viele Juden, auch aus Palästina. Kurz vor der Eröffnung der Olympiade überraschte uns Francos Militärputsch. Auf den großen Alleen Barcelonas, den Ramblas, sahen wir riesige Plakate, die die Arbeiter zu den Waffen riefen. Mit einem ungarischen Freund haben wir uns am 21. Juli beim Rekrutierungsbüro gemeldet. Wir erklärten den Funktionären, daß wir als jüdische Arbeitersportler gegen die Faschisten kämpfen wollten. Wir erhielten einen Ausweis als Soldaten der Arbeitermiliz. Damit gaben wir uns aber nicht zufrieden, denn wir wollten sofort an die Front. Wegen des großen Andrangs mußten wir uns den Weg zum Büro der Freiwilligen für die Aragon-Front bahnen. Ich erhielt ein Dokument als Freiwilliger der ersten Kolonne der Arbeitermiliz ›del Barrio‹. Politischer Delegierter – damals gab es noch keine Politkommissare – wurde Trueba, ein Funktionär der Kommunistischen Jugend. Ein spanischer Genosse namens Toledano hat sich meiner angenommen, denn ich verstand kein Wort Spanisch. Er stellte mich den anderen Kameraden vor: ›Das ist ein jüdischer Genosse aus Belgien, der wie wir alle zur Arbeiterolympiade kam und jetzt mit uns und für uns kämpfen wird.‹

Emanuel Mink

Ich wurde Mitglied der am gleichen Tage formierten Internationalen Gruppe bei der 1. Kolonne ›del Barrio‹. Die Gruppe gab sich den Namen ›Thälmann‹, was später zu Verwechslungen und Manipulationen der historischen

Wahrheit führen sollte, denn die Mehrheit der kleinen Gruppe waren keineswegs deutsche Genossen. Sie bestand vielmehr fast ausschließlich aus polnischen und deutschen Juden, die schon vor dem Franco-Putsch in Spanien lebten. Sie hatten bereits an den Straßenkämpfen in den ersten Tagen des Krieges teilgenommen. Sie erzählten uns, daß sie bereits am 17. Juli Waffen ›organisiert‹ hatten, denn es war schon damals ein offenes Geheimnis, daß das Militär putschen würde.

Eine sechsköpfige Gruppe suchte Jagdwaffengeschäfte auf und kaufte einige Gewehre und Revolver. Zu dieser Gruppe gehörten Schaja Kindermann und Jacques Penczyna, beide jüdische Arbeiter aus Belgien, die in Barcelona zwei Jahre zuvor Arbeit gefunden hatten.

Unser größtes Problem war der Mangel an Waffen, so daß wir nicht einmal eine Grundausbildung mit Waffen machen konnten. Die Führung der Miliz beschloß, uns trotzdem, das heißt waffenlos, an die Front zu schicken. Wir formierten uns am 23. Juli 1936 auf der Plaza Catalunya und marschierten in Richtung Bahnhof. Tausende begrüßten uns enthusiastisch auf den Straßen: ›Schlagt die Faschisten und kommt gesund zurück.‹ Wir sangen revolutionäre Lieder wie ›Avanti popolo‹, ›Junge Garde, Rote Fahne‹ und so weiter.

In der 1. Kolonne der Arbeitermiliz, ›del Barrio‹, gab es auch viele Frauen, die schon auf den Barrikaden in Barcelona gemeinsam gekämpft hatten und nun mit ihren Männern und Freunden an die Front fuhren. In meiner Kompanie waren fünf Paare, davon drei in unserer Internationalen Gruppe ›Thälmann‹. Max und Golda Friedemann (Mackie, wie wir ihn nannten, wurde Kommandant unserer Gruppe), Franz Loewenstein und seine Frau sowie Erwin Wohlrath und Käthe Hempel, beide Schweizer.

Fünfhundert Meter vor unserem Zug fuhr eine Lokomotive, um uns vor Sabotageakten zu schützen. Auf jeder Station wurden wir begeistert begrüßt. ›Tod den Faschisten, nieder mit Franco‹ lautete die Parole. So fuhren wir bis Lerida, das von Anarchisten der CNT-FAI und von der POUM gehalten wurde.

In unserer Kompanie kämpfte auch die Gruppe ›Fossig‹, die sich aus jüdischen Kellnern aus Paris zusammensetzte.

Am 26. Juli sollten wir bei Almudebar zum ersten Mal in den Kampf. Max Friedemann zur Seite stand Chaim Besser, ein polnischer Jude, der erst nach Deutschland und später nach Spanien emigrierte.«

Nach Gründung der Internationalen Brigaden im Oktober 1936 war Mundek einer der wenigen Freiwilligen der ersten Stunde mit relativ guten militärischen Kenntnissen, die er sich auf diversen Schlachtfeldern angeeignet hatte. Er wurde Unteroffizier des Bataillons »Palafox« der XIII. Dombrowski-Brigade. Man schickte ihn auf eine Offiziersschule. Doch bis November 1937 diente er noch einmal mit deutschen Genossen beim Edgar-André-Bataillon. In diesem Monat wurde er mit zwei anderen jüdischen Soldaten, die sich freiwillig zur Bergung eines beschädigten sowjetischen Panzers gemeldet hatten, schwer verwundet.

Emanuel Mink berichtet:
»Die Offiziersschule in Pozorubio habe ich als Leutnant beendet und wurde als Instrukteur zu den Internationalen Brigaden abkommandiert. Ich arbeitete in der Schulungsbasis der polnischen Dombrowski-Brigade in Casa Ibañez. Die Gruppe der Instrukteure setzte sich aus polnischen Freiwilligen zusammen. Die meisten kamen aus der Emigration, aus Frankreich und Belgien, nach Spanien. Wir Juden haben uns mit diesen ideologisch gut geschulten Polen sehr gut verstanden.

Im Januar 1938 kam eine große Gruppe von Juden aus Paris mit Jacques Kaminski an der Spitze. Es wurde beschlossen, eine Reservekompanie für die jüdische Kompanie ›Botwin‹ zu bilden, die im Dezember 1937 gegründet worden war und seitdem schreckliche Verluste erlitten hatte. Ich wurde Kommandant der Reservekompanie ›Botwin‹ und begann, die Kompanie zu organisieren. Schon am 9. Februar 1938 kommandierte ich meine Kompanie an die Estremadura-Front, mußte aber sofort an die Basis zurück, um weitere Soldaten auszubilden. Diese Kompanie erhielt einen zu schweren Frontabschnitt; viele Soldaten hatten keine Gewehre. Unsere Angriffe wurden abgeschlagen, weil es mit den Verbindungen nicht klappte. Die für die Angriffe geplanten und versprochenen Panzer trafen nicht ein. [...]

Eines Tages gab es einen sehr merkwürdigen Vorfall. Ein polnischer Freiwilliger, den wir ›Schlonsak‹ (Schlesier) nannten, fing beim Essen verrückt zu lachen an. Er riß sich die Kleider vom Leib und lief fast nackt auf die Straße, wo er faschistische und antisemitische Losungen schrie. Er war offenbar verrückt geworden und wurde von der Wache abgeführt. Es stellte sich heraus, daß er sich bei Franco als Freiwilliger hatte melden wollen und durch einen Irrtum bei uns gelandet war. [...]

Unsere Lage wurde immer schwerer. Der Botwin-Kommandant Karol Gutmann war gefallen, Rubinstein schwer verwundet worden. Als ich mit meiner Reservekompanie eintraf, wurde Mischa Sapir Kommandant der Botwin-Kompanie. Abteilungsführer war Sewek Kirschenbaum und Jerzy Bron. Wir hielten die Front von Lerida, und dort fiel Schapiro. Da wir ungeheure Verluste hatten, mußte die Kompanie neu formiert werden. Kirschenbaum wurde zum Brigadestab abkommandiert. Im Krieg kämpfte er in der Résistance in Paris; in Auschwitz wurde er ermordet. Nach der Neuformierung wurde ich Botwin-Kommandant. Mein Vertreter war Israel Halbersberg, über dessen abenteuerliches Leben ein Buch geschrieben werden müßte. Er ist bei der Offensive gefallen. Dann wurde Alter Szermann mein Vertreter. [...]

Mit einer dezimierten Kompanie bezog ich Stellung bei Sierra Pandols. Wir erhielten Verstärkung und kämpften verbissen um unseren Berg. Unaufhörlich wurden wir von schwerer Artillerie und von Flugzeugen bombardiert. Wir hatten gute Schützengräben ausgehoben und waren bereit auszuharren, da kam der Befehl, einen anderen Frontabschnitt zu besetzen, eine Position, die einem Himmelfahrtskommando gleichkam, auf einem offenen Feld, umgeben von Faschisten. Die Kompanie des Bataillons ›Palafox‹, die wir ablösen sollten, hatte 80 Prozent Tote. Ich ging bei Tag mit meinen Offizieren, um unsere zukünftige Stellung anzuschauen. Wir sahen die Schützengräben, die vielen Toten und das offene Terrain, das die Faschisten ohne Gefahr für sich angreifen konnten. Dort traf ich am Maschinengewehr die Brüder Kleinminz und Mischa Skorupinski, die unter Schock standen, denn sie gehörten zu den wenigen Überlebenden. Die feindliche Artillerie hat alles zugeschüttet, die Schützen- und auch die Laufgräben.

Ich besah mir dieses Unglück mit den jüdischen Sergeanten Bressler, Helfant und Kulisch. Beim Anblick der Faschisten, die sich ohne Angst frei bewegten, packte mich die Wut, und ich fing zu schießen an. Die Antwort kam sofort mit Mörsern. Helfant drang ein Splitter ins Herz; er war sofort tot. Helfant sagte noch auf jiddisch: ›Es wird mer schwarz for die Ojgen‹, und fiel tot um. Mich verwundete ein Splitter. Das war meine zweite Verwundung.

Alter Szermann übernahm das Kommando. Szermann erzählte mir später, daß die Kompanie, oder was davon übriggeblieben war, unaufhörlich von schwerer Artillerie beschossen worden war. Schließlich wurde die dezimierte Gruppe umzingelt und gefangengenommen. Die Faschisten trennten die Internationalen von den Spaniern. Der Politkommissar der Kompanie war ein Spanier. Er machte Mischa Skorupinski, der beim Maschinengewehr stand, ein Zeichen, daß er zu den Spaniern gehen solle. Alle Internationalen wurden an Ort und Stelle erschossen, nur Mischa Skorupinski blieb am Leben. Das war das Ende der Botwin-Kompanie. Nur diejenigen, die früher verwundet wurden, überlebten. Unter den ermordeten Gefangenen war der jüdische Abwehroffizier des Bataillons ›Palafox‹, Szafran. [...]

Als der Krieg schon fast verloren war und die Faschisten anfingen, Katalonien einzukreisen, meldeten sich die meisten von uns, die nicht repatriiert werden konnten, nochmals freiwillig und gründeten eine internationale Kampfgruppe unter dem Kommando von Heniek Torunczyk. Wir hatten die Aufgabe, die Flucht der Zivilbevölkerung nach Frankreich zu decken.«

Mundek wurde am 20. August 1941 in Paris verhaftet und kam am 27. März 1942 nach Auschwitz, wo ihm die Häftlingsnummer 28 413 eintätowiert wurde. Am 22. Oktober 1944 wurde er nach Stutthof bei Danzig deportiert. Am 17. November 1944 kam er ins Konzentrationslager Natzweiler, Kommando Heilfingen. Nach dem Kriege emigrierte Mundek von Frankreich nach Polen, das er vor zwanzig Jahren verlassen hatte. Er wurde wie viele andere Kommunisten und Sozialisten aufgerufen, nach Polen zurückzukehren, um dort den Sozialismus aufzubauen. Er bekam einen Posten im Innenministerium, wo er für die Ausstattung von Regierungsbüros zu sorgen hatte. Nach der Entfesselung der antisemitischen Kampagne im Jahre 1968 durch General Moczar und Gomulka ging Mundek mit seiner Familie nach Paris zurück, wo er heute noch lebt.

Max Friedemann

Max Friedemann wurde 1905 im Ruhrgebiet geboren. Nach dem Studium an der Technischen Hochschule in Berlin, welches er als Diplomingenieur beendete, mußte er als Jude und Kommunist Deutschland im Jahre 1934 verlassen. Er emigrierte nach Spanien und ließ sich in Barcelona nieder. Seit seiner Ankunft dort im März 1934 beteiligte er sich gemeinsam mit anderen Emigranten aus Deutschland am Kampf gegen den Faschismus und war Mitgründer des Thälmann-Befreiungskomitees. 1936 wurde er leitendes Mitglied des Organisationsausschusses für die Arbeiterolympiade in Barcelona.

Friedemann beteiligte sich zusammen mit seiner Frau Golda an den Straßenkämpfen in Barcelona in den ersten Stunden des Bürgerkrieges. Die ersten Freiwilligen der spontan gebildeten »Thälmann«-Gruppe wählten ihn zu ihrem Kommandanten. (In den ersten Wochen und Monaten des Krieges wurden die Milizkommandanten nicht von oben ernannt, sondern von der jeweiligen Milizgruppe gewählt.) Dann fuhr die Gruppe an die Front von Huesca. Fast ohne technische Hilfsmittel und Materialien baute Friedemann den Nachrichtendienst der Milizkolonnen auf, um die Verbindung zum Stab in der Hauptstadt und zu den benachbarten anarchistischen Milizeinheiten herzustellen. Im Oktober 1936 wurde er von der KP in Katalonien beauftragt, einen Kurs für Nachrichtensoldaten einzurichten, den er auch leitete.

Nach der Jarama-Schlacht im Februar 1937 erhielt er von der spanischen Armeeleitung den Auftrag, eine Schule für Nachrichtenwesen in Albacete aufzubauen. Er sollte 2 000 Rekruten zu Fachleuten für Nachrichtentechnik heranbilden. Nach kurzer Zeit wurde er als Major stellvertretender Kommandeur des Nachrichtenwesens der spanischen Armee.

Nach Ende des Bürgerkrieges wurde Friedemann in Internierungslagern in Frankreich festgehalten. 1941 konnte er flüchten. Als Commandant François Heuzé leitete er eine Kampfgruppe der französischen Résistance. Bis zur Befreiung Frankreichs wirkte er als Koordinator der Résistanceverbände und der deutschen Antifaschisten in Frankreich, die in der Sektion »Travail Allemand« (TA) Antikriegspropagandaarbeit unter den Wehrmachtssoldaten in Frankreich durchführte.

1945 kehrte Friedemann nach Ost-Berlin zurück, wo ihm verschiedene Aufgaben in der Industrie und Politik anvertraut wurden. Er war unter anderem Staatssekretär im Ministerium für Berg- und Hüttenwesen und später Handelsattaché an der DDR-Botschaft in Peking. Er durfte, wie viele andere Spanienkämpfer, nicht die höchsten Positionen staatlicher Macht in der DDR einnehmen und blieb sein Leben lang ein der Partei ergebener Kommunist. Als er am 10. November 1986 starb, organisierte die DDR-Regierung eine würdige Trauerfeier für ihn.

Abrascha Krasnowiecki

Abrascha Krasnowiecki (Krasni) wurde als Sohn armer Eltern 1910 in Bialystok in Polen geboren. Der Vater verdiente nicht genug, um die Familie zu ernähren, so daß Abrascha schon seit seinem zwölften Lebensjahr arbeiten mußte. Er wurde Aktivist der gewerkschaftlichen und kommunistischen Arbeit unter der jüdischen Bevölkerung.

Nach vielen Verhaftungen und anderen Repressionen war er gezwungen, Polen zu verlassen. Er ging nach Belgien. Durch seine politische Aktivität kam er in Kontakt mit den noch schlecht organisierten flämischen Arbeitern, lernte ihre Sprache und verbreitete unter ihnen revolutionäre Literatur. Er arbeitete zuerst in einer Ziegelei, später in einem Schlachthaus. Er organisierte die Fleischerarbeiter zu einer Gewerkschaft. Den jüdischen Arbeitervereinen widmete er seine Zeit in den freien Abendstunden. Er gründete Hilfskomitees für die jüdischen Opfer des nationalen Terrors und der Pogrome in Polen, die sich auch um die politischen Gefangenen kümmerten.

Die Behörden wiesen den Ausländer Abrascha oft aus, aber es gelang ihm immer wieder, seine Tätigkeit aufzunehmen. Mehrmals wurde er zu Gefängnisstrafen verurteilt.

Abrascha war ein begabter Fußballer und spielte in der Mannschaft des Jüdischen Arbeitersportklubs in Antwerpen mit. Als die Arbeiterolympiade im Juli 1936 in Barcelona stattfinden sollte, war Abrascha Mitglied der Delegation aus Belgien. Zusammen mit anderen Olympiade-Teilnehmern beschloß Abrascha, nicht nach Hause zurückzukehren, sondern die Republik zu verteidigen. Zusammen mit seinem Sport- und Parteikameraden Mundek Mink nahm er an den Straßenkämpfen in Barcelona teil und meldete sich bei der Gruppe »Thälmann«. Als Soldat dieser Gruppe, die der Kolonne »del Barrio« angehörte, kämpfte er an der Front von Huesca und Tardienta.

Abrascha wurde nach den Kämpfen in Madrid auf die Offiziersschule abkommandiert und zum Leutnant befördert. Er fiel am 14. April 1937 an der Front von Tardienta.

Adam Dawidowicz

Adam Dawidowicz

In der Literatur über die Verteidigung Madrids und die kritischsten Tage der Republik im November 1936 taucht ab und zu ein namenloser polnischer Offizier auf, dessen Kompanie die Universitätsgebäude verteidigte. Nur er und sechs seiner Soldaten blieben am Leben. Er wollte sich wegen der Verluste erschießen, wurde aber mit Gewalt davon abgehalten. Wäre den Faschisten der Einbruch in die Universitätsstadt gelungen, dann wäre es nur eine Frage von Stunden oder wenigen Tagen gewesen bis zum Fall Madrids und damit der Republik. Dieser Offizier hieß Adam Dawidowicz.

Am 22. Oktober 1936 beschloß die spanische Regierung nach Verhandlungen mit Vertretern italienischer und polnischer Freiwilliger, Luigi Longo und Boleslaw Krzykalski, die Gründung der Internationalen Brigaden. Kommandeur der XI. Brigade war General Manfred Stern (Emilio Klëber). Es wurden drei Bataillone der ersten Brigade Nr. XI gebildet: »Commune de Paris« (französisch), »Edgar André« (deutsch-österreichisch) und »Dombrowski« (polnisch). Das Dombrowski-Bataillon bestand aus drei Schützenkompanien und einer MG-Kompanie. Chef der 2. Kompanie war der polnische Jude Hauptmann Adam Dawidowicz.

Adam Dawidowicz wurde 1910 in Polen geboren. Nach Absolvierung des Gymnasiums kam er nach Paris, wo er an der Kunstakademie »Ecole des Beaux Arts« Malerei studierte. Von Anfang an war er einer der aktivsten Funktionäre der kommunistischen Studentenbewegung in Paris. Als der Bürgerkrieg ausbrach, meldete er sich und wurde Ausbilder der ersten polnischen und jüdischen Freiwilligen, weil er eine Militärdienstzeit in Polen absolviert hatte und zu den wenigen Freiwilligen mit militärischer Vorbildung gehörte.

Nach nur fünftägiger Vorbereitung in Albacete wurde das DombrowskiBataillon an die Madrid-Front geschickt. Das Bataillon verteidigte die Französische Brücke am Manzanares. Im Bataillon gab es zahlreiche Juden, von denen viele in Madrid gefallen sind, wie zum Beispiel Chaim Elkon und Leon Inselstein, Politkommissar der MG-Kompanie.

Am 15. November übernahm das Bataillon einen Frontabschnitt im Casa del Campo. Es sollte den Gegner aus Palacete und aus der französischen Botschaft vertreiben. In dieser Attacke fiel Chaim Elkon. Da die versprochene und geplante Panzerunterstützung ausblieb, gab es viele Verluste.

Der 20. November 1936 war der gefährlichste Höhepunkt des Kampfes. Die polnischen Kompanien kämpften um Casa Velasquez. Dan Kurzman schildert in seinem Buch »Das November-Wunder« diese Stunden so:

»Eine polnische Kompanie der XI. Internationalen Brigade [die 2. Kompanie des Hauptmanns Adam Dawidowicz – d.A.], der auch viele jüdische Soldaten angehörten, leistete erbitterten Widerstand. [...] Bald hatten die Polen keine Handgranaten mehr, die Gewehrmunition war fast verbraucht. Sie kamen überein, daß sich jeder bis zur letzten Patrone verteidigen solle, um sich dann selbst zu erschießen. Doch als sie sich zum Massenselbstmord bereitmachten und die Internationale sangen, flohen die Rebellen, die offenbar glaubten, sie seien einer ganzen Armee in die Falle gegangen.

Die Polen schöpften neue Hoffnung. Hatten die Rebellen ihren Versuch aufgegeben? Da drang Rauch in das Gebäude ein; der Gegner hatte es in Brand gesteckt. Die noch unverwundeten Soldaten beschlossen zu bleiben und ihre verwundeten Kameraden nicht allein sterben zu lassen, aber einer der Verwundeten mit Namen Józek flehte sie an: ›Kameraden, ihr könnt uns nicht mehr helfen, und wir können nicht aus dem Fenster springen ... Wir werden in diesem Haus lebendig verbrennen, aber ihr müßt springen. Ihr müßt die feindlichen Linien durchbrechen und weiterkämpfen. Das ist die einzige Möglichkeit.‹

Die noch kampffähigen Männer umarmten ihre Kameraden, küßten sie und sprangen aus den Fenstern, ohne daran zu denken, daß sich die gleiche Szene in den Ghettos ihrer Heimat schon nach wenigen Jahren wiederholen würde. Sieben Mann erreichten lebend die eigenen Stellungen, kehrten aber bald zurück, um das in Asche gesunkene Gebäude zu verteidigen und die Rebellen an der Überschreitung des Flusses zu hindern.«

Die sieben Mann waren Hauptmann Dawidowicz und seine sechs Soldaten. Das Bataillon verlor in Madrid fast alle seine Soldaten, aber die Front hielt. Adam Dawidowicz wurde Adjutant des Dombrowski-Bataillons. Er fiel in der Schlacht von Huesca am 16. Juni 1937, 27 Jahre alt.

Die ersten Freiwilligen aus Amerika

Am 26. Dezember 1936 verließ das französische Transatlantikschiff »Normandie« den Hafen von New York mit den ersten 87 amerikanischen Freiwilligen für Spanien an Bord. Mindestens 24 unter ihnen waren Juden: Herman Abramowitz – Joseph Anasevich – Elias Begelmann – Emil Blaser – Sidney Crotow – David Davidson – David Dombroff – Reuben Ehrlich – David Epstein – Edward Freed – Aaron Harris – Emanuel Hochberg – William Horowitz – Rubin Kaufmann – Max Katz – Israel Levy – Jacob Liffland – Jacob Mendlowitz – Samuel Siegel – Joseph Streisand – Marvin Stern – Alfred Tand – Herbert Wolk – Abraham Zarst.

Die ersten Freiwilligen aus England

Der erste gefallene englische Spanienkämpfer war eine Frau, die Künstlerin *Felicia Browne*, die nach Spanien kam, um zu malen. Dort hat sie der Bürgerkrieg überrascht. Bereits am 2. August 1936 war sie Freiwillige einer Arbeitermiliz. Am 25. August 1936 versuchte sie einen verwundeten Kameraden aus der Feuerlinie zu holen und wurde dabei getötet.

Zu den Freiwilligen der ersten Stunde aus England gehören die jüdischen Textilarbeiter aus London *Nat Cohen* und *Sam Masters*. Beide radelten aus England zur Arbeiterolympiade in Barcelona. Als sie an der Grenze von der Rebellion der Generale hörten, meldeten sie sich sofort bei den Milizen. Nat Cohen übernahm das Kommando über die vor kurzem gegründete britische centuria Tom Mann. Diese Einheit versuchte erfolglos die Insel Mallorca für die Republik zurückzuerobern. Cohen wurde im April 1937 verwundet und mußte nach Hause repatriiert werden.

Sam Masters kämpfte weiter, bei der jüdischen Gruppe »Thälmann«, zusammen mit Friedemann, Mink und Krasny, an der Huesca-Front. Nach Beendigung eines Offizierskurses in Albacete wurde der frischgebackene Leutnant in der Schlacht von Brunete im Juli 1937 tödlich verwundet, weniger als ein Jahr nach seinem Eintreffen in Spanien.

J. Smuschkewitsch in Rakischki mit seinen Eltern und Geschwistern, ein Jahr vor seiner Verhaftung und Hinrichtung

Unterstützung und Parteipolitik

In der Literatur über den spanischen Bürgerkrieg wird die Rolle der Sowjetunion entweder positiv bis enthusiastisch bewertet oder negativ, je nach dem ideologischen Standpunkt des Verfassers. Auch in diesem Buch finden sich einige unfreundliche Bemerkungen über Stalin und die Sowjetunion, die enttäuschte ehemalige Spanienkämpfer nach ihren Erfahrungen während, meistens nach dem Bürgerkrieg gesammelt haben. Vorab muß aber gesagt werden, daß ohne die Hilfe der Sowjetunion die spanische Republik bereits im Herbst oder spätestens im Winter 1936 am Ende gewesen wäre.

Die erste Solidaritätserklärung stammte nicht von Kommunisten, sondern von Sozialisten. Bereits am 20. Juli 1936 nahm die Labour Party auf Antrag ihres Führers Attlee eine Sympathie-Resolution an, der am 22. Juli und am 27. Juli

1936 ein Beschluß über die politische und materielle Hilfe für Spanien folgte. Der französische Gewerkschaftsbund CGT schickte am 24. Juli 1936 eine Solidaritätserklärung an die gewerkschaftlichen Kollegen der UGT in Spanien. Im August 1936 appellierte der Führer der Sozialistischen Internationale, Louis de Brouckére, an die westlichen Demokratien, Spanien in der Abwehr der faschistischen Rebellion zu helfen. Die Komintern reagierte relativ spät, höchstwahrscheinlich wegen der Moskauer Schauprozesse und weil die Sowjetunion sich als gemäßigter Partner der Volksfrontbewegungen in Frankreich und in anderen Ländern darzustellen versuchte.

Trotz dieser Hindernisse kam die sowjetische Hilfe doch nicht zu spät. Am 25. August 1936 wurde in Barcelona die Ankunft des ersten sowjetischen Generalkonsuls, Vladimir Antonow-Owsejenko, gefeiert. Am 27. August 1936 kam nach Madrid der erste sowjetische Botschafter, Marcel Rosenberg. Er brachte mit sich eine Equipe der ersten sowjetischen Berater, die Generale Gorjew und Berzin. Unter Antonow-Owsejenko wirkte der einflußreiche sowjetische Wirtschaftsberater, der polnische Jude Artur Staszewski. Beide wurden später von Stalin liquidiert. Anfang August kamen Michail Kolzow und Ilja Ehrenburg, Chefkorrespondenten der »Prawda« und »Iswjestia« nach Spanien. Der jüdische Kameramann Roman Karmen filmte für die sowjetische Filmwochenschau sowohl in Spanien als auch im Zweiten Weltkrieg. Ende August 1936 traf eine spanische Delegation in Odessa ein, um über den Waffenkauf und dessen Verschiffung zu verhandeln. Inzwischen versuchte der Chef der sowjetischen Militärspionage in Europa, General Walter Kriwitzki, durch Aufkäufe in vielen Ländern Waffen zu besorgen, mit mäßigem Erfolg.

Erst in der Sitzung des Politbüros am 31. August 1937 beschloß Stalin, Spanien voll zu unterstützen. Am 14. September wurde die direkte Hilfe an Spanien beschlossen. Der sowjetische Geheimdienst NKWD wurde mit der Organisation der Waffenlieferungen und des Militärpersonals betraut. Die NKWD-Generale Uritzki, Slutzki und Orlow leiteten in Spanien die Militärhilfe. Die Sowjetunion schickte in der Folge Tausende von Tonnen Erdöl, Lebensmittel, Bekleidung.

Die Sowjetunion lieferte nicht nur das Beste aus ihren Arsenalen, die beste ihr zur Verfügung stehende Militärtechnologie, wie die Jäger I-15 »Chato«, I-16 »Mosca«, die Bomber und Schlachtflugzeuge SB-2 »Katjuschka« und R5 »Natascha«, sondern auch ihre besten Soldaten und Offiziere. Diejenigen von ihnen, die von Stalin nicht umgebracht wurden, bewiesen ihre Qualitäten auf den Schlachtfeldern des Zweiten Weltkrieges, wo sie zu den höchsten Rängen aufstiegen. Es waren unter anderen die Flieger J. Smuschkewitsch, P. Pumpur, P. Rytschagow, I. Lakejew, A. Ossipenko, unter ihnen die Juden L. Rybkin, I. Lewenberg, G. Liwinski, Feldmann, J. Saleski, A. Bergolz, der Chefingenieur S. Joffe, die Panzerfahrer Abram Abramowitsch, N. Selitzki und D. Pawlow, der Kommandeur der ersten spanischen Panzerbrigade. Sowjetische Offiziere errichteten in Spanien Schulen für Flieger und Panzerfahrer, die später die sowjetischen Soldaten ersetzten. Sowjetische Marinespezialisten unter N. Kusnetzow halfen der spanischen Marine im Schutz der lebenswichtigen Seewege. Weitere führende Offiziere waren K. Meretschkow, P. Iwanow, I. Nesterenko, A. Gusew, N. Woronow, R. Malinowski, P. Batow, I. Kulik, A. Rodimzew und N. Gurjew. Ch. Mamsurow gründete Partisanenbrigaden. Kommandeur aller sowjetischen Soldaten und Offiziere in Spanien waren die Generale Jan Berzin, Grigorij Stern und zuletzt K. Kachanow. Unter den sowjetischen Offizieren befanden sich zahlreiche Juden, und zwar in allen Waffengattungen, auch im Sanitätsdienst, der von Dr. J. Kljuss geleitet wurde, der ebenfalls Jude war. In Spanien wirkte die jüdische Militärärztin Raisa Mojsejewa Asachap.

Die Tätigkeit der verschiedenen Geheimdienste auf spanischem Boden sollte nicht dazu führen, daß man die Leistungen der Sowjetunion in Spanien als von minderem Wert beurteilt. Die sowjetische Hilfe war es, die Spanien den Kampf um die Existenz erst ermöglichte. Der spanische Bürgerkrieg verzögerte den Ausbruch des Weltkrieges um ein oder zwei Jahre. Dies gab England und den USA Zeit, ihre Rüstungsindustrie anzukurbeln, als der Spuk von Chamberlains Ausspruch nach dem Münchner Abkommen 1938, »peace in our time«, verflogen war.

Der stalinistische Terror in Spanien gegen viele Antifaschisten anderer ideologischer Ausrichtung diente dazu, die Hegemonie des Sowjetkommunismus zu untermauern. Das Gespenst eines Spanien nach dem Muster der Sowjetunion, wo gerade eine Welle von Verhaftungen und Ermordungen das Land erfaßte, wirkte abschreckend. Opfer waren nicht nur politische Führer der verschiedenen sozialistischen Parteien und Gruppierungen. Angst und Unruhe breiteten sich auch unter den Freiwilligen der Internationalen Brigaden aus. Wer nicht schon zu Hause Kommunist und auf Weisung seiner Partei nach Spanien gekommen war, wurde unter die Lupe der mißtrauischen Kommissare in Albacete genommen, wo André Marty ein Terrorregime führte.

Unter dem Vorwand des Schutzes militärischer Geheimnisse in der Form von Militärzensur wurde eine totalitäre Überwachung aller Meinungen ausgeübt. Der von den idealistisch eingestellten Freiwilligen abgeforderte Kadavergehorsam stand in krassem Gegensatz zu den optimistisch gefärbten Artikeln in der vielsprachigen Presse der Interbrigaden. Dies veranlaßte den britischen Parlamentsabgeordneten der Labour Party, John McGovern, der im Herbst 1937 nach Spanien reiste, um das Schicksal der entführten und ermordeten Sozialisten zu erforschen, zu der Feststellung, daß es in Spanien zwei Arten von Internationalen Brigaden gäbe. In seiner 1938 veröffentlichten Broschüre über den Terror in Spanien schreibt er:

»Die Sowjetunion hat sich in Spanien eingekauft. Als Gegenwert für die sowjetische Waffenhilfe erhielt die Komintern die tyrannische Macht, die sie benutzt, um Sozialisten, die die kommunistische Linie nicht akzeptieren, zu verhaften, zu foltern und zu töten. Es gibt zweierlei Internationale Brigaden in Spanien, die eine ist eine Kampfgruppe, bestehend aus der Arbeiterbewegung der ganzen Welt, die andere ist die internationale Tscheka. Kommunistische Funktionäre, die aus Deutschland und Italien flüchteten, wenden jetzt selbst faschistische Methoden an. Die Tscheka versucht Angehörige der Arbeiterklasse durch Verleumdung zu diskriminieren. Es folgen Verhaftung, Entführung, Folter und Tod. Die Opfer dieser ›Wahrheit des Mordes‹ befinden sich in Barcelona, Valencia und Madrid. Wo sind Andres Nin, Erwin Wolf, Mark Rhein, Georges Tioli und andere? Wo sind die vielen Kameraden und Genossen, die aus den Städten Spaniens verschwunden sind?«

Proteste seitens der Führung der Arbeiterbewegung aus der ganzen Welt führten dazu, daß die spanische Regierung, die an dem Terror nicht beteiligt war, eine Untersuchung einleitete. Sie beauftragte damit einen Beamten jugoslawischer Abstammung. Patrick von zur Mühlen hat dessen umfangreichen Bericht, die Akte SS/29, die sich ausschließlich mit nichtspanischen Opfern des Terrors beschäftigt, im Historischen Nationalarchiv in Salamanca entdeckt.

Die Juden in Spanien waren nicht nur Verfolgte, es gab auch Täter. Einer von ihnen war General Alexander Orlow, der vor der Revolution Leon Falbin hieß. Er war oberster Chef des sowjetischen Geheimdienstes in Spanien und ordnete die Verfolgung der POUM-Angehörigen im Mai 1937 an. Schon vorher hatte ihm Stalin persönlich die Überbringung des Goldschatzes der spanischen Republik in die Sowjetunion anvertraut. Die Operation verlief unter Geheimhaltung auf Beschluß von nur wenigen Ministern der spanischen Regierung per »decreto reservado« vom 13. September 1936. Als General Orlow im Jahre 1938 nach Moskau zurückberufen wurde, zog er es vor, über Kanada in die USA zu flüchten. Er lebte in Cleveland/Ohio, ständig in Angst vor Stalins langem Arm; er starb dort 1973. Die Zeitschrift »Life« druckte eine Serie von Enthüllungen über seine »Arbeit« in Spanien ab. 1953 erschien in New York sein Buch »The secret history of Stalin's crimes«.

Jakob Smuschkewitsch

Jakob Smuschkewitsch

Einer der wichtigsten und trotzdem am wenigsten bekannten Generale des spanischen Bürgerkrieges war Jakob Smuschkewitsch, von 1936 bis 1938 Oberbefehlshaber der republikanischen Luftwaffe.

Jakob Smuschkewitsch wurde am 14. April 1902 in Rakischki, einem kleinen Dorf in Litauen, als Sohn eines armen jüdischen Schneiders geboren. Er war der älteste von mehreren Geschwistern. Der Vater konnte die Familie als Schneider nicht ernähren und mußte sich deshalb zusammen mit seinem Sohn Jakob als Lastenträger und Pferdekutscher bei einem polnischen adligen Gutshofbesitzer verdingen. Jakob besuchte, wie alle jüdischen Kinder des Dorfes, den Cheder, die Bibelschule für Kinder, wo Hebräisch gelehrt wird. Seine Muttersprache war Jiddisch.

Nach Ausbruch des Ersten Weltkrieges wurden die jüdischen Dorfbewohner von Rakischki ins Innere Rußlands deportiert. Die Familie wohnte in einer Holzbaracke in Wologda. Jakob und sein Vater suchten Arbeit, um die Familie zu ernähren. Sie fuhren in den fernen Norden in die Nähe von Achangelsk, wo Jakob, ein dreizehnjähriger Junge, als Bäcker in einem Holzfällerlager arbeitete, während die Familie in Wologda blieb. Der Vater arbeitete als Lastenträger. Auch Jakob wurde später in die Lastenträgergemeinschaft aufgenommen. 1917 besuchte er illegale Arbeiterversammlungen, wurde verhaftet, doch von seinen Arbeitsgenossen befreit. Als die März-Revolution

1917 ausbrach, betätigte sich der fünfzehnjährige Jakob an der Befreiungsaktion der politischen Gefangenen aus den verhaßten Gefängnissen der Gegend.

Die Familie kehrte 1918 nach Rakischki zurück, das noch von der deutschen Armee besetzt war. Als Jakob eines Tages sah, wie deutsche Soldaten ein jüdisches Mädchen belästigten und tätlich angriffen, schlug er sie nieder. Er wurde von der deutschen Feldgendarmerie gesucht und mußte nach Rußland flüchten. Jakob kam in Minsk an, nachdem die Rote Armee die Stadt von den Deutschen erobert hatte. Jakob meldete sich als Freiwilliger bei der 16. Armee. Bald wurde er Bataillonskommissar. Im April 1919 griffen polnische Streitkräfte die Sowjetunion an. Jakob wurde schwer verwundet und geriet in polnische Gefangenschaft. Er flüchtete und wurde wieder verhaftet. Erneut flüchtete er 1920 in tagelangen Fußmärschen über die Grenze nach der Sowjetunion, meldete sich freiwillig, wurde Kommissar des 36. Schützenregiments.

In den frühen zwanziger Jahren wurde die sowjetische Luftwaffe formiert. Jakob Smuschkewitsch wurde im September 1922 als Kommissar des 4. Luftjagdgeschwaders in Minsk ernannt. Er traf dort erfahrene Flieger, die Fliegerschulen im Ausland absolviert hatten, die besten, die die junge sowjetische Fliegerei vorzuweisen hatte.

Jakob Smuschkewitsch holte die Ausbildungslücken seiner Kindheit nach und wurde in seiner freien Zeit Student der Geisteswissenschaften an der Minsker Universität. Er absolvierte eine Pilotenschule und fing damit seine Karriere als einer der besten Fliegeroffiziere der Sowjetunion an. 1931 wurde er zum Befehlshaber des weißrussischen Luftkommandos in Witebsk ernannt. Als im Juli 1936 der spanische Bürgerkrieg ausbrach, wurde Smuschkewitsch nach Moskau gerufen, wo ihm der Oberbefehl über die sowjetischen Piloten in Spanien, also praktisch das Kommando über die spanische republikanische Luftwaffe, übertragen wurde.

Die Republik machte verzweifelte Anstrengungen, die faschistische Luftherrschaft trotz Ausfalls vieler Flughäfen und Flugzeuge, die in die Hände der Faschisten gefallen waren, auszugleichen. André Malraux hatte in Paris die Aufgabe übernommen, Piloten für die neu aufzustellende Flugstaffel »España« anzuwerben. Trotz des offiziellen Embargos gegen die Republik gelang es beherzten Politikern Frankreichs, darunter Luftfahrtminister Pierre Cot, Material und einige betagte Flugzeuge nach Spanien zu schikken. Hitler dagegen zögerte nicht lange mit der Militärhilfe für Franco, denn schon am 26. Juli 1936 beschloß er, Ju53-Flugzeuge nach Marokko zu schicken, um die Rebellentruppen ans Festland überzusetzen.

Erst Anfang September brachte das Frachtschiff »Rostok« aus der Sowjetunion 33 Mechaniker, die die in Kisten in Odessa verladenen ersten I-15 Jagdflugzeuge montieren sollten. Weitere Lieferungen erreichten die Häfen Cartagena, Alicante und Bilbao. Ungefähr 150 Flugzeuge kamen 1936 aus der Sowjetunion an, mit ihnen Flieger und Bodenpersonal, deren Zahl verschieden angegeben wird.

Jakob Smuschkewitsch traf am 16. Oktober 1936 in Spanien ein. Er nahm, wie alle sowjetischen Generale, ein Pseudonym, General Douglas, an. Ihm zur Seite stand Piotr Pumpur (Oberst Julio), der den Jagdschutz der Flugbasen und Häfen organisierte, sowie der jüdische Flieger A.I. Bergholz. Der Stab in Albacete wurde zur zentralen Leitung der gesamten republikanischen Luftwaffe und zum Koordinationspunkt aller Operationen ausgebaut. Die sowjetischen Berater schlugen ihren Sitz in der Finca de los Lianos auf. Am 28. Oktober führte die Gruppe Bombenoperationen gegen die Flughäfen Talavera, Sevilla, Casarese und Grenada durch.

Jakob Smuschkewitsch inspizierte Flughäfen und Montagewerke, wo die Flugzeugteile zusammenmontiert wurden, und baute ein Bodendienstnetz aus. Chef der technischen Dienste war der jüdisch-sowjetische Oberst Selig Joffe. Jakob Smuschkewitsch gründete Pilotenschulen in Albacete, Murcia, Alicante, Palmar und vier anderen Orten. In Carmoli wurden Nachtjagdpiloten ausgebildet, unter ihnen der deutsch-jüdische Pilot Walter Katz.

Zu Beginn des Krieges hatten die Republikaner nur vierzig Flughäfen, am 1. Januar 1937 gab es ungefähr einhundert. Smuschkewitsch führte neue Techniken ein, zum Beispiel spezielle Landebahnen für Jagdflieger. Er brachte den Piloten die Methoden guter Tarnung bei. Großer Aufwand wurde für die Errichtung von Scheinflughäfen betrieben.

Anfang November 1936 fanden Luftschlachten über Madrid statt, die die »Chatos« und die I-16-Flugzeuge siegreich für sich entschieden. In diesen für die Republik kritischsten Tagen retteten die Flieger des Generals Smuschkewitsch die Republik vor einer großen Niederlage.

Am 18. März 1937 begannen die Italiener mit dem Aufmarsch einer Streitmacht von 50 000 Soldaten, 250 Panzern und gepanzerten Fahrzeugen, 250 Kanonen und 200 Flugzeugen in Guadalajara. Die Republik konnte nur einen

Bruchteil an Männern und noch viel weniger an Material entgegensetzen. Trotz schlechten Wetters unternahmen Smuschkewitsch und zwei andere Flieger mit drei Flugzeugen einen Erkundungsflug, der Erkenntnisse von unschätzbarem Wert bringen sollte.

Lakejew (heute General der sowjetischen Luftwaffe, den ich 1986 in Madrid interviewte) berichtet:

»Wir flogen zu dritt, Smuschkewitsch, Pumpur und ich. Als wir zu der Autostraße kamen, gingen wir auf 40, 50 Meter herunter. So flogen wir bis Brihuega. Ich in der Mitte, Smuschkewitsch rechts, Pumpur links. Die Kolonnen der Rebellen zeigten sich bald, Hunderte von Wagen bewegten sich auf zwei Straßen, die nach Brihuega und Trichuente in Richtung Torija führten. Es wurde klar, daß der Schlag über Torija gegen Guadalajara und Madrid geplant war. Smuschkewitsch stieg über die Berge und schwenkte mit den Flügeln, um unsere Aufmerksamkeit auf die Schlucht zu richten, in der sich die Straße schlängelte. Wir überflogen die Schlucht zweimal. Die Absicht General Douglas' wurde klar. Hier sollten die Feinde in eine Feuerfalle laufen.

Jakob Smuschkewitsch mobilisierte über einhundert Bomber und Jagdflugzeuge, die am 10. März 1937 die mit Militärfahrzeugen und Panzern überfüllte Autostraße in den Bergen ohne Unterbrechung bombardierten. Die Straße wurde zum Grab der italienischen Verbände unter General Roatta, denn die republikanischen Flugzeuge nutzten die Nähe ihrer Flugbasen Alcala de Henares und Barajas zum schnellen Auftanken und Munitionieren. Die Situation wurde für die Italiener unhaltbar, als am 12. März die besten Einheiten der Internationalen Brigaden die durch die Bomben und das Chaos demoralisierten italienischen Verbände angriffen. Die Italiener verloren über viertausend Mann sowie eine große Menge an Material.

Die Schlacht von Guadalajara war der größte Sieg der Republik im spanischen Bürgerkrieg, der ohne Mitwirkung der Luftwaffe unter General Douglas undenkbar wäre.

Im Juni 1938 ist Jakob Smuschkewitsch von General Ptuchin abgelöst worden. Smuschkewitsch kam am 18. Juni in Moskau an, wurde zum Korpskommandeur befördert und erhielt das Amt des stellvertretenden Oberbefehlshabers der sowjetischen Luftwaffe. Ihm wurde außerdem der Lenin-Orden sowie die Auszeichnung »Held der Sowjetunion« bei einem Empfang bei Stalin im Kreml verliehen.

Jakob Smuschkewitsch und seine Mitkämpfer wurden zur Erholung nach Marfina bei Moskau geschickt. Der letzte Ankömmling aus Spanien war der Flieger Alexandr Ossipenko, heute Vorsitzender des Spanienkämpfer-Verbandes der Sowjetunion. Er berichtete über die Messerschmitt 109-Flugzeuge am Himmel Spaniens. Die sowjetische Antwort war die R-10-Maschine. Smuschkewitsch sollte die Luftparade am 1. Mai 1939 mit diesem Flugzeug anführen. Am 30. April 1939 startete er zu einem Probeflug, der wegen eines Motordefekts mit einer Bruchlandung endete. Smuschkewitsch überlebte. Sein Zimmer im Krankenhaus, wo er vier Wochen bleiben mußte, verwandelte sich zu einer Kommandozentrale der Luftwaffe.

Im Juli 1939 gab es Zusammenstöße an der mandschurisch-sibirischen Grenze am Chasan-See, die von japanischen Truppen provoziert wurden.

Am 29. Mai 1939 übernahm Smuschkewitsch das Kommando über die dort operierenden Luftwaffenverbände. In zahlreichen Luftschlachten eroberten die sowjetischen Flieger die Überlegenheit in der Luft. General Schukow trug am 20. August eine große Offensive vor, und die letzte Luftschlacht fand am 15. September 1939 bei Chalchin-Gol statt. Die Japaner wurden geschlagen und unterschrieben ein Waffenstillstandsabkommen. Sechzig Flieger bekamen den Titel »Held der Sowjetunion«, drei von ihnen zum zweiten Mal. Einer von ihnen war Smuschkewitsch. Von den 148 jüdischen Trägern dieses Ordens gab es nur drei, die ihn zweimal bekamen: die Generale Dragunski und Wolinow sowie Smuschkewitsch.

Die Helden der Luftschlachten von Chalchin-Gol wurden in Moskau stürmisch gefeiert. Der XVIII. Parteitag wählte Jakob Smuschkewitsch zum Kandidaten des Zentralkomitees der KPdSU. Er wurde am 11. September 1939 zum Oberbefehlshaber der sowjetischen Luftwaffe ernannt. In den folgenden Wochen und Monaten besuchte Jakob Smuschkewitsch Flugzeugfabriken und besprach sich mit Flugzeugkonstrukteuren und Testpiloten. Damit legte er den Grundstein für den Sieg der Sowjetunion im Zweiten Weltkrieg.

Im Sommer 1940 wurde Litauen von der Sowjetunion annektiert und zu einer Sowjetrepublik erklärt. Nach 22 Jahren konnte Jakob seine Familie, die Eltern, Brüder und Schwestern wiedersehen. Sein treuer Kampfgenosse aus Spanien, General Lakejew, berichtet: »Smuschkewitsch fuhr mit seinen besten Kameraden nach Rakischki. Dort hatte man noch nie so viele Autos auf einmal gesehen. Die

Bewohner rannten auf die Straße. Jakob beschloß, sein Gedächtnis zu überprüfen und ging, ohne jemanden zu fragen, in Richtung des Hauses, in dem seine Eltern lebten.«

Im August 1940 wurde Jakob Smuschkewitsch zum Generalinspekteur der sowjetischen Luftwaffe ernannt und übernahm einen wichtigen Posten im Großen Generalstab. Er war mit der operativen Planung der Luftstreitkräfte betraut. Er drängte auf die Produktion neuer Kampfflugzeuge. Ende 1940 wurde Smuschkewitsch zum stellvertretenden Obersten Vorsitzenden des Generalstabs der Roten Armee in Sachen Luftwaffe ernannt. Damals wurde das Programm geplant, das die Erweiterung der Flugzeugproduktion bestimmte, die im Zweiten Weltkrieg dann eine so große Rolle spielte.

Jedem der hohen Militärs wurde 1941 klar, daß ein Angriff auf die Sowjetunion bald bevorstand, an entsprechenden Warnungen seitens der diversen Spionagenetze hatte es nicht gefehlt. Smuschkewitsch drängte auf die Erhöhung der Wehrbereitschaft der sowjetischen Luftstreitkräfte angesichts des massiven Aufmarsches der deutschen Wehrmacht an den Grenzen der Sowjetunion. Seine Warnungen wurden nicht beachtet.

Am 7. Juni 1941 wurde er vom Bett im Krankenhaus verhaftet und am 28. Oktober 1941 ermordet. (Dies ist jedenfalls der in der Großen Sowjetischen Enzyklopädie angegebene Todestag.) Der beste Kenner der Technik und Taktik der deutschen Luftwaffe wurde von Stalin in den entscheidenden Tagen beseitigt. Jakob Smuschkewitschs Karten waren in der Tat sehr schlecht gemischt: Er war Spanienkämpfer, charismatischer Heerführer, unablässiger Warner vor dem Kriege mit Deutschland und Jude. Die Große Sowjetische Enzyklopädie, 3. Ausgabe vom Jahre 1976, widmet ihm eine sechs mal sechs Zentimeter große Notiz mit einem kleinen Foto.

Grigorij Stern

Grigorij Stern

Eine der führenden Gestalten des spanischen Bürgerkrieges war General Grigorij Stern. Er war von 1937 bis 1938 oberster sowjetischer Militärberater der spanischen Regierung und Armee und somit Chef aller in Spanien wirkenden sowjetischen Militär- und Zivilpersonen. General Stern gehörte zu den sowjetischen Militärs, die von den stalinistischen »Säuberungen« betroffen, von Geheimdienstschergen nach einem geheimen Pseudoprozeß zum Tode verurteilt und umgebracht wurden. Der Prozentsatz der Juden unter den liquidierten Offizieren ist hoch. Unter den neun höchsten Kommandanten der Roten Armee, die in den ersten »Säuberungen« hingerichtet wurden, waren drei Juden: J. Jakir, J. Gamarnik und B. Feldman.

Obwohl er später rehabilitiert wurde, nehmen sich sowjetische Militärhistoriker viel Zeit, Grigorij Stern dem breiteren Publikum vorzustellen. Erst 1970 schrieb Generalmajor Perwuchin einen Aufsatz in der Zeitschrift »Dalny Wostok« (Ferner Osten), in dem Stern ausführlich erwähnt wird.

Grigorij Stern wurde am 29. Juli 1900 in Smela bei Tscherkassy als Sohn eines jüdischen Arztes geboren. Schon als Gymnasiast war er in sozialistisch-revolutionären Zirkeln aktiv, wofür er verhaftet wurde. Er meldete sich freiwillig im März 1919 zur Roten Armee. Bis 1920 war er Kriegskommissar der 46. Schützendivision und nahm als solcher am Bürgerkrieg teil. Von 1921 bis 1923 war er Regimentskommissar der 3. Schützendivision, Teil des 1. Kavalleriekorps. Von 1923 bis 1925 wurde er nach Turkestan abkommandiert; er wurde oberster Kriegskommissar des Kaukasusgebiets. 1926 kam er an die Frunse-Militärakademie. Er diente im Fernen Osten und arbeitete als hoher Offizier beim Verteidigungsministerium. 1934 war er Volkskommissar der Verteidigung und zuständig für besondere Aufgaben. Später kommandierte er den Weißrussischen Militärbezirk.

Im Januar 1937 ersetzte er General Jan Bersin als oberster sowjetischer Militärberater in Spanien. Dies geschah auf dem Höhepunkt der Militärhilfe der Sowjetunion für die spanische Republik. Nicht nur ausgebildete Soldaten und Offiziere, wie Flieger und Panzerfahrer, unterstanden ihm, es galt vielmehr, aus der unerfahrenen und undisziplinierten republikanischen Armee ein schlagkräftiges Instrument im Kampf gegen den verbündeten internationalen Faschismus zu schaffen. Mehrere sowjetische Publikationen über den spanischen Bürgerkrieg erwähnen lobend, wenn auch etwas verhalten und kryptisch, die Rolle Sterns in den für die Republik so entscheidenden und schicksalhaften Monaten des Jahres 1937.

Stern wirkte in Spanien unter dem Namen Grigorjewitsch und wird leider oft mit dem mit ihm nicht verwandten Manfred Stern verwechselt, dem Mitgründer und Kommandeur der ersten Internationalen Brigade, der XI. Thälmann-Brigade.

Im April 1938 wurde Stern nach Moskau zurückbeordert. Im Mai 1938 wurde er Stabschef der sowjetischen Fernost-Armee, und seit August 1938 war er Befehlshaber der sowjetischen Streitkräfte im bewaffneten Konflikt mit Japan. Wenige Monate später war er oberster Befehlshaber der verbündeten mongolischen und sowjetischen Armeen (Schlacht von Chalchin-Gol).

Am 29. August 1939 verlieh das Präsidium des Obersten Sowjets der Sowjetunion dem Armeekommandeur Grigorij Stern den Orden »Held der Sowjetunion« für seine Verdienste beim Kampf gegen die Japaner. Während des sowjetisch-finnischen Krieges war er Befehlshaber der 8. Armee. Am 4. Juni 1940 wurde er zum Generaloberst ernannt. Stern war einer von vier Offizieren, die den Rang Generaloberst, nach Einführung der Generalsränge 1940, erhielten.

Trotz des Sieges von Chalchin-Gol war die sowjetische Führung noch immer unsicher über die Intentionen der zunächst besiegten Japaner. Es wurde eine Fernost-Armee-Gruppe mit Hauptquartier in Chabarowsk gebildet. Stern wurde Kommandeur dieser Streitmacht. Er war inzwischen auch Abgeordneter des Obersten Sowjets und Mitglied des Zentralkomitees der KPdSU geworden. Aber im Februar 1941 wurde er nach Moskau zurückbeordert. Er wurde Chef der Luftabwehr der Sowjetunion, eine Tätigkeit, für die er fast keine Qualifikationen vorweisen konnte. Drei Monate später und wenige Tage vor dem Angriff Hitlers auf die Sowjetunion wurde er von diesem Posten entfernt. Das genaue Datum seiner anschließenden Verhaftung ist ebensowenig bekannt wie das Datum seiner Hinrichtung. Es werden die Jahre 1941 und 1942 genannt. In der Großen Sowjetischen Enzyklopädie 1978 wie auch in der Sowjetischen Kriegs-Enzyklopädie 1980 wird als sein Todesdatum der 28. Oktober 1941 angegeben.

Abram Abramowitsch

»Seit längerer Zeit sammle ich Materialien und Dokumente über die ›Helden der Sowjetunion‹ aus meiner Heimatstadt Odessa. Man kann sich kaum meine Enttäuschung vorstellen, als ich eines Tages vor einer Gedenktafel stand, auf welcher die Namen aller ›Helden‹ aus meiner Stadt in bronzenen Buchstaben verzeichnet sind: alle sind da, nur einer fehlt, der erste ›Held der Sowjetunion‹ aus Odessa, Abram Abramowitsch.«

Diese Worte schrieb im Jahre 1972 Oberstleutnant d.R. der Roten Armee I. Dschoga, Mitglied des Journalistenverbandes der UdSSR.

Abram Abramowitsch wurde am 3. Januar 1912 im Dorf Katerinowka bei Odessa geboren. Er hatte fünf Brüder und drei Schwestern, der Vater war einer der vielen jüdischen Bauern in dieser Gegend Rußlands. Abram lernte im Winter in der Schule und half im Sommer dem Vater in der Landwirtschaft. 1917 zog die Familie nach Beresowka, wo sie Mitglied einer der ersten kollektiven Landwirtschaftsbetriebe des neuen Sowjetstaates wurde. Der jiddisch »Kolwirt« (kollektive Landwirtschaft) genannte Betrieb erhielt den Namen des legendären Reitergenerals Budionnyj. Abram arbeitete in der Bäckerei des Kolwirt. 1930 entsandte ihn die kommunistische Jugendorganisation »Komsomol«, deren Mitglied er war, zur politischen Arbeit in eine Kohlengrube im Donbas-Kohlerevier. Er war dort als Bergmann tätig. Aber der Komsomol hatte andere Pläne mit ihm, und 1931 arbeitete er als Schlosser auf einer Schiffswerft in Odessa. 1932 trat er den Dienst in der Roten Armee an. Er diente in Smolensk, wo er einen Mechanikerkurs in einem Panzerbataillon absolvierte. Er war Panzerfahrer und Mechaniker. Im Laufe seiner Dienstzeit bildete Abramowitsch viele Panzermechaniker aus.

Im März 1937 traf Abram Abramowitsch in Spanien ein, wo er das Kommando über eine Panzereinheit übernahm. Am 21. Juli 1937 wurde Leutnant Abramowitsch der Orden des Roten Banners verliehen. Anfang November 1937 druckten alle sowjetischen Zeitungen ein Bild Abramowitschs und den Text des Dekrets des Präsidiums des Obersten Sowjets vom 3. November 1937 ab, in dem die Verleihung des Titels »Held der Sowjetunion« bekanntgegeben wurde.

Anfang Juni 1937 startete die republikanische Armee eine Offensive nordöstlich von Madrid, um die Hauptstadt zu entlasten. Am 10. Juli brachen schwere Kämpfe aus, in denen Leutnant Abramowitsch den Tod fand.

Selig Joffe

Zusammen mit Jakob Smuschkewitsch kam Oberst Selig Joffe nach Spanien, welcher für die technischen Dienste der republikanischen Luftwaffe verantwortlich war.

Selig Aronowitsch Joffe wurde 1902 in Rußland geboren. Er nahm als Freiwilliger am russischen Bürgerkrieg teil und blieb nach dessen Ende in der Roten Armee. 1924 trat er der KPdSU bei. Im spanischen Bürgerkrieg war er engster Mitarbeiter von General Douglas. Er baute über fünfzig neue Militärflughäfen, zahlreiche Montagefabriken für sowjetische Flugzeuge, schulte das technische Bodenpersonal und überwachte die technische Infrastruktur, die erforderlich ist, um Hunderte von Flugzeugen operationsfähig zu erhalten.

Während des Zweiten Weltkrieges kämpften die Luftwaffenverbände, die von Generalleutnant Ingenieur Joffe betreut wurden, an der Stalingrader, Leningrader, Brjansker und baltischen Front. Nach dem Krieg stellte er sein militärtechnisches Wissen dem Verteidigungsministerium und den Forschungsstellen der Kriegsakademie und der Akademie der Luftwaffe zur Verfügung. Für seine Verdienste wurde General Joffe mit dem Lenin-Orden, dem Rotbanner-Orden, dem Orden des Vaterländischen Krieges, dem Orden des Roten Sterns und vielen anderen Auszeichnungen geehrt.

General Joffe starb am 29. Oktober 1980. Das Organ der sowjetischen Armee »Krasnaja Swjesda« widmete ihm einen ehrenvollen Nachruf.

Simon Kriwoschein

Simon Kriwoschein wurde 1899 in Woronesch als Sohn eines Uhrmachers geboren und absolvierte das Gymnasium in Ostrogorsk. 1918 trat er als Freiwilliger in die Rote Armee ein, kämpfte in Budjonnyjs 1. Reiterarmee im Bürgerkrieg. 1928 wurde er auf die Frunse-Kriegsakademie geschickt, die er 1931 beendete. Er wurde nacheinander zum Stabschef eines mechanisierten Regiments, Regimentskommandeur eines Panzerregiments, Divisionsstabschef und Brigadekommandanten befördert.

Simon Kriwoschein

Als der spanische Bürgerkrieg ausbrach, war Oberst Simon Kriwoschein einer der ersten sowjetischen Berater, die in Spanien im Oktober 1936 ankamen. Er nahm den Namen Oberst Mele an. Am 29. Oktober 1936 wurden sowjetische Panzer unter Kriwoscheins Befehl in den Kämpfen um Madrid eingesetzt. Er befehligte die 80. Panzerbrigade der republikanischen Armee. Obwohl die sowjetischen Panzer in der Feuerkraft und in der Panzerung dem Gegner überlegen waren, konnten sie die Faschisten nicht schlagen. Dies hing mit der sowjetischen Kriegsdoktrin zusammen, die, im Gegensatz zu Guderians Theorie des Panzerkrieges, ein schnelles Vordringen in Feindesterritorium vorsah. Ein zweites Hindernis waren die strikten Anweisungen an sowjetische Panzerbesatzungen und anderes Militärpersonal, auf keinem Fall dem Feind in die Hände zu fallen, denn dies wäre ein Beweis für das Nichteinhalten des auch von der Sowjetunion unterzeichneten Nichtinterventionsabkommens gewesen. Im November 1936 verhinderten die Panzer des Obersten Mele die Einnahme Madrids durch Franco. Madrid blieb für Franco bis Ende März 1939 unerreichbar.

Im bewaffneten Konflikt mit Japan an der mandschurisch-mongolischen Grenze im Jahre 1939 befehligte Kriwoschein eine größere Panzereinheit. Als Brigadegeneral befehligte Kriwoschein eine Panzerbrigade, die am 17. September 1939 aufgrund des Stalin-Hitler-Paktes in Ostpolen einmarschierte und diese Gebiete für die Sowjetunion annektierte. Aber zuvor mußte das XIX. Panzerkorps unter General Guderian die hartnäckig verteidigte polnische Festung von Brest Litowsk unter starken Verlusten erobern, um diese anschließend an die Truppen Kriwoscheins aufgrund des Geheimzusatzes zum Stalin-Hitler-Pakt, der den Bug als Grenze bestimmte, abzutreten.

Es ist eine Ironie des Schicksals und der Geschichte, daß die gemeinsame deutsch-sowjetische Militärparade am 21. September 1939 in Brest Litowsk von den Generalen Guderian und Kriwoschein abgenommen wurde. Anschließend besuchte der Wehrmachtsgeneral den sowjetischen Bündniskameraden in dessen Hauptquartier. Ein Angehöriger der Legion Condor war Zeuge dieser Begegnung. Kriwoschein unterhielt sich mit Guderian auf Französisch. In der Parade rollten die T-26-Panzer, die schon in Spanien die Deutschen beeindruckt hatten, gemeinsam mit den Wehrmachtspanzern, die weniger als zwei Jahre später die Sowjetunion überfallen sollten. Erst dann eignete sich die sowjetische Armeeführung General Kriwoscheins Taktik an. Bei der Parade gab es ein Problem, weil General Kriwoscheins Brigade angeblich keine Militärkapelle besaß. Infolgedessen wurde das Deutschlandlied von einigen in Brest Litowsk eingesammelten Musikanten heruntergefiedelt. War es eine Finte des jüdischen Generals? Im Hauptquartier des Generals Kriwoschein entdeckten die deutschen Besucher zudem ein Plakat, auf welchem ein Rotarmist eine Wanze mit einem Hakenkreuz auf dem Rücken zertritt.

Im Jahre 1940 befehligte Kriwoschein eine Panzerdivision und wurde zum Generalmajor befördert. Bei Ausbruch des deutsch-sowjetischen Krieges kommandierte er das 25. mechanisierte Korps im Verband der 21. Armee. Am 21. Juli 1943 wurde er zum Generalleutnant der Panzer befördert und bekam den Suworow-Orden. Anschließend führte er das 2. Garde-Panzerkorps.

Im Sommer 1944 übernahm er den Befehl über das 1. Rotgarde-Panzerkorps im Verband der Weißrussischen Front unter Marschall Rokossowski. Seine Einheit befreite Weißrußland und weite Gebiete Polens. Ende Januar eroberte die 219. Panzerbrigade unter General Weinrub (auch er ein jüdischer »Held der Sowjetunion«) Kolmar und Küstrin. Von nun an kämpften die Verbände des Generals Kriwoschein und seines Untergebenen Weinrub auf deutschem Boden.

Am 1. April 1945 begann die Offensive um Berlin, und am 17. April morgens eröffnete Kriwoscheins Korps den Kampf um die Hauptstadt Deutschlands. Am 22. April eroberte die Panzerbrigade Kriwoscheins die Berliner Vororte Pankow und Weißensee. Für die im dortigen großen jüdischen Friedhof versteckten Berliner Juden schlug die Stunde der Befreiung. Es folgten Straßenkämpfe in Siemensstadt um Parks und Kanäle. Am 2. Mai 1945 kapitulierte Berlin.

Mit Dekret des Obersten Sowjets vom 29. Mai 1945 wurde dem Generalleutnant der Panzertruppe wegen seines Mutes bei der Eroberung Berlins der Orden »Held der Sowjetunion« verliehen. Seine Erlebnisse faßte er in einer Memoiren-Trilogie zusammen. Alle militärhistorischen Publikationen über den Zweiten Weltkrieg beschreiben seine Rolle im Krieg. Die jiddische Zeitung »Volksstimme« in Warschau widmete ihm eine ausführliche Würdigung. Er starb im September 1978 in Moskau.

Percy Ludwig

Percy Ludwig wurde im Jahre 1909 als Sohn jüdischer Revolutionäre aus Rußland in England geboren, wohin die Eltern, als 1905 die Revolution von den zaristischen Truppen niedergeschlagen worden war, geflohen waren. Als der Erste Weltkrieg ausbrach, wurde Percys Vater zur britischen Armee einberufen, verweigerte jedoch als Sozialist und Revolutionär den Dienst in einer imperialistischen Armee. Hierfür wurde er zu einer Gefängnisstrafe verurteilt. Als die russische Februarrevolution 1917 ausbrach, wurde ihm die Reise nach Rußland gestattet. Er kämpfte als Freiwilliger und geriet während des Polenfeldzuges der Roten Armee im Jahre 1920 in polnische Gefangenschaft, wo er starb.

Percy ging nach dem Tode seines Vaters im Jahre 1921, im Alter von zwölf Jahren, in die Sowjetunion. Als der spanische Bürgerkrieg ausbrach, gehörte Percy zu den ersten Freiwilligen, die aus der Sowjetunion anreisten. Er wurde Soldat des 1. Britischen Bataillons, welches später Teil der XV. Lincoln-Brigade wurde. Wegen seiner Sprachkenntnisse und seines Mutes wurde er schnell befördert und kam zum Brigadestab der XV. Brigade. Anschließend wurde er Chefingenieur dieser Brigade.

Nach der Auflösung der Internationalen Brigaden im September 1938 ließ er sich zunächst nach England, seinem Geburtsland, repatriieren. Nach einem kurzen Aufenthalt in London kehrte er in die Sowjetunion zurück, die seine ständige Heimat wurde.

Percy und seine Frau arbeiteten als Englischlehrer in Moskauer Schulen. Als der Krieg gegen Deutschland ausbrach, kämpften beide als MG-Schützen bei der Verteidigung der sowjetischen Hauptstadt.

Nach dem Kriege arbeitete Percy als Lehrer und Erzieher weiter. Er ist heute Mitglied der Exekutive der spanischen Sektion des sowjetischen Kriegsveteranenverbandes, dessen Vorsitzender der Generalleutnant der Flieger Alexandr Ossipenko ist.

Marcel Rosenberg

Marcel Rosenberg war ein prominentes Mitglied des sowjetischen diplomatischen Dienstes und einer der wenigen, der seinen jüdischen Namen nicht veränderte, wie zum Beispiel sein Chef Maxim Litwinow. Er war stellvertretender Generalsekretär des Völkerbundes in Genf. Von dort ging er als erster sowjetischer Botschafter nach Spanien. Er leitete die massiven sowjetischen Hilfs- und Kriegslieferungen.

Zehn Tage vor der Massenversammlung am 1. Januar 1937 in Madrid schrieben Stalin, Molotow und Woroschilow am 21. Dezember 1936 einen langen Brief an den spanischen Regierungschef Largo Caballero, in dem sie ihm Ratschläge für seine zukünftige Politik erteilten. Sie ermahnten ihn, die Bauern und den Mittelstand durch besondere Förderung zu gewinnen, die anderen republikanischen Parteien zur Mitarbeit zu motivieren und den Ausländern den Schutz ihres Eigentums zu garantieren. Ungewöhnlich ist die folgende Passage des Briefes: »[...] wir bitten Sie auch, uns direkt und unverhohlen Ihre Meinung über den Genossen Rosenberg mitzuteilen: ob er den Vorstellungen der spanischen Regierung entspricht, oder ob er besser durch einen anderen Vertreter ersetzt werden soll.« Largo Caballero ahnte, daß Rosenberg Unheil und Tod drohten. Er wollte ihn schützen und schrieb deshalb im Antwortschreiben vom 12. Januar 1937 unter anderem: »Bezüglich des Genossen Rosenberg kann ich Ihnen aufrichtig versichern, daß wir mit seinem Verhalten und seiner Tätigkeit bei uns zufrieden sind. Er arbeitet viel, zu viel, und es schadet seiner labilen Gesundheit.«

Stalin konnte sich den Stil seines Briefes, der eine direkte und massive Einmischung in die spanische Politik war, leisten, weil Caballero ihm zwei Monate früher den spanischen Goldschatz von 510 Tonnen Gold ausgeliefert hatte und dadurch sein Land vom Wohlwollen des Diktators Stalin abhängig gemacht hatte. Im Mai 1937 wurde Caballero auf den Druck der Kommunisten hin aus der Regierung hinausgedrängt.

1937 wurde Rosenberg nach Moskau zurückberufen und an einem unbekannten Ort zu unbekannter Zeit umgebracht. Sowjetische Nachschlagewerke bringen bis heute keine Angaben über ihn. Seine Lobreden auf Stalin konnten sein Schicksal nicht beeinflussen. Rosenbergs Nachfolger als sowjetischer Botschafter war Leon Gaikis, auch er ein Jude. Er teilte Rosenbergs Schicksal und verschwand bei den »Säuberungen«.

Osias Schlomowitz

Osias Schlomowitz wurde 1887 bei Kiew als Sohn eines armen Schusters geboren. Der Junge arbeitet, kämpft um seine Existenz und ist Mitglied einer illegalen revolutionären Bewegung. Er nimmt an der Revolution von 1905 teil und kommt nach deren Niederwerfung ins Gefängnis. Er kann vor der Verurteilung zur Verbannung nach Sibirien fliehen, und zwar nach dem k.u.k. Lemberg. Er wird Sozialist. Als der Erste Weltkrieg ausbricht, meldet er sich auf Empfehlung der Partei zur »Verteidigung des Vaterlandes« bei der k.u.k. Armee. Nach dem Krieg kehrt er nach Lemberg zurück. Obwohl er Vater von drei Kindern ist, beteiligt er sich an den Kämpfen um bessere Arbeitsbedingungen. Als ihm die Verhaftung seitens der polnischen Behörden droht, verläßt er Polen und geht nach Kuba. Auch dort wandert er bald wegen revolutionärer Tätigkeit ins Gefängnis. 1924 muß er aus Kuba flüchten, kommt nach Paris und siedelt sich ein Jahr später in Straßburg an. Er wird einer der aktivsten Mitarbeiter der dortigen jüdischen Arbeiterbewegung, zusammen mit seinen heranwachsenden Kindern.

Trotz seines relativ hohen Alters kam er schon am 3. November 1936 in Spanien an. Er wurde in Albacete zum Politkommissar ernannt, denn er war einer der wenigen Freiwilligen mit militärischer Erfahrung. Er meldete sich zur polnischen Mickewicz-Kompanie an die Teruel-Front. Dort wurde er Kompaniechef, dann zum Hauptmann befördert, kämpfte sechs Wochen lang an der Cordoba-Front, wurde verletzt. Darauf wurde er nach Frankreich evakuiert.

Ilja Ehrenburg

Während des spanischen Bürgerkrieges berichteten viele sowjetische Journalisten vom Geschehen an der Front und im Hinterland. Drei von ihnen waren Chefjournalisten: Frau Mirowa, Chefin der TASS-Agentur in Spanien, Michail Kolzow, Chefkorrespondent der »Prawda« und persönlicher Vertreter Stalins in Spanien, sowie Ilja Ehrenburg, Chefkorrespondent der »Iswjestia«. Alle drei waren Juden. Frau Mirowa wurde nach ihrer Rückkehr aus Spanien 1937 verhaftet und offenbar ermordet. Michail Kolzow wurde 1938 verhaftet, starb im Gulag am 4. April 1942 und wurde später rehabilitiert. Nur Ilja Ehrenburg überlebte. Die Zeitung »Iswjestia« druckte am 12. Mai 1937 den Kopf der Frontzeitung der 25. Brigade Mixta »Stalin« vom 22. April 1937 nach, dessen Leitartikel von Ehrenburg stammte: »Ein Bataillon namens Stalin«. Noch während des Krieges erschien im Exilverlag Malik in London das Buch Ehrenburgs »No pasaran« in deutscher Sprache, in welchem er über den Bürgerkrieg berichtete.

Ilja Ehrenburg wurde 1891 als Sohn einer vermögenden jüdischen Familie in Kiew geboren. Die Mutter Chana hielt sich an alle Regeln und Rituale der jüdischen Religion. Im Alter von vierzehn Jahren nahm er an der Revolution von 1905 teil. Wegen seiner revolutionären Tätigkeit wurde er verhaftet und vom Gymnasium verwiesen. Mit achtzehn Jahren verließ er 1909 Rußland und ging nach Paris, um dort zu studieren. Als die Revolution 1917 ausbrach, kehrte er nach Rußland zurück und schrieb zahlreiche Artikel, Gedichte, Aufrufe im Sinne der sozialistischen Demokratie, aber nach dem Sieg der Bolschewiken paßte er sich der durch Meinungsterror gekennzeichneten neuen sowjetischen Wirklichkeit an und schrieb dementsprechend. 1921 kehrte er nach Paris zurück.

Während des Bürgerkrieges war Ehrenburg einer der bekanntesten und beliebtesten Persönlichkeiten. Er wurde Freund Hemingways und anderer Größen der Weltliteratur. Dies hob sein Ansehen bei Stalin gewaltig.

Ehrenburg war Auslands-Chefkorrespondent der »Iswjestia« in Paris, als der Zweite Weltkrieg ausbrach. Er kehrte in die Sowjetunion zurück und wurde nach dem Überfall Deutschlands von Stalin für die Kriegspropaganda eingespannt.

Ehrenburg betrachtete sich als Kosmopoliten und hat niemals eine starke Bindung an das jüdische Volk zum Ausdruck gebracht. Als er jüdische Freiwillige in Spanien traf, wie zum Beispiel den Flieger Jecheskiel Piekar aus Palästina, hat er seine jüdische Herkunft nie verleugnet. Erst der deutsch-sowjetische Krieg und die Massentötungen der Juden erweckten seinen jüdischen Nationalstolz. Dieser Geist des jüdischen Selbstbewußtseins prägte das Jüdische Antifaschistische Komitee der Sowjetunion, dessen Mitgründer Ehrenburg war.

Ehrenburg wurde während seiner zahlreichen Besuche in London und Paris von jüdischen Journalisten ständig auf das Los seiner jüdischen Komitee-Kollegen angesprochen, doch er demonstrierte Nichtwissen. In London und Buenos Aires behauptete er, daß er die über zwanzig bedeutendsten Schriftsteller der jüdischen Sprache, die nach einem Geheimprozeß am 12. August 1952 hingerichtet wurden, nicht gekannt habe, obwohl er mit ihnen oft bei Sitzungen des Jüdischen Antifaschistischen Komitees zusammen gewesen war.

Am 13. Januar 1953 berichtete die »Prawda« über die Aufdeckung eines Komplotts jüdischer Ärzte zur Tötung der sowjetischen Elite. Wenige Tage später wurde Ehrenburg von zwei Abgesandten Stalins, Minz und Marynin, aufgesucht, die ihn zu einer Unterschrift auf einem Papier aufforderten, in welchem eine Strafe für die Juden, die Nation der »Mörder in weißen Kitteln«, durch Deportation verlangt wurde. Ehrenburg verweigerte die Unterschrift und schrieb statt dessen einen Brief an Stalin. Er warnte ihn vor den unübersehbaren Folgen dieser Maßnahme. Stalin starb am 5. März 1953, und Radio Moskau gab am 4. April 1953 bekannt, daß die »Ärzteverschwörung« eine Fälschung und Provokation war.

Ilja Ehrenburg hat seine Kritiker mit der Kompilation und dem Verfassen des »Schwarzbuches«, zusammen mit seinem Co-Autor Wassili Grossmann, widerlegt. Während des Zweiten Weltkrieges war Ehrenburg Chefreporter der sowjetischen Presse an den Fronten. Er sammelte Dokumentarmaterial über die Verbrechen der Nationalsozialisten an den Juden in den befreiten Gebieten für eine spätere Veröffentlichung. Jüdische Journalisten und Soldaten projektierten eine Trilogie über das Schicksal der Juden unter dem Nationalsozialismus: das »Gelbe Buch« über die Kämpfe der jüdischen Partisanen, das »Rotbuch« über den Heroismus jüdischer Soldaten der Roten Armee und das »Schwarzbuch« über die Leiden und Opfer der Juden. Teile der Bücher wurden in der jiddisch-sowjetischen Presse vorabgedruckt. Ehrenburg und Grossmann beendeten das

»Schwarzbuch« im Jahre 1946 und gaben das Manuskript zum Satz, aber die Zensur verlangte viele Veränderungen. Da die Drucklegung im russischen Original immer wieder verschoben und verhindert wurde, sandten die Autoren je ein komplettes Manuskript von 1 020 Schreibmaschinenseiten an den Jüdischen Weltkongreß in New York und an ein Mitglied des Antifaschismus-Komitees in Palästina, Schlomo Zyrulnikow, und zwar mit der Bitte, das Buch ins Hebräische und Englische zu übersetzen und zu drucken. Inzwischen kam Stalin zur Überzeugung, daß das »Schwarzbuch« für die gerade verfolgte Parteirichtung schädlich wäre, da es die Beziehungen zwischen den Deutschen und Russen stören könnte.

Das Buch ist bis heute nicht in der Sowjetunion veröffentlicht worden. In New York erschien vor kurzem eine russische Ausgabe und 1981 eine hebräische in Jerusalem.

Michail Kolzow

Michail Jefimowicz Fridland (Kolzow) wurde als Sohn einer jüdischen Familie am 12. Juni 1898 in Kiew geboren. Er nahm an der Februarrevolution 1917 teil, kämpfte später gegen Weißgardisten an den Südfronten und im polnischen Feldzug 1920. 1921 gehörte er zu den Truppen Trotzkis, die den Matrosen-Aufstand in Kronstadt niederwarfen. Er wurde anschließend prominentes Redaktionsmitglied der »Prawda« und des »Ogoniok«-Magazins wie auch des »Krokodil«. Er schrieb zahlreiche Bücher, Reportagen und Artikel.

Er gehörte in Spanien zu den wichtigsten und einflußreichsten ausländischen Journalisten, und man sagte ihm nach, daß er einen direkten Draht zu Stalin hatte. Seine Kriegsreportagen aus Spanien wurden in der »Prawda« veröffentlicht. Sie erschienen 1938 als Buch: »Ispanskij Dnewnik« (Spanisches Tagebuch). Das Vorwort zur ersten Ausgabe schrieben die berühmten russischen Schriftsteller A. Fadejew und L. Tolstoi. Kolzow wurde im Dezember 1938 verhaftet und starb an unbekanntem Ort, wahrscheinlich im Gulag, am 4. April 1942 im Alter von 44 Jahren.

In der kurzen Zeit zwischen seiner Rückkehr aus Spanien und seiner Verhaftung 1938 schrieb er beißende Kritiken auf die Korruption und andere Schwächen der sowjetischen Wirklichkeit. Seine Werke wurden in viele Fremdsprachen übersetzt. Er erhielt den Lenin-Orden und andere hohe Auszeichnungen, was seine Verhaftung und Verfolgung nicht verhinderte. Kolzow war neben Karl Radek der einflußreichste sowjetische Schriftsteller. Beide wurden Opfer des Systems, das sie mitetablierten. (Der Journalist Krakow in Hemingways »Wem die Stunde schlägt« ist niemand anderes als Kolzow.)

Kolzows Lebensgefährtin in Spanien war die deutsche, politisch sehr aktive Schriftstellerin Maria Osten. Die Gutsbesitzertochter aus Westpreußen wurde 1908 als Maria Gresshöner geboren, war unter Wieland Herzfelde im Malik-Verlag tätig und emigrierte 1933 in die Sowjetunion. In Spanien schrieb sie zahlreiche Reportagen, unter anderem die Novelle »Die Reise nach Spanien«. Sie lebte später in Paris. Dort erreichte sie die Nachricht von der Verhaftung ihres Freundes Kolzow. Sie fuhr nach Moskau, um ihn zu retten, aber sie geriet selbst in die Fänge des Geheimdienstes. Ilja Ehrenburg berichtete über ihre Rückkehr nach Moskau in seinen Memoiren. Kolzows Bruder Boris Jefimow, dessen Erinnerungen an seinen Bruder, »Michail Kolzow, kakim on byl« (Michail Kolzow, wie er war), 1965 in Moskau als Buch erschienen sind, schreibt dort, daß Maria Osten das Schicksal ihres Freundes, Bruders teilte und ermordet wurde. Später wurde sie zusammen mit Michail Kolzow rehabilitiert.

In der 1. Ausgabe der Großen Sowjetischen Enzyklopädie wird seine Biographie aufgeführt, aber aus der 2. Ausgabe, die kurz vor Stalins Tod 1953 erschien, verschwand sein Name. In der 3. Ausgabe von 1973 kommt er wieder vor, ohne daß seine Verhaftung, sein Tod und seine spätere posthume Rehabilitierung erwähnt werden. Erst seit 1957, vier Jahre nach Stalins Tod, wurden seine Werke in einer dreibändigen Ausgabe wieder veröffentlicht. 1960 erschien die erste deutsche Ausgabe des Tagebuches.

Das Andenken an die Spanienkämpfer heute

Im Juli 1987 hat sich in der Sowjetunion als Ergebnis von Glasnost etwas getan, was man bis dahin für nicht möglich gehalten hatte. Die Glasnost freundliche Wochenzeitung »Moskowskoje Nowiny«, mit ihrer englischsprachigen

Ausgabe »Moscow News«, brach das Schweigen über die sowjetischen Spanienkämpfer. Der Artikel »Über die Kämpfer für die Freiheit in Spanien« erschien Ende Juli 1987 aus Anlaß des 51. Jahrestages des Ausbruchs des Bürgerkrieges. Offenbar war man zum runden 50. Jubiläum 1986 noch nicht so weit. Die daraufhin abgedruckten Leserbriefe sind eine positive Sensation. Schon die Überschrift, »Laßt Gerechtigkeit walten«, ist ein Programm. Selbst General Ossipenko, Vorsitzender der Sektion der Spanienkämpfer im sowjetischen Kriegsveteranenkomitee, den ich im Oktober 1986 in Madrid interviewen konnte, schrieb einen interessanten Leserbrief. Ich gebe im folgenden den Artikel »Über die Kämpfer für die Freiheit in Spanien« gekürzt wieder (»Moscow News«, Nr. 30, vom Juli 1987):

»Die Menschen haben in dem vergangenen halben Jahrhundert viel erduldet und erlitten. Aber der heldenhafte Kampf der Internationalen Brigaden, die Schulter an Schulter mit den spanischen Republikanern kämpften und die als erste zum Schlag gegen den Faschismus ausholten, lebt im Gedächtnis des Volkes weiter. Unsere Landsleute, die in Spanien kämpften, sind nicht vergessen. Vielen wurde der Titel eines Helden der Sowjetunion verliehen, oder sie erhielten andere Kriegsauszeichnungen. Dutzende von Büchern und Filmen über sie wurden veröffentlicht. Aber haben wir wirklich schon alles zur angemessenen Würdigung des heldenhaften Kampfes derer getan, die auf spanischer Erde kämpften. [...] Nein, gegenwärtig können wir das nicht behaupten.

Es ist merkwürdig und unerklärlich, aber es ist wahr – in unserem Land gibt es bis zum heutigen Tag kein einziges Denkmal für jene, die mit der Waffe in der Hand den Faschismus in Spanien bekämpften. In Großbritannien stehen siebzehn Denkmäler für die Internationalen Brigaden. Die USA weisen vier auf. In einem Dutzend Länder sind Monumente für die antifaschistischen Kämpfer in Spanien enthüllt worden. Letztes Jahr wurde in Madrid der Grundstein an der Stelle gelegt, wo das Denkmal für die sowjetischen Internationalisten errichtet werden wird. Aber wann wird ein solches Ereignis in unserem Land stattfinden? [...]

Wir sprechen heute viel über die dringende Notwendigkeit, die historische Wahrheit, Erinnerung und Gerechtigkeit wiederzufinden. Wir reden nicht nur – wir handeln auch, jedoch nicht so wirksam und so schnell, wie wir es gern möchten. Daher dürfen wir unsere Pflicht denen gegenüber nicht vergessen, für die ihre Teilnahme am antifaschistischen Krieg in Spanien der Glanzpunkt ihres Lebens war.«

Polen

Die Bevölkerung Warschaus feiert General Komar nach dessen Entlassung aus dem Gefängnis

Waclaw Komar

Im spanischen Bürgerkrieg gab es drei jüdische Kommandeure der Internationalen Brigaden, General Mate Zalka, der am 11. Juni 1937 in Spanien fiel, General Waclaw Komar, Gründer und Kommandeur der 129. Internationalen Brigade, und Manfred Stern, Gründer und Kommandeur der XI. Brigade.

Komar wurde 1909 in Warschau als Sohn einer jüdischen Arbeiterfamilie geboren. Bereits mit sechzehn Jahren wurde er Mitglied des Kommunistischen Jugendverbandes ZMK, dessen Exekutive er in Warschau bald angehörte. 1927 ging er in die Sowjetunion und wurde Mitglied der KPdSU. Als im Jahre 1929 eine Antikriegskommission bei der Kommunistischen Jugend-Internationale gegründet wurde, wurde er deren Sekretär und später Leiter der Antikriegsabteilung des Jugendverbandes der KPD in Deutschland, wo er mit

Waclaw Komar

Max Reimann zusammenarbeitete. Er kehrte 1933 nach Polen zurück und übernahm die gleiche Funktion wie in Deutschland. Gleichzeitig wurde er Verbindungsmann zwischen dem Politbüro des Zentralkomitees der illegalen KPP im Ausland und der Auslandsleitung der Partei. Zudem überwachte er die Arbeit der Militärabteilung und der zentralen technischen Abteilung beim Zentralkomitee der Partei in der West-Ukraine (polnisch Galizien).

Im Jahre 1934 befand sich die Leitung der KPP in Prag, weil die polnische politische Polizei viele Führungskader der illegalen KPP verhaftet hatte. Politbüromitglied war unter anderem Rwal (Dr. Gustav Reicher). Komar wurde mit der gefährlichen Aufgabe betraut, eine geheime, konspirative Zentraldruckerei in Lemberg zu gründen. Bis dahin mußte Propagandamaterial über die hohen Tatra-Berge aus Prag geschmuggelt werden.

Die Druckereien produzierten sowohl Parteiorgane, wie »Walka Mas« (Massenkampf), als auch regionale Zeitungen. Ihr Leiter Kawencki fiel in Spanien, ein jüdischer Drucker der illegalen Druckereien lebt heute in Frankfurt am Main.

Als der spanische Bürgerkrieg ausbrach, wurde Komar nach Spanien entsandt. Er verfügte über Militärerfahrung als Soldat der Roten Armee in den Jahren bis 1931. Er wurde Kompaniechef des Dombrowski-Bataillons. Im April 1937 wurde er Abwehroffizier im Stab der sich formierenden XIII. Dombrowski-Brigade. Nach der Brunete-Schlacht im Juli 1937 wurde er Kommandeur des Dombrowski-Bataillons der XIII. Brigade und kämpfte in der Schlacht um Zaragoza. Im Herbst 1937 wurde eine neue Einheit gegründet: die »Agrupacion« der 45. Division, deren erster Chef ein Jugoslawe war.

In der »Agrupacion« kämpften das bulgarische Dimitroff-Bataillon, die tschechische Panzerabwehrbatterie »Masaryk« und weitere Einheiten. Aus diesen Verbänden ging an der Extremadura-Andalusien-Front im Februar 1938 die 129. Internationale Brigade hervor, die von Waclaw Komar (auch Wacek genannt) gegründet und von Anfang bis zum Ende von ihm kommandiert wurde.

Militärhistoriker vergessen oft die 129. Internationale Brigade. Vielleicht, weil sie nur eine Nummer und keinen Namen hatte, vielleicht, weil sie als einzige an der Südfront kämpfte, wo es fast keine Kriegskorrespondenten gab, denn bald wurde die Brigade vom Norden abgeschnitten, als die Faschisten durch ihren Vorstoß bei Viñaroz am Mittelmeer das republikanische Gebiet in zwei Hälften teilten.

Die 129. Internationale Brigade kämpfte im Februar 1938 bei Zalamea, im April 1938 bei Alaga und noch im Juli 1938 bei Castellon. Sie war die internationalste von allen sechs Brigaden, und das war auch der Grund, warum sie keinen Namen hatte. In ihr kämpften Jugoslawen, Bulgaren, Tschechen, Polen, Juden, Ungarn, Balten, Finnen, Lateinamerikaner, Angelsachsen und Spanier. Es war kein Zufall, daß man die Führung dieses schwierigen militärischen Verbandes mit einem Babel von Sprachen dem polnischen Juden General Wacek anvertraute, der nur 29 Jahre alt war.

Am 21. August 1938 starteten die Faschisten eine große Offensive an der Südfront. In nur vierzehn Tagen bis zum 6. September erlitt die »Levante«-Armee, zu deren Bestand die 129. Brigade zählte, viele Verluste: 1 000 Gefallene und 6 500 Verletzte. Der Spanier Vincente Gimeno war Stabschef und der polnische Jude Maciej Techniczek Kommissar der 129. Brigade.

Im Herbst 1938 erhielt die Brigade den Befehl zum Rückzug nach Norden. Der Landweg war versperrt. Dreitausend Soldaten Komars wurden auf Schiffe geladen und auf Umwegen nach Katalonien gebracht. Als die Soldaten der Brigade dort ankamen, war Barcelona bereits stark zerstört. Die heimatlosen Soldaten – unter anderem Polen, Juden, Deutsche, Österreicher – meldeten sich nach der Auflösung der Brigaden noch einmal bei der »Agrupacion Internacional«, die Flucht der Zivilbevölkerung deckend. Mit André Marty und Luigi Longo verabschiedete Waclaw Komar bei der letzten Parade die internationalen Kämpfer im Februar 1939.

General Komar meldete sich freiwillig bei Kriegsausbruch in der polnischen Armee in Frankreich, unter Verzicht auf seinen Generalsrang, als einfacher Soldat. Er wurde Soldat der 1. Polnischen Grenadierdivision, die an den Kämpfen im Mai 1940 an der Seite der französischen Armee teilnahm. Er wurde in einer Schlacht verwundet und geriet in deutsche Kriegsgefangenschaft. Er versuchte sechsmal aus dem Lager zu fliehen.

Komar überlebte das Lager und war nach dem Kriege kurze Zeit Chef der polnischen Militärmission in Paris. Bald wurde ihm die 2. Abteilung (Militärspionage) im Generalstab der polnischen Armee anvertraut. Inzwischen wurde Sowjetmarschall Rokossowski polnischer Verteidigungsminister. Komar baute mit Hilfe seiner Mitkämpfer aus Spanien ein effektives Spionagenetz im Westen auf. Er wurde 1947 Brigadegeneral, ein Rang, den er schon neun Jahre früher hatte. Rokossowski enthob Komar später seines Postens und ernannte ihn zum Generalquartiermeister der polnischen Armee. 1948 wurde er außerdem Mitglied des Zentralkomitees der Partei.

Der jüdische Spanienkämpfer Komar wird Anfang 1953 verhaftet. In Moskau wütet die antisemitische Kampagne im Zusammenhang mit dem angeblichen Komplott jüdischer Ärzte gegen die sowjetische Führung. Die sowjetischen Chefs der polnischen Geheimdienste, die Obersten Wosniesenski und Skulbaszewski, verfügen die Verhaftung General Komars und seines Stellvertreters, Oberst Dr. M. Flato, auch er jüdischer Spanienkämpfer. Die Anschuldigungen sind phantastisch: sie sollen Agenten des amerikanischen, französischen und englischen Geheimdienstes sein. Komar wird beschuldigt, die Ermordung des Generals Swierczewski (Walter), seines Generalskollegen aus Spanien, veranlaßt zu haben, obwohl wegen dieses Verbrechens bereits Prozesse mit Verurteilungen stattgefunden hatten.

In den Vernehmungen erzählte Komar alles, was die Beamten nicht hören wollten. Er wurde gefoltert. Ein Prozeß wie der Rajk- oder Slansky-Prozeß sollte inszeniert werden. Komar bezichtigte sich selbst der Verbrechen, die praktisch nicht möglich waren. Als Komplizen nannte er die ganze Parteiführung, weswegen ihm die Chefs der Partei noch Jahre zürnten, denn die Vernehmungsmaschine mußte diese Vorwürfe prüfen. Er sagte zum Beispiel aus, daß er bereits 1945 mit dem polnischen Marschall Zymierski über Tito gesprochen hatte, obwohl dieser erst 1948 vom Stalinismus abfiel. Nach dem sowjetischen »Tauwetter« 1956 versuchte die polnische Staatsführung ihr Verhältnis zu Tito und Jugoslawien zu normalisieren. Man wünschte sich die Wiederanknüpfung der unterbrochenen diplomatischen Beziehungen. In der Staats- und Militärführung Jugoslawiens kamen Komars Kameraden aus Spanien zu hohen Ehren und Positionen. Sie lehnten jegliche Gespräche mit den Polen ab, solange ihr Chef in Spanien, General Wacek, im Gefängnis war. Den Jugoslawen wurde die alsbaldige Entlassung zugesichert, da die Formalitäten angeblich eine gewisse Zeit beanspruchen würden. Ein »Njet« kam als Antwort. Schließlich wurde Komar entlassen, und die polnische Delegation flog mit einer frischen Nummer des Parteiorgans »Trybuna Ludu« – das war die jugoslawische Bedingung – nach Belgrad.

Komar wurde Kommandeur des Korps für innere Sicherheit. Er unterstand direkt dem stellvertretenden Verteidigungsminister, General Juliusz Hibner, der sein Freund und Mitkämpfer in Spanien gewesen war.

Im Herbst 1956 beschloß das Politbüro der polnischen KP, Wieslaw Gomulka zum Generalsekretär der Partei zu wählen. Chruschtschow und die Sowjetführung widersetzten sich diesem Plan, weil sie Gomulka nicht für sowjettreu genug hielten. Chruschtschow drohte mit einer militärischen Intervention nach Budapester Muster. Ohne Anmeldung landete auf dem Warschauer Flughafen in mehreren Flugzeugen eine starke sowjetische Delegation mit Chruschtschow und anderen Führern.

In dieser kritischen Zeit, die mit einem internationalen Konflikt hätte enden können, behielt General Komar die nötige Ruhe. Er ließ die Motoren seiner Panzer anwerfen und stand in ständigem Kontakt mit Gomulka, in Erwartung einer sowjetischen Intervention durch die in Polen und der DDR stationierten sowjetischen Truppen. Es war ein Pokerspiel mit höchstem Einsatz. Es ging um die Bewahrung des Scheins einer nationalen Souveränität bei der Wahl der eigenen Führung. Wacek Komar verhinderte durch seine Haltung die Degradierung Polens zu einem Marionettenstaat mit einem sowjetischen Marschall als Verteidigungsminister und mit dem Einspruchsrecht der sowjetischen Führung in die inneren Angelegenheiten der Partei und Staatsführung.

Die Krise entspannte sich, Gomulka wurde Generalsekretär. Wacek Komar starb 1972 an Lungenkrebs.

Die Zunft der polnischen Militärhistoriker kann offenbar bis heute Komar seine jüdische Herkunft nicht verzeihen. Wie ist es sonst möglich, daß der ranghöchste polnische Offizier in Spanien im Album »Dombrowszczacy«, mit Hunderten von Fotos und Dokumenten, auf nur zwei Fotos zu sehen ist? Das vom Militärhistorischen Institut in Warschau von einem Kollegium aus mehreren Generalen und Historikern im Oberstenrang unter Vorsitz von Oberst Prof. Lech Wyszczelski herausgegebene Werk ist das letzte Wort der polnischen Militärgeschichtswissenschaft.

Sein Freund und Stellvertreter im 2. Büro des Generalstabs, Oberst Dr. Flato, starb ein Jahr vor ihm in Ost-Berlin, wegen der Verfolgungen in seiner kommunistischen Heimat Polen an Leib und Seele gebrochen. 1972 starb in Warschau ein weiterer prominenter jüdischer Spanienkämpfer, General Dr. Leon Samet. Dr. Samet gehörte als Freiwilliger zum Sanitätsdienst der Internationalen Brigaden und war zuletzt Chefarzt des Lazaretts in Mataró. Er ging später in die Sowjetunion, meldete sich bei der polnischen Armee, machte den Krieg gegen Deutschland bis zum Ende mit, war Mitglied der polnischen Delegation bei den Nürnberger Kriegsverbrecherprozessen und zuletzt Befehlshaber des Sanitätskorps der polnischen Armee im Generalsrang.

Henryk Torunczyk

Henryk Torunczyk

Henryk Torunczyk (Heniek) wurde 1909 in Wloclawek geboren. Hier absolvierte er das Gymnasium. Später studierte er an der Textilhochschule in Verviers in Belgien, die er als Textilingenieur beendete. Seit frühester Jugend gehörte Heniek linken Jugendbewegungen an. Dies war Familientradition; auch sein Vater war Mitglied der jüdischen sozialdemokratischen Arbeiterpartei »Bund«. Schon in Verviers gründete er einen Kreis der Freunde der Sowjetunion, nahm an studentischen Aktivitäten teil und gehörte zu den Studentenführern in Liége und Verviers. Von Verviers aus, nahe der deutschen Grenze, organisierte Heniek Torunczyk Hilfe für die deutschen Antifaschisten und half Flüchtlingen aus Deutschland heraus.

Nach seiner Rückkehr nach Polen mußte er den Militärdienst ableisten und wurde Fähnrich in einem Infanterieregiment. Wegen politischer Umtriebe wurde er von einem Kriegsgericht zum Feldwebel degradiert und zu einem Monat Festungshaft verurteilt. Danach wurde er in eine Strafkompanie versetzt. Nach Beendigung des Militärdienstes wurde er 1935 abermals verhaftet und vor ein Kriegsgericht gestellt. Er fand Arbeit als Textilingenieur in einer Weberei in Lodsch.

Im November 1936 beschloß Heniek Torunczyk, sich bei den Internationalen Brigaden in Spanien zu melden. Auf Skiern überwand er die Grenze zur Tschechoslowakei und ging über Österreich und die Schweiz nach Paris. Im Mai 1937 erreichte er endlich Spanien, wo er eine neue Kompanie des Dombrowski-Bataillons formierte. In Cabanillas del Campo führte Torunczyk die 6. Kompanie an die Front. In Tortosa in Katalonien wurde die Gründung der Dombrowski-Brigade beschlossen. Torunczyk wurde Adjutant des Bataillons »Palafox«, so genannt nach dem spanischen Volksführer gegen die napoleonischen Invasoren, José Palafox. Es folgten die Schlachten von Quinto und Belchite. Im September und Oktober 1937 kämpfte die Brigade an der Zaragoza-Front und im Dezember an der Tardienta-Front, wo im Sommer 1936 die ersten internationalen Freiwilligen die Republik verteidigten.

Im Dezember 1937 wurde die jüdische Einheit »Botwin« als Teil der XIII. Dombrowski-Brigade gegründet, und Heniek Torunczyk war oft Gast bei seinen jüdischen Kameraden. Die Brigade kämpfte in der Sierra Acebuche und in der Sierra Quemada. Am 16. Februar 1938 wurde Torunczyk verwundet. Er verließ vorzeitig das Feldlazarett, angesichts der schweren Kämpfe mit dem überlegenen Feind. Italienische und marokkanische Divisionen marschierten in Richtung Katalonien, dem Rüstungszentrum der Republik. Das Mickewicz-Bataillon, dessen Kommando Torunczyk übernahm, hatte verlustreiche Kämpfe zu überstehen. Torunczyk wurde Hauptmann und Stabschef der Dombrowski-Brigade, einer der fähigsten Offiziere der Internationalen Brigaden.

Nach den Kämpfen an der Aragon-Front wurde die Brigade reorganisiert und in Pradell auf die Ebro-Offensive vorbereitet. Die Ebro-Armee, die letzte große Streitmacht der Republik, kommandierte der junge Oberst Juan Modesto. Am 23. Juli 1938, zwei Jahre nach der faschistischen Rebellion, setzte sich die Ebro-Armee in Bewegung. Als erste stürmte die Dombrowski-Brigade, überquerte den Ebro und eroberte Corbera, um weiter in Richtung Gandesa vorzustoßen. Es wurden 500 Gefangene gemacht. Die polnischen Truppen, unter ihnen die jüdische Einheit »Botwin«, drangen in wenigen Tagen fünfzig Kilometer tief ins Feindesterritorium ein. Der Feind, in der Luft und an Panzerzahl überlegen, trat zu einer Gegenoffensive an, eroberte die Schützengräben der 1. Kompanie und der zweiten Botwin-Kompanie, deren Soldaten entweder fielen oder nach der Gefangennahme von den Faschisten ermordet wurden. Inmitten der Kämpfe kam die Nachricht vom Rückzug der Internationalen Brigaden von der Front und der Repatriierung der Freiwilligen.

Heniek Torunczyk wurde Kommandant des Demobilisierungslagers der Dombrowski-Brigade. Man wartete auf eine Einreisegenehmigung nach Mexiko. Inzwischen fing am 23. Dezember 1938 die Schlacht um die letzte Bastion der Republik, Katalonien, an. Mitte Januar fiel Tarragona. Am 23. Januar 1939 wurden die noch nicht repatriierten ehemaligen Angehörigen der XI. und XV. Brigade aufgefordert, sich noch einmal dem Kampf zu stellen. Sofort formierten sich schlecht und ohne Waffen ausgerüstete Einheiten, aber schon zwei Tage später, am 26. Januar, fiel Barcelona.

Heniek Torunczyk wurde Kommandant einer der drei Brigaden, deren Stärke eher der eines schwachen Bataillons glich. Am 27. Januar 1939 übernahm Torunczyk das Kommando über die gesamte aus den genannten drei internationalen Einheiten bestehende Internationale Kampfgruppierung »Agrupacion Internacional«. Kommandant der Dombrowski-Brigade wurde der Ungar Mihaly Szalvai, der legendäre Chef des Tschapajew-Bataillons. Heniek führte dieses letzte Aufgebot der kämpfenden internationalen Solidarität bis zur letzten Minute, als sie am 9. Februar 1939 kämpfend die französische Grenze erreichten, dort entwaffnet und in Internierungslager geführt wurden.

Nach der Internierung wurde Torunczyk Vorsitzender der polnischen Lagerinsassen. Als die deutsche Wehrmacht am 1. September 1939 Polen überfiel, meldeten sich die meisten der neunhundert Polen bei der polnischen Botschaft in Paris zum Dienst bei der Verteidigung des Vaterlandes, welches für sie in Friedenszeiten nur Gefängnisse und ein Konzentrationslager übrig gehabt hatte. Dies wurde von den polnischen Behörden abgelehnt.

Der Zusammenbruch Frankreichs überraschte Heniek Torunczyk und seine Kampfgenossen in Vernet. Es tobte eine heftige Diskussion über den Hitler-Stalin-Pakt. Heniek Torunczyk lehnte die von Moskau angeordnete Direktive ab, sich als Zwangsarbeiter nach Deutschland zu melden. Er lehnte es auch ab, in die Fremdenlegion einzutreten. 1941 wurden die Führer und die rebellischsten der Internierten von den Vichy-Behörden nach Djelfa in der algerischen Sahara geschickt, wo der Lagerkommandant Caboche ein Terrorregime ausübte.

Im November 1941 landeten die Alliierten in Algier, aber das kollaborationistische Frankreich behielt die Macht über das Lager. Erst im März 1943 schlug die Stunde der Freiheit. Es kamen polnische, britische, sowjetische und englische Militärwerbekommissionen ins Lager. Am 3. Mai 1943, dem Nationalfeiertag der Polen aus Anlaß der Einführung der ersten demokratischen Verfassung Ende des 18. Jahrhunderts, verließen diejenigen Freiwilligen das Lager, die sich zum Dienst bei der in der Sowjetunion aufgestellten polnischen Armee gemeldet hatten. Heniek Torunczyk wurde Kommandant der Freiwilligengruppe. Durch Libyen, Ägypten, Palästina, Syrien, Transjordanien, Irak und Iran mußten 18 000 Kilometer auf dem Landwege überwunden, neun Grenzen überquert und viele afrikanische und asiatische Wüsten durchquert werden, um in die Sowjetunion zu gelangen.

In Haifa in Palästina erreichte Heniek Torunczyk die Nachricht, daß General Sikorski, Chef der polnischen Regierung in London, umgekommen war. Er erfuhr dies von polnischen Freiwilligen, die sich in der Sowjetunion für den Dienst in der britischen Armee gemeldet hatten und nun den umgekehrten Weg antraten. In beiden Gruppen kämpften viele polnische Juden.

Am 15. Juli 1943 kam die Gruppe in der Sowjetunion in Krasnowodsk am Kaspischen Meer an. Torunczyk plante die Gründung einer Fallschirmspringereinheit, die die Partisanen in Polen verstärken sollte. Er wurde Major im Stab des 1. Polnischen Korps und begann mit der Bildung des Autonomen Luftlande-Sturmbataillons. Er lernte selbst Fallschirmspringen. Am 1. Januar 1944 wurde er zum Oberstleutnant befördert, plante und führte mit seinen Leuten Operationen hinter den feindlichen Linien durch. Seine engsten Mitarbeiter waren Waffenkameraden aus Spanien, der Spanier Major Juan Puertas und Leon Rubinstein, ein jüdischer Spanienkämpfer, sowie Juliusz Hibner. Fallschirminstrukteur der Einheit wurde der Tatare Amintajew, mit 1 500 Absprüngen ein erfahrener Soldat. Die Bezeichnung Bataillon war eine Untertreibung, denn dieser Einheit gehörten zehn Kompanien mit Sprengstoff-, Funk-, Propaganda- und anderen Spezialisten an. Die Einheit wurde dem Polnischen Partisanenstab unterstellt, gegründet und kommandiert von dem vierunddreißigjährigen Offizier Heniek Torunczyk. Diese Einheit ersetzte durch ihre besonderen Operationen viele reguläre Armee-Einheiten. Fallschirmspringer des Sturmbataillons operierten hinter allen Fronten, besonders in Polen, aber auch in Ostpreußen und Schlesien. Eine Gruppe operierte sogar bei Berlin.

Nach Ende des Krieges organisierte Torunczyk eine Armee für innere Sicherheit, nachdem seine Einheit bei der Befreiung von Warschau, Krakau, Posen und Kattowitz mitgekämpft hatte. Er wurde stellvertretender Kommandeur dieser für die Existenz des jungen Staates wichtigen Truppe.

Nach Kriegsende wurden Torunczyk wichtige Aufgaben in der Organisation der Landwirtschaft und der zerstörten Industrie übertragen. 1950 wurde er Generaldirektor des Ministeriums für Leichtindustrie. Er wurde niemals Minister. Er blieb auf diesem Posten und schuftete sich buchstäblich für die polnische Wirtschaft zu Tode. Er starb am 18. Januar 1966, kaum siebenundfünfzig Jahre alt. Seinen Namen sucht man in polnischen Nachschlagewerken vergebens.

Im März 1968 fanden in Warschau an der Universität Studentendemonstrationen statt, an denen viele Kinder der Partei- und Staatselite teilnahmen. Eine Welle von Repressionen war die Antwort, der bald eine antisemitische Strömung folgte, die alle Bereiche des Lebens erfaßte. Juden wurden aus allen Positionen in Staat, Partei, Medien und Armee entlassen. Die Tochter Heniek Torunczyks, die unter den Demonstranten war, wurde zu zwei Jahren Gefängnis verurteilt. Sie ist mit Adam Michnik, dem späteren Aktivisten der Solidarnosc, befreundet, der auch eine Haftstrafe verbüßte.

Im Sommer 1968 wurde von General Moczar eine Versammlung des ZBoWiD einberufen. Es wurde über die prominenten Eltern der demonstrierenden Studenten gesprochen, auch über die Familie Torunczyk. General Ksiezarczyk, ein ehemaliger Untergebener Henieks in Spanien, ergriff das Wort, wahrscheinlich von Moczar vorgeschoben. Er gestand, auch er sei Gast im Hause Torunczyk gewesen, habe damals aber nicht gewußt, daß die Kinder antistaatlich erzogen würden. Nun müsse er erfahren, fuhr der General fort, daß der Vater eines Staatsfeindes, der Tochter Barbara, sogar an der Ehrenallee des Nationalfriedhofes begraben ist.

Als der schon schwerkranke General Tadeusz Cwik, auch er Offizier in Spanien und Kamerad von Heniek Torunczyk, diese Worte hörte, wollte er das Wort ergreifen, aber sein krankes Herz machte nicht mit. Er fuhr nach Hause, besorgte sich biographisches Material über Heniek Tornuczyk und führte eine Serie von Telefonaten mit führenden Leuten in Staat und Armee. Er drohte mit einem großen Skandal, falls der Name von Heniek Torunczyk noch einmal in den Dreck gezogen werde oder seine Überreste gar vom Friedhof Powazki entfernt würden. Nach diesen für ihn sehr aufregenden und sogar lebensgefährlichen Telefonaten ließ General Cwik eine Ambulanz kommen und wurde auf eine Intensivstation gebracht. Er sollte das Krankenhaus nicht mehr lebend verlassen; er starb kurz darauf.

Nach der Entlassung ging Barbara Torunczyk nach Paris, wo sie eine polnische Literaturzeitschrift gründete und bis heute redigiert.

Die Ehefrau, *Romana Torunczyk,* ist eine Fast-Spanienkämpferin. Sie schmuggelte sich über viele Grenzen, bis sie an der spanisch-französischen Grenze angehalten wurde. Die KPF gab die Direktive aus, keine Frauen mehr durchzulassen, sie würden nicht gebraucht. Romana Torunczyk kehrte nach Paris zurück, wo sie im Rekrutierungsbüro für die Brigaden bis zum Kriegsende tätig war. Sie entstammt einer jüdischen Familie aus Lodsch und gehörte schon mit fünfzehn Jahren linken Jugendorganisationen an.

Von Paris aus ging Romana Torunczyk nach Ausbruch des Zweiten Weltkrieges mit einem gefälschten Paß in die Sowjetunion, welche ihr nach einem chinesischen Einreisevisum ein Transitvisum gewährte. Sie wollte in der Sowjetunion den inzwischen liquidierten Bund der polnischen kommunistischen Jugend aufbauen, aber dies erwies sich als Illusion. Sie meldete sich anschließend als Freiwillige bei der polnischen Armee. Sie war Offizier für politische Erziehung des Sturmbataillons, welches von Heniek Torunczyk kommandiert wurde. 1948 wurde ein Sohn, 1946 die Tochter Barbara geboren. Romana Torunczyk diente drei Jahre in der Armee. Nach dem Dienst im Sturmbataillon war sie Mitglied des Offizierskorps der 3. Polnischen Division, um später Leiterin der Informationsabteilung der provisorischen polnischen Regierung in Lublin zu werden. Sie war nach dem Tode ihres Mannes als Historikerin am Institut für Parteigeschichte in Warschau tätig.

Juliusz Hibner

Juliusz Hibner

Brigadegeneral d.R. der polnischen Armee Juliusz Hibner wurde im Jahre 1912 in Grzymalow in Polen als Sohn einer jüdischen Familie geboren. Schon der Gymnasiast wurde als Mitglied des kommunistischen Jugendverbandes KZM von der Polizei verhaftet. Als er in Tarnopol wieder einmal festgenommen wurde und nach Lemberg gebracht werden sollte, flüchtete er aus dem Zug und schlug sich nach Warschau durch. Als der Bürgerkrieg in Spanien ausbrach, besorgte er sich falsche Papiere, ging im Dezember 1936 über die Tschechoslowakei illegal nach Wien, wo er einige Tage bei einem Verwandten blieb. Er fuhr dann auf Skiern an die schweizerische Grenze, von dort nach Zürich und Basel. Kommunistische Freunde brachten ihn zur französischen Grenze. Dort wurde er jedoch verhaftet und sollte nach der Schweiz abgeschoben werden, wo ihn abermals Haft erwartete. Der ihn begleitende französische Gendarm ballte unterwegs die Faust zum Rot-Front-Gruß zusammen und ließ ihn nach Frankreich entkommen. Er erreichte Paris rechtzeitig, um mit dem letzten legalen Transport Anfang Februar 1937 nach Spanien fahren zu können. Von da an trat das Nichtinterventionsabkommen in Kraft, nach welchem legale Transporte von der französischen Regierung untersagt wurden.

Hibner wurde mit anderen polnischen Freiwilligen nicht der Dombrowski-Brigade zugeteilt, sondern in das 20. Internationale Bataillon integriert, welches später Teil der 86. Brigada Mixta wurde. Das 20. Internationale Bataillon wurde bald an die Front geschickt.

Hibner erzählt:

»Wir nahmen an den Kämpfen bei Pozoblanco teil. Wir eroberten den Ort. Die republikanischen Kräfte waren zahlenmäßig schwach und schlecht ausgerüstet. Es gelang den Faschisten, Pozoblanco zurückzuerobern. Später kämpften wir bei der kriegswichtigen Schlacht bei Almadén. Ich hatte inzwischen die Offiziersschule in Albacete absolviert. In der Schlacht von Almadén war ich als Leutnant Chef einer MG-Kompanie. Dort wurde ich zum ersten, aber nicht zum letzten Male verwundet und mußte für einige Wochen ins Lazarett. Als die Faschisten bei Viñaroz zum Meer vordrangen und das republikanische Gebiet in zwei Hälften teilten, blieb unsere Einheit im Süden, als Teil der Levante-Armee. Dort kam ich mit General Waclaw Komar (Wacek) zusammen, der Kommandeur der 129. Brigade war. Wir wurden in einem Städtchen bei Valencia konzentriert und verteidigten die Südfront der Republik. Im September 1938 kam der Befehl, daß alle Freiwilligen der Internationalen Brigaden Spanien verlassen sollten. Die Internationalen wurden in nach Nationalitäten getrennten Repatriierungslagern aufgeteilt.

Wir gehörten zu denjenigen Freiwilligen, die keine Heimat mehr hatten, weil die polnische Regierung alle Spanienkämpfer per Dekret ausgebürgert hatte. Zu Hause hätte uns Zuchthaus oder Konzentrationslager erwartet. Wir teilten dieses Schicksal mit den Deutschen, Österreichern und zahlreichen Freiwilligen anderer Nationalität. Die polnischen Freiwilligen entschlossen sich, Spanien nicht zu verlassen, sondern sich zum zweitenmal freiwillig der Republik zur Verfügung zu stellen. Kommandant dieser Truppe wurde Henryk Torunczyk. Ich wurde Stabsoffizier der polnischen militärischen Gruppierung, deren Chef Torunczyk war. Es gab einen Plan, wonach wir nach

Erfüllung unseres Kampfauftrags, die Bevölkerung bei ihrer Flucht nach Frankreich zu schützen, nach Mexiko reisen sollten. Aber zunächst waren wir an der Front. Als die spanischen Faschisten und besonders die italienischen Truppen merkten, daß sie mit Einheiten der ehemaligen Internationalen Brigaden zu tun hatten, starteten sie keine ernsthaften Angriffe, sondern überholten uns, mal über die linke, mal über die rechte Flanke. Wir überschritten die Grenze als Letzte, mit der Waffe in der Hand.

Zuerst waren wir in St. Cyprien, dann in Le Vernet und in Devrier d'Ariege. Von dort wurden wir nach Algerien in das Lager Djelfa in der Sahara gebracht. [...]

Nach dem Überfall Nazideutschlands auf die Sowjetunion und nach der Landung der Alliierten 1942 in Algerien kamen britische und amerikanische Offiziere ins Lager, aber sie dachten nicht daran, uns zu befreien. Sie gaben jedem eine Orange und meinten im übrigen: ›Das ist nicht unsere Sache, mit Euch muß sich die französische Regierung beschäftigen.‹ Mit Hilfe der Anhänger de Gaulles und durch Briefe an Labour-Abgeordnete des britischen Parlaments versuchten wir, unsere Inhaftierung zu beenden. Erst ein Brief an Wanda Wasilewska, Vorsitzende des ›Verbandes polnischer Patrioten‹ in der Sowjetunion, zeigte Wirkung. Sowjetische Verbindungsoffiziere beim Stab Marschall Montgomerys in Kairo, unter ihnen der sowjetische General litauischer Herkunft Mickevitius, und Beamte des Außenministeriums nahmen mit uns Kontakt auf, so daß im Mai 1943 eine Liste von über fünfhundert Freiwilligen zusammengestellt wurde, die auf sowjetischer Seite gegen Nazideutschland kämpfen wollten. Andere meldeten sich als Freiwillige bei der britischen Armee. Wir fuhren in britischen Armeelastwagen über Ägypten, Palästina und Jordanien in Richtung Sowjetunion. [...]

Wir trafen uns, ehemalige polnische Spanienkämpfer, viele von ihnen jüdischer Herkunft, und polnische Freiwillige aus der Sowjetunion, unter ihnen der später berühmt gewordene Menachem Begin, in Palästina. In Palästina verbrachten wir nur wenige Tage. Wir übernachteten in einer britischen Kaserne in Tel Aviv. Es gelang mir noch, meine Schwester zu sehen, die in den dreißiger Jahren als zionistischer Pionier nach Palästina gegangen war. [...] Wir fuhren dann weiter über den Irak und Persien, genau den Weg der Anders-Armee, nur in umgekehrter Richtung. Als Gäste des Marschalls Montgomery kamen wir nach Teheran, und von dort fuhren wir zum Kaspischen Meer nach Krasnosawodsk in der Sowjetunion. Dort wurden, aus Gründen, die wir damals nicht verstanden und die ich heute kenne, nur wenige in die sich in der Sowjetunion formierende polnische Armee aufgenommen. Der Rest wurde in Krasnosawodsk festgehalten. Der Grund: Wir waren ›Sapadniki‹, Westler, also suspekt.«

Hibner nahm an den Kämpfen des Zweiten Weltkrieges als Offizier der in der Sowjetunion formierten polnischen Armee teil. Nach der Schlacht von Lenino, bei welcher er schwer verwundet wurde, erhielt er den Orden »Held der Sowjetunion«. Er war anschließend Kommandeur eines Schützenregiments im Krieg gegen Deutschland, der einzige Spanienkämpfer, der diesen Rang erreichte. Im Nachkriegspolen wurden ihm wichtige Funktionen anvertraut, zum Beispiel als Befehlshaber der Sicherheitstruppen und stellvertretender Innenminister.

Alexander Szurek

Alexander Szurek wurde 1907 als Sohn einer orthodoxen jüdischen Familie in Kalisch/Westpolen geboren. In seiner Jugend war er Mitglied der linkssozialistisch-zionistischen Organisation »Haschomer Hazair«. Er las Kropotkin, Marx, Lenin und Herzl. Nach dem Abitur trat er der sozialistischen Jugendorganisation ZNMS bei, druckte illegale Flugblätter und beteiligte sich an zahlreichen Demonstrationen. Während der 1. Mai-Feier 1926 kam es zu Unruhen unter den vielen Arbeitslosen. Sein Schlüsselerlebnis war die Befehlsverweigerung der Truppen, die auf die Demonstranten schießen sollten. Kurz darauf wurde er verhaftet und gefoltert. Vor dem Jom-Kippur-Feiertag versuchte er aus dem Gefängnis auszubrechen, um mit der Familie zusammen zu sein. Er wurde zu acht Monaten Haft verurteilt, konnte aber nach Danzig fliehen. Dort schloß er sich der KPD an und kämpfte im Rotkämpfer-Bund gegen die Danziger Nationalsozialisten. In Danzig hörte er zum erstenmal die gegen die Sozialdemokratie gerichtete Parole von den Sozialfaschisten. Während einer Bahnfahrt wurde er wiederum verhaftet und nach Kalisch deportiert. Nach Haftverbüßung schickte ihn die KPD nach Warschau zwecks illegaler Tätigkeit. Er wohnte bei Schmuel Zygielbojm, einem der Führer der jüdisch-sozialistischen Arbeiterpartei »Bund«. (Zygielbojm war es, der aus dem Warschauer Getto 1943 nach London gelangte, um die Welt wegen der Vernichtung der Juden aufzurütteln. Als dies nicht gelang, verübte er demonstrativ Selbstmord.) In Warschau schloß Szurek Freundschaft mit vielen Genossen, mit denen er später im PIAT in Paris wirkte (»Pariser Jiddisches Arbeitertheater«).

Alexander Szurek

Nach einiger Zeit genehmigte ihm die Partei die Emigration nach Frankreich. Er kam zunächst nach Paris, wo er Mitglied der KPF wurde und in der jiddischen »Kulturliga« tätig war. Er erlernte den Beruf eines Maschinenstrickers und übersiedelte nach Lyon. Später ging er nach Roanne, dem Zentrum der Wirkwarenindustrie. Dort lernte er die Parteigenossin und Arbeitskollegin Berta kennen, die seine Frau wurde. In Roanne wurde auch die Tochter Helene geboren.

Als der spanische Bürgerkrieg ausbrach, fuhr Szurek, ohne die Direktiven der Partei abzuwarten, auf kürzestem Wege nach Spanien und meldete sich zum Dienst bei den internationalen Milizen. Nach dem Absolvieren einer Kriegsschule erhielt er das Offizierspatent. Der Kommandeur der XIII. Dombrowski-Brigade, General Walter, ernannte ihn zu seinem Adjutanten im Range eines Hauptmanns. Als General Walter das Kommando über die 35. Division übernahm, folgte ihm Szurek als Adjutant. Im Jahre 1937 kam zur Division Rwal (Dr. Gustav Reicher), der polnische Komintern-Beauftragte in Spanien. Rwal hat den General über den Beschluß Stalins zur Liquidierung der KPP informiert, im Laufe derer alle in Moskau befindlichen polnischen KP-Führer ermordet wurden. Rwal selbst sollte später das gleiche Schicksal erleiden.

Alek Szurek schildert in seinen Memoiren eine Begegnung beim Rückzug von der Aragon-Front im März 1938:

»Unsere Truppen zogen sich zurück. Es gibt nichts Traurigeres im Leben eines Soldaten als das Verlassen von Städten und Dörfern, die ihm liebgeworden sind, weil er für sie Blut vergossen hat. Überall gingen Soldaten, Schatten gleich, müde, schmutzig, resigniert, verzweifelt. Sie alle gingen in die gleiche Richtung, weg von der Front. Wo sind die Faschisten? Niemand weiß es. Wir verließen Gegenden, die unlängst noch unsere Etappe waren. [...] Die Front kam immer näher, so daß man unsere Repatriierungsbasen näher an die französische Grenze verlegte. Unter der Bevölkerung gab es Unruhe und Angst vor dem, was noch passieren konnte. Der Alcalde (Bürgermeister) des Städtchens verschwand. Seinen Posten übernahm ein Internationaler. Es war Frantisek Kriegel, ehemaliger Chefarzt der 45. Division, später Arzt in China, dann stellvertretender Minister der tschechoslowakischen Regierung und 1968 Mitkämpfer Dubceks.«

Alek Szurek gehörte zu denjenigen demobilisierten Interbrigadisten, die sich noch einmal freiwillig gemeldet haben, um den Rückzug und die Flucht der Zivilbevölkerung nach Frankreich zu decken. Am 8. Februar 1939 hielten die letzten Internationalen unter dem Kommando des jüdischen Offiziers Heniek Torunczyk vor dem Ministerpräsidenten Negrin, Armeechef Modesto, La Pasionaria und Marty eine Parade ab. Die Internationalen wurden darauf in Internierungslager gebracht. Im Lager gab es auch kulturelle Ereignisse, Chorgesang, Konzerte etc.

Alek Szurek erzählt in seinen Memoiren:

»Unter den Sängern erinnere ich mich an Viktor Tulman, den ›Chasen‹, Synagogenkantor, mit der schönen Tenorstimme. Wir nannten ihn in Spanien ›Chasen‹, weil er Gebetslieder sang, wenn auch nicht auf Hebräisch. Nach vielen Jahren, 1975, traf ich ihn beim Begräbnis meines engen Freundes Boris Chein auf dem jüdischen Friedhof Bagneux in Paris wieder. Boris' Witwe, Nichtjüdin und Antiklerikalistin, hatte beschlossen – an die Familie von Boris denkend, die viele Generationen von Rabbinern hervorbrachte, aus Gründen, die zu erklären sie nicht imstande war –, einen Rabbiner zur Abhaltung der religiösen Feier einzuladen. Ich schaue mir den Rabbiner an – das ist doch unser ›Chasen‹ aus dem Lager Gurs. Wir haben uns sehr gefreut. Rabbi Tulman sagte: ›Man nennt mich immer noch den roten Rabbiner‹.«

Szurek gelang es, aus dem Internierungslager nach Paris zu entkommen, wo er seine Frau und seine Tochter traf. Der absehbare Ausbruch des Zweiten Weltkrieges brachte verstärkte Schikanen seitens der Fremdenpolizei, bei der sich Szurek ständig melden mußte. Szurek ging als Freiwilliger zur polnischen Armee in Frankreich. Er wurde angenommen, obwohl er als Spanienkämpfer automatisch die polnische Staatsangehörigkeit verloren hatte.

Nach Ende des kurzen deutsch-französischen Krieges wurde Szurek verhaftet, weil man bei ihm einen konspirativen Radioapparat gefunden hatte. Er wurde in der Festung Romainville interniert und später im Lager Compiègne. In Compiègne durften ihn seine Frau Berta mit der Tochter, aber auch Kuriere der Partei besuchen. Er wollte ausbrechen, was möglich war, aber die Partei verweigerte ihre Zustimmung. Seine Kameraden und er kamen nach Wülzburg bei Weißenburg in Bayern, wo sie in einer

Festung aus dem 12. Jahrhundert inhaftiert wurden. Szurek überlebte das Lager, das im Mai 1945 von der amerikanischen Armee befreit wurde, ließ sich nach Frankreich repatriieren und kehrte nach Roanne zurück.

Er stürzte sich in die Arbeit bei der Gründung der PPR, der polnischen Arbeiterpartei in Frankreich – das Wort »kommunistisch« war seit damals bis heute in Polen nicht en vogue. Eine polnische Parteifunktionärin bat ihn um eine Begegnung mit dem ehemaligen Vorsitzenden des Minderheitenblocks im polnischen Parlament, Itzhak Grünbaum. Es handelte sich um dessen Sohn Atsche Berger-Grünbaum, der in Spanien gekämpft hatte und der Kollaboration in Auschwitz beschuldigt wurde. Die Begegnung fand in Paris statt.

1948 wurde Szurek mit seiner zweiten, spanischen Frau Jeannine – inzwischen wurde ein Kind geboren – in Paris verhaftet. Aber die Volksrepublik Polen ließ sich das nicht gefallen. Der polnische Botschafter Jerzy Putrament, berühmter Schriftsteller und Dichter, intervenierte heftig beim Außenminister Maurice Schuman.

1949 wurde Szurek mit Jeannine noch einmal verhaftet und nach Polen ausgewiesen. Er wurde als Abteilungsleiter der Parteizeitung »Trybuna Ludu« eingestellt, wo er bis 1953 blieb. In den Jahren 1951 bis 1952 wurde er mehrmals von der Abwehr verhört. Seine Gefährten aus Spanien, General Waclaw Komar und Major Stanislaw Flato, saßen im Gefängnis, der unsinnigsten Verbrechen beschuldigt.

Im Jahre 1953 wurde Szurek hauptamtlicher Sekretär der »Fédération Internationale de la Résistance« in Wien. Ab 1960 bekleidete er einen Posten bei der amtlichen polnischen Presseagentur PAP. Er erlebte den Aufstand und die sowjetische Intervention in Budapest im Jahre 1965. Er verließ Polen 1969 nach der von der Partei und der Regierung ausgelösten Judenhetze. Fast fünfzig Jahre nach seinem Entschluß, sich dem Sozialismus zu widmen und Freiheit und Leben dafür zu opfern, kam der Moment des Abschieds von der sozialistischen Heimat Polen. Szurek, seine Frau und ihre schon achtzehnjährige Tochter Helena mußten unterschreiben, daß sie selbst und ihre Kinder auf die polnische Staatsangehörigkeit verzichten. Die Rente aus der Zeit in Spanien und in Polen wurde gestrichen. Szurek blieb in Paris. Beim Schreiben seiner Memoiren starb er am 2. März 1978.

Gerschon Dua-Bogen

Jede Nationalitätengruppe der in Spanien kämpfenden Interbrigadisten hatte einen hohen Parteifunktionär ihrer kommunistischen Partei als zivilen Patron, der an höchster Stelle für sie wirkte und im Bedarfsfall intervenierte. Für die Deutschen war in Spanien Hans Beimler (Kommissar Hans), für die Polen Dr. Gustav Reicher (Rwal). Beide starben noch während des Bürgerkrieges. Auch die Jiddisch sprechenden Interbrigadisten hatten einen Patron, der einer der Gründer der jüdischen Einheit »Botwin« war.

Gerschon Dua-Bogen ist eine der farbigsten Gestalten der jüdischen Arbeiterbewegung. Er wurde 1902 in Polen geboren und war seit früher Jugend Aktivist der zionistisch-sozialistischen Partei »Poale Zion« (Arbeiter Zions). Im Jahre 1921 wurde er Generalsekretär des linken Flügels der »Poale Zion«-Partei, die zum Kommunismus tendierte und in der Sowjetunion noch bis 1928 legal wirken konnte.

1922 wurde er Mitglied der KPP und Chef der jüdischen Sektion beim Zentralkomitee der KPP. Er war später einige Jahre in Palästina, wo er als Genosse Admoni Generalsekretär der palästinensischen kommunistischen Partei war. Er kehrte dann nach Polen zurück und wurde mehrmals verhaftet und eingekerkert. Schließlich mußte er vor den Repressionen der politischen Polizei fliehen und ging nach Moskau, wo er die polnische Sektion beim Exekutivkomitee der Komintern leitete.

Sein ganzes Leben lang arbeitete Dua-Bogen auch journalistisch. Er schrieb Hunderte von Beiträgen in der jiddischen Arbeiterpresse, unter anderem im Hauptorgan der jüdischen Sektion der KPdSU, der jiddischen Tageszeitung »Der Emes«.

Als der spanische Bürgerkrieg ausbrach, ging er nach Spanien, wo er Mitglied des politischen Apparates der Internationalen Brigaden in deren Basis in Albacete wurde. Er initiierte mehrere polnische Bulletins für die Interbrigadisten, wie »Ochotnik Wolnosci« und »Dabrowszczak«. Gerschon Dua-Bogen war es, der den Gedanken der Gründung einer jüdischen Einheit verwirklichte. Sie sollte schon im Sommer 1936 gegründet werden, aber erst im Dezember 1937 entstand die jüdische Kompanie »Botwin« im Verband der XIII. Dombrowski-Brigade durch den Tagesbefehl ihres Kommandanten.

Seine Erlebnisse in Spanien schilderte Gerschon Dua-

Bogen in seinen in jiddischer Sprache 1965 in Warschau erschienenen Memoiren.

Eigenartigerweise wurde Dua-Bogen von seinem polnischen Kollegen Dr. Gustav Reicher, auch er jüdischer Abstammung, verdächtigt, kein zuverlässiges Element zu sein, und dieser warnte in geheimen Briefen an die Parteizentrale in Warschau davor, Dua-Bogens Befugnisse zu erweitern. Kurz darauf wurde Rwal nach Moskau gerufen und zusammen mit der dort befindlichen Leitung der KPP erschossen.

Nach der Niederlage der Republik kam Gerschon Dua-Bogen nach Paris. 1940 gelang ihm die Flucht nach Kuba, wo er Aktivist der linken Kreise der dortigen jüdischen Gemeinde wurde. Er schrieb für die jiddische New Yorker Arbeiterzeitung »Morgen-Freiheit« und schrieb einen Roman sowie ein Theaterstück, welches in Havanna aufgeführt wurde.

Nach Ende des Krieges kehrte er nach Polen zurück und propagierte die Idee, alle polnischen Juden in ihre Heimat zurückzuholen, um dort mit ihnen den Sozialismus aufzubauen. Am 12. Februar 1948 starb er bei einem Autounfall. Er befand sich auf dem Weg nach Auschwitz, wo er an einer Gedenkfeier für die dort umgebrachten Menschen teilnehmen wollte.

Zwanzig Jahre später sollten sich seine Hoffnungen zerschlagen, als das Gomulka-Regime 1968 eine antisemitische Kampagne gegen die polnischen Juden entfachte und sogar langjährige treue Parteigenossen aus allen Ämtern und Positionen entfernte. Auch die Witwe und der Sohn Dua-Bogens mußten Polen verlassen. Aber damit nicht genug. Eine nach ihm genannte Arbeiterkooperative in Lodsch änderte ihren Namen. Eine andere Arbeiterkooperative, die Botwin genannt wurde, entfernte diesen Namen mit der Begründung, daß dieser jüdisch-nationalistisch-chauvinistische Gefühle erweckt. Erst im Jahre 1973, zum fünfundzwanzigjährigen Todestag Dua-Bogens, veröffentlichte die jiddische Zeitung »Volksstimme« in Warschau eine ausführliche Würdigung über ihn.

Alter Feinsilber

Auf dem Gelände des Vernichtungslagers Auschwitz-Birkenau wurden nach dem Kriege sechs dort von Häftlingen geschriebene und vergrabene Manuskripte gefunden, in welchen sie, meistens Mitglieder des Sonderkommandos, die die Krematorien bedienten, ihre Erlebnisse schilderten, um der Nachwelt die nazistischen Verbrechen zu dokumentieren. Die meisten Häftlinge des Sonderkommandos wurden später ermordet.

Einer der wenigen Überlebenden der Sonderkommandos hat im April 1945 einen ausführlichen Bericht über das Vernichtungslager vor den Mitgliedern der staatlichen polnischen Kommission zur Untersuchung der Naziverbrechen in Auschwitz erstattet. Das Protokoll seiner Aussage ist auf siebzig Seiten in einer Sonderausgabe der »Auschwitzer Hefte« im Jahre 1985 veröffentlicht worden und bildet die wichtigste Quelle zur Erforschung der Geschehnisse in Auschwitz und zur Ergänzung der sechs gefundenen Manuskripte. Die Aussage stammt von Alter Feinsilber, einem jüdischen Spanienkämpfer.

Alter Feinsilber wurde als Sohn von Sara und Chaim Feinsilber 1910 bei Luck geboren und arbeitete bis zu seiner Ausreise aus Polen als Kellner in Otwock bei Warschau. Obwohl er keine Schule besuchte, lernte er autodidaktisch sieben Sprachen: Polnisch, Französisch, Jiddisch, Russisch, Spanisch, Tschechisch und Deutsch. Mit fünfzehn Jahren fing er eine Lehre als Schreiner an. Ein Jahr später wurde er beim Streik der Schreinergewerkschaft verhaftet. Es sollte nicht die letzte Verhaftung sein. Nach Verbüßung einer einjährigen Festungshaft wurde er erneut verhaftet, bereits zum vierten Male, und zu zwei Jahren Zuchthaus wegen kommunistischer Tätigkeit verurteilt. Auch diese Strafe verbüßte er und wurde später noch mehrmals verhaftet. Er saß insgesamt fünf Jahre im Gefängnis.

Als der spanische Bürgerkrieg ausbrach, wollte er nach Spanien fahren. Dreimal wurde er an der Grenze angehalten und verhaftet, und erst der vierte Versuch, über die Tschechoslowakei, Österreich, die Schweiz und Frankreich, gelang, illegal und ohne Dokumente. Er war zunächst einfacher Soldat und später Politkommissar in der XIII. Dombrowski-Brigade. Er nahm an allen Kämpfen und Schlachten seiner Brigade teil, bis er verwundet wurde. Die Auflösung der Brigaden überraschte ihn im Lazarett. Trotzdem meldete er sich nochmals freiwillig zur Verteidigung Barcelonas und wurde nach der Niederlage im Internierungslager St. Cyprien festgehalten. Später wurde er nach Gurs überstellt, von wo er nach Kriegsausbruch nach Argelés gebracht wurde. Er flüchtete aus dem Lager, wurde eingefangen und in ein Straflager gesteckt. Auf Anweisung der Partei meldete er sich zur Arbeit in Deutschland – als katholischer Spanier. Er arbeitete als Schreiner zweieinhalb Monate in Frankreich, bis er von einem ehemaligen polnischen Interbrigadisten, der Gestapospitzel geworden war und ihn als Juden aus Spanien kannte, bedroht wurde. Er flüchtete nach Paris, wo er von seinen Parteigenossen versteckt wurde. Bevor ihm die Résistance Papiere besorgen konnte, wurde er von der französischen Polizei als Jude verhaftet und ins Durchgangslager Drancy bei Paris gebracht. Dort herrschten schreckliche Bedingungen. Viele Menschen starben an Hunger und Entkräftung. Oft wurden Geiseln für Aktivitäten der Résistance erschossen. Zweimal überlebte er die Geiselnahme. Da die Spanienkämpfer als Geiseln bevorzugt wurden, meldete sich eine Gruppe von einhundert Männern freiwillig zur Arbeit nach Deutschland. Als die Gruppe in Compiègne eintraf, wurden alle als Geiseln für »Terrorakte« der Résistance in Paris erklärt. Im Geisellager Compiègne wurden an jedem Donnerstag mehrere Häftlinge erschossen.

Alter Feinsilber wurde einem Transport von 1 118 Juden zugeteilt, welcher nach zwölf Tagen der Reise in Güterwaggons am 27. März 1942 in Auschwitz ankam. Das gesamte Gepäck von je 25 Kilogramm wurde weggenommen. Ärzte, die wenigstens die Medikamente behalten wollten, wurden mißhandelt oder erschossen. Alter Feinsilber wurde ins Vernichtungslager Birkenau gebracht. Ihm wurde die Häftlingsnummer 27 675 eintätowiert. Er meldete sich als Tischler und lebte im Strafblock 11 (Todesblock), wo sich Häftlinge befanden, mit denen die Politische Abteilung der Lagerkommandantur etwas vorhatte. Im November 1942 wurde Alter Feinsilber der Arbeit im Krematorium von Auschwitz zugeteilt. Die Besatzung des Krematoriums bestand aus mehreren SS-Männern, einem Kapo, einem Schreiber, einem Mechaniker und neun jüdischen Arbeitern. Alter wurde somit Zeuge der größten Verbrechen in der Geschichte der Menschheit. Obwohl die Wahrscheinlichkeit des Überlebens sehr gering war, denn regelmäßig wurden Arbeiter des Sonderkommandos als Augenzeugen der Verbrechen vergast und verbrannt, prägte er sich viele Einzelheiten ein, um sie im Fall des

Überlebens weiterzugeben. Er merkte sich die Namen unzähliger SS-Verbrecher. Keine der vielen Gruppen, die ins Lager gebracht wurden, um ermordet zu werden, hat er in seiner Aussage vergessen. Er erinnerte sich auch an die genaue Zahl von 1 750 ausländischer, meistens amerikanischer Juden, die Ende 1943 in Auschwitz ermordet wurden. Eine Frau aus diesem Transport entriß dem SS-Mann Quakernack seine Pistole, erschoß den Rapportführer Schillinger und verletzte den SS-Mann Emmerich. Fast alle Juden dieses Transports wurde durch Schüsse, Granaten und Gas ermordet.

Alter Feinsilber berichtete auch ausführlich über den Aufstand des Sonderkommandos, welcher mit der Zerstörung des Krematoriums und mit der Gefangennahme und Ermordung fast aller Kommandohäftlinge endete. Er berichtete auch über die letzte Exekution in Auschwitz am 6. Januar 1945, als vier junge jüdische Frauen, die den Aufständischen den Sprengstoff besorgten und trotz langer Folter nur Namen der bereits Toten verrieten, öffentlich auf dem Appellplatz gehenkt wurden. Es waren Toska und Regina (deren Familiennamen bis heute unbekannt blieben) sowie Ella Gartner und Rózia Robota aus Bendzin.

Als das Lager Auschwitz 1945 liquidiert wurde, konnte Alter Feinsilber sich dem Transport entziehen. Er blieb in Auschwitz bis zum 18. Januar 1945, als alle überlebenden Häftlinge beim Herannahen der Roten Armee zum Todesmarsch getrieben wurden. Nach wenigen Tagen gelang ihm die Flucht vom Todesmarsch, aber er mußte noch zwei Monate lang Unglaubliches überleben, bis er Ende März von der sowjetischen Armee befreit wurde.

Alter Feinsilber hatte die Absicht, nach Frankreich auszuwandern, aber er wollte vorher aussagen. Deshalb meldete er sich wenige Tage nach seiner Befreiung bei der Kommission, wo seine ausführliche Aussage in mehreren Sitzungen protokolliert wurde.

Moses Flato

Mojzesz (Moses) Flato wurde 1910 in Warschau geboren. Er besuchte dort eine jüdische Schule, in der auch Hebräisch unterrichtet wurde. Da er in Polen nicht Medizin studieren konnte, ging er nach Paris. 1935 beendete er das

Moses Flato

Medizinstudium und wurde Arzt. Im Dezember 1936 ging Dr. Moses Flato als Arzt nach Spanien. Zuerst war er in der alten XIII. Brigade, später wurde er Chefarzt der neuen XIII. Brigade. Im Mai 1938 wurde er Chef des Sanitätswesens der 35. Division unter General Walter. Er arbeitete vom Anfang bis zum Ende an der Front, mit den Brigaden und mit der 35. Division.

Nach dem Kriege wurde er in Lagern in Südfrankreich, zuerst in St. Cyprien und später in Gurs, bis September 1939 interniert. Als man dort Ärzte für China anwarb – man suchte als Ärzte ehemalige Spanienkämpfer –, meldete er sich wie viele andere auch. Er gehörte zu der ersten Gruppe, darunter auch Dr. Frantisek Kriegel, die nach China aufbrach. Sie fuhren mit dem Schiff von Marseille, erreichten nach acht Wochen Hongkong und wurden dann in China dem chinesischen Roten Kreuz zugeteilt, wo Flato der offizielle Vertreter dieser Ärztegruppe wurde. Er war schon in Frankreich in der UEF (»Union des Etudiants Françaises«), einer links eingestellten kommunistischen Organisation, aktiv tätig gewesen. Deshalb wurde er von der KP beauftragt, diese Gruppe in China zu vertreten.

Im Krieg gegen Japan wurden die Ärzte als Berater in den verschiedenen chinesischen Divisionen an die Front geschickt. Flato wollte zur 4. Armee von Mao Tse Tung. Als das nicht klappte, meldete er sich bei Chou En-lai, der damals Vertreter der kommunistischen Partei in der damaligen Hauptstadt Ch'ung king war. In dieser Zeit entwikkelte sich eine Freundschaft, die später für Flato wichtig werden sollte.

Flato blieb bis Ende des Krieges unter ziemlichen Schwierigkeiten in China. Das chinesische Rote Kreuz faßte kein Vertrauen zu den »spanischen« Ärzten; die Chinesen fürchteten, daß die Kommunisten die Armee indoktrinierten, und deshalb wurden diese in der Zentrale des chinesischen Roten Kreuzes fast wie unter Hausarrest beobachtet. Im Zweiten Weltkrieg benötigte die US-Armee dringend Ärzte in Burma, wo damals der große Weg von Indien nach China gebaut wurde. Die meisten Ärzte ließen sich, da sie in China nicht mehr eingesetzt wurden, illegal nach Burma schleusen: Dr. Kriegel schloß sich ihnen an. Nur wenige Ärzte blieben in China, darunter auch Dr. Jensen, der ein bekannter jüdischer Brigadearzt in Spanien war. Flato arbeitete in Burma bis zum Ende des Krieges und wurde 1945 repatriiert, das heißt, er ging nach Polen zurück.

In Polen arbeitete er anfangs beim Gesundheitsministerium, wechselte dann aber zur Abteilung General Komars, der damals Chef des Geheimdienstes war. Flato blieb erster Stellvertreter von General Komar bis Anfang 1953 und wurde auch Oberst der Armee. Komar saß 1952 schon im Gefängnis; er wurde zusammen mit der Gruppe Gomulka, Korczynski und Spychalski verhaftet. Flato hielt sich damals, als die Verhaftungen vorgenommen wurden, in Kanada auf. Er wußte, was in Polen vor sich ging. Als man ihn nach Warschau zurückrief, wußte er, daß auch er, wie sein Vorgesetzter, verhaftet werden sollte. Aber seine Frau und seine beiden Kinder waren in Warschau zurückgeblieben.

Die Anklage lautete, er sei Agent eines ausländischen Spionagedienstes. Ende 1953 kam Chou En-lai nach Warschau und erkundigte sich nach Flato, den er im Gefängnis wähnte. Möglicherweise hat dies Flatos Entlassung beschleunigt. Er kam Ende 1954 aus dem Gefängnis heraus. In Polen wie im ganzen Ostblock herrschte das »Tauwetter«. 1955 schlug das Außenministerium ihm vor, als Diplomat nach China zu gehen. Da er fließend Chinesisch sprach und China sehr gut kannte, ging er als Stellvertreter des polnischen Botschafters nach Peking.

Nach vier oder fünf Jahren ging er nach Warschau zurück und war noch eine Zeitlang im Außenministerium tätig. Nach dem Sechstagekrieg 1967 in Israel entstand eine Welle von Antisemitismus in Polen. Flato wurde aus dem Ministerium entlassen.

1967 beschloß er, seine Kinder ins Ausland zu schicken: seine Tochter nach Paris und seinen Sohn nach Stockholm. Es war klar, daß man ihn, den ehemaligen Stellvertreter des Chefs des Geheimdienstes, nicht gehen lassen würde. In Ost-Berlin, wo er zum letzten Male seine Kinder sehen konnte, starb Dr. Moses Flato im Jahr 1971.

Pinkus Kartin

Pinkus Kartin wurde 1914 in Luck in Ostpolen als Sohn eines armen Hutmachers geboren. Pinje, wie er von seinen Freunden genannt wurde, besuchte ein jüdisches Gymnasium. Er bestand 1933 das Abitur und wollte in Warschau studieren, aber die Familie konnte das Studium nicht finanzieren. Er arbeitete auf dem Bau und wurde Mitglied

Pinkus Kartin

des Verbandes der kommunistischen Jugend KZMP. Später wurde er Funktionär der KPP.

Als der Bürgerkrieg ausbrach, wollte er sich bei den Internationalen Brigaden melden. Über die Tschechoslowakei gelangte er nach Wien, wo er fast verhungerte. In Paris wollten ihm seine Landsleute aus Luck das Studium an der Sorbonne finanzieren, aber er wollte davon nichts hören, er wollte nach Spanien.

Erst im Januar 1938, nachdem er die Pyrenäen zu Fuß überquert hatte, erreichte er sein Ziel: Spanien. Nach der Rekrutenausbildung in Casa Ibañez wurde er Soldat der XIII. Dombrowski-Brigade. Später wurde er Politkommissar der Basis der Interbrigaden in Albacete und trat auch der spanischen KP bei. Im April 1938 wurde er bei der Schlacht von Lerida verwundet. Da er nicht mehr dienstfähig war, wurde er nach Paris geschickt.

Im Februar 1938 beschloß das Exekutivkomitee der Komintern auf Anordnung Stalins die Auflösung der polnischen KP, und zwar mit der Behauptung, daß die Spitze der Partei von Spionen, Trotzkisten und Provokateuren durchsetzt sei. Die in der Sowjetunion befindlichen Spitzenfunktionäre der KPP wurden verhaftet und hingerichtet. Die undankbare Aufgabe, den Auflösungsbeschluß mit dessen unglaublicher Begründung den in Westeuropa befindlichen und in Spanien kämpfenden polnischen Kommunisten mitzuteilen und zu erklären, wurde nicht einem polnischen Genossen anvertraut. Dies sollte vielmehr ein Landsmann Dimitrows besorgen, der Bulgare Anton Iwanow Kosinarow, als Bevollmächtigter der Komintern unter dem Namen Jean Bogdanow.

Man kann sich die Konsternation und den Zorn der polnischen Spanienkämpfer kaum vorstellen, denen ein Bulgare erklärt, daß ihre Führer, die mit ihnen zusammen zwanzig Jahre lang die Gefängnisse Polens wegen ihrer kommunistischen Tätigkeit bevölkerten, gemeine Verbrecher seien, die man ausrotten müsse. Pinkus Kartin wurde beauftragt, diesen Beschluß auch den Genossen in Polen und Frankreich mitzuteilen. Er wurde Redakteur des Organs der polnischen Sektion der KPF »Dziennik Ludowy« (Volkszeitung) in Paris, aber bald wurde die Zeitung von den französischen Behörden verboten.

Am 6. September 1939, fünf Tage nach Ausbruch des Zweiten Weltkrieges, meldete sich Pinkus Kartin beim polnischen Konsulat in Paris als Freiwilliger der Armee in Frankreich. Im Juni 1940 wurde er Soldat der französischen Armee und flüchtete nach der Niederlage Frankreichs nach Vichy.

Er hielt sich als Hilfsarbeiter über Wasser. Ende 1940 wurde er sowjetischer Staatsbürger, weil er aus den Gebieten Polens stammte, die von der Sowjetunion annektiert wurden. Er fand Arbeit in der sowjetischen Botschaft beim Pétain-Regime in Vichy. Im März 1941 wurden ungefähr einhundert Spanienkämpfer, die durch die Annexion Polens und der baltischen Länder Sowjetbürger geworden waren, nach der Sowjetunion repatriiert. In Monino bei Moskau traf Pinkus Kartin viele ehemalige Waffenkameraden aus Spanien, die in einem Erholungsheim untergebracht waren. Er fand Arbeit bei der polnischen Rundfunkanstalt in Moskau.

Nach Ausbruch des deutsch-sowjetischen Krieges im Juni 1941 versuchten die noch nicht ermordeten Führer der aufgelösten KPP nach Verhandlungen mit Dimitrow, die Partei wieder aufzubauen, denn nun galt es, den Widerstand gegen das nationalsozialistische Deutschland, den einstigen Bundesgenossen und jetzigen Feind der Sowjetunion, in Polen zu organisieren.

Es wurde beschlossen, eine Initiativgruppe zur Neugründung der KPP mit Fallschirmen über Polen abspringen zu lassen. Zu dieser Gruppe der Spitzenfunktionäre, die eine Fallschirmsprung- und Funkausbildung erhielten, gehörte auch Pinkus Kartin. Sie sollten von Wiasma aus abfliegen, aber das Flugzeug stürzte nach dem Start ab; Pinkus Kartin gehörte zu den leichter Verletzten. Dann sollten sie mit einem anderen Flugzeug abfliegen, aber bald wurde Wiasma von der Wehrmacht eingekreist. Die am Leben gebliebenen Mitglieder der Initiativgruppe wurden nach Moskau beordert. Im Oktober 1941 wurden alle Regierungsämter der Sowjetunion und auch die Komintern nach Kujbyschew evakuiert.

Die erste Gruppe von sechs Spitzenfunktionären sollte in der Nähe von Warschau Ende Dezember 1941 abspringen, die zweite Gruppe in Südostpolen. Beim Absprung ging die mit einem besonderen Fallschirm abgeworfene Funkstation verloren. Beim Vergleich der in Moskau hergestellten Ausweise mit den nunmehr in Polen gültigen stellte es sich heraus, daß sie überholt waren. Pinkus Kartin ging zu Fuß nach Warschau und wurde von polnischen Genossen aufgenommen, die er von früher kannte. Er lebte illegal in der Wohnung von Genossen, niemand durfte von seiner Existenz etwas wissen.

Entgegen den ursprünglichen Plänen erhielt Pinkus Kartin die Aufgabe, den Widerstand im Getto Warschau zu organisieren. Er übersiedelte von der »arischen« Seite ins

Getto und nahm Kontakt mit den im Getto lebenden ehemaligen Genossen auf. Die Nachricht vom Erscheinen eines jüdischen Fallschirmspringers aus Moskau, der obendrein Kämpfer der Interbrigaden in Spanien gewesen war, elektrisierte die Kommunisten im Getto. Sie weckte in ihnen die Hoffnung, daß man sie in Moskau nicht vergessen hat, und ermutigte sie, den Kampf gegen die Nationalsozialisten aufzunehmen.

Im Getto trat Pinkus Kartin als Andrzej Szmidt auf, was zu späteren Verwechslungen mit einem anderen Schmidt führte. Er informierte die Genossen im Getto über die Neugründung einer Partei, die nun PPR, Polnische Arbeiterpartei, hieß. Pinkus Kartin wurde mit Jozef Lewartowski (Finkelstein) und Adam Meretik (Cymerman) Mitglied der Führungstrojka der PPR im Getto. Er wurde Kommandant der sozialistischen Volksgarde im Getto, »Gwardja Ludowa«.

Im Getto traf Pinkus seine ältere Schwester. Die Nationalsozialisten ermordeten seine Mutter in Luck, weil ihr Sohn Kommunist war.

Pinkus Kartin arbeitete an der Koordination aller Kreise der Gettobevölkerung im Kampf gegen die Nationalsozialisten. Bis dahin hatte jede politische Partei versucht, auf eigene Faust eine Widerstandsorganisation aufzubauen. Im Februar 1942 gelang es endlich, alle Gruppierungen zu vereinigen und sie in einem kämpferischen Antifaschistischen Block zusammenzufassen. An der entscheidenden Sitzung nahmen teil: die Kommunisten Kartin, Finkelstein und Cymerman, Jozef Kaplan und Mordechaj Anielewicz, der später während des Aufstandes gefallene Kommandant der jüdischen Kampforganisation als Vertreter der linkssozialistisch-zionistischen Jugendorganisation Haschomer Haza'ir, Schachne Segan und Dr. Adolf Berman von der linken Partei »Poale Zion«, Josef Sak und Abram Lewin von den Zionisten-Sozialisten, Itzhak Zuckerman und Mordechaj Tenenbaum von der zionistischen Organisation »Dror«. Pinkus Kartin übernahm mit Anielewicz, Tenenbaum und Fiszelson (ehemaliger Arzt für die Freiwilligen in Spanien) die operative militärische Abteilung und bildete viele aus je fünf Personen bestehende Kampfgruppen aus.

Nach zwei Monaten der opferbereiten, konspirativen Arbeit zählte der Block fünfhundert Kämpfer, die beim Aufstand mit verzweifeltem Mut und größter Entschlossenheit ohne Rücksicht auf das eigene Leben kämpften.

Pinkus Kartin wurde vor Überarbeitung und Unterernährung magenkrank, setzte seine Arbeit jedoch trotzdem fort. Am 15. Mai 1942 erschien die Erstausgabe des von ihm gegründeten Organs des Antifaschistischen Blocks in Jiddisch, »Der Ruf«.

Die fieberhafte Tätigkeit des Blocks wurde von der Gestapo bemerkt, die einen Spitzel in die Organisation eingeschleust hatte. Bei einem konspirativen Treffen wurde Pinkus Kartin am 20. Mai 1942 von der Gestapo verhaftet. Auf der Fahrt ins Gefängnis versuchte er, einem SS-Mann die Waffe zu entreißen, was aber nicht gelang. Er wurde zusammengeschlagen und ins berüchtigte Pawiak-Gefängnis gebracht, wo er weiter gefoltert wurde. Er versuchte, sich das Leben mit Glasscherben zu nehmen, wurde aber im Gefängnislazarett am Leben erhalten und weiter gefoltert. Trotzdem hat er niemanden verraten. Auf seinen Wunsch brachte ihm ein Kalfaktor einen Riemen, mit dem er sich im Juni 1942 erhängte. Er wurde in einem Massengrab auf dem jüdischen Friedhof in der Okopowa-Straße beerdigt. Pinkus Kartin starb neun Monate vor dem Aufstand im Warschauer Getto.

Artur Kowalski

Artur Kowalski wurde 1911 in Lodsch geboren. Unmittelbar nach dem Abitur wurde er Mitglied des kommunistischen Jugendverbandes Polens KZMP. Er war einer der Aktivisten der Agitprop-Abteilung der Partei, schrieb, druckte und verteilte Aufrufe, Flugblätter und Broschüren mit Parteipropaganda. Schließlich kamen die Spitzel der politischen Polizei auf seine Spur, so daß die Partei beschloß, ihn in den Westen zu schicken. Er flüchtete 1932 über Berlin, wo er die Hilfe der kommunistischen Gefangenen-Hilfsorganisation MOPR, die der KPD angeschlossen war, in Anspruch nahm, und gelangte nach Paris.

Er lebte dann abwechselnd in Belgien und Frankreich und war rastlos an Aktivitäten der beiden kommunistischen Parteien und deren Sektionen für ausländische Arbeiter beteiligt. In dieser Zeit saß er oft in belgischen und französischen Gefängnissen. Sein Leben spielte sich nach folgendem Zyklus ab: illegale Tätigkeit, Verhaftung, Gefängnis, Abschiebung, abermaliger illegaler Grenzübertritt. Er wurde insgesamt siebenmal ausgewiesen und kam jedesmal zurück – bis die Partei Artur Kowalski mit seiner jungen Frau Regina, ebenfalls eine jüdische Aktivistin der Partei in Polen, endgültig nach Frankreich holte.

Eines Tages, Anfang 1937, bekam er eine Vorladung zur Abteilung für ausländische Arbeiter MOI der KPF in der rue Lafayette. Es folgte eine Untersuchung eines belanglosen Vorfalls: Artur Kowalski war von einem Freund in einem Gespräch auf der Straße mit einem des Trotzkismus verdächtigen Genossen gesehen worden; dieser war Anstreicher, und Artur Kowalski hatte mit ihm die Renovierung eines Zimmers besprochen. Die Denunziation bewirkte, daß auch Artur Kowalski des Trotzkismus beschuldigt wurde. Mit Mühe und Not konnte er das Mißverständnis aufklären.

Sofort nach Ausbruch des spanischen Bürgerkrieges meldete sich Artur Kowalski als Freiwilliger, doch wurde sein Wunsch, nach Spanien zu fahren, von der Partei mit dem Hinweis abgelehnt, daß er als wichtiges Kadermitglied dringend in Paris gebraucht werde. Erst im November 1937 erlaubte ihm die Partei, zusammen mit vielen anderen Freiwilligen nach Spanien zu gehen, um die Reihen der XIII. Dombrowski-Brigade zu verstärken. Auch seine Frau Regina meldete sich freiwillig, aber ihr Einsatz war nicht erwünscht, denn nur zu Anfang des Krieges dienten Frauen in Kampfformationen.

Artur Kowalski schreibt:

»Wir blieben sechs Wochen in der Ausbildungsbasis der Dombrowski-Brigade in Casas Ibañez und warteten als Soldaten der jüdischen Kompanie ›Botwin‹ auf den Fronteinsatz. Jedoch folgte den unglücklichen Kämpfen um Zaragoza und Teruel eine relativ ruhige Periode an allen Fronten. Die Kompanie bestand zur Hälfte aus Polen und Juden sowie aus Spaniern. [...]

Mitte Februar 1938 wurden wir, kurz nach dem Schlafengehen, alarmiert: ›An die Front, an die Front‹, riefen unsere Offiziere und Sergeanten. Innerhalb weniger Minuten waren unser und das benachbarte Bataillon marschbereit. Allgemeine Erregung: ›Endlich werden wir es den Faschisten zeigen!‹ Auf dem Appellplatz versammelten sich einige Hundert Soldaten, und jede Gruppe sang Marsch- und Revolutionslieder in der jeweiligen Sprache, eine wahrhaft internationale Kakophonie, bis man sich auf ein russisches antifaschistisches Lied einigte.

Unsere Aufregung ließ nach, als nach Stunden, gegen Morgengrauen, Lkws anrollten, die uns zur Front transportieren sollten. Wir mußten nach einiger Zeit absitzen und marschierten mit vollem Gepäck. Es wurde Mittag, und wir marschierten. Die Sonne brannte, und die Soldaten begannen zu murren: Man könne sie doch nicht total erschöpft dem Feind aussetzen, man müsse an die Menschen denken. Da ergriff Abram das Wort, der nicht umsonst den Spitznamen ›Komintern‹ trug: ›Genossen! Stalin sagt, daß der Mensch das größte Kapital sei, aber über alles entscheiden die Massen und nicht der einzelne Mensch.‹ ›Du hast Recht‹, sagte Mojsche Levinsohn aus Paris, ›aber auch die Massen können müde sein.‹ Am nächsten Tag erfuhren wir, daß mehrere Soldaten erschöpft zusammengebrochen waren und für den Kampf ausgefallen sind. [...]

Im Morgengrauen marschieren wir zur Front. ›Nicht rauchen, nicht sprechen, entsichert die Gewehre. Wir werden den Feind überraschen!‹ Es folgt der Sturm auf die feindlichen Positionen. Tausende von Geschossen schwirren durch die Luft. Inmitten des Kugelhagels und der Schreie der Verwundeten erscheinen der Kommandant Josef Schlachta und der Politkommissar Eugeniusz Szyr und führen uns mit gezogenen Pistolen zur Attacke. Wir erblicken die faschistischen Positionen mit Maschinengewehren, die uns mit dichten Kugelsalven belegen. Wir stürzen uns mit Geschrei auf die feindlichen Schützengräben. Die Faschisten flüchten, und die in den Schützengräben verbliebenen Soldaten heben die Hände und schreien: ›Viva la Pasionaria, viva Azaña!‹ Zwei Panzer und einige miserabel aussehende Panzerwagen tauchen auf, die wir vor dem Sturm gesehen haben. Wo waren sie, als wir im Kugelhagel vorwärtsstürmten? [...]

Im April 1938 befand sich unsere Brigade im Gebiet von Lerida und Belchite, in der Nähe von faschistischen Positionen. Unser Befehl lautete, die Ausgangspositionen am Ebro zu besetzen. Unaufhörlich kreisten über unseren Köpfen Flugzeuge der deutschen Legion Condor. Wir wurden ständig bombardiert, nicht nur von der feindlichen Luftwaffe, sondern auch von schwerer Artillerie. [...] Wir hatten viele Verwundete. Ich erhielt den Befehl, sie mit einem Lkw zu einem Verbandsplatz zu transportieren. Wir passierten einige Dörfer, die von der faschistischen Luftwaffe angegriffen und vernichtet worden waren. Es spielten sich vor unseren Augen Szenen wie in Guernica ab. Wir fuhren durch diese Hölle mit großer Geschwindigkeit, und dann verlor ich das Bewußtsein. Als ich wieder zu mir kam, lag ich auf einem Feld neben der Chaussee. Zwei Bauern unterhielten sich. Einer sagte: ›Aun esta viviendo‹ (er lebt noch). Ich hatte schreckliche Schmerzen und konnte mich nicht bewegen. Ich glaubte, daß ich verloren sei. Plötzlich – ein Schutzengel wachte über mir – tauchte ein Ambulanzwagen auf. Er gehörte nicht zu den Interbrigaden, sondern zu einer im Nebenabschnitt liegenden Einheit der spanischen Armee. Ich wurde zum Lazarett in Tarragona gebracht. Die Röntgenuntersuchung zeigte Frakturen im Kreuz, an der Wirbelsäule und an vielen anderen Stellen. Ich wurde in Gips gelegt – von den Armen bis zu den Füßen, aber die Schmerzen ließen nicht nach.

Nach zwei Wochen war ich einigermaßen auskuriert und wollte zu meiner Einheit. Im Lazarett brach eine Typhusepidemie aus. Mit mehr als hundert Verwundeten wurde auch ich krank. Die Krankheit hat mich physisch ruiniert. Ich wog weniger als 39 Kilo, und die Sanitäter trugen mich auf den Armen wie ein Baby. Von einer Frontverwendung konnte keine Rede mehr sein.

Plötzlich kam die Nachricht vom Rückzug, der Auflösung und Repatriierung der Interbrigaden. Ende Oktober wurde ich nach Perpignan evakuiert. Meine Frau, die mich dort besuchte, hat mich zuerst nicht erkannt. ›Mach Dir nichts daraus‹, sagte sie, ›es ist ein Wunder geschehen, daß Du lebend zurückgekommen bist und wir wieder zusammen sind. Denk daran, wie viele unserer Freunde innerhalb von weniger als einem Jahr gefallen sind.‹

Die in den Demobilisierungslagern zusammengezogenen Interbrigadisten warteten auf eine Auswanderungsmöglichkeit. Nur Mexiko und Chile waren dazu bereit, aber die meisten Kommunisten warteten auf ein Zeichen aus Moskau, auf eine Aufforderung, ins Gelobte Land des Kommunismus reisen zu dürfen, aber dieser Ruf kam nicht. In dieser Situation erging an die bereits demobilisierten Interbrigadisten der Befehl, sich noch einmal ›freiwillig‹ zu melden, um am letzten Kampf teilzunehmen. Der Beschluß der französischen Regierung im Februar 1939, die Grenzen für die Kombattanten und die spanischen Flüchtlinge doch noch zu öffnen, rettete ihnen das Leben. Tausende von Interbrigadisten fristeten ein Leben hinter Stacheldraht in französischen Internierungslagern, während sich die Politkommissare und die Parteiprominenz nach Paris begaben, von wo sie mit einem sowjetischen Schiff in die Sowjetunion gelangten.

Nach der Niederlage Frankreichs im Jahre 1940 haben Vichy-Kollaborateure das Kommando über das Lager Vernet, wo neben den Interbrigadisten auch die ehemaligen Freiwilligen der polnischen Armee in Frankreich interniert waren, übernommen. Eines Tages erschien im Lager eine deutsche Kommission, die die Internierten zur Meldung für die Arbeit in Deutschland aufforderte. Es wurde zugesichert, sich nicht um die politische (oder kommunistische) Vergangenheit der sich Meldenden zu kümmern. Um uns weichzumachen, verschlechterten die Franzosen die Lebensbedingungen immer mehr und drohten uns mit der Deportation nach der afrikanischen Sahara. Wir hatten die Hoffnung, daß uns unsere sowjetischen Freunde, die ja gute Beziehungen zu Nazideutschland und sogar diplomatische Beziehungen zur Vichy-Regierung unterhielten, aus den Lagern herausholen werden. Schließlich waren wir Kommunisten und hatten uns auf eine Aufforderung Stalins nach Spanien begeben. Sollten sie überhaupt keine Verantwortung für unser schweres Schicksal empfinden?

Eines Tages erschien derselbe Repräsentant der KPF mit einer ›mehr als erfreulichen‹ Nachricht aus der Zentrale in Moskau: Die Internierten sollten sich freiwillig zur Zwangsarbeit nach Deutschland melden. Die mitgelieferte Argumentation: Es gehe nicht darum, den Deutschen im Krieg gegen Frankreich und England zu helfen; über Deutschland solle man versuchen, in die Heimatländer zurückzukehren, um dort den Kampf fortzusetzen. Die deutschen Genossen der illegalen KPD würden uns dabei die größte Hilfe leisten. Für alle Internierten konnte die Argumentation halbwegs logisch erscheinen, für alle außer uns, denn unsere Partei wurde liquidiert und unsere Führer getötet. Welchen ›revolutionären Kräften‹ sollten wir uns denn anschließen?

Wieder erschien die deutsche Werbekommission, und da war schon keine Rede mehr vom ›Brechen der Parteidisziplin‹. Fast alle polnischen Interbrigadisten beantworteten den Appell der Deutschen (und der Komintern) positiv und meldeten sich freiwillig nach Deutschland. Nicht gemeldet haben sich dagegen die Dombrowski-Soldaten, die aus Gebieten Ostpolens stammten, die von der Sowjetunion annektiert worden waren, und sich schon als Sowjetbürger betrachteten, und die Juden, die von den Deutschen nicht als Arbeitskräfte erwünscht waren.

In Vernet sagte ich dem Delegierten unserer Parteiorganisation im Lager, daß für mich als Jude die Befolgung der Kominterndirektive gefährlich sei. Jan Rutkowski erklärte mir, daß meine besondere Situation diskutiert werde. Man beschloß, daß auch ich mich zu melden habe, weil ich einen polnischen Namen trage und außerdem nicht wie ein Jude aussehe. Ich sollte es versuchen, vielleicht werde mir das Schicksal gnädig sein, hieß es. Ich sagte Rutkowski, daß mich im Lager jeder als Jude kenne. Ich hatte sogar eine Petition der jüdischen Internierten an die Jüdische Gemeinde in Toulouse mit der Bitte um Hilfe für die internierten Juden organisiert. Von diesen Einwänden wollte Rutkowski nichts hören: ›Wir fahren nach Polen – über die Zwangsarbeit für Nazideutschland –, um zu kämpfen. Für uns bist Du ein Pole wie wir alle.‹ Die Deutschen entdeckten meine jüdische Herkunft nicht. Ich wurde angenommen.

Wir fuhren nach Deutschland über Paris. Die Deutschen wollten uns mit einer gewissen Großzügigkeit überraschen. Jeder, der wollte, bekam einen Passierschein in die Stadt. Ich traf meine Frau und auch Genossen aus der Parteizentrale der KPF für ausländische Arbeiter, MOI. Diese gratulierten mir wegen der Möglichkeit, den Kampf in Polen fortzusetzen. Meine Frau war dagegen der Meinung, daß die ganze Idee ein kompletter selbstmörderischer Wahnsinn sei. Ich sollte diese Gelegenheit nutzen und einfach verschwinden. Ich dachte ständig an Flucht, auch meine liebe Regina, aber wir befürchteten, daß die Flucht als Bruch der Parteidisziplin betrachtet werden könnte. Sogar meine jüdischen Genossen, Führer der MOI, Gronowski und Kaminski, argumentierten, daß die Kominterndirektive gut überlegt und richtig sei. Ich kehrte also in die Kaserne in der rue Lilas zurück, um von dort nach Deutschland zu fahren.

Inzwischen gab es eine unangenehme und gefährliche Überraschung. Wir sollten in zwei Tagen vor einer Ärztekommission erscheinen. Vor wenigen Tagen war der Genosse Goldberg, der blond und blauäugig war, als Jude wegen seiner Beschneidung entdeckt, von der Kommission abgelehnt und der Gestapo übergeben worden. Die Partei hatte an alles gedacht, nur nicht an die fehlende Vorhaut. Was tun? Kann die Partei die fehlende Vorhaut nachliefern? Für mich war die Sache todernst und kein Gegenstand humoristischer Überlegungen. Morgen sollte ich mit anderen Genossen vor der Kommission erscheinen.

Die ersten Freunde, die von der Kommission kamen, brachten schlechte Nachrichten, denn jeder wurde gründlich untersucht. Es wurde beschlossen, daß ich erst am zweiten Tag vor die Kommission sollte. Zuerst griffen die Deutschen die Kandidaten wahllos heraus, ohne System, aber dann ging es nach dem Alphabet. Der Buchstabe K war bald an der Reihe. Da kam der Genosse Gruszka, der schon vor der Kommission erschienen und akzeptiert worden war, auf die Idee, noch einmal, diesmal als Kowalski, zu gehen. Als mein Name aufgerufen wurde, marschierte Gruszka selbstsicher hin und kam wenige Minuten später lachend zurück. Er hat mir das Leben gerettet; sein eigenes hat er später in Deutschland verloren.

Wir wurden wie Vieh in Güterwaggons verladen, ohne Ausweise oder Dokumente. Die Hilfe der KPD-Genossen war eine leere Versprechung. Erst in Deutschland erfuhren wir, daß die Grenze zum Generalgouvernement in Polen streng bewacht wurde. Bei der ersten illegalen Zusammenkunft erkannten wir, daß wir in einer Falle saßen. Niemandem von uns ist die Flucht nach Polen gelungen, viele dagegen sind bei den Bombardierungen des Ruhrgebietes umgekommen. Andere, wie Josef Gruszka, der gut Deutsch sprechen konnte, wurden denunziert und von den Nationalsozialisten umgebracht.

Es war nicht leicht, in Hitlerdeutschland als Jude zu überleben. Eines Tages möchte ich eine Geschichte schreiben, in welcher ich die Hölle schildere, die ich überlebt habe, und wie es mir gelungen ist, aus Deutschland zu flüchten und mich nach Paris durchzuschlagen, um in den Reihen der Résistance gegen den Nazismus zu kämpfen.«

Nach dem Kriege war Artur Kowalski in Paris Redakteur des Organs der polnischen kommunistischen Emigranten in Frankreich, »Gazeta Polska«. Seit 1949 bis 1969 war er Sekretär und Leiter der Abteilung für internationale Politik in der parteiamtlichen Zeitung »Trybuna Ludu« in Warschau. Als Vertreter des Parteiorgans und als Mitglied der polnischen Delegation nahm er an vielen internationalen Konferenzen und Begegnungen teil.

Im Jahre 1966 wurde Artur Kowalski Korrespondent der »Trybuna Ludu« in der Bundesrepublik und wurde in Bonn akkreditiert. Schon Jahre früher hatte er den Glauben an die kommunistische Idee östlicher Prägung verloren und wartete nun auf die Gelegenheit, sich und seine Familie aus dem Wirkungsbereich seiner ehemaligen Genossen herauszubringen. Dieser Prozeß sollte mehrere Jahre dauern, und die Einzelheiten der komplizierten Aktionen müssen noch geheim bleiben. Er lebt jetzt in Kalifornien und ist Mitarbeiter mehrerer Zeitungen und Rundfunkanstalten.

Gustav Reicher

Jeder Freiwillige der XIII. Dombrowski-Brigade in Spanien wußte, wer Rwal (Gustav Reicher) war, der politische Delegierte der Kommunistischen Partei Polens in Spanien und der lange Arm der Komintern unter den polnischen Kommunisten.

Gustav Reicher wurde in Polen als Sohn einer jüdischen Familie im Jahre 1900 geboren. Bereits mit sechzehn Jahren kämpfte er im Ersten Weltkrieg als Freiwilliger in den Legionen des späteren Marschalls Pilsudski auf der Seite der k.u.k. Monarchie. Er war aktives Mitglied der Sozialdemokratischen Arbeiterpartei Polens und Litauens. 1918 ging er nach Moskau und wurde Exekutivmitglied der polnischen Partei in Moskau. Später wurde er Kommissar einer Schützendivision der Roten Armee, kehrte aber bald nach Polen zurück und wurde Exekutivmitglied des Arbeiterrates des ostoberschlesischen Industriegebietes. Er wurde verhaftet und gegen polnische Gefangene in der Sowjetunion ausgetauscht. In Moskau eingetroffen, wurde er mit wichtigen Parteiaufgaben betraut. In den stürmischen Jahren der polnischen Aufstände in Oberschlesien von 1920 bis 1921 war er Zentralkomiteemitglied sowohl der KP Oberschlesiens als auch Mitglied des Zentralausschusses der KPD.

Wiederum wurde er von den Polen verhaftet und nach der Sowjetunion ausgetauscht. Trotz allem kam er nach Polnisch-Oberschlesien zurück und wurde sowohl Sekretär der deutschen KP-Organisation Schlesiens als auch hoher Parteifunktionär der KPP. Er wurde erneut verhaftet und zum dritten Male nach der Sowjetunion im Wege des Gefangenenaustausches deportiert. Er blieb in Moskau und war bis 1929 hoher Funktionär des Exekutivkomitees der Komintern. Dann wurde er nach Berlin geschickt, wo er Zentralkomiteemitglied der KP Polens in Deutschland wurde. Reicher nahm auch am Parteikongreß der KPD im Jahre 1924 in Frankfurt teil.

Als Hitler zur Macht kam, kehrte er 1933 nach Moskau zurück und wurde Lehrer der deutschen Sektion der Leninschule der Komintern. Von 1934 bis zu seiner Abreise nach Spanien Anfang 1937 arbeitete er als hoher Funktionär der Komintern in Prag. Er war publizistisch tätig und gehörte zu den führenden Mitarbeitern vieler polnischer und deutscher Parteiorgane.

In Spanien war Rwal – so sein Parteipseudonym – ziviler

politischer Delegierter der Komintern und der KPP. Als solcher hat er an allen Entscheidungen des politischen Apparates der Internationalen Brigaden teilgenommen. Seine Genossen waren Hans Beimler und Togliatti. Vor einigen Jahren ist ein Teil seiner Korrespondenz mit der konspirativen Parteizentrale in Warschau veröffentlicht worden. Er scheint einen großen Teil seiner Zeit in Spanien mit der Durchleuchtung polnischer Freiwilliger auf politische Zuverlässigkeit beschäftigt gewesen zu sein. Überall witterte er Trotzkisten und Abweichler. Er verdächtigte viele Genossen des Spitzeltums für die polnische Geheimpolizei. Als im Juni 1937 Marschall Tuchatschewski mit anderen führenden Militärs in Moskau verhaftet, verurteilt und sofort hingerichtet wurde, organisierte Rwal »spontane« Soldatenversammlungen, um durch eine Resolution diese Maßnahme zu begrüßen. In einem Brief nach Warschau denunzierte er den Bundisten Lipszyc, der bei der Abstimmung gebeten hatte, ihn nicht zu den Befürwortern dieses Beschlusses zu zählen. Lipszyc ist später in Spanien gefallen.

Rwal pflegte den polnischen Freiwilligen ein Schuldgefühl wegen der Untaten ihrer Vorfahren, der Freiwilligen in der napoleonischen Armee im Spanienfeldzug 1808, einzuimpfen. Sie müßten sich tapfer für Spanien schlagen, um die Schande der von ihren polnischen Vorfahren am spanischen Volk verübten Greuel zu tilgen. Eines der polnischen Bataillone erhielt den Namen »Palafox«, zu Ehren des Volksführers der Spanier im Guerillakrieg gegen Napoleons Truppen (von daher kommt der Name »Guerilla«).

Als er eines Tages bei einem jüdischen Freiwilligen die gleiche Predigt loslassen wollte, unterbrach ihn der sehr unjüdisch aussehende Soldat und sagte ihm: »Genosse Rwal, ich bin zwar polnischer Staatsbürger, aber als Jude habe ich hier in Spanien nichts zu bereuen. Nicht wir haben die Spanier auf dem Scheiterhaufen verbrannt. Wollten wir Juden mit den Spaniern abrechnen, fiele die Rechnung ganz anders aus.«

Kaum ein Jahr in Spanien, wurde Rwal nach Moskau zur Zentrale der Komintern gerufen. Es war die Zeit des Terrors. Die gesamte in Moskau befindliche Parteispitze der KPP wurde ermordet. Rwal mußte davon gewußt haben. Er hielt sich einige Wochen in Paris auf und reiste im Januar 1938 als getreuer Soldat der Komintern nach Moskau. Er war nicht der einzige »Spanier« der KPP, der damals liquidiert wurde. Auch Kazimierz Ciechowski (Winkler), Chef der Kaderabteilung der Basis der Interbrigaden in Albacete und zuständig für Freiwillige aller Nationalitäten, war Rwals Schicksalsgenosse.

Bis zum heutigen Tag steht selbst in Parteipublikationen der Kommunistischen Partei Polens hinter dem Todesjahr 1938 ein Fragezeichen. Das genaue Datum der Hinrichtung Rwals ist bis heute unbekannt.

Jadwiga Welykanowicz

Jadwiga Welykanowicz

Das Interview mit Dr. Jadwiga Welykanowicz (Wisia) übergebe ich dem Leser fast ohne Bearbeitung, doch gekürzt. Ich versuchte, in der deutschen Übersetzung des in polnischer Sprache geführten Gespräches den sarkastischen Ton zu bewahren, den Wisia wie einen Schutzmantel über ihre zarte, verletzliche Seele ausbreitete.

Wisia wurde 1910 in Boryslaw im ostpolnischen Erdölgebiet als Tochter einer assimilierten polnisch-jüdischen Familie geboren, studierte Medizin in Lemberg, von wo sie am 8. Februar 1937 auf eine Reise ging, die erst einunddreißig Jahre später in Israel enden sollte.

Wisia berichtet:

»Ich kam ins Lazarett der Internationalen Brigaden. Der Chefarzt war ein Jude aus Litauen. Es waren fünfzig Ärzte aus Polen dort, ein Nichtjude, Domanski, und neunundvierzig Juden. Im Dombrowski-Bataillon war das Verhältnis anders. Dort waren viele Polen aus Frankreich. Nur bei den Polen, die direkt aus Polen kamen, war die Mehrzahl jüdisch. Aber im Gesundheitsdienst war es so, wie ich es vorhin sagte. Es gab wohl auch nur eine einzige nichtjüdische Krankenschwester.

Mein erster Tag in Albacete war phantastisch. Man kommt an, der ewig gehetzte Kommunist – ich war ja seit meiner Jugend Mitglied der Kommunistischen Jugendorganisation, später war ich Parteiaktivistin –, und ist ein freier Mensch. Vorher führte ich ein illegales Leben. Ich wurde von der Universität – ich war Biologie-Assistentin bei Prof. Weigel – wegen meiner andauernden Inhaftierungen rausgeschmissen. Und hier ist man plötzlich in Freiheit, in Spanien. Man sieht die Genossen mit der Waffe in der Hand. Man wird ganz euphorisch. Jeder ist ein Held, jeder ist ein Freund. [...] Sehr bald bekam ich einen Arbeitsplatz im Krankenhaus in Brihuega, in der Nähe von Murcia. Es gab ein großes Krankenhaus in Murcia, die leichteren Fälle kamen nach Brihuega. Ich arbeitete dort, bis Katalonien vom übrigen Spanien abgeschnitten wurde. Es war ein phantastisches Krankenhaus. Wir waren drei Ärzte, die Schwestern waren im allgemeinen Spanierinnen. Außer mir war dort ein spanischer Arzt und Dr. Michel Perelman, der später in Haifa starb. Er kam aus Bessarabien und war eine Seele von Mensch. Er empfing mich zwar wie einen Hund. Ich sah damals sehr jung aus, jünger als sechsundzwanzig. Er wollte nicht glauben, daß ich Ärztin war. Deshalb war er unangenehm zu mir. Später wurden Perelman und ich sehr gute Freunde. Er vertraute mir nun, weil wir zusammenarbeiteten. Es war eine schöne Zeit.

Ich habe auch Soldaten der jüdischen ›Botwin‹-Kompanie versorgt. Das war eine schreckliche Tragödie. Nur die, die im Krankenhaus lagen, haben überlebt. Die Front brach ja gerade dort zusammen, wo die ›Botwin‹-Kompanie kämpfte. Ich weiß nicht warum und wessen Schuld das war, sie wurden abgeschlachtet, nicht erschossen. Sie kamen unter die Säbel der Marokkaner. Nur die Verwundeten im Krankenhaus haben überlebt. In den Feldlazaretten gab es keine Trennung zwischen Nationalitäten. Wir versorgten in unserem Krankenhaus die Verwundeten der Schlacht am Ebro. Das war, nachdem die Front durchbrochen worden war.

Dort am Ebro ist mein Mann gefallen, Józek Welykanowicz. Eine Bombe hat ihn getötet. Das waren furchtbare Zeiten, und für uns, die Leute aus Polen, waren sie doppelt schwer. Ausgerechnet damals wurde die polnische Partei liquidiert. Die Komintern-Vertreter haben uns in den Krankenhäusern besucht und uns erklärt, daß alle unsere Führer Provokateure seien und daß wir nun unter der direkten Aufsicht der Komintern ständen. Am nächsten Tag kamen die sogenannten ›Dreiergruppen‹, Untersuchungsrichter, was weiß ich, wie man sie nennen soll. Nun hing vieles davon ab, ob man in der Partei war. Wenn ja, sah es schlecht aus, wenn nicht, schon besser. Und dann, ob man Aktivist war oder nicht. Wenn man das Pech hatte, Aktivist zu sein wie ich – ich war in der Parteiexekutive –, dann ging es darum, ob man auch in Spanien aktiv war oder nicht. Und ich hatte das Pech, daß ich im Krankenhaus mit Freunden öfter politische Literatur las. Diese Art ›Unterricht‹ war unter den Soldaten sehr verbreitet. Für die ›Dreiergruppen‹ galt das nun als trotzkistische Schulung und ich als ihre Leiterin. Das jüdische Zentralkomiteemitglied der PKP, Dua-Bogen, war damals schon klug genug, sich von uns in ein Krankenzimmer legen zu lassen. Dann gab es die amerikanische Journalistin Gina Medem, die hatte auch ein Zimmer bei uns. Das alles waren Belastungsmomente gegen mich. Ich galt plötzlich als trotzkistisches Element und Provokateurin, obwohl man mir dies nie deutlich sagte.

Ich wurde mehrmals vor die ›Dreiergruppe‹ gestellt. In der Gruppe waren Dr. Minc, ein Bulgare, ein Deutscher und noch einer, an dessen Herkunft ich mich nicht erinnern kann. Es war ein Kreuzfeuer von Fragen. Jedesmal mußte ich eine ausführliche Biographie schreiben, ganz genau. Ich hätte sagen sollen, daß ich bei dieser Art von Befragung nicht antworten werde. Aber ich war zu jung und zu verängstigt. Ich versuchte zu antworten, aber das war unmöglich. Nach einer Stunde gingen sie, von meiner Schuld zutiefst überzeugt. Ich hatte eine Menge solcher ›Gespräche‹. [...]

Als die Front zusammenbrach, fuhren wir mit dem letzten Zug ab. Es gab Waggons ohne einen einzigen Arzt, denn die Ärzte hatten Angst und waren mit den Autos davongefahren. Dazu kamen auch noch die Waggons aus Murcia. Wir hatten Ärzte, Schwestern und Medikamente. Es war eine Fahrt von vierundzwanzig Stunden von Murcia nach Katalonien. Hielt der Zug an, mußten wir in andere Waggons, um die Verwundeten zu versorgen.

In Tarragona hieß es: vierundzwanzig Stunden Aufenthalt. Wir hatten endlich Aussicht, einmal auszuschlafen und uns zu waschen. Aber wer kommt zu uns? Eine ›Dreiergruppe‹! Sie fanden einen überall. Es gab dort den SIM (Servicio Investigación Militar), der Chef war ein Bulgare, aber er nannte sich Moreno. Sie kamen also in seinem Namen. Diesmal wollten sie kein Kreuzverhör, sondern daß ich eine Anklageschrift unterschreibe gegen Dua-Bogen wegen Spionage oder so. Ich bezeugte, daß ich ihn als Zentralkomiteemitglied kenne, aber nichts Nachteiliges über ihn sagen könne. [...]

Nun, wir kamen durch bis Barcelona. Am gleichen Tag wurde ich zu Moreno zitiert. ›Du hast uns nichts über Dua-Bogen gesagt!?‹ – ›Doch‹, sagte ich, ›ich habe alles gesagt.‹ Ich mußte noch einmal schreiben. Ich schrieb wieder dasselbe, ich konnte doch nicht schreiben, daß er ein Provokateur sei. Ich hatte mehrere Sitzungen dieser Art mit Moreno und sagte ihm: ›Du kriegst nichts anderes aus mir heraus! Ich weiß gar nicht, was ihr von mir wollt!‹

Sie wollten das Personal von Brihuega spalten, denn dort war angeblich die trotzkistische Seuche ausgebrochen, in meiner Person. Also mußte man die Leute voneinander separieren. Es gab ein Jammern und Zähneklappern, wir hingen sehr aneinander, aber man hat uns getrennt. Ich fühlte mich in Katalonien verloren. Wir waren unter dem Joch des Mißtrauens, der Verdächtigungen der Partei, das hat viele Menschenleben gekostet. Es gab dort den Genossen Anders aus Wilna, er war fast blind und trug eine extrem dicke Brille. Der hielt das nicht aus. Er schmiß an der Front die Brille weg, so konnte er überhaupt nichts sehen, und wurde erschossen. Die Leute hielten diese Spannung nicht aus. Auch ich habe einmal den Revolver genommen und wollte mich erschießen. Es war an einem herrlichen Tag, das junge Gras war besonders schön, also sagte ich mir, ich mach's ein andermal, wenn's Wolken gibt. Ich dachte aber, in dieser Situation gibt es für mich keinen Platz im Krankenhaus, ich muß zur Brigade, als Frontärztin, denn dort werde ich von der Brigade geschützt. Damals war der Chef der Brigade ein Bulgare, Franek, ein ganz übler Kerl. Also – nein! Ich mußte Schutz suchen.

Mein oberster Chef, Dr. Telge, war in Ordnung, konnte mich aber nicht schützen. Der Bulgare war Sohn eines großen Revolutionärs. Aber er war ein Vollidiot. Ich dachte: Wo finde ich Schutz, hier in Barcelona, wo ich niemanden kenne? Nur bei einem Mann. Ich gehe geradewegs zu Moreno in sein Büro. Ich sagte zu ihm: ›Moreno, was ist los hier, ich kann es nicht aushalten. Ich will an die Front zu meiner, der polnischen Dombrowski-Brigade, ich kenne hier überhaupt niemanden außer Dir, und Du kennst mich besser, als ich mich selbst kenne. Du hast doch alle meine zig-mal geschriebenen Biographien gelesen, also solltest Du völliges Vertrauen zu mir haben – gewähre mir also Deinen Schutz.‹ Er fiel fast um! Er sagte: ›Es passiert mir zum ersten Mal, daß jemand um meinen Schutz bittet.‹ Später erfuhr ich, daß er sich wirklich bemühte. Es mußte ihn sehr überrascht haben, als ich zu ihm kam.

Die ›Säuberungen‹ gab es nicht nur in Moskau, sondern auch in Spanien, weil auf der republikanischen Seite die Macht bei der Kommunistischen Partei lag. Sie machten die Anarchisten fertig, auch die Sozialisten. Wir fielen als erste der ›Säuberung‹ zum Opfer. Das wissen wir heute, damals waren wir unwissend und naiv. Damals wußten wir nicht, worum es ging. Es war eine Art Putsch, der erste mächtige Putsch. Alles, was kommunistisch war, sollte liquidiert werden, die ganze leninistische Partei, alle Kommunisten aus allen Ländern. Wer sollte das verstehen? Retrospektiv kann man sehen, wer zum Opfer fiel. In der

Sowjetunion wurden nicht nur die Kommunisten liquidiert, sondern alle, die politisch aktiv waren. Man wollte eine neue Partei erschaffen, die aus Apparatschiks bestand. [...] Rwal wurde von allen für einen netten Kerl gehalten, auf den ersten Blick. Über mich schrieb er: ›Sie reiste ohne die Erlaubnis der Partei.‹ Das kennzeichnet für ihn den Menschen: ›ohne Erlaubnis der Partei‹! Die Erlaubnis kam, als ich in Prag war, aber damals pfiff ich darauf, ich hatte schon alles geregelt.

Ich wurde dem Frontlazarett Santa Colona de Farnes zugeteilt. Dort arbeitete ich bis zum Schluß, bis die Brigaden zurückgezogen wurden.

Alle Frauen kamen nach Sagaró, das war das letzte Krankenhaus der Brigaden. Gleichzeitig war es eine Sammelstelle für alle Frauen unter den Freiwilligen. Insgesamt waren es wenig Frauen, so daß nicht jede Nationalität eine eigene Sammelstelle hatte. In Sagaró wurde ich krank, ich vermute, es war eine Nierenentzündung. Jedenfalls kamen wir langsam in Richtung Grenze voran, zusammen mit den Verwundeten.

Ich wurde in Frankreich sofort interniert, zunächst in Perpignan. Ich lag dort im Krankenhaus, und von dort bin ich geflüchtet. Es ging mir ja schon etwas besser. Zuerst habe ich freiwillig im Krankenhaus gearbeitet. Alle lagen dort: Zivilisten, Soldaten der Internationalen Brigaden. Das ging über die Kräfte, über die Möglichkeiten des Krankenhauses, man brauchte also Hilfskräfte. Ich fing an zu arbeiten. Eines Tages hieß es, die Polizei wird kommen und alle Gesunden ins Lager verfrachten. Ich nahm also meinen Mantel, aber ich hatte keinen Hut – in Frankreich trugen alle Frauen Hüte. Ich wußte, ohne Hut werde ich auffallen und verhaftet werden. Gerade kam eine Delegation von drei Damen der Heilsarmee – sie trugen riesige, große schwarze Hüte. Ich klaute mir so einen Hut, und es gelang mir, herauszukommen. Nun war ich frei.

In unserem Krankenhaus gab es einen Patienten, einen Franzosen, der schon um acht Uhr morgens besoffen war. Wie er das immer schaffte, weiß ich nicht. Wir nannten ihn Napoleon, weil er so klein war. Gerade den traf ich auf dem Weg. Ich sagte: ›Hilf mir, aus Perpignan herauszukommen, ich muß nach Paris, bring mich zur Bahnstation.‹ Er antwortete: ›Für Dich gehe ich bis ans Ende der Welt.‹ Tatsächlich ging er mit mir zum Bahnhof. Von dort mußte man nach Narbonne. Ich ging erst mal zum Bahnwärter und sagte: ›Ich bin von den Internationalen Brigaden und suche eine Übernachtung.‹ Er sagte: ›Pauvre petite [arme Kleine], wir haben überhaupt keinen Platz.‹ Aber trotzdem verschaffte er mir einen Schlafplatz. Am nächsten Tag fuhr ich nach Paris. In Paris lebte ich einige Monate, bis sie uns schnappten: Heniek Torunczyk und mich. Er kam nach Gurs und ich nach Orléans St. Marie. [...]

In Frankreich im Lager gebar ich ein Kind. Dann hatte ich Glück – unangenehm, darüber zu sprechen. Mein jüngster Kollege, Heniek Stern aus Lemberg – er kam später im Warschauer Gettoaufstand ums Leben –, beschaffte mir eine Arbeitsbescheinigung bei einem französischen Bauern. Damit konnte man in die Freiheit, nur hieß das für mich: Trennung von meinem Kind. Das war nicht leicht. Ich hielt das Papier in meiner Tasche. Gabrys, mein jüdischer Arztkollege aus Spanien, schrie mich an: ›Worauf wartest Du noch?! Für das Kind haben wir einen Platz.‹ Aber er war noch so klein.

In Nizza fuhr ich direkt zu Vlasta Vessela, die später während des Slansky-Prozesses in Prag im Gefängnis saß. [...] Bei Nizza gab es ein tschechisches Kinderheim. Ich bekam das erste Dokument für meinen Sohn: Name, Alter: elf Monate, prisonnier politique und ein Fingerabdruck. Ich brachte ihn in das tschechische Heim, unter dem Namen Jiri Dostalek. Ich spielte seine Tante. Ich lebte illegal in Nizza.

Ich sagte mir: Hier müssen Partisaneneinheiten gegründet werden, ich melde mich sofort. Ich wollte nicht mehr für die Partei arbeiten. Ich kämpfte in der Résistance, aber ich war nicht Parteimitglied. Damals war Nizza unter italienischer Besatzung. Nach wenigen Monaten entstand die erste Partisaneneinheit, und ich gehörte dazu. Wir verübten keine Attentate auf Personen, weil wir die Italiener nicht haßten. Wenn ich geheimes Material schmuggelte, halfen mir die italienischen Offiziere sogar beim Koffertragen. Aber eines Tages mußte ich doch flüchten und verschwand nach Marseille. Dort blieb ich bis zur Befreiung.

1942 haben die Deutschen hart zugeschlagen, und unsere Kämpfer mußten flüchten. Die französische KP erteilte damals den polnischen Kommunisten das Rehabilitationsrecht und wollte sie in ihre Reihen aufnehmen. Wir sagten: ›Wir haben nichts getan, wovon wir rehabilitiert werden müßten, aber wir danken der Partei für die Möglichkeit des Beitritts.‹ Und wir sind der KPF beigetreten. Ich aber wollte so schnell wie möglich weg und ging zu den Partisanen. Eine Zeitlang war ich Verbindungsfrau und fuhr von Marseille aus überall hin, unter anderem um Waffen zu organisieren und zu transportieren. Dann war ich in der

Sabotageabteilung, später war ich Kommandantin dieser Truppe. So ging das bis zur Befreiung.

Nach der Befreiung fuhr ich nach Paris. Hier arbeitete ich als Ärztin in einem Krankenhaus an der Porte d'Italie. Ich blieb bis 1948 in Frankreich. [Von der französischen Regierung erhielt sie die hohe Auszeichnung »Croix de Guerre« – d.A.] Dann ging ich nach Polen, um am Aufbau meiner sozialistischen Heimat mitzuarbeiten.

1968 fing die Jagd auf alle Staatsangestellten jüdischer Abstammung an. Alle wurden entlassen. Auch ich verlor meinen Arbeitsplatz und reichte einen Antrag auf Ausreise nach Israel ein. Es gab eine zeit- und nervenraubende Prozedur. An der Grenze wurden die Auswanderer einer beschämenden Behandlung mit antisemitischen Bemerkungen ausgesetzt. Als der Zöllner bei der Kontrolle einen Karton mit meinen französischen und polnischen Orden beschlagnahmen wollte, weil diese nicht auf der Liste aufgeführt waren, sagte ich ihm: ›Die polnischen Orden kannst Du Dir in den Arsch stecken, aber wehe, wenn Du meine französischen Auszeichnungen anfaßt!‹ Er dachte kurz nach, ob er mich verhaften lassen sollte. Am Ende salutierte er und sagte: ›Bürgerin (ich war damals keine Staatsbürgerin mehr), ich hoffe, es kommt noch der Tag, an welchem Sie auch unsere polnischen Orden bei uns in Ehren tragen können.‹ Das war mein Abschied aus Polen.

Nachdem ich in Israel im Absorptions-Zentrum eingetroffen war und mich ein wenig akklimatisiert hatte, wurde mir gesagt, daß in einer kleinen Stadt im Norden des Landes ein Arzt gebraucht wird. Ich habe mich sofort freiwillig in dieses kleine Nest gemeldet, obwohl ich ein Großstadtmensch bin. Dort lebe ich seitdem glücklich, bin Chefärztin einer Krankenstation mit Ambulanz. Offenbar funktioniert bei mir immer noch ein instinktiver Mechanismus, der mich mein ganzes Leben immer dorthin mit zwanghafter Zielstrebigkeit dirigiert hat, wo man Menschen helfen und wo man für eine glücklichere Zukunft für alle Menschen arbeiten kann.«

Eugeniusz Szyr

Eugeniusz Szyr

Eugeniusz Szyr wurde 1915 in Lodygowice in Südwestpolen geboren und war seit seiner Jugend Mitglied des Kommunistischen Jugendverbandes KZMP. 1934 wurde er KPP-Mitglied und emigrierte 1935 nach Frankreich, wo er sich im Rahmen der KPF betätigte.

Anfang 1937 kam er nach Spanien und wirkte im Kommissariat der Interbrigaden in Albacete. Er wurde Kommissar der jüdischen Einheit »Botwin« und war auch Mitgründer der jiddischen Frontzeitung dieser Einheit. Er kämpfte an den Fronten von Zaragoza, Estramadura, Caspe und Lerida. Im Mai 1938 wurde er Kommissar des Bataillons »Palafox« im Bestand der XIII. Dombrowski-Brigade. Als solcher kämpfte er in der Schlacht am Ebro. Später war er Kommissar der »Agrupacion Internacional« unter Heniek Torunczyk. Er wurde anschließend in Saint Cyprien, Gurs und in Djelfa in der Sahara interniert. Nach der Landung der Alliierten in Algier fuhr er in die Sowjetunion und wurde zum polnischen Partisanenstab bei der Roten Armee abkommandiert.

Nach dem Kriege war Eugeniusz Szyr hoher Offizier der politischen Verwaltung der polnischen Armee. Später war er stellvertretender Minister für Handel und Industrie, um danach Vorsitzender der staatlichen Planungsbehörde zu werden. Er wurde später Wohnungsbauminister und stellvertretender Ministerpräsident. Gleichzeitig bekleidete er höchste Parteiämter, zum Beispiel als Mitglied des Politbüros der Zentralkomitees der Partei. Er war viele Jahre Vorsitzender des Verbandes der polnischen Spanienkämpfer und ist heute Präsident des polnischen Solidaritätskomitees mit den Ländern der Dritten Welt. Er ist der einzige Politiker jüdischer Abstammung in Polen und genießt hohes Ansehen.

USA · England · Irland

Die letzte Parade des Lincoln-Battaillons nach Auflösung der Internationalen Brigaden im Oktober 1938. In der Mitte der jugendliche Kommandant Milton Wolff, rechts Kommissar George Watt, der im 2. Weltkrieg Bomberpilot war (beide Juden), links Hauptmann Donald Thayer.

Die USA und der Bürgerkrieg

Die USA und ihre für das Schicksal Spaniens verhängnisvolle Politik gehören zu den historischen Tragödien dieses Jahrhunderts. Anstatt den kriegslüsternen Faschisten entgegenzutreten, unterstützte man direkt und indirekt die Rebellen Francos – und dies, obwohl Präsident Roosevelt, seine Frau Elleanor, Finanzminister Morgenthau, Landwirtschaftsminister Wallace, Innenminister Ickes, der stellvertretende Außenminister Welles und der US-Botschafter in Madrid, Claude Bowers, mit der Republik sympathisierten. Doch wollte Roosevelt bei den Präsidentschaftswahlen 1936 nicht auf die katholischen und konservativen Stimmen verzichten. Außerdem war Außenminister Cordell Hull ein energischer Befürworter Francos.

Auch in der amerikanischen Öffentlichkeit gab es einen scharfen Riß zwischen den konservativen und katholischen Teilen der Gesellschaft einerseits und den liberalen und oft jüdisch-stämmigen andererseits.

Außenminister Hull erteilte seinem Botschafter in Madrid, Claude Bowers, strenge Instruktionen zum Nachteil der Republik. Beide Häuser des Kongresses verabschiedeten im Januar 1937 fast einstimmig, bei nur einer Gegenstimme des Abgeordneten Bernard, das Embargogesetz, das bis zum Sturz der Republik gültig war. Bernard protestierte mit der Argumentation, daß das Gesetz Franco begünstige, weil es der legalen Regierung Spaniens, die von den Faschisten angegriffen wurde, Hilfe verweigere. Hull dagegen verteidigte das Gesetz mit dem Hinweis auf den möglichen Ausbruch eines Weltkrieges.

Anfang 1939 wurde Bowers nach Washington zur Berichterstattung gerufen. Sein Bericht war eine Anklageerklärung gegen die USA.

Claude Bowers blieb nicht der einzige Amerikaner, der die Gefahr des Faschismus für die Welt richtig bewertete. Nach und nach hatten die Bemühungen der amerikanischen Antifaschisten Erfolg. Als am 2. Februar 1938 die Cortes in Barcelona tagten, sandten sechzig amerikanische Kongreßabgeordnete und Senatoren einen Gruß mit dem Wunsch, daß die Demokratie in Spanien siegen möge. Der ehemalige Außenminister Henry L. Stimson forderte seit Kriegsanfang die Aufhebung des Embargos und gab Amerika die Schuld für den Fall, daß die Republik den Krieg verlieren würde. Ohne Erfolg wandten sich weitere Persönlichkeiten der amerikanischen Gesellschaft gegen das Embargogesetz.

Die »Fehler« Amerikas, Englands und Frankreichs mit ihrer zynischen Politik der Beschwichtigung und damit der Stärkung der Faschisten ermunterte diese, den Zweiten Weltkrieg zu entfesseln.

Nur die knapp dreitausend amerikanischen Freiwilligen in Spanien, die vielen Tausende Bürger in den USA, die die spanische Republik ideell, materiell und mit ihrem Blut unterstützten, können die historische und moralische Schuld dieser Großmacht lindern. Statt ihnen zu danken, wurden die amerikanischen Spanienkämpfer, Ärzte, Krankenschwestern, die man später »premature antifascists« (vorzeitige Antifaschisten) titulierte, Schikanen des FBI und des konservativen Staatsapparates ausgesetzt. Der große Anteil der Juden Amerikas sowohl bei der kämpfenden Truppe in Spanien als auch bei den humanitären Hilfsaktionen gehört zu den schönsten Kapiteln in der Geschichte des amerikanischen Judentums, denn 30 Prozent der

Amerikaner in Spanien waren Juden bei einem Bevölkerungsanteil von 3 Prozent.

John Gates

John Gates

John Gates wurde 1913 im jüdischen Viertel New Yorks als Solomon Regenstreif geboren, wo er unter vielen anderen ethnischen Minderheiten aufwuchs. Er war Mitglied jüdischer Jugendorganisationen und wechselte später zu linken Gruppierungen über. Er erhielt ein Stipendium und studierte am New York City College, wo er als Redakteur der linken Studentenzeitung »Frontiers« arbeitete, die bald verboten wurde. 1931 wurde er Mitglied der Kommunistischen Jugendliga.

Die Partei forderte ihn auf, nach Ohio zu den Stahlkochern zu gehen, denn dort wurden große Streiks vorbereitet. Er mußte deshalb das College verlassen und auch seinen Namen ändern, denn jüdische Namen waren nicht erwünscht. In einer Zeitung las er einen Bericht über einen jungen militanten Schwarzen, der vor Gericht stand. Er nahm seinen Namen an – John Gates. In Yorkstown in Ohio, wo er unter den Stahlarbeitern tätig war, erreichte ihn die Nachricht vom Franco-Putsch.

John Gates berichtet:

»Eines Tages kam ein Funktionär der Liga und berichtete uns über die Gründung der Internationalen Brigaden in Spanien. Meine Stimme zitterte, als ich fragte, ob ich mich melden könne. ›Warum nicht?‹ war die Antwort, die schönsten zwei Worte meines Lebens. Ich wurde der erste Freiwillige aus dem Staate Ohio.

Ich beantragte einen Paß, in welchen eingestempelt war: ›Nicht gültig für Spanien‹. Am 6. Februar 1937 war ich an Bord des Schiffes ›Paris‹, wo ich eine große Zahl von jungen Männern traf, die alle die gleichen schwarzen Koffer trugen. Über Paris kam ich nach Figueras in Spanien, noch in den letzten Tagen vor der Grenzschließung durch die Franzosen.

Wir fuhren mit dem Zug nach Albacete. Unterwegs grüßten uns begeistert Frauen mit ihren Kindern, die uns Obst und Erfrischungen brachten. In Madrigueras bei Albacete wurde unser Bataillon formiert. Zunächst war ich einfacher Soldat, später wählte mich meine Kompanie zum Kommissar. Bataillonskommandeur war der Italiener Morandi. Kommissar war der Ungar Tschapajew-Szalvai.

Zunächst war ich also vom Gros meiner amerikanischen Landsleute getrennt und kämpfte in der 86. Brigada Mixta, in welcher ich Bataillonskommissar wurde. Meine Feuertaufe erhielt ich an der Front von Córdoba, wo meine Brigade sechs Monate lang kämpfte. [...]

Die wenigen Amerikaner in der 86. Brigada Mixta waren von unseren Landsleuten in der XV. Lincoln-Brigade, die an der Madrid-Front kämpfte, isoliert. Ich wurde nach Albacete abkommandiert, wo ich Joe Dallet, meinen Freund aus Youngstown, der hier Bataillonskommissar war, traf. Er fiel am gleichen Tage bei Fuentes del Ebro.

Man schlug mir vor, Kommissar der Basis der Internationalen Brigaden in Albacete zu werden. Ich lehnte es ab, denn ich wollte an der Front bleiben. Man stellte mich vor die Alternative, entweder Kommissar in Albacete oder Heimreise nach den USA, um für Freiwillige zu werben. Dies kam für mich absolut nicht in Frage, so daß ich in Albacete blieb. [...]

Ich arbeitete mit Dave Doran, dem Kommissar der XV. Lincoln-Brigade, eng zusammen. Dave war wie ich und zahlreiche Offiziere der Brigade, wie Lawrence Cane, Milton Wolff, Manny Lancer, Leonard Lamb, Sidney Levine, Aaron Lopoff, George Watt, Jude. Als Dave fiel – er geriet in der Schlacht von Gandesa in Gefangenschaft und wurde an Ort und Stelle exekutiert –, habe ich seine Aufgabe übernommen und wurde Kommissar der XV. Lincoln-Brigade.

Das Lincoln-Bataillon hatte mehrere Kommandanten. Als der Kommandant Kaufmann, ein jüdischer Seemann, fiel, wurde Milton Wolff Kommandant des Lincoln-Bataillons. [...]

Kurz vor der Ebro-Offensive im Juli 1938 – unsere Brigade verteidigte einen schwierigen Frontabschnitt – erhielt ich einen Befehl des Hauptkommissariats in Barcelona, daß ich, meines Postens enthoben, mich sofort in Barcelona zu melden hätte. Ich war verblüfft, denn ich war mir keiner Schuld bewußt. Ich ging zunächst zum Divisionshauptquartier. Dort war man empört, denn meine Degradierung war über die Köpfe der Divisionsinstanzen getroffen worden. Ich ernannte an meiner Stelle einen Spanier, der bisher mein Adjutant war. Ich ging nach Barcelona und meldete mich zunächst bei Bob Marnier, dem höchsten Beauftragten der KP der USA in Spanien, mit dem ich stets Kontakt hielt – auch er war verblüfft. Dann meldete ich mich beim Kommissariat. Im Vorzimmer saß eine deutsche Frau, die man Carmen nannte – ein verbissener Apparatschiktyp. Sie befahl mir, mich ins Hotel zu begeben und auf spätere Instruktionen zu warten. Im Hotel habe ich mir dauernd den Kopf zerbrochen, was dahinterstecken könnte, und kam nach einigem Grübeln zum Ergebnis, daß nur meine heftige Diskussion mit André Marty, die ich allerdings vor langer Zeit geführt hatte, der Grund sein könnte. [...]

Im März 1938 massierten die Faschisten eine große Streitmacht am Ebro, um Katalonien von den südlichen Provinzen zu separieren. Die XV. Brigade trug die Hauptlast der Offensive, und wir wurden zum Rückzug gezwungen. Die Brigade wurde in zwei Teile geteilt. Brigadekommandant Copic übernahm einen Teil. Dave Doran und ich den zweiten. Ich übertrug das Kommando über die rückwärtigen Einheiten an George Watt, den ich noch aus der studentischen Bewegung kannte und der früher Israel Chwatt hieß. Am nächsten Morgen wurden Doran und Merriman von den Faschisten gefangengenommen und hingerichtet.

Mit einigen Soldaten versuchten wir, der Einkreisung durch die Faschisten zu entgehen. Eines Nachts trafen wir George Watt mit einigen seiner Soldaten. Wir mußten den Ebro, der zu dieser Jahreszeit eine starke Strömung hat, durchschwimmen. Wir haben uns ausgezogen und erreichten total erschöpft das andere Ufer. Mit mir waren George Watt, der Bataillonskommissar, und Joseph Hecht, der im Zweiten Weltkrieg fiel. Wir kletterten auf die Uferstraße, nackt und fast tot vor Übermüdung.

Plötzlich hielt ein Wagen an, und zwei Männer traten auf uns zu. Es waren Ernest Hemingway und Herbert Matthews, Korrespondent der New York Times. Wir umarmten uns, nachdem mir Hemingway seinen Mantel umgehängt hatte. Hemingway erzählte mir, daß es dem Gros der Armee gelungen sei, den Ebro zu überqueren und sich neu zu gruppieren.

Wir kamen zur XV. Brigade, oder besser gesagt, zu dem, was von ihr geblieben war. Noch Wochen später sickerten Kameraden durch unsere Linien, die im Feindesland überlebt hatten.

Im Juli 1938 nahm meine Brigade an der Ebro-Offensive teil. [...] Inmitten der schwersten Kämpfe erhielten wir am 23. September 1938 die Nachricht, daß wir am nächsten Tage von der Front zurückgezogen werden, denn es sei vom Völkerbund beschlossen worden, die Internationalen Brigaden aufzulösen und die Freiwilligen zu repatriieren. Wir fuhren nach Hause. Vom Pier in New York marschierten wir zum Union Square, wo wir mit Ovationen empfangen wurden.

Der ehemalige Oberstleutnant der spanischen Armee meldete sich am 16. Dezember 1941 und wurde als Schütze John Gates auf die Verfassung der Vereinigten Staaten eingeschworen. Mit mir haben sich über fünfzehntausend Kommunisten zur Armee gemeldet, die große Mehrheit der Parteimitglieder. Die Jugendliga gab für mich ein Abschiedsessen, wo George Watt und ich über unsere Abenteuer am Ebro erzählten. [...]

Es hat nur drei Wochen von meinem Eintreffen in Spanien bis zum ersten Kampfeinsatz gedauert. Drei Jahre benötigte dagegen die amerikanische Armee, bis ich einer kämpfenden Einheit zugeteilt wurde. Ich half bei der Formierung des 59. Panzerartillerie-Bataillons. Immer neue Jahrgänge wurden an die Front geschickt, und ich blieb wegen meiner politischen Vergangenheit zurück. [...] Nach zwei Jahren auf den Aleuten meldete ich mich freiwillig zur Fallschirmtruppe in Fort Benning. Jahrelang lag ich meinen Vorgesetzten in den Ohren mit der Bitte um Versetzung an die Front. Erst im Februar 1945 kam ich nach Frankreich, um mit der 17. Fallschirmdivision in Deutschland zu kämpfen. [...] Am 24. Dezember 1945 segelte ich von England nach Hause.

Am 20. Juli 1948 trat das Smith-Gesetz in Kraft, und das FBI verhaftete die gesamte Führung der KPUSA. Am 17. Januar 1949 wurde der Prozeß gegen uns eröffnet. Zufällig erhielt ich am gleichen Tage mit der Post die Urkunde über die ehrenhafte Entlassung aus der Armeereserve. Wir waren elf Angeklagte. Der Prozeß dauerte neun Monate. Wir alle wurden zu fünf Jahren Gefängnis und zehntausend Dollar Strafe verurteilt und mit Handschellen ins Gefängnis abgeführt. Ich saß im Gefängnis von Atlanta, einem Bau von 1900, vier Jahre. Nach der Verbüßung der Strafe wurde ich Chefredakteur der Parteizeitung der KP, ›Daily Worker‹. [...]

Siebenundzwanzig Jahre diente ich der Kommunistischen Partei, fast zwei Jahre kämpfte ich in Spanien. Vier Jahre war ich Soldat der US-Armee im Zweiten Weltkrieg, und ich saß vier Jahre im Gefängnis in Atlanta. Nun bin ich fünfundzwanzig Jahre im Dienste der sozialdemokratischen Gewerkschaft IGLWU – keine schlechte Bilanz. Vom siebzehnten bis zu meinem vierundvierzigsten Lebensjahr hoffte ich, der Menschheit als Kommunist dienen zu können. Dies war eine Illusion, aber ich möchte keinen Moment meines kämpferischen Lebens missen.«

Irving Goff

Wer kennt nicht den Helden von Hemingways »Wem die Stunde schlägt«, den mutigen Amerikaner Robert Jordan, der hinter den feindlichen Linien Eisenbahnlinien sabotiert und Militärzüge Francos in die Luft jagt? Hemingway hatte ein authentisches Vorbild, den jüdischen Amerikaner Irving Goff aus dem Getto von Brooklyn, New York.

Irving Goffs Eltern kamen im Jahre 1900 aus Odessa nach New York. Der Vater war ein klassenbewußter, revolutionär eingestellter Handwerker. Irving Goff wurde 1900 in New York geboren. Bereits als Kind mußte er sich mit den jugendlichen antisemitischen Banden in Brooklyn und später in Long Island herumschlagen. Früh brach er sein Studium ab, weil er zum Unterhalt der Familie beitragen mußte. Die Wirtschaftskrise zwang ihn, jeden Job anzunehmen, der sich anbot. Er arbeitete als Verkäufer in einem Laden, als Rettungsschwimmer am Strand von Coney Island, als akrobatischer Tänzer in einem Kabarett und schließlich als Akrobat in einem Zirkus. Zur gleichen Zeit war er aktives Mitglied der Kommunistischen Jugendliga Amerikas.

Als der spanische Bürgerkrieg ausbrach, gehörte er zu den ersten, die sich freiwillig meldeten. Er hatte keine Schwierigkeiten, einen Paß zu bekommen, denn er gab vor, nach Paris als Kabarett-Tänzer reisen zu wollen. Im Februar verließ die »Ile de France« New York mit vielen Freiwilligen an Bord. Irving Goff blieb als einer der letzten Amerikaner in Spanien, bis zum Jahr 1939, lange nach der Auflösung der Internationalen Brigaden. Zuerst kämpfte er als einfacher Frontsoldat. Später wurde ihm das Kommando über den Fahrzeugpark der XV. Lincoln-Brigade übertragen. Aber ihn hielt es nicht in der Basis der Interbrigaden in Albacete.

Sehr früh erkannte die republikanische Armeeführung die Notwendigkeit von Sabotage- und Guerilla-Aktionen hinter der Front, um die Überlegenheit des Gegners an Waffen, Panzern und Flugzeugen einigermaßen wettzumachen. Bereits im Juli 1936 wurden aus ortskundigen Freiwilligen Partisanentrupps gebildet, die wochenlang selbständig hinter den feindlichen Linien operierten. Später bestand die »Brigada Especial« aus Spaniern und internationalen Freiwilligen. Dem Partisanenstab in Jaén an der Südfront gehörten ein jugoslawischer, ein sowjetischer, deutsche und spanische Offiziere an. Eine der bekanntesten Operationen war die Zerstörung der Eisenbahnverbindungen zwischen Málaga-Granada und Málaga-Córdoba. Ernest Hemingway nahm zweimal an solchen Aktionen teil, die vom polnischen Hauptmann Chrost befehligt wurden.

Irving Goffs Partisanengruppe zählte zweihundert Mann. Die erste Operation Goffs war die Sprengung des italienischen Militärzuges von Málaga nach Córdoba.

Die Operation von La Corchuña ging in die Annalen des spanischen Bürgerkrieges ein. Die Festung La Corchuña befindet sich am Mittelmeer zwischen Motril und Calahonda. Nach dem Zusammenbruch der Nord-Front gerieten 315 asturische Offiziere und Politkommissare in faschistische Gefangenschaft und wurden in die für uneinnehmbar gehaltene Festung gebracht, die unter dem Befehl des Faschistengenerals Queipo de Llano stand. Fünfunddreißig Partisanen, darunter Goff, meldeten sich freiwillig zu diesem erfolgreich durchgeführten Himmelfahrtskommando. Die Gruppe der Befreier und der Befreiten begann dann einen forcierten Marsch nach Calahonda, wo die faschistische Stadtbesatzung überwältigt wurde. Am nächsten Tag erreichten die Partisanen und Offiziere von La Corchuña die republikanischen Linien.

Im Januar 1939 kehrte Irving Goff nach New York zurück. Als die Sowjetunion von Deutschland angegriffen wurde, meldete er sich freiwillig bei der Fallschirmtruppe der amerikanischen Armee. Die amerikanische Spionage-, Sabotage- und Guerillaorganisation, die den unmilitärischen Namen »Office for Strategic Studies« (OSS) trägt, wurde von einem Draufgänger kommandiert, von General Bill Donovan, der im Zivilberuf Rechtsanwalt an der Wall Street war und Großbanken vertrat. General Donovan beseitigte die gegen ehemalige Spanienkämpfer und Kommunisten bestehenden Vorbehalte und Verbote für den Fronteinsatz und versammelte in seiner Truppe viele ehemalige Interbrigadisten, die ungeachtet ihrer Dienstgrade in Spanien von unten anfangen mußten.

Irving Goff wurde an die italienische Front abkommandiert, zur Erstürmung Siziliens am berüchtigten Anzio-Strand, von wo aus die Eroberung Italiens ihren Anfang nahm. Die Armee trainierte Kommandos, die hinter den deutschen Linien operieren sollten. In kurzer Zeit wurden 22 Gruppen ausgebildet. 21 Gruppen fielen in deutsche Gefangenschaft, manche landeten in Gestapo-Gefängnissen. Die einzige erfolgreiche Kommandoeinheit wurde von Irving befehligt. General Donovan beauftragte Irving Goff mit der Herstellung von Kontakten zum italienischen Widerstand, dessen Kämpfer in der Mehrzahl Kommunisten waren. In Neapel blieben viele Kommunisten ihrer Partei während der Mussolini-Herrschaft treu. Irving traf dort viele Kameraden aus der Garibaldi-Brigade in Spanien wieder.

Die US-Armee und die OSS mit Goffs Kämpfern und italienische Partisanen eroberten nach und nach Rom, Florenz, Siena und kämpften sich nach Norden vor. Goff überwachte 18 Funkteams, die Kontakte zu den Partisanen hielten. Die von dort kommenden Nachrichten halfen den Alliierten erheblich.

Irving Goff meldete sich freiwillig zum Fallschirmeinsatz, um den Oberbefehlshaber der Wehrmacht in Italien, Generalfeldmarschall Kesselring, gefangenzunehmen, ein Gegenstück zur Entführung Mussolinis durch den SS-Offizier Skorzeny. Dies wurde jedoch von Allan Dulles, dem Bruder des späteren Außenministers Foster Dulles, durch Verhandlungen vom OSS-Büro in der Schweiz erledigt. Trotz General Donovans Drängen wurde Irvings Beförderung zum Hauptmann, den Rang, den er schon sechs Jahre früher in Spanien hatte, aufgehalten.

Am 10. Mai 1945, zwei Tage nach Kriegsende, fuhr Irving Goff auf der »U.S.S. West Point« nach New York. Während der McCarthy-Zeit wurde Irving als Kommunist und Spanienkämpfer verfolgt und diskriminiert. Er ist einer der wenigen kommunistischen Spanienkämpfer, die sogar nach Chruschtschows Rede auf dem XX. Parteitag der KPdSU in der Kommunistischen Partei blieben.

Peter Frye

Peter Frye wurde 1914 in Kanada als Sohn Jiddisch sprechender ostjüdischer Eltern geboren. Von früher Kindheit an begeisterte er sich für die jiddische Sprache und träumte von einer Karriere als Schauspieler am jiddischen Theater.

Nach dem Besuch der Schule und des College siedelte er nach New York über, wo es zahlreiche jiddische Theaterbühnen gab.

Peter Frye erzählt:

Peter Frye

»Es war 1936, die faschistische Rebellion in Spanien fing an. Ich lese jeden Tag die Zeitungen und verfolge die Ereignisse in Spanien. Auf dem Titelblatt der ›New York Times‹ sehe ich eine Straße in Madrid. Acht kleine Körper von Kindern liegen auf dem Gehsteig, die ersten Opfer der Stuka-Flugzeuge. Ich saß mit dieser Zeitung in der Hand und dachte mir: Wie kann man in einer solchen Welt leben, ohne die Waffe in die Hand zu nehmen, um zu versuchen, diesem Morden Einhalt zu gebieten. Ich sagte mir: Wenn du nicht versuchst, diese Verbrechen aufzuhalten, bist du kein Mensch. Ich ging zum Telefon, rief einen Freund an und fragte: ›Wie komme ich nach Spanien?‹ Er sagte: ›Ich weiß es nicht. Ich nehme an, über die Kommunistische Partei. Ich werde es für Dich ausfindig machen.‹ [...]

Wir kamen nach Figueras. Die Festung dort wurde im 12. Jahrhundert erbaut und taucht in allen Kriegen Spaniens auf. Ein riesiges, mächtiges Gebäude – Zinnen, Treppen, innen ein enormer Hof, mit Baracken, Kasernen. Seit damals, also seit über siebenhundert Jahren, haben Soldaten aus der ganzen Welt in Figueras geschissen, und es ist noch alles da, eingetrocknet. Wo immer man sich innerhalb der Festung von Figueras hinwendet, gibt es Scheißhaufen. Es stinkt unglaublich, es gibt kein fließendes Wasser, keine Möglichkeit, sich zu waschen, sich zu rasieren, und immer dieser entsetzliche Gestank. Das Essen wird inmitten von alldem ausgegeben, und es ist außerdem ungenießbar. Die Intendantur fand alte ›garbanzos‹ [Kichererbsen] mit Würmern, und man kochte sie in Olivenöl, das man vor hundert Jahren schon hätte wegwerfen sollen. Es war ekelhaft. Wir bekamen Durchfall, selbstverständlich. Also taten wir, was Soldaten in Figueras seit mehr als siebenhundert Jahren getan haben, wir suchten eine Ecke und verbrachten unsere Zeit mit Scheißen.

Nach drei Tagen sagte man uns, daß wir nach Valencia fahren würden. Man setzte uns in einen Zug, es war sehr unbequem. Der Zug wurde vollgepackt mit sechsmal soviel Leuten, wie er fassen konnte. [...] Wir fuhren nachts, um bei Tageslicht nicht von faschistischen Flugzeugen gesichtet zu werden. Es gab zahlreiche Spione, man konnte nichts geheimhalten. Man wußte, daß das ein Zug mit neuen Ankömmlingen, mit internationalen Freiwilligen aus der ganzen Welt war. Der Zug schleppte sich weiter dahin, wir dachten: Mein Gott, wo sind wir gelandet, warum sind wie hierher gekommen, was tun wir in diesem Scheißhaus Figueras! Plötzlich hörten wir die ›Internationale‹. Die Melodie wird stärker, und der Zug fährt in einen kleinen Bahnhof ein. Er lag auf der Linie Barcelona-Valencia. Auf dem Bahnhof – es ist zwei Uhr nachts – stehen alte Frauen und Männer, Kinder, Frauen mit Kindern auf dem Arm, und drei oder vier Musikanten, von der Feuerwehr, spielen die ›Internationale‹, und diese alten Frauen und Männer halten etwas Essen in den Händen, einige Stückchen Brot, etwas Gemüse, einige Trauben, ein paar Oliven. Sie reichen es den Jungens im Zug, sie sagen: ›hermanos, hermanos‹ (Brüder). Der Zug fährt durch den Bahnhof, hält nicht an, fährt weiter bis zur nächsten Station, und da wiederholt sich dieselbe Geschichte und im Bahnhof danach abermals. Die ganze Nacht, in jeder Station bis nach Valencia, hatte man die Leute gebeten, herzukommen und uns zu begrüßen, uns, die internationalen Freiwilligen, die Kämpfer für die Freiheit – und so grüßten sie uns. Das Verhalten der spanischen Bevölkerung zu den internationalen Freiwilligen war am Anfang phantastisch. Das war wohl mein größtes Erlebnis in Spanien.

Wir kamen nach Albacete, blieben dort, und dann wurden wir schnell nach Tarazona verfrachtet. Es war die Übungsbasis der amerikanischen Bataillone. Als wir dort eintrafen, hatte die Schlacht von Brunete und Jarama schon begonnen. Das Lincoln-Bataillon war dezimiert, es war praktisch nicht vorhanden. Wir waren die neuen Rekruten, wir sollten die Gefallenen ersetzen. Es gab zwei Bataillone, ›Lincoln‹ und ›Washington‹. Sie wurden zusammengefügt, und ich kam in das Lincoln-Washington-Bataillon. Ich machte meine Übungen, feuerte meine fünf Kugeln und wurde an die Front geschickt.

Die Aragon-Offensive war in vollem Gange. Ich nahm an der Schlacht von Quinto teil, später an der Schlacht von Belchite. Am dritten Tag des Kampfes um Belchite traf mich eine Kugel in den Armmuskel. Es war ein Durchschuß, der den Nerv durchschnitt. Nach diesem Schuß war mein Arm völlig tot, er hing einfach herab.

Während meiner Dienstzeit in Spanien passierten mir einige komische Dinge. Als Schauspieler bin ich kontaktfreudig, aber eigentlich bin ich ein sehr ruhiger, schüchterner Mensch. Wir sangen oft Marschlieder, und ich hatte eine gute Stimme. Also, wir marschieren, das Lied ist zu Ende, und ich sage: ›Jetzt ist genug, ich will nicht mehr singen!‹ Da kommt der politische Kommissar, ein Amerikaner, und sagt: ›Frye, sing ein anderes Lied!‹ Ich sage: ›Ich will kein anderes Lied singen!‹ – Er sagt: ›Das ist ein Befehl, sing!‹ – Ich sage etwas Ähnliches wie ›fuck off‹. Er nimmt ein kleines schwarzes Heft heraus und notiert: ›Frye, indisciplinado‹. Es gab etliche andere Zwischenfälle dieser Art. Eines Tages schnitt ich mich beim Rasieren, und am nächsten Tag war die Wunde leicht infiziert. Da konnte ich diese Stelle nicht mehr rasieren und ließ einen Bart wachsen. Wir marschieren, und da kommt mein Freund, der Kommissar. Er sagt: ›Rasiere Deinen Bart ab!‹ – Ich antworte: ›Ich kann nicht, ich habe da eine Infektion.‹ – Er sagt: ›Rasiere ihn ab, das ist ein Befehl!‹ – Ich sage: ›Fuck you!‹ Auch das wurde notiert. Dieser Mann wurde später ein sehr wichtiger Kommissar – ich möchte seinen Namen nicht nennen, weil er gefallen ist.

Die Bedingungen waren unglaublich schlecht. Alle Uniformen, die man uns gab, rissen für gewöhnlich in der Mitte. Du ziehst dir eine Hose an, du knöpfst sie zu, die Naht gibt hinten nach, und du stehst mit nacktem Arsch da. Wir nannten uns ›The Balls-Ass Brigade‹ (die Eier-und-Arsch-Brigade). Da waren wir also, unrasiert, hungrig, krank und immer Durchfall. Jeden Morgen, um halb sechs Uhr früh, sah man uns durch die schmalen Straßen, nackt, zur Toilette hin und zurück rennen.

Es kommt der Kommissar. Jetzt hat er sich endlich den spanischen Bedingungen angepaßt: er trägt ein seidenes Hemd, ist jeden Tag gut rasiert, sieht rundum prächtig aus. Etwas Pomade klebt im Haar, er trägt militärische, gut geschnittene Reithosen und handgefertigte spanische Schuhe. Wir stehen in der Reihe, und er kommt, wunderschön, die Schönheit in Person. Er hält seine kleine Morgenansprache, jeden Morgen ungefähr das gleiche: ›Kameraden! Ich brauche euch nicht zu sagen, daß wir hier sind, um zu kämpfen, um den Faschismus zu bekämpfen.‹ (Richtig!) ›Kameraden, ihr wißt alle, daß der Kampf gegen den Faschismus ein sehr schwerer sein wird. Kameraden, wir müssen ausharren, wir müssen uns den Bedingungen anpassen, wir müssen Opfer bringen. Kameraden, wir sind hier um zu kämpfen für independencia, libertad, für die Demokratie, für die Republik. Erinnert euch daran, Kameraden, daß alle eure Opfer nicht umsonst sind, wir werden den Faschismus besiegen. Gibt es Fragen?‹ – ›Kamerad‹, sage ich, ›kannst Du uns erklären, wie es kommt, daß manche von uns im Kampf gegen den Faschismus mehr leiden müssen als andere?‹ - Da wurde er sehr still. ›Wie lautet Dein Name, Kamerad?‹ – Ich sage: ›Frye.‹ – Er holt sein kleines schwarzes Notizbuch hervor und notiert: Frye. – Und am nächsten Tag saß ich im Gefängnis. Im calabozo, als indisciplinado in Tarazona.

Im calabozo lernte ich die besten Männer kennen, die besten, die ich bisher in der ganzen Gruppe getroffen hatte. Meschuggene, so wie ich, mit Beschwerden, Klagen usw. Sie waren wundervolle Menschen. Manche von ihnen sind noch am Leben. Einer wohnt in Amerika, Abe Asherov, so alt wie ich, zweiundsiebzig Jahre. Das letzte, was ich von ihm hörte, war, daß er eine Ambulanz nach Nicaragua brachte. Immer noch aktiv, ein jüdischer Mann, der den Film ›The Good Fight‹ schuf. Ich hatte das Vergnügen, ihm in einem spanischen Gefängnis zu begegnen. Eigentlich war das Gefängnis gar nicht so schlimm. Sie versuchten, aus mir einen ›Menschen‹ zu machen, mich in eine Form zu zwängen.

In Spanien fühlte ich mich nicht als Jude. Ich habe mich als Kommunist betrachtet. Ich dachte, daß wir dort wären, um die Welt zu befreien, um den Sozialismus in Spanien zu errichten und von Spanien aus natürlich in der ganzen Welt. Nachdem ich drei Wochen dort war, fing ich an, etwas anders darüber zu denken, denn ich war nicht mehr so glücklich über die Methoden der Kommunistischen Partei, über das Verhalten der Kommissare. Man soll nicht verallgemeinern. Es gab dumme Kommissare, wie der, von dem ich erzählt habe, es gab aber auch sehr gute, manche waren wundervolle Menschen. Doch das System war irgendwie falsch. Sie sprachen über Demokratie, aber sie setzten sie nicht in die Tat um. Sie sprachen über das Ausschalten der Tyrannei, aber sie waren selbst Tyrannen. Sie behandelten uns nicht gut – wie Stalinisten auf der ganzen Welt.

Ich traf viele Juden in Spanien, zum Beispiel diesen kleinen Mann aus Warschau, den ich liebte. Er war so ein fabelhafter Mensch, so klug und so komisch. Ich traf einen jüdischen Arzt, und wir sprachen Jiddisch. Ich traf Juden überall, aber ich empfand nicht, daß ich als Jude in Spanien war. Ich dachte, daß ich als Sozialist nach Spanien gegangen sei. Ich sprach Jahre später in Israel mit Leuten, die aus Palästina nach Spanien gekommen waren. Als wir darüber sprachen, da wurde mir auf einmal klar, daß der Grund, weshalb wir nach Spanien gegangen waren, doch der Fakt gewesen war, daß wir Juden sind. Spanien war ja der erste Ort, wo man Hitler mit der Waffe in der Hand bekämpfen konnte.

Ich wurde am 25. August 1937 verwundet. [...] Im April

1938 war ich wieder in den Vereinigten Staaten. Ich fand in meinen Alltag zurück, meine alten Freunde, das Theater. Ich konnte nicht im Theater arbeiten, weil mein Arm unbrauchbar war. Die Operation wurde später durchgeführt.

Es gab schweres Leid bei den spanischen Ex-Soldaten und der spanischen Bevölkerung, und sehr viele Hilfsaktionen wurden organisiert in den Vereinigten Staaten, besonders in New York. Ich habe Dokumente, die beweisen, daß die Mehrheit der Menschen, die in dieser humanitären Hilfe für Spanien engagiert waren, Juden waren.

Die Partei in New York schickte mich auf Treffen, um zu reden, mich in ihren Kampagnen einzusetzen, und ich war damit einverstanden, obwohl ich seit meinen Erfahrungen in Spanien ziemlich verbittert war. Die Partei war eine große Enttäuschung.

Der Krieg ist ein großes Scheißhaus, und die Offiziere haben die Herrschaft über das Scheißhaus. Sie betreiben das Scheißhaus. Sie verherrlichen das ›Erlebnis‹ des Krieges, den großen Helden, die großen militärischen Strategen. Aber der Krieg geht weiter und scheißt auf jeden, alles und jeder ist mit Kot bedeckt. Das bedeutet Krieg. Jeder Wert, absolut jeder Wert ist besudelt.

Im Jahre 1941 wurde ich in Amerika einberufen. Zu dieser Zeit war ich Rundfunkschriftsteller. Beim Radio hatte ich eine interessante Karriere. Als sie mich untersuchten, zeigte ich meinen schlaffen Arm. Der Arzt fragte mich, wo ich es mir zugezogen habe, und ich sagte, bei einem Jagdunfall. Als Spanienkämpfer wurden wir auf eine Sonderliste gesetzt – premature antifascists, vorzeitige Antifaschisten. Der junge Doktor schaute mich an und sagte: ›Na ja, in Ordnung.‹ In meine Papiere trug er ein: ›mild psychoneurotic‹ – ein wenig meschugge. Deshalb wurde ich nicht zur amerikanischen Armee eingezogen. Ich glaube nicht, daß ich in der Armee sehr nützlich gewesen wäre, denn ich habe bis heute Probleme mit diesem Arm.

Ich verließ die Kommunistische Partei im November 1939. Sie war eine sehr beengende und engstirnige Organisation. Die Linie, der man folgen mußte, machte mir zu schaffen.

Mein erstes Erlebnis mit Israel hatte ich im Februar 1949. Es war noch immer Krieg in Israel; ich kam zum ersten Mal dorthin. Ich sollte eine Aufführung im ›Kameri‹-Theater leiten. Ich war offiziell eingeladen, der erste ausländische Regisseur, der nach Israel kam seit den Unruhen 1936.

1950 arbeitete ich beim Fernsehen, für dieselbe CBS, für welche ich beim Rundfunk gearbeitet hatte. Es gab eine

Sendung, die ich jede Woche machte. Es war eine religiöse Sendung unter dem Titel ›Lamp onto my Feet‹. Jede Woche erhielt ich ein Telegramm von meinem Vorgesetzten, dem Vizepräsidenten: ›Peter, das ist gutes Fernsehen, nur weiter so, zeige es ihnen!‹ – Ich bekam zusätzliche kommerzielle Aufträge, neben meiner üblichen Arbeit, und meine Karriere ging bergauf. Und plötzlich sagt mir mein Vizepräsident: ›Ich muß mit Dir reden. Ich kann Dich nicht mehr unterbringen. Ich kann Dir nichts mehr sagen. Verstehst Du es nicht? Ich kann Dich nicht mehr halten!‹ – Da frage ich: ›Was soll ich tun?‹ – Er antwortet: ›Ich bitte Dich, zu kündigen. Wir werden Dir eine gute Abfindung zahlen.‹ Damit war es mit dem Fernsehen zu Ende. Um diese Zeit verhandelte mein Agent über einen Vertrag für mich mit Hollywood! Ich wurde ausbezahlt und war arbeitslos. Ich suchte meine Freunde auf, sagte ihnen, daß ich glaubte, daß ich irgendwo auf der schwarzen Liste stände. Ich muß zugunsten meiner Freunde sagen – es waren drei Fernsehdirektoren –, daß sie mich als Schauspieler engagierten. Nichts wurde gesagt, ich spielte meine Rollen, ich spielte sie gut, sie waren zufrieden mit mir. Doch am Tage nach der Sendung erhielten sie die Anweisung: ›Stellt diesen Mann nicht wieder ein!‹ Beim Theater war es das gleiche.

1951 verlor ich meine Arbeit beim Fernsehen. Ich fuhr nach Israel, wo ich inszenierte, und kehrte wieder nach New York zurück. Mein Freund hatte ein Stück geschrieben und wollte mir die Regie in New York übertragen. Es ging nicht. Das war gegen Ende 1952. [...] So erging es vielen, die in Spanien gewesen waren, den kommunistischen Parteimitgliedern in vielen Ländern, und schreckliche Sachen ereigneten sich, viel schlimmer als das, was mir widerfuhr. [...] Ich nahm keinen Kontakt zu den Leuten aus Spanien auf. Ich glaube – es ist nicht so schön, so etwas über sich selbst sagen zu müssen –, ich glaube, daß ich abgeschreckt wurde, ich hüllte mich irgendwie in einen Schutzpanzer ein. Ich wollte nichts mehr mit diesen Dingen zu tun haben, die meinen Sturz verursacht hatten.

Doch wenn ich Leuten in Israel sagte, daß ich bei den Internationalen Brigaden gewesen war, und über den McCarthyismus sprach, machten sie einen Helden aus mir. Das war wohl ein gutes Gefühl. Sie sagten: ›Einer unserer tapferen jüdischen Kämpfer – vielleicht weißt Du es nicht, aber Du bist als einer von uns Juden in Spanien gewesen.‹

In Israel lernte ich Israel Beer kennen. Piefke, wie wir ihn nannten, ist ein Name, der in Österreich abschätzig für

Preußen gebraucht wird. Er war ein fabelhafter Geschichtenerzähler, auch sehr gerissen und sehr schnell. Dann, zu meiner großen Überraschung, wurde er als sowjetischer Spion verhaftet. Er starb im Gefängnis. Er erzählte stets Geschichten über den spanischen Bürgerkrieg. Er wußte darüber besser Bescheid als ich, obwohl er nie dort gewesen war. Er machte sich selbst zum Sachverständigen.

Trotz der Tatsache, daß die Israelis stolz auf mich waren, weil ich in Spanien gekämpft hatte, gab es eine andere Seite dieser Geschichte. In Israel gibt es das Schin Bet, die Spionageabwehr. Ich wußte, daß sie eine Akte über mich führten. Einerseits wurde ich von den Menschen in Israel akzeptiert und hatte auch das Glück, daß meine Arbeit so erfolgreich war, doch andererseits: ›Wir haben kein Vertrauen zu ihm, er war Kommunist. Wir haben Kommunisten in Israel nicht gern.‹ Ich wußte, daß ich verdächtigt wurde, daß man notierte, was ich tat, wen ich traf. Ich beteiligte mich zum Beispiel an einer linken Bewegung. Wir nannten sie die Israel-Arabische-Palästina-Föderation. Das wollten wir den Arabern vorschlagen. Ich bemerkte, daß bestimmte Aufträge, die mir als Regisseur bestimmter Theater hätten angeboten werden müssen, an irgendeinen kleinen ›Schmendrik‹ vergeben wurden. Trotz meiner großen Erfolge in Israel bekam ich die Aufträge nicht. Ich war das Opfer einer bestimmten Form von McCarthyismus in Israel.

Ich lebte ungefähr zwanzig Jahre in Israel, mit vielem Hin und Her, und oft war ich im Ausland. Aber grundsätzlich war Israel meine Heimat. Wenn ich überhaupt irgendwo auf der Welt eine Heimat habe, so ist es Israel. Ich bin kein Kanadier mehr, ich habe an Kanada keine Erinnerungen, die mich patriotisch stimmen, und dasselbe gilt für die Vereinigten Staaten. Trotzdem lebe ich nicht in Israel. Ein Goy, den ich kenne, sagte einst: ›Jeder Jude hat das Recht auf ein Heimatland, aus dem er fliehen kann.‹«

Leo Grachow

Leo Grachow wurde 1914 in Binghampton im Staate New York geboren. Er verlor als Kind seine Mutter. Sein Vater war gezwungen, die Kinder in einem Waisenhaus unterzubringen. Leo wurde von niemandem adoptiert und verbrachte seine Kindheit in verschiedenen Waisenheimen, die längste Zeit im jüdischen Heim »Brooklyn Hebrew Orphan Asylum«. Es hat sich so ergeben, daß Leo Grachow viele seiner Freunde aus diesem Waisenhaus in Spanien wiederfand, wie Archie Kessner, Marvin Stern, Abe Sasson, Nelson Fishelman, Robert Pick, Sam Finkel, Mart Reuschwald, Sam Waitzman und Joseph Streisand.

Leo Grachow war ein talentierter Dichter und Journalist, der das Magazin »The Rising Bell« redigierte. Aus Geldmangel mußte er das New York City College verlassen, schlug sich als Lehrer und Gewerkschaftsorganisator durch und wurde Mitglied des linken »American Youth Congress«.

Er meldete sich freiwillig zu den Internationalen Brigaden und kam Ende Februar 1937 in Spanien an, wo er dem gerade formierten Washington-Bataillon zugeteilt wurde. In der Brunete-Schlacht meldete er sich freiwillig zu einer Spähpatrouille. Sie gerieten in einen faschistischen Hinterhalt und wurden gefangengenommen. Die kleine Truppe bestand aus acht Soldaten. Nur ein einziger überlebte die Gefangennahme, Lou Ornitz. Leo Grachow war einer der 187 amerikanischen Freiwilligen, die nach der Gefangennahme ermordet wurden.

Edward K. Barsky

Edward Barsky

Edward K. Barsky wurde am 6. Juni 1895 in New York geboren. Sein Vater war russischer Jude, der in Deutschland Medizin studiert hatte und später in New York das große jüdische Beth Israel Hospital gründete. Edward K. Barsky wuchs in einem jüdischen Patrizierhaus auf, mit Kinderfräuleins, Chauffeuren, Köchinnen usw. Im Beth Israel Hospital absolvierte er seine Assistenzarzt-Zeit und arbeitete später als leitender Chirurg an diesem Spital.

Als der spanische Bürgerkrieg ausbrach, organisierte Edward K. Barsky ein Ärztekomitee zur Unterstützung der spanischen Republik. Er gründete das »Medical Bureau to Aid Spanish Democracy« (MBASD), welches sich zur größten Hilfsorganisation der Welt für Spanien entwickelte. Das MBASD war die wichtigste Teilorganisation des »North American Committee to Aid Spanish Democracy«.

Es folgte eine fieberhafte Aktivität bei den Gewerkschaften, Nationalitätengruppen, Universitäten, Künstlern,

Schriftstellern, Persönlichkeiten vom Broadway und aus Hollywood. Bereits im Sommer und Herbst 1936 hatte das Medical Aid Bureau eine Million Dollar für medizinische Ausrüstung und Hilfe gesammelt.

Im November wurde beschlossen, ein voll ausgestattetes amerikanisches Lazarett zusammen mit Ärzten, Krankenschwestern, Technikern und Fahrern nach Spanien zu schicken. Freiwillige wurden rekrutiert, unter ihnen viele jüdische Ärzte und Krankenschwestern. Seine Kollegen baten Dr. Barsky, die Leitung der ersten Gruppe zu übernehmen. Obwohl er eine hervorragende und gutgehende Praxis leitete, erklärte er sich damit einverstanden. Am 16. Januar 1937 verließ Dr. Barsky New York mit vier anderen Ärzten, acht Krankenschwestern und anderem Personal sowie einem kompletten 75-Betten-Lazarett. Vier Wochen später war das Hospital in Romeral bei Toledo installiert, und Dr. Barsky begann seine Tätigkeit als Chirurg in Frontlazaretten.

In der Folge installierte Dr. Barsky mit Hilfe des MBASD Krankenhäuser und Rekonvaleszenzstätten mit über eintausend Betten in Tarancon, Villa Paz, Castillejo, Murcia, Benicassim, Mataró und Vich. Im Laufe von nur drei Monaten organisierte er zehn Feldlazarette an der Aragon-Front. Es wurde in Zelten, Kellern, Klöstern und Schulen operiert. Dr. Barsky entwarf und bestellte mobile, auf zwei Drei-Tonnen-Lastwagen montierte Operationssäle, die unabhängig von Strom oder Wasserzuleitung von außen in Betrieb genommen werden konnten.

Dr. Barsky wurde zum Chefarzt des Internationalen Sanitätsdienstes ernannt und war damit für zweiundzwanzig Lazarette in ganz Spanien verantwortlich. Als die internationalen Freiwilligen von der Front im Oktober 1938 zurückgezogen wurden, kümmerte er sich zunächst um die Verwundeten und Genesenden und kehrte selbst erst im Januar 1939 nach New York zurück. Dort verfolgten ihn die Bilder der Hunderttausenden von Flüchtlingen, die unter schrecklichen Bedingungen vor den Truppen Francos nach Frankreich flohen. Er hatte sich vorgenommen, diesen Opfern des Krieges und des faschistischen Terrors zu helfen. Als der Zweite Weltkrieg ausbrach, meinten einige Kollegen im Komitee, daß dies der falsche Zeitpunkt sei, um die im Krieg befindliche französische Regierung wegen der Verbesserung der Lage der Internierten unter Druck zu setzen. Er widersprach dieser Meinung und trat vom MBASD zurück. Die meisten Mitglieder der Organisation im Lande waren seiner Meinung und schlossen sich zum »United Spanish Aid Committee« zusammen, dessen Vorsitzender Dr. Barsky wurde. Dieses Komitee sollte später der Kern des Vereinigten Antifaschistischen Flüchtlingskomitees unter Dr. Barskys Vorsitz werden.

In den nachfolgenden zehn Jahren leistete Dr. Barsky trotz großer beruflicher Belastungen ungeheuer viel für die spanischen Flüchtlinge. Tausende von ihnen wurden aus den Lagern in Frankreich nach Mexiko und andere südamerikanische Länder gerettet. Dr. Barsky bereiste ganz Nord- und Südamerika, wo eine Schwesterorganisation überlebenswichtige Visa für die Interbrigadisten und Flüchtlinge besorgte. Ein Hospital für Flüchtlinge in Mexiko-Stadt wurde nach Dr. Barsky benannt.

Dr. Barsky wurde mit vierzehn seiner Kollegen im Vorstand des Komitees vor den Ausschuß für nichtamerikanische Aktivitäten des Kongresses zitiert und aufgefordert, dem Ausschuß alle Akten und Dokumente über die Tätigkeit des Komitees herauszugeben. Da dies die noch in Franco-Spanien lebenden Angehörigen der Flüchtlinge gefährdet hätte, wurde das Ansinnen des Ausschusses abgelehnt. Wegen Mißachtung des Kongresses wurden der Vorsitzende Dr. Barsky und seine Kollegen zu Gefängnisstrafen verurteilt. Dr. Barsky erhielt die höchste Strafe: sechs Monate Gefängnis, die er auch absaß, ohne die Akten abzuliefern.

Drei Jahre lang kämpfte er gegen das Urteil an. 1 626 Ärzte aus New York unterschrieben eine Eingabe beim Appellationsgericht von New York, weil ihm auch die Arztlizenz entzogen worden war. Das Appellationsgericht wie auch das Oberste Gericht lehnten Dr. Barskys Revisionsklage ab.

Im Februar 1974 ist Dr. Edward K. Barsky im Alter von 78 Jahren in New York verstorben. Vita Barsky erzählte mir über ihren Mann:

»Mein Mann hatte keine besonders enge Beziehung zum offiziellen Judentum. Als Jude war er aber sensibler als andere aufgrund unserer Geschichte, denn dies ist eine Geschichte des Kampfes gegen die Unterdrückung. Er sprach nur schlecht Jiddisch, die Muttersprache seiner ganzen Familie. Wir hänselten ihn deshalb, weil er oft jiddische Worte aufschnappte und benutzte. Er war nicht gläubig, denn schon sein Vater war Sozialist, und es waren meistens Menschen ähnlicher Art, die im Elternhaus verkehrten.«

Theodor Schneider

Theodor Schneider

Ted Schneider wurde 1913 in Rußland geboren. Er kam mit seiner Mutter, die sich von ihrem Mann trennte, nachdem dieser darauf bestand, in der Sowjetunion zu bleiben, im Jahre 1923 nach New York, wo er die Schule und das College besuchte. Seine Studien beendete er als Diplomingenieur des Flugzeugbaus.

Ted Schneider berichtet:

»Ich kam nach Barcelona Anfang Juli 1936, um bei der Arbeiterolympiade dabeizusein, die in Barcelona als Gegenstück zu der in Berlin im selben Jahr veranstalteten Olympiade stattfinden sollte. Natürlich wissen wir heute, daß am 17. Juli die Führer der spanischen Armee gegen die Republik einen Aufstand entfachten.

Der Kampfgeist der Madrider Bevölkerung riß uns mit. Ich war seit meiner Jugend Mitglied der kommunistischen Partei. Damals war das für mich der Weg in die Zukunft. Doch beteiligte ich mich nicht am spanischen Bürgerkrieg, weil ich Kommunist, sondern einfach weil ich zu dieser Zeit an Ort und Stelle war. Ich wurde gebeten, als Dolmetscher zu arbeiten, und zwar für eine Gruppe russischer Militärs, die im August 1936 eingetroffen waren. Meine beiden Freunde, die mit mir aus Frankreich gekommen waren, wurden auch gebeten, sich als Dolmetscher zu betätigen, denn sie sprachen Französisch, Spanisch, Italienisch und Englisch. So verbrachte ich die Kriegsjahre, von Juli 1936 bis Februar 1939, als Dolmetscher, mit Ausnahme von zwei Offensiven, bei denen ich als Soldat kämpfte. Die erste war 1937 in Brunete, die zweite war das erneute Überqueren des Ebro im Sommer 1938. Ich war Soldat der XV. Internationalen Brigade in der Sierra Pandols. Ich hatte keinen Dienstgrad, war keine politische Person, kein Kommissar. Ich arbeitete lediglich bei der russischen Sowjetmission für die spanische Republik. Ich übersetzte russische Befehle und Richtlinien ins Englische. Das war mein Aufgabenbereich. Erst nach Beendigung der Repatriierungsaktion der Internationalen Brigaden im Oktober und November 1938 kehrte ich nach Madrid zurück. [...]

Die Zahl der Internationalen, die im Hauptquartier von Madrid arbeiteten, war sehr hoch. Alle waren Antifaschisten und Demokraten – demokratisch kleingeschrieben – und der Sache der spanischen Republik treu ergeben. Ich habe dort viele amerikanische Schriftsteller getroffen, unter anderem begegnete ich Joe North, der für den ›Daily Worker‹ arbeitete, sowie Stephen Spender. Hemingway traf ich zufällig 1938 im Majestic-Hotel in Barcelona. Ich ging auf ihn zu und sagte: ›Ernest.‹ Wir waren diesen Ton gewöhnt, ob wir uns kannten oder nicht. ›Ernest, mein Name ist Ted Schneider.‹ ›Wie geht's Kamerad, möchtest Du eine Zigarette?‹ Und er gab mir eine Lucky Strike. Er spendierte mir auch einen Drink. Das war meine Bekanntschaft mit Ernest Hemingway.

Ich war militärisch nicht ausgebildet. Als ich an den Ebro kam, wurde ich gefragt, ob ich mit dem Gewehr umgehen könnte, und ich sagte ja. Die erste Schlacht war bei Brunete. Ich war auch in den ersten Tagen der Verteidigung Madrids dabei. In meiner Erinnerung war es eine sehr intensive Zeit, man spürte die große Entschlossenheit der Bevölkerung. ›No pasaran‹ war nicht nur ein Schlagwort, es war eine Lebensweise. Sie waren bereit, das Leben hinzugeben. Ich sah, wie sie Lastwagen bestiegen, die sie statt Autobussen benutzten, sie fuhren zur Universitätsstadt zum Kampf. [...]

Ich bin Jude, und ich hatte den Eindruck – es stimmt natürlich nicht, aber mir schien es so –, daß praktisch jeder, der nach Spanien kam, Jude war, zum Beispiel im Dombrowski-Bataillon, das später die XIII. Dombrowski-Brigade wurde. Es kam sehr selten vor, daß ich auf dem Dienstplan, den wir in Madrid hatten, einen Namen sah, von dem ich mit Bestimmtheit sagen konnte, daß er kein Jude war. Ich bin natürlich kein Experte in polnischen Namen, aber mir scheint, daß die meisten Namen jüdischer Herkunft waren.

Auch viele Amerikaner waren Juden, aber manche von ihnen hatten anglisierte Namen. Der Name, der mir gerade einfällt, ist der von John Gates, dessen wirklicher Name Salomon Regenstreif ist. Es gibt solche Namen wie meinen, Schneider, der auch ein deutscher Name sein kann, eher deutsch als jüdisch.

Ich hatte das Gefühl, daß das hier mein persönlicher Krieg gegen den Faschismus war, den Feind des jüdischen Volkes. Dennoch war es ein Krieg nicht so sehr für das Überleben der Juden – dessen war ich mir damals nicht wirklich bewußt –, aber es war ganz bestimmt ein Krieg gegen den Antisemitismus, wie er von den Deutschen, die für Franco kämpften, vertreten wurde. Der Faschismus war ein politischer Feind des jüdischen Volkes, ungeachtet der politischen oder wirtschaftlichen Lage der Juden. Es war egal, ob man ein jüdischer Kommunist oder jüdischer Kapitalist war. Das Wesentliche war – man war Jude. [...]

Als Amerika in den Krieg eintrat, im Dezember 1941, wohnte ich in Kalifornien, wohin ich von der Armee verlegt worden war. Ich arbeitete in einer Flugzeugfabrik, der Consolidated Aircraft. Es gab einen großen Flottenstützpunkt und eine Marine-Corps-Basis in El Monte bei Santiago. Ich meldete mich freiwillig bei den Construction-Bataillons des Marine Corps.

An der Stanford University unterrichtete man mich im Militärjargon, den ich nicht kannte. Von Stanford wurde ich nach Washington D.C. geschickt. Im Spätsommer 1942 bekamen wir den Befehl zu packen. Die Flugroute verlief über den Norden Norwegens in die Sowjetunion, wo wir unweit von Moskau landeten. Das war 1942. Ich kam nach Woroschilowgrad. Ich wurde als Dolmetscher dem Generalmajor Edward C. Cassgrove zugeteilt, und zwar im Range eines Korvettenkapitäns. [...]

Ich blieb bis 1946 in der Sowjetunion. Der Krieg war schon längst vorbei, doch die US-Mission blieb dort, weil wir gewissermaßen Buchhalter waren. Die Einheit, welcher ich angehörte, war eine Militäreinheit der amerikanischen Botschaft, die die Ausrüstung des ›lend-lease‹-(Leih-Pacht)Abkommens verwaltete. [...]

Die Beziehungen zu sowjetischen Militärs waren sehr freundschaftlich. Ich wurde nie nach meiner politischen Zugehörigkeit gefragt. Ich nehme an, daß die Sowjets die gleichen Befehle wie wir erhalten hatten: Rede nicht über Politik. Wir waren Freunde und Verbündete. [...]

Zunächst hörten wir Gerüchte, als die Rote Armee im Westen vorwärtsmarschierte. Das war 1943. Die Gerüchte gingen dahin, daß die Deutschen zahlreiche Menschen abgeschlachtet hätten. Nicht, daß sie Juden ermordet hatten, doch zahllose Menschen. Man darf nicht vergessen, daß wir von der Kampffront sehr weit entfernt waren.

Als die russische Armee vorrückte, gab es Rundfunkverkehr. Wir hörten Berichte über Lager, denen sich die russischen Soldaten näherten. Ich entsinne mich noch, daß ich und viele andere, sowohl Russen wie Amerikaner, nicht daran glaubten. Wir dachten, es wären Übertreibungen. Als wir die ganze Wahrheit erfuhren, hatte ich den Wunsch, den Krieg erneut anzufangen. [...]

Ich weiß von unzähligen Leuten, die in Spanien gegen Franco kämpften und dann in die Sowjetunion flüchteten, wo sie durch sowjetische Funktionäre nach Ende des Krieges hingerichtet wurden. Nicht nach dem Ende des spanischen Krieges, sondern nach dem Ende des Zweiten Weltkrieges. Ich habe es immer wieder gehört von Leuten, die in der Sowjetunion waren. Ich spreche nicht aus Haß, ich spreche aufgrund meines Wissens. [...]

Wenn Forschungen über den spanischen Bürgerkrieg durchgeführt werden, dann dürfen die Juden, die die spanische Republik unterstützten, nicht vergessen werden. Jüdische Organisationen gaben ihren Beistand, der Bund, die Landsmannschaften unterstützten uns. Mein verstorbener Stiefvater gehörte der Alexandrowski-Landsmannschaft an. Sie kamen aus irgendeiner Kleinstadt in Rußland, und sie hatten eine Beerdigungsgesellschaft. Sie unterstützten uns im spanischen Bürgerkrieg. Ich wußte das gar nicht, bis ich zurückkam. Meine Mutter und mein Stiefvater waren völlig apolitisch, doch diesen Kampf hielten sie für wichtig. Ich freue mich, daß sie es taten. Ich bin deswegen stolz auf sie.«

Leopold Berman

Während des spanischen Bürgerkrieges gerieten 287 amerikanische Freiwillige der Internationalen Brigaden in faschistische Gefangenschaft. 187 Gefangene wurden nach der Gefangennahme ermordet, und nur 86 von ihnen wurden im Wege des Gefangenenaustausches entlassen. Von den am Leben gebliebenen 105 ehemaligen Gefangenen haben sich 45 bei Ausbruch des Krieges zwischen den USA und den Achsenmächten freiwillig gemeldet. Viele von ihnen, die Krieg und Gefangenschaft überlebten, fielen im Zweiten Weltkrieg, wie zum Beispiel Sidney Rotholz, der als Kradmelder auf eine Mine fuhr und getötet wurde, oder Ignatz Moskowitz, der in einem japanischen Kriegsgefangenenlager sein Leben beendete.

Ihnen allen widmete Carl Geiser, selbst ein ehemaliger Gefangener Francos, das Buch »Prisoners of the Good Fight«, das 1986 erschien. Beim Namen Leopold Berman fand ich im Buch folgende Eintragung: »Diente in der (US-)Armee. Später schmuggelte er Waffen für Begins ›Terroristen‹.« Da ich sicher war, daß dies nicht die ganze Wahrheit sein konnte, beschloß ich, Recherchen über ihn anzustellen.

Leopold Berman meldete sich wegen der langanhaltenden Arbeitslosigkeit als Freiwilliger zur amerikanischen Kriegsmarine und diente als Schiffsartillerist bis 1933, dem Jahr seiner Entlassung. Nach vielen Versuchen, Arbeit zu finden, reiste er mit Güterzügen kreuz und quer durch Amerika, bis er 1935 im Hafen von Galveston landete und wieder als Matrose zur See fuhr, zuerst nach Mexiko, später nach Frankreich und Hamburg.

Als der spanische Bürgerkrieg ausbrach, meldete er sich als Freiwilliger bei der Kommunistischen Partei in Baltimore, deren Mitglied er bis dahin nicht war, und fuhr mit der »Britannic« zusammen mit anderen Freiwilligen nach Le Havre. Von dort kam er über Paris und Perpignan über die Pyrenäen zu Fuß nach Spanien. Im März 1937 erreichte er Albacete und wurde zur Schulungsbasis der Internationalen Brigaden nach Tarragona geschickt. Als ehemaliger Artillerist wurde er der John Brown-Artilleriebatterie in Almansa zugeteilt. Er wurde an Geschützen aus dem Jahre 1874 ausgebildet.

Leopold Berman ließ sich zur XV. Lincoln-Brigade überweisen. Die Freiwilligen wurden von Milton Wolff, dem Kommandanten des Lincoln-Bataillons, empfangen und sofort an die Front bei Fuentes del Ebro geschickt. Später nahm er an den Kämpfen um Teruel teil. Am Frontabschnitt Seguros Labona verließ eine Einheit von ehemaligen republikanischen Matrosen, die nun als Infanteristen eingesetzt wurden, plötzlich ihre Positionen. Sie hatten genug vom Krieg. In der Schlacht bei Belchite wurde Berman schwer verwundet und kam in Gefangenschaft.

Leo Berman wurde in ein Gefangenenlager in San Pedro de Cardeña bei Burgos gebracht, wo er neun Monate blieb. Die republikanischen Gefangenen waren ständigen Schikanen ausgesetzt. Sie mußten faschistische Parolen lauthals schreien. Dies war kein Lager, sondern eine Strafkolonie mit ekelerregendem Essen und schrecklichen sanitären Bedingungen.

Im Oktober 1938 wurden einige Gefangene gegen gefangene Italiener ausgetauscht. Leo Berman war unter ihnen. Mit der »Queen Mary« kam er Ende 1938 nach Hause und heuerte wieder als Seemann an. Als der Zweite Weltkrieg ausbrach, meldete sich er noch einmal und diente in der US-Armee bis zum Ende des Krieges.

Nach dem Kriege betätigte er sich als Kurier und Waffeneinkäufer für die halblegale Untergrundorganisation Hagana, Vorläufer der heutigen Armee Israels. In der Hagana waren Freiwillige aus den sozialistischen Parteien vereinigt, die sich für die Errichtung eines demokratischen jüdischen Staates in Palästina einsetzten. Die Engländer verboten den Juden das Waffentragen, obwohl diese für den Schutz der jüdischen Bevölkerung in den Kollektiv-

und Genossenschaftssiedlungen, den Moschawim und Kibuzzim, wegen der arabischen Terrorangriffe benötigt wurden.

Als im November 1947 die UNO die Teilung Palästinas und die Gründung eines arabischen und eines jüdischen Staates beschloß, war es von vornherein klar, daß die umliegenden arabischen Staaten dies nicht akzeptieren würden. Es mußten Waffen beschafft werden, wobei die Chancen für das Überleben des noch im Aufbau begriffenen Staates gering waren. General Marshall, der Stabschef Eisenhowers im Zweiten Weltkrieg, meinte, daß Israel nur zwei Wochen lang die arabische Invasion abwehren könnte. In dieser Situation war die Waffenbeschaffung eine Frage von Leben und Tod für die Juden in Israel, unter denen sich zweihunderttausend Überlebende des Holocaust befanden, die auf illegalem Weg nach Palästina gekommen waren. Trotzdem belegten die Großmächte Israel mit einem totalen Waffenembargo. Nur die kommunistische Tschechoslowakei durfte mit Stalins Zustimmung Waffen liefern.

Leopold Berman arbeitete in New York mit dem Rechtsanwalt O'Dwyer, dem Bruder des Bürgermeisters von New York, zusammen. Rechtsanwalt O'Dwyer war Vertrauensmann der »Jewish Agency«, der vorstaatlichen Vertretung der Juden in Palästina, und wickelte über sein Büro die finanzielle Seite der Waffenkäufe ab. Berman war sein Agent und Aufkäufer vor Ort. Er kaufte dort Waffen, wo man sie ihm verkaufte, meistens in Südamerika.

Als der Staat Israel ausgerufen wurde, meldete sich Berman noch einmal als Soldat der aus ausländischen Freiwilligen zusammengesetzten Truppe »Machal«, einer Art Internationale Brigade. Als der israelische Unabhängigkeitskrieg zu Ende ging und sich der junge Staat trotz schlechter Prognosen, jedoch um den Preis schrecklicher Verluste, behaupten konnte, kehrte Berman nach Hause zurück, nun zum dritten Mal. Anfang der sechziger Jahre heuerte er wieder an und war, nicht mehr ganz jung an Jahren, Matrose auf der »United States«, damals dem schnellsten Transatlantic-Liner. Nach zwei Jahren musterte Leo Berman ab und ging für immer an Land. Er starb in New Jersey.

Ben Leider

Ben Leider

Der erste Amerikaner, der im spanischen Bürgerkrieg fiel, war Ben Leider, ein jüdischer Reporter aus New York. Er wurde im Oktober 1902 als Kind frommer Juden in Kischiniew geboren. Als Ben Leider vier Jahre alt war, führten vom zaristischen Regime unterstützte Banden einen blutigen Pogrom durch, der Tausenden von Juden das Leben kostete. Die meisten Mitglieder seiner Familie wurden ermordet. Die Eltern flüchteten nach New York, wo Bens Vater für 25 Cent Stundenlohn am Bau schuftete. Als Schüler schrieb er für die Schulzeitung. An der journalistischen Fakultät der Universität von Missouri entschloß er sich, Journalist und Dramatiker zu werden. Er wurde Reporter für eine Zeitung in Missouri, einer der ersten, der Politiker, Gewerkschaftler, aber auch Vagabunden und Verbrecher interviewte. Später schrieb er für das Massenblatt »New York Graphic«. 1927 ging er als Mitarbeiter eines Massenblattes in die Sowjetunion, die er mit Kamera und Notizblock durchwanderte. Nach seinen sowjetischen Impressionen schrieb er ein Theaterstück, das am Broadway aufgeführt wurde.

Nachdem Oberst Lindbergh den Atlantik nonstop überflogen hatte, lernte Ben Leider fliegen und verdiente seinen Unterhalt als Luftfotograf. Im Jahre 1930 überlebte er seinen ersten, aber nicht letzten Absturz. 1934 wurde Ben Leider der erste fliegende Reporter Amerikas. Er war auch der erste fliegende Streikposten der Welt: Als die »Long Island Press« bestreikt wurde, flog er mit seinem Flugzeug ein Streiktransparent.

Als der spanische Bürgerkrieg ausbrach, meldete er sich freiwillig als Flieger für die Republik. Er wurde als Pilot der Lockheed-Vega-Transportflugzeuge eingesetzt und flog Waffen nach Alicante, Valencia, Albacete und Madrid. Im Februar 1937 wurde er, seinem Wunsch gemäß, zu einem in Alcala de Henares stationierten Jagdgeschwader abkommandiert, das Madrid verteidigte. Am 19. Februar 1937 fand über Madrid die größte Luftschlacht seit dem Ersten Weltkrieg statt. 57 faschistische Flugzeuge kämpften mit 33 republikanischen Jägern, unter ihnen vier Amerikaner: Allison, Dahl, Tinker und Leider. Die Amerikaner schossen sieben Heinkel-Flugzeuge ab. Leider wurde an beiden Beinen von Kugeln getroffen. Er wollte sein Flugzeug für die republikanische Luftwaffe retten und sprang nicht mit dem Fallschirm ab. Er versuchte eine Landung auf der Landebahn seines Geschwaders in Alcala de Henares, verlor aber das Bewußtsein. Ben Leider wurde sterbend aus dem Flugzeug geborgen. Wenige Stunden nach seinem Tode erhielt sein Bruder in New York seinen letzten Brief. Dort schrieb er: »Spanien ist nicht Abessynien. Hier geht etwas vor, was die Völker seit Jahrzehnten wollten, und sie erkennen, daß es möglich ist. Wenn erst die Idee da ist, kann man sie nicht mit Kugeln töten.«

Nach seinem Tode gründeten seine vielen journalistischen Freunde und Kampfgefährten einen »Ben Leider Memorial Fund« – die Ben-Leider-Gedächtnis-Stiftung.

George Nathan

Einer der legendären Freiwilligen des spanischen Bürgerkrieges war Major George Nathan. Er stammte aus dem Londoner jüdischen Arbeiterviertel Whitechapel und hatte sich als einziger Jude während des Ersten Weltkrieges zum Offizier der britischen königlichen Garde hochgedient. Er soll eine Zeitlang als britischer Offizier in Irland stationiert gewesen sein und dort gegen die irischen Nationalisten gekämpft haben.

Er war bereits im Herbst 1936 als Freiwilliger in Spanien, einer der wenigen britischen Offiziere und der einzige Gardeoffizier der britischen Armee.

Als Mitte Dezember die Südfront als Folge der Offensive Queipo de Llanos gegen Córdoba und Granada zusammenzubrechen drohte, wurde die XIV. Internationale Brigade an die Front geworfen, die überwiegend aus französisch sprechenden Freiwilligen bestand. In ihrem Bestand wurde das britische Bataillon formiert, dessen 1. Kompanie unter das Kommando von George Nathan gestellt wurde und in der Schlacht von Lopera kämpfte. Sein französischer Bataillon-Nachbar, Hauptmann Delasalle, wurde wegen Feigheit vor dem Feinde degradiert und erschossen. George Nathan übernahm das Kommando über das britische Ralph Fox-Bataillon. Von den 145 Soldaten von Nathans 1. Kompanie blieben nur 67 Überlebende.

Nathan war ein hochqualifizierter Offizier, Differenzen mit den Kommandanten der inzwischen gegründeten XV. Lincoln-Brigade blieben nicht aus. Er ließ sich zurück zur XIV. Brigade versetzen. Die Internationalen Brigaden konnten es sich aber nicht leisten, einen so erfahrenen Offizier an untergeordneter Stelle zu lassen. Bald kehrte er zur XV. Lincoln-Brigade als deren Stabschef zurück.

In Madrid und Jarama war die republikanische Armee in der Defensive, in Guadalajara errang sie einen Sieg in der Gegenoffensive, in Brunete ergriff sie die Initiative und begann am 6. Juli 1937 mit einer Offensive. In Madrid kämpften nur Bataillone, in Jarama waren es Brigaden und in Brunete ein vollständiges Armeekorps. Das Ziel der Offensive war die Entlastung Madrids vom Nordwesten her. In kurzer Zeit konnte an der Front ein Einbruch von 150 Quadratkilometern erzielt werden. Brunete und Villanueva wurden erobert. Die Faschisten starteten Gegenoffensiven, aber die Front hielt. Am 25. Juli 1937 erhielt die XV. Brigade, die seit drei Wochen unter starken Verlusten kämpfte, den Befehl zum Rückzug auf Reservepositionen. Ihr Stabschef, Major Nathan, begann mit den Vorbereitungen zum Abmarsch und wollte sicherstellen, daß seine Soldaten vor dem Transport noch mit Essen versorgt wurden. In der Nähe der Feldküchen trafen ihn Splitter einer feindlichen Fliegerbombe, die ihn tödlich verletzten.

Irische und jüdische Spanienkämpfer

Am Abend des 15. November 1987 drängten sich über 150 Menschen in dem kleinen, wiederhergerichteten Synagogenraum des Irisch-Jüdischen Museums in Dublin, um einen Vortrag zu hören und die irischen und jüdischen Freiwilligen zu ehren, die vor fünfzig Jahren für die spanische Republik kämpften. Der Vortragende war Manus O'Riordan, Sohn des Spanienveteranen und langjährigen Führers der Kommunistischen Partei Irlands, Michael O'Riordan. Manus O'Riordan konzentrierte sich auf die Aufzeichnungen mehrerer irischer und jüdischer Freiwilliger in den Interbrigaden. Im besonderen sprach er über die Erfahrungen eines in Dublin geborenen Freiwilligen, Maurice Levitas, der seine Kindheit in der Nachbarschaft anderer jüdischer Familien genau dort verbrachte, wo sich jetzt das Jüdische Museum befindet. Levitas wurde später ein aktiver Kommunist in London. Während des Spanienkrieges nahmen ihn die Faschisten gefangen, und er verbrachte ein Jahr in einem Gefängnis Francos. Während des

Zweiten Weltkrieges diente Levitas in der britischen Armee in Burma. Später kehrte er nach London zurück, wo er eine Stelle als Lehrer fand. Heute lebt er in Potsdam in der DDR und unterrichtet dort Englisch.

Ein anderer irischer Freiwilliger, den O'Riordan erwähnte, war Frank Edwards, ein Lehrer, der nach seiner Rückkehr aus dem Spanienkrieg auf die Schwarze Liste der Lehramtskandidaten gesetzt wurde. Nach längerer Arbeitslosigkeit erhielt er eine Stelle als Lehrer an einer jüdischen Tagesschule, der Zionschule in Dublin, wo er große Anerkennung fand und bis zu seinem Ausscheiden aus dem Arbeitsleben blieb.

Manus O'Riordan machte später auf die ungewöhnliche Zusammensetzung der Zuhörerschaft im Jüdischen Museum aufmerksam, die Kommunisten und Anti-Kommunisten, Zionisten und Anti-Zionisten sowie Sozialisten verschiedener Richtungen vereinte. »Sie alle sind für einen Abend durch ihren starken Nachbarschaftssinn zusammengekommen. Noch wichtiger aber war der Wunsch, den Kämpfern gegen den Faschismus in Spanien vor fünfzig Jahren Ehre zu erweisen, ganz gleich, woher sie kamen«, bemerkte er.

Dr. Barsky mit den Nobelpreisträgern Irene Joliot-Curie und Albert Einstein, kurz vor der Gründung des Spanien-Hilfskomitees

Palästina-Israel

Die ersten Palästinenser. V. l. n. r.: Mosche Levi, verwundet; Itzchak Jaffe, gefallen 1937 bei Cordoba; David Alexandrowicz, gefallen als Resistance-Kämpfer; Leutnant Robert Aaquist aus Hamburg, gefallen in der Ebro-Offensive 1938; Michael Segal wurde 1937 als Kriegsgefangener ermordet, Berl Halperin fiel 1937 bei Valencia in Gefangenschaft und wurde dort ermordet.

Chaim Herzog. Israelischer Staatspräsident über den spanischen Bürgerkrieg

Brigadegeneral a.D. Chaim Herzog ist der einzige amtierende Staatspräsident der Welt, der als britischer Gardeoffizier an der Invasion in der Normandie teilnahm und gegen die Deutschen mit der Waffe in der Hand kämpfte.

Er ist auch das einzige Oberhaupt eines Staates, der die in Spanien gegen die Faschisten kämpfenden internationalen und jüdischen Freiwilligen durch seine Teilnahme an einer Gedenkfeier am 29. September 1986 in Tel Aviv ehrte. Er hielt dort eine vielbeachtete Rede:

»Vor fünfzig Jahren begann der blutige Bürgerkrieg in Spanien, der eine Vorstufe zum Zweiten Weltkrieg war. Damals wußte man noch nicht, daß von nun an die schwärzesten Jahre in der Geschichte der Menschheit folgen werden, mit Millionen von

Opfern. Dies war die Kriegserklärung des Faschismus gegen die Ideale der Freiheit, der Demokratie und des Fortschritts. Damals lebten noch 55 Millionen Menschen, darunter sechs Millionen Juden, die Opfer des Krieges wurden und die noch nicht ahnten, daß das Schwert des Todes über ihnen hing.

Menschen vieler Nationalitäten und politischer Richtungen eilten nach Spanien, um das Land vor dem Faschismus zu verteidigen, unter ihnen viele Schriftsteller und Dichter. Der Anteil der Juden unter den Freiwilligen war der größte von allen anderen Nationalitäten, über dreihundert von ihnen aus dem kleinen und jungen jüdischen Jischuw [Gemeinschaft] in Eretz Israel.

Heute wissen wir, daß der Zweite Weltkrieg nicht unvermeidbar war, daß der Sieg des Faschismus in Spanien für Hitler und Mussolini den Weg zur Vernichtung der Demokratie, der Freiheit und der menschlichen Würde ebnete und zum Abgrund des Zweiten Weltkrieges führte.

Heute, fünfzig Jahre später, ist es unsere Pflicht, der Tausenden von Freiwilligen zu gedenken, die sich dem Faschismus entgegenstellten, der Männer der Internationalen Brigaden, denen wir Achtung und Ehrerbietung schulden. Wir schulden ihnen auch Dank für die Lehren, die wir aus diesem Krieg ziehen müssen und die sind: Die Demokratie muß sich verteidigen können gegen faschistische und antidemokratische Kräfte.«

Mehr als dreihundert jüdische Palästinenser kämpften für die spanische Republik bei einer jüdischen Bevölkerung Palästinas von damals 450 000.

Jecheskel Piekar

Sofort nach Ausbruch des spanischen Bürgerkrieges beauftragte die republikanische Regierung den Dichter, Schriftsteller und Flieger André Malraux mit der Rekrutierung und Aufstellung einer internationalen Flugstaffel, die die schwache republikanische Luftwaffe verstärken sollte. Malraux eröffnete ein Büro in Paris und warb um Freiwillige für seine internationale Flugstaffel »España«. Jecheskel Piekar aus Palästina war einer der ersten Piloten der Staffel.

Er wurde 1910 in Polen als Sohn armer jüdischer Eltern geboren. Das Kind verlor beide Eltern bei einer Epidemie im Jahre 1920, und Familienangehörige, die nach Palästina auswanderten, nahmen die Vollwaise und zwei Schwestern mit. An der Technischen Hochschule in Haifa lernte er das Mechanikerhandwerk. Er fand Arbeit in der Gießerei »Vulkan« bei Haifa. 1933 hatte er genug Geld gespart, um seine technischen Kenntnisse an einer Technischen Hochschule in der Schweiz zu vervollkommnen. Jecheskel Piekar landete statt dessen in einer großen Fabrik in der Tschechoslowakei als Praktikant. Im August 1933 fand in Prag der Zionistische Kongreß statt. Nach der Ermordung Arlosoroffs fürchtete man um das Leben Ben Gurions, des starken Mannes der Arbeiterpartei und des Gewerkschaftsbundes »Histadrut«. Jecheskel Piekar wurde als Leibwächter Ben Gurions für die Zeit des Kongresses engagiert. Er belegte einen Pilotenkurs in England, erhielt den Pilotenschein und machte nach einem Aufenthalt in Palästina eine weitere Ausbildung in London.

Jecheskel Piekar berichtete dem Journalisten M. Talmi:

»Am 26. Juli 1936 saß ich an der Bar ›meines‹ Flughafens bei London, zusammen mit britischen Piloten. Auch mein Fluglehrer war dabei. Er erklärte mir, daß ich als palästinensischer Bürger bei ihm aus Gründen der britischen nationalen Sicherheit nichts mehr lernen dürfte. Vor einer Woche sei ein Krieg in Spanien ausgebrochen. Die Spanier suchten händeringend Piloten. Dort könnte ich meine Ausbildung vervollkommnen.

Am nächsten Morgen fuhr ich nach London zu den Büros der Zionistischen Weltorganisation in der Great Russell Street und versuchte dort Sprinzak [der spätere erste Parlamentspräsident Israels – d.A.] zu sprechen, aber ich fand ihn nicht. Ich fuhr dann weiter nach Paris, wo ich an den Massenversammlungen für die Republik teilnahm.

Dort gewann ich die Überzeugung, daß dieser Krieg nicht nur Sache der Spanier war. Ich meldete mich deshalb bei der spanischen Botschaft, wo ich mit offenen Armen empfangen wurde. Ich erklärte, daß ich nur fünfzehn Einzelflugstunden hinter mir hätte, aber trotzdem wurde ich zu André Malraux geschickt.

Malraux erklärte mir, daß unsere Staffel ›España‹ aus fünfzehn freiwilligen Piloten und zehn Mechanikern bestehen werde. Ich unterschrieb den Rekrutierungsvertrag, fuhr nach Toulouse, und von dort flog ich mit einem Flugzeug nach Barcelona. Am 10. August 1936 landete ich auf dem Madrider Flughafen Barajas.

Unsere Flugstaffel war ein stark gemischter Haufen, Engländer, Italiener, ein Schweizer, zwei antifaschistische Weißrussen. Es gab auch Trotzkisten und wenige Kommunisten, aber die politischen Meinungen haben niemanden interessiert, denn wir hatten nur ein Ziel: der rechtmäßigen Regierung im Kampf gegen die faschistischen Rebellen zu helfen. Nach zwei Monaten waren wir immer noch nur fünfzehn Flieger, von den ersten Freiwilligen blieben nur fünf.

Ich flog meistens die großen französischen Potez-Bomber, mit noch sechs Mann Besatzung. Wir bombardierten die Faschisten, um die Belagerung von Madrid zu verhindern. Das gegnerische Flakfeuer war sehr stark, und es war ein Wunder, daß wir lebend von unseren Bombenflügen zurückkamen, denn die Flügel und andere Teile des riesigen Flugzeugs waren aus Sperrholz.

Über meinen Verbleib wußte zu Hause in Palästina niemand etwas, nicht einmal meine Schwestern. Sie dachten, daß ich in Paris sei und dem dolce vita nachgehe. Meine Briefe wurden über Paris geleitet. Eines Tages kam es doch irgendwie heraus. Die Gewerkschaft Histadrut organisierte in Haifa eine Massenversammlung für die Republik. Der Gewerkschaftsführer und spätere Bürgermeister von Haifa, Aba Chuschi, sagte: ›Arbeiter von Haifa, seid stolz darauf, daß einer von uns, Jecheskel Piekar von der Gießerei ›Vulkan‹, als Flieger für die Republik in Spanien kämpft.‹ Meine beiden Schwestern, die bei der Versammlung dabei waren, sind fast in Ohnmacht gefallen.

Eines Tages spazierte ich in Valencia auf der Straße und hörte hebräische Laute. Ich wollte sofort meine Landsleute umarmen und küssen. Sie waren aber sehr kühl und wollten genau wissen, welcher Zelle der Kommunistischen Partei Palästinas ich angehöre. [Es handelt sich um einen Vorfall, den auch Israel Centner, ein jüdischer Kommunist aus Palästina, in seinem Buch »Von Madrid nach Berlin« beschrieb – d.A.] Als ich sagte, daß ich kein Kommunist, sondern sozialistischer Zionist und Mitglied der Hagana sei, war die Begegnung ohne einen weiteren Wortwechsel beendet.

Einmal wurde mein Potez-Bomber abgeschossen, aber es gelang uns, den beiden Piloten, noch rechtzeitig abzuspringen. Inzwischen wurde unsere Staffel nach Murcia verlegt. Dort traf ich die ersten fünfzehn sowjetischen Flieger, meistens Jungs aus der Ukraine. Malraux ernannte mich wegen meiner Russisch-Kenntnisse zum Verbindungsoffizier. Mit der Ankunft der russischen Flieger verschlechterte sich die bis dahin gute Atmosphäre unter den Fliegern und Mechanikern. Harmonie und Brüderlichkeit waren dahin. Ich wurde über die politische Zugehörigkeit unserer Piloten ausgefragt. Gleich danach verschwanden unsere weißrussischen Kameraden, und die übrigen wurden überprüft, ob sie keine Trotzkisten seien. Ich tat so, als würde ich keine kennen. Ich erstattete Bericht über die Nachforschungen des sowjetischen Politkommissars an André Malraux, der darüber schockiert war. Er saß da, den Kopf zwischen den Händen, niedergeschmettert.

Die Ankunft der Sowjets signalisierte das Ende der Staffel. Bis jetzt waren wir verschworene Kameraden. Volles gegenseitiges Vertrauen auf Leben und Tod war selbstverständlich, ohne Rücksicht auf die politische Überzeugung, aber die Russen haben der Staffel ihren Stempel aufgedrückt. Die Situation wurde unmöglich, denn wir kamen, um für Spanien zu kämpfen und nicht für diese oder jene Partei. Das war das Ende der Staffel.

Einige Monate später verließ ich Spanien und kehrte nach Paris zurück. Auch Malraux kam bald nach. Ich verbrachte ein schönes Wochenende im Hause von Malraux in Paris, wo wir uns voneinander verabschiedeten, und ich kehrte dann nach meiner Heimat Palästina zurück.«

Bis zu seinem Tode im Jahre 1984 war Jecheskel Piekar Vorsitzender des Arbeiterrates von Haifa und kümmerte sich um die aus mehreren kommunistischen Ländern nach den stalinistischen Verfolgungen nach Israel ausgewanderten Spanienkämpfer.

Jakob Lurie

Jakob Lurie

Jakob Lurie wurde 1909 in Ostpolen geboren. Als Jugendlicher war er Mitglied einer sozialistisch-zionistischen Jugendorganisation. Mit sechzehn Jahren wanderte er als Pionier nach Palästina aus. Bevor er Mitglied eines Kibbuz werden konnte, mußte er auf dem Feld und beim Bau arbeiten. Er wurde zum Bau eines großen Kraftwerks im heutigen Jordanien angeworben. Von Anfang an hatte er sich politisch und gewerkschaftlich betätigt, was ihn in Konflikt mit den britischen Mandatsbehörden brachte, besonders mit der geheimen politischen Polizei. Er wurde häufig verhaftet. Anfang 1937 entschloß er sich, seine Familie in Polen zu besuchen, gleichzeitig als Tourist in die Sowjetunion zu fahren und die Weltausstellung in Paris zu besuchen. Er hatte genügend Geld durch seine Arbeit in Transjordanien gespart, aber das Problem war, daß die politische Polizei ihn wieder einmal suchte und Polizeiagenten die Landungsbrücken im Hafen von Haifa kontrollierten. Als Gepäckträger verkleidet, gelangte er an Bord eines Schiffes und fuhr zunächst zu seiner Familie nach Polen. Dann nahm er den Zug über Witebsk nach Leningrad.

Jakob Lurie berichtet:

»In Moskau traf ich eine Jugendfreundin aus der sozialistisch-zionistischen Organisation in Polen, die inzwischen geheiratet hatte und eine hohe kommunistische Funktionärin geworden war. Vor wenigen Tagen war ihr Mann im Rahmen der ›Säuberungen‹ verhaftet worden, und sie erging sich in üblen Beleidigungen über ihn als Spion und Verräter. Dieses Verhalten wunderte mich sehr, aber ich sah alles in rosarotem Licht, denn mit der russischen Sprache erwachten auch die Erinnerungen an meine Kindheit. In der Sowjetunion beschloß ich, mich freiwillig für Spanien zu melden.

Später hielt ich mich einige Tage in Wien auf. Ich wohnte dort bei einem Freund und bei einer Kommunistin, die aus Eretz Israel (Palästina) ausgewiesen worden war. Auf Umwegen über Basel kam ich nach Paris zur Internationalen Ausstellung. Der Pavillon von Palästina wurde gerade aufgebaut, ich meldete mich als Arbeiter und arbeitete dort bis zur feierlichen Eröffnung. Es gab ein festliches Bankett mit Baron Rothschild als Gastgeber. Ich wurde gebeten, an der Tafel Platz zu nehmen. Man wollte mir als einem Arbeiter aus dem Lande Israel die Ehre erweisen. Ich ging dann zum Pavillon der spanischen Republik. Man sammelte dort Spenden für Spanien. Ich beschloß nun endgültig, nach Spanien zu fahren. [...]

Sie brachten uns nach Figueras. Dann kamen wir über Barcelona nach Valencia. Von dort schickten sie uns nach Albacete. Im Duschraum traf ich Mojsche Goj. Er war dort für die Kleidung und andere Sachen verantwortlich. Ich kannte ihn aus Palästina, wo er mich vergeblich hatte für die KP anwerben wollen. Er war Mitglied des Zentralkomitees in Palästina. In der Schlacht von Brunete war er verwundet worden, und die Ärzte hatten ihn verkrüppelt, er hinkte. Ich sah, daß er ohne Hoffnung war. Ich fragte ihn, wohin ich gehen sollte. Da sagte er: ›Du gehst entweder zu den Deutschen oder – Du sprichst doch Polnisch – zur XIII. Dombrowski-Brigade. Das sind gute Leute.‹ Ich wurde vollausgebildeter Soldat der 4. MG-Kompanie des Bataillons ›Palafox‹ der XIII. Dombrowski-Brigade.

Einmal befahl mir Kommandant Tkatschow, ihn zu einer Sitzung der Kommandanten der Brigade zu begleiten. Also ging ich mit ihm. Jeder Kommandant kam mit seinem Begleiter. Man sagte uns, wir sollten uns hinsetzen, und wenn sie fertig wären, würden sie uns rufen. Wir saßen und schliefen, es war eine Nacht mit Vollmond über der Stadt. Wir sahen, wie aus dem Schutzkeller ein Offizier herauskam, der bei uns Kommandant der 2. oder 3. Kompanie war. Es war ein polnischer Bursche, der in Amerika geboren war, ein schöner Junge, schön wie ein Filmstar, hochgewachsen und wagemutig, das Muster eines Soldaten. Sein Name war Ari. Er ging hinaus, und zwei Soldaten begleiteten ihn. Was ging hier vor? Wir verstanden es nicht. Sie verbanden ihm die Augen und erschossen ihn. Sie ermordeten ihn. Bevor die Schüsse fielen, rief er: ›Viva la libertad! Viva la Republica!‹ Revolutionäre Losungen. Auf dem Rückweg fragte ich Tkatschow: ›Warum wurde Ari erschossen?‹ – Er antwortete: ›Weil er einen Befehl nicht ausgeführt hat. Man hatte ihm befohlen, mit der Kompanie zum Angriff überzugehen. Er hat sich widersetzt und behauptet, das würde ein Gemetzel geben. Das war aber wie ein Verrat an seinen Kameraden, das heißt an den anderen Kompanien, und sie verurteilten ihn zum Tode.‹

Einmal saß ich mit einem anderen Soldaten, einem Juden aus Polen, zusammen, und wir spielten Schach. Da kam der Sergeant Stefan, ein Nichtjude aus der polnischen Emigration in Frankreich, herein, er war offensichtlich betrunken. Der Soldat, der mit mir spielte, konnte ausgezeichnet Polnisch sprechen. Er sagte zu mir: ›Sieh Dir den an, so ein Ekel, hier in Spanien muß er die Juden belästigen.‹ – Da redete ich den Sergeanten auf Polnisch an und fragte ihn: ›Was haben die Juden Dir getan, haben sie Dir auf den Kopf geschissen?‹ Er gab mir eine Ohrfeige, eine feste. Ich kam langsam zu mir: ›Warum schlägst Du einen Menschen, der sitzt? Du könntest mir doch sagen, ich soll aufstehen.‹ – Da schlug er mich nochmal. Darauf schlug ich ihn solange, bis er am Boden lag. Frühmorgens hörte ich, wie man rief: ›Lurie! Du sollst zum Hauptquartier kommen!‹ – Ich ging hin, und ich sah den Sergeanten Stefan, das ganze Gesicht verbunden. Ich dachte mir, habe ich ihn wirklich so fest geschlagen? Ein Wachsoldat führte uns zu Heniek Torunczyk. Er war ein sympathischer jüdischer Offizier, der kein Jiddisch konnte, denn er stammte aus einer assimilierten Familie. Heniek Torunczyk sollte unser Richter sein. Ich sagte zu ihm: ›Ich will nicht, daß Du mein Richter bist. Habe ich das Recht, Dich abzulehnen?‹ – Er antwortete:

›Selbstverständlich.‹ – Er kannte mich. Wir saßen öfters zusammen und sprachen über Palästina. Er sagte: ›Ich werde euch beide zu Tkatschow schicken.‹ – Tkatschow erzählte ich den Vorfall. Ich sagte ihm: ›Einen Sergeanten schlagen, das bedeutet eine sehr schwere Strafe. Aber ich muß mich verteidigen. Ich habe mich gewehrt, denn ich bin ein Palästinenser, und ich lasse mich nicht als Jude beleidigen, ganz besonders nicht in Spanien, noch dazu von jemandem, der mit mir zusammen kämpft für die Libertad.‹ – Er verstand mich. Später ging ich mit Sergeant Stefan in ein Café. Wir tranken Bruderschaft und gaben uns die Hand.

Im Februar 1938 fuhr die ganze XIII. Dombrowski-Brigade in den Süden, immer weiter gen Süden. Wir trafen um vier Uhr morgens in Bella Casa ein. Wir rückten vier, fünf Stunden lang vor, in einem engen Flußbett, ringsherum Berge. Von dort stürzte plötzlich die Kavallerie der Marokkaner herab und durchbrach die Stellungen der Botwin-Kompanie. Sieben Soldaten und ich zogen uns in die Berge zurück. Es war dort so still wie auf einem Friedhof. Wir schleppten den ganzen Tag die schweren MGs. Um Mitternacht hörte ich polnische Stimmen: es waren Kameraden. Als wir sie trafen, umarmten sie uns, denn sie dachten, daß wir schon verloren wären. Sie reichten uns Kaffee und Kognak. Dieser große Angriff war ein einziges Fiasko und Gemetzel gewesen. Die russischen Panzer waren nicht angekommen, so wie es vorgesehen war. Es liefen Gerüchte um, was das bedeuten sollte, daß die versprochenen Panzer nicht gekommen waren. Von der Botwin-Kompanie war nach dem Sturmangriff nur die Hälfte am Leben geblieben. Man brachte den Rest von uns nach Bella Casa zurück. [...]

Die Lage war damals in Barcelona sehr gespannt. Es gab keine Zigaretten mehr, keine Seife, auch an Essen mangelte es. Doch im Krankenhaus wurde man noch gut versorgt. Ich lag lange Zeit im Hospital, und das war mein Glück. Das Armeekommando beschloß im Sommer 1938, den Ebro zu überqueren, und dort wurde die Mehrzahl unserer Soldaten niedergemetzelt. Von den beiden Botwin-Kompanien, der regulären und der Reservekompanie, blieben nach der Ebro-Schlacht nur diejenigen am Leben, die als Verwundete im Krankenhaus lagen. Alle anderen sind gefallen oder nach der Gefangennahme ermordet worden. Nur wer das ›Glück‹ hatte, bei italienischen Truppen in Gefangenschaft zu geraten, hatte eine Chance, den Krieg zu überleben. Ich blieb fast zweieinhalb Monate in diesem Krankenhaus. Aber ich war guten Mutes. [...]

Inzwischen erging der Beschluß des Völkerbundes, die Internationalen Brigaden von der Front zurückzuziehen und sie zu repatriieren. Alle Interbrigadisten wurden in Auffanglagern nach Nationalitäten zusammengefaßt. [...] Eines Tages hieß es, daß wir nach Hause fahren, alle, außer den Palästinensern, das heißt alle Engländer, zwei- bis dreihundert, fuhren mit der Bahn ab, und wir waren nicht auf der Liste. Es kam ein Journalist vom ›Daily Worker‹ aus London. Er sagte uns: ›Ich werde hierbleiben, mit euch, ich werde euer Anwalt, euer Bevollmächtigter sein.‹ Und wirklich, nach zwei Tagen rief man uns und überführte uns in eine Farm bei Figueras. Dort waren Kubaner untergebracht. Das war so um den 16./17. Dezember 1938. Am 20. Dezember bestellte man uns zum Bahnhof. Wir waren mit den Kubanern die letzten. Wir fuhren ab. Figueras ist dreißig Kilometer von der Grenze in Port Bou entfernt. Die Fahrt dauerte an die dreißig Stunden, weil die Faschisten die ganze Zeit die Bahnstrecke bombardierten. Der Zug hielt in Tunnels, stundenlang, bis er weiterfahren konnte.

Als wir in Port Bou ankamen, empfing man uns feierlich. Man gab uns Brot und Kaffee. Dieses frische französische Brot, alle fielen darüber her. Ein Mann stellte sich vor: ›Ich bin vom britischen Konsulat. Ich nehme euch von hier mit. Euren Paß behalte ich, und ich begleite euch bis Marseille.‹ In Marseille wurden wir in einem Hotel untergebracht. Der Hotelbesitzer trug einen Davidstern um den Hals, es war ein Jude. [...]

In Palästina fing ich an, Arbeit zu suchen, obwohl meine Wunde noch nicht ganz verheilt war. Ich wandte mich wegen einer Unterstützung an die Histadrut. Doch meine Zeit in Spanien wurde nicht als Mitgliedszeit angerechnet, was Konsequenzen für meine Sozialversicherung hatte. Ich meldete mich beim Bürochef, zeigte ihm wortlos das Mitgliedsbuch, meinen Militärpaß der Internationalen Brigaden, wo alle Schlachten, an denen ich teilgenommen hatte, mit Siegel bestätigt waren, und meine Papiere aus dem Lazarett. Ich reichte ihm das herüber und sagte kein Wort. Er bekam einen roten Kopf und bat mich, ihm das Mitgliedsbuch zu geben, ich bekäme ein neues mit der Anrechnung der Zeit in Spanien. Aber ich verweigerte das und sagte, daß ich dieses Buch als Andenken an die ›Solidarität‹ behalten werde.«

Jakob Lurie starb in Tel Aviv im Jahr 1987.

Adela Botwinska

Adela Botwinska

Adela Weinraub wurde 1904 in Podwoloczyska bei Tarnopol in Polen geboren. 1915 wurde die Stadt bei Kriegshandlungen niedergebrannt. Zahlreiche Juden wurden in einem Pogrom ermordet. Der Vater von Adela war österreichischer Soldat an der Front, und die Mutter blieb mit den Kindern allein zurück. Die russische Armee deportierte die jüdische Bevölkerung nach Kiew und nach anderen Orten. Dort starben viele Menschen an Krankheiten wie Cholera usw. Ende 1915 durften die Deportierten in ihre Heimatstadt zurückkehren, aber alles war verbrannt und zerstört. Gegen Ende des Krieges wechselten die Besatzungsarmeen. Erst kam die Rote Armee, dann polnische Truppen unter General Haller, später die ukrainische Nationalarmee.

1925 machte Adela Botwinska das Abitur und war aktives Mitglied zionistischer Jugendorganisationen. Sie versuchte nach Palästina auszureisen. Eine Scheinheirat mit einem schon in Palästina lebenden Kibbuzmitglied brachte jedoch nicht den erhofften Erfolg. Sie begann einen Hungerstreik vor dem englischen Konsulat in Lemberg – umsonst. Während der Zeit des Wartens war sie Schülerin an der Schwesternschule am Jüdischen Krankenhaus in Warschau. 1926 gelang ihr endlich die Einwanderung nach Palästina. Sie arbeitete zunächst als Wäscherin im Krankenhaus in Tiberias, später als Kindergärtnerin und gründete eine Küche für jüdische Arbeiter aus Rußland. Seit 1927 arbeitete sie als Krankenschwester und war politisch sowie gewerkschaftlich sehr aktiv. 1931 fuhr sie zur Arbeiterolympiade nach Wien. 1936 absolvierte sie in Tel Aviv einen Kursus als Sozialfürsorgerin in Krankenhäusern und war Aktivistin der Schwesterngewerkschaft. 1937 fuhr sie vorgeblich nach Wien zur Sozialfürsorgerinnen-Schule, aber in Wirklichkeit ging sie nach Spanien, um sich bei den Internationalen Brigaden als Krankenschwester zu melden. Sie hinterließ in Wien vordatierte Briefe und Postkarten an ihren Mann, ihre Familie und ihren Arbeitgeber, und diese Täuschung war einige Monate erfolgreich.

Als sie in Figueras eintraf, wurde die Stadt stark bombardiert. Sie meldete sich in der Basis der Internationalen Brigaden in Albacete bei Dr. Telge, dem Chef des Sanitätsdienstes der Brigaden. Sie arbeitete bis zum bitteren Ende im Lazarett in Benicassim und half bei der Evakuierung der Verwundeten aus dem Lazarett in Mataró.

Adela Botwinska berichtet:

»Wir waren im Februar 1939 noch nicht in Frankreich, sondern an der Grenze, die wir in Boulou überschritten. Man sagte uns, daß wir am nächsten Tag wegkommen sollten. Ich saß da, niemand von uns hatte Geld. Man hatte uns 300 Peseten gegeben, die hatten wir sofort der Socorro Rojo gegeben, der Roten Hilfe. Ich ging zu Mella, unserer Politkommissarin, und fragte sie, ob sie mir erlauben würde, zu verschwinden. Ich hatte einen gültigen englisch-palästinensischen Paß. Falls sie es erlaubte, würde ich zum Komitee gehen. Jeder hatte ja sein Komitee, die Tschechen, die Polen, die Juden. Ich würde allen mitteilen, daß sie den Leuten auf irgendeine Weise helfen sollten. Sie erlaubte es. Wir waren schon jenseits von Perpignan. Ich ging zur Post und rief das Jüdische Komitee in Paris an, wo meine Schwester eine große Aktivistin war. Ich bat meine Schwester, mir schnellstens Geld für die Ausgaben postlagernd zu schicken.

Es war im Februar schrecklich kalt in den Pyrenäen. Ich bat die Ärztin Dr. Dora Zajdorf, sich neben mich zu legen und mich zu wärmen, denn mein Magengeschwür schmerzte mich sehr. So wärmten wir uns gegenseitig. Plötzlich waren wir von Grenzpolizisten umstellt. ›Wo ist die Präfektur?‹ fragte ich. ›Ich habe einen gültigen Paß.‹ In der Präfektur rief mich ein Mann hinein, ein sympathischer und fortschrittlicher Mensch. Ich sagte ihm, ich hätte in Spanien eine ständige Arbeit gehabt und ich möchte heimkehren, ich hätte auch einen Paß. Der sympathische Mensch sagte: ›Ich gebe Ihnen Laissez-Passer, und ich schreibe nicht ›Milicienne‹ hinein, dann können Sie bis nach Paris fahren.‹ Als wir zu unserer Kate zurückkamen, war dort niemand mehr. Man sagte uns, alle wären weggeholt worden. [...]

Wir trafen in Paris ein. Wir meinten, jeder könnte sehen, daß wir Miliciennes, Rotspanierinnen waren und daß man uns sofort ins Gefängnis bringen würde. Ich ging in ein Restaurant am Bahnhof und nahm das Telefonbuch. Ich wußte, daß ein Mann aus meiner Stadt Leiter einer Studentenmensa war. Er hieß Wisniak; sein Bruder war in Spanien gefallen. Ich rief ihn an und sagte: ›Ich muß zu euch kommmen, ich kann aber so nicht hinausgehen, was kannst Du tun?‹ Seine Frau, auch eine Adela, nahm mich sofort mit nach Hause. Meine Schwester suchte mich schon überall, denn sie wußte nicht, wo ich war. Ich rief sie an. Sie kam mit Anja und Schlomo zu Betka, und Betka nahm mich mit. Es waren alles Freunde aus Palästina.

Ich blieb ein Jahr in Frankreich, denn ich wollte mich nicht von meiner Schwester trennen, die Witwe geworden war. Auch wollte ich weiterkämpfen, es existierte schon eine französische Untergrundbewegung.

Der Zweite Weltkrieg brach aus. Mein Chef war Jacques Kaminski, der Herausgeber der jiddisch-kommunistischen Tageszeitung ›Naje Presse‹, den ich aus Spanien kannte. Die Zeitung gibt es noch heute. Die Arbeit war aber für mich nicht geeignet. Ich bekam Arbeit von Dr. Ginsburg beim jüdisch-sozialdemokratischen Bund. Ich konnte den vielen Spaniern helfen, die keine Arbeit hatten. Ich arbeitete als Krankenschwester bei den Bundisten und den Zionisten. Eines Tages hörten wir, daß die französische Polizei meine Schwester festgenommen hätte. Doch meine Schwester hatte entkommen können und war zu Dr. Fina, einer jüdischen Ärztin, geflohen, die mit mir in Spanien gewesen war und bei der ich jetzt wohnte. Um fünf Uhr nahm ich immer meine Zahnbürste und lief auf den Montmartre. Dort saß ich dann. Sie kamen immer zwischen fünf und acht Uhr. Um acht ging ich wieder zurück.

Eines Tages hörten wir sie die Treppe heraufsteigen. Ich legte mich schnell wieder ins Bett, damit sie nicht sahen, daß ich im Mantel war. Sie sagten: ›Vos papiers!‹ Fina reichte ihnen ihre Papiere, da stand geschrieben: ›Milicienne‹. Und sie sagten: ›Habilliez vous!‹ (Ziehen Sie sich an.) In meinen Papieren war ›Milicienne‹ nicht vermerkt. Sie ließen mich in Ruhe. Als die Polizisten die Treppe wieder hinunterstiegen, da fragte die Concièrge, die für die Fremdenpolizei arbeitete: ›Und wo ist diese Polin?‹ (Sie hielt mich für eine Polin.) ›Sie ist auch eine Milicienne!‹ Man brachte uns zu einer Polizeistation, viele Juden, auch Kameraden aus Spanien. Wir warteten. Wir sollten ins berüchtigte Lager Gurs überführt werden. Ich ging zu einem Polizisten und sagte ihm: ›Ich bin krank, ich habe ein Magengeschwür. Ich möchte, daß Sie mich zu einem Arzt bringen.‹ Er wollte nichts hören. Ich sagte: ›Bringen Sie mich zu Ihrem Chef!‹ Ihm berichtete ich, daß ich schon seit zwei Monaten krank sei; wenn ich unterwegs einen Blutsturz hätte, würde ich sterben. Ich hoffte, daß er mich zu einem Arzt für Häftlinge schicken würde. Dem Arzt zeigte ich, wo das Geschwür war. Der Arzt sagte: ›Sie dürfen sich zwei Monate lang nicht rühren!‹ und schickte mich mit einem Brief zurück zum Polizeichef. Sie gaben mir zwei Monate Freiheit. Jetzt fing es an, brenzlig zu werden. Man mußte Frankreich verlassen. Ich ging zu Hermann Louis. Er sagte: ›Wenn Du in Palästina bist, kannst Du vielleicht etwas gegen den Krieg ausrichten, aber hier ist Dir das verboten. Du hast ja auch keinen Paß, fordere einen neuen Paß an.‹ Ich ging zum britischen Konsul. Dort hörte ich, daß Maciek Orenstein in Paris war, der während des Slansky-Prozesses in Prag inhaftiert und angeklagt worden war. Er hatte den Antrag gestellt, als Journalist nach England zu fahren. Der Konsul wollte ihm die Genehmigung nicht geben. Er sagte, wäre er Palästinenser, hätte er es ihm erlaubt. Ich ging zu ihm und sagte: ›Du kennst mich zwar nicht, aber ich kenne Dich. Ich war Krankenschwester in Hadassa, ich kenne Rega, Deine Frau. Ich komme wegen meines Passes und brauche zwei Zeugen.‹ Er ging mit zum Konsul. So erhielt ich den Paß. Ich fuhr auf einem Schiff der Armee, als einzige Frau, via Syrien. Es war ein französisches Schiff in britischen Diensten. Bei der Ankunft in Haifa erwartete mich mein Bruder – ich hatte gedacht, daß man mich sofort festnehmen würde.«

Adela Botwinska kam 1940 mit dem letzten Zug aus Syrien in Palästina an. Sie blieb trotz des Stalin-Hitler-Paktes in der Kommunistischen Partei. Wegen ihrer Tätigkeit in Spanien wurde sie dauernd von der britischen Polizei observiert.

Nach dem Überfall Nazideutschlands auf die Sowjetunion formiert sich in Palästina eine jüdische antifaschistische Front (»Antifa«). Die politische Führung der Juden ruft auf zur Mobilisierung junger Männer und Frauen als Freiwillige für die Armee. Adela Botwinska organisiert ein Treffen der ehemaligen Spanienkämpfer in Tel Aviv im Hause der Arbeiterpartei. Lady Samuel, die Tochter des ersten (jüdischen) britischen Hochkommissars in Palästina, eröffnet in Tel Aviv eine groß angelegte Rekrutierungsaktion für Frauen, die in speziellen Einheiten der britischen Armee dienen sollen. Viele Kommunisten werden observiert oder stehen unter Hausarrest. Adela Botwinska meldet sich freiwillig zur weiblichen Truppe ATS (»Army Transport Service«). Obwohl schon in britischer Uniform, organisiert sie in Tel Aviv eine Massendemonstration für die Unterstützung der Sowjetunion. Britische Offiziere observieren die Demonstration. Laut Armeereglement ist eine politische Betätigung in Uniform verboten. Adela Botwinska droht ein Kriegsgericht. Ihre Vorgesetzte, Frau Major Fletcher, stellt sie unter Hausarrest wegen politischer Betätigung. Dies erfährt Major Dr. Hart, der Chirurg am Lazarett in Mataró in Spanien war. Er setzt sich für die Freilassung Adela Botwinskas ein. Sie wird nach Kairo in Marsch gesetzt. In der dortigen Zitadelle organisiert sie Kurse für Erste Hilfe. In Kairo bekommen dreitausend jüdische Mädchen aus Palästina, die sich als Freiwillige gemeldet haben und in Zelten kampieren, die Rekrutenausbildung. Adela Botwinska ist Offizier der Ambulanzfahrerinnen. Daneben gründet sie politische Zirkel und ein jüdisches Kulturkomitee. Sie ist aktiv im Jüdischen Armeeclub in Kairo, wo jüdische Offiziere und Soldaten alliierter Armeen Gäste sind. Sie ist aber auch im allgemeinen »Army Victory Club« tätig.

1946 kommt sie nach Palästina zurück, findet aber keine Arbeit. Da erreicht sie der Ruf ihrer Kampfgenossen aus Spanien. Die polnische Volksrepublik hat keine Kader für die Verwaltung, Armee, Wirtschaft und Kultur. Kommunisten polnischer Abstammung, besonders Spanienkämpfer, werden aufgefordert, nach Polen zu kommen, um dort den Sozialismus aufzubauen.

Adela Botwinska berichtet:

»Als ich 1947 nach Polen ging, war der Antisemitismus dort noch stark. Es gab Banden von Ukrainern, Faschisten. Ich arbeitete bei Rosner, unserem ehemaligen Personalchef in Albacete. Jetzt war er Personalchef der Miliz. Er schickte mich zur Gattin von Gomulka in die Personalabteilung. Sie sagte mir: ›Sie müssen den Namen ändern. Sie können nicht Weinraub heißen. ›Es geht nicht, sonst werden Sie dort nicht arbeiten können. Nur so bekommen Sie ein Zimmer.‹ Ich bat um Bedenkzeit. Am nächsten Tag sagte ich ihr: ›Ich war bei der Dombrowski-Brigade, da gab es die jüdische Kompanie Botwin. Wenn ich schon den Namen ändern muß, dann will ich den Namen Botwinska annehmen.‹ So trage ich den Namen der Botwin-Kompanie zum Andenken an unsere gefallenen jüdischen Helden.«

Adela Botwinska kennt sehr viele ehemalige Spanienkämpfer, darunter Genossen, die zu hohen Ehren und Posten gekommen sind, Heniek Torunczyk, Waclaw Komar, Eugeniusz Szyr, Wladyslaw Cwik. Manche von ihnen hat sie in den Lazaretten der Internationalen Brigaden versorgt. Als sie sich 1947 entschließt, nach Polen zu emigrieren, verlassen zur gleichen Zeit Zehntausende von Juden Polen, insbesondere nach dem blutigen Pogrom von Kielce 1946, wo 41 Überlebende der Konzentrationslager massakriert und eine große Zahl verwundet worden waren. Sie arbeitet in verschiedenen Positionen der Staatsverwaltung. Sie hält engen Kontakt mit allen Spanienkämpfern, die in Polen »Dombrowszczaki« heißen, nach der Dombrowski-Brigade. 1952 soll sie eine Deklaration unterschreiben gegen »die Mörder in den weißen Kitteln«, die jüdischen Ärzte in der Sowjetunion, denen die Ermordung führender Funktionäre und Staatsmänner angedichtet wird. Sie weigert sich.

Ende der vierziger Jahre bricht in Griechenland der Bürgerkrieg zwischen kommunistischen Partisanen und nationalen Kräften aus. Nach der Niederschlagung des Aufstandes müssen die kommunistischen Partisanen, darunter Jugoslawen, evakuiert werden, viele von ihnen schwer verwundet. Polen entsendet mehrere Schiffe, die diese Menschen nach Jugoslawien bringen. Adela Botwinska meldet sich als medizinische Begleitperson und versorgt die Kranken auf fünf solcher Fahrten. Auf einer dieser Fahrten nimmt sie sich eines jugoslawischen Waisenkindes an, das sie adoptiert. Sie richtet nach der Rückkehr nach Polen eine Ambulanz für ausländische Patienten ein. Später wird sie Leiterin der Sozialabteilung beim staatlichen Rundfunk. 1968 wird in Polen eine antisemitische Kampagne entfesselt. Alle Angestellten und Funktionäre in Verwaltung, Armee, Wirtschaft und in den Medien, die jüdischer Abstammung sind, werden unter phantastischen Beschuldigungen, unter anderem Fünfte Kolonne des imperialistischen Staates Israel zu sein, entlassen. Bei einer Betriebszellenversammlung im Rundfunk wird festgestellt, daß es dort zu viele Juden gebe. Sie ist darüber verbittert. Sie kehrt 1969 nach Israel zurück, wo sie noch heute lebt.

Jona Brodkin

Jona Brodkin wurde 1901 in Jaffa, im unter türkischer Herrschaft befindlichen Palästina, geboren. Er war Sohn eines jüdischen Schreiners. Als der Erste Weltkrieg ausbrach, unterdrückten die türkischen Behörden die Juden, die nicht zu Unrecht der Sympathie mit dem britischen Kriegsgegner verdächtigt wurden. Bis zum Eintritt Amerikas in den Krieg konnten jüdische Hilfsorganisationen der USA die hart bedrängten Glaubensbrüder unterstützen. Diese Hilfe wurde von Henry Morgenthau organisiert, der damals amerikanischer Botschafter in Konstantinopel war. Erst wurden zehntausend palästinensische Juden mit amerikanischen Schiffen nach Alexandrien gebracht, dann deportierte die türkische Verwaltung viele Tausende von ihnen in andere Gebiete des türkischen Reiches; unter anderem wurden alle Schüler des ersten hebräischen Gymnasiums in Palästina »Herzlia«, das auch Jona Brodkin besuchte, deportiert.

Als der spanische Bürgerkrieg ausbrach, meldete sich Jona Brodkin als Freiwilliger.

Jona Brodkin schreibt:

»Gemeinsam mit meiner Frau fuhr ich im Dezember 1936 nach Paris. Wir erhielten vom Rekrutierungsbüro der Internationalen Brigaden Bahnkarten nach Perpignan. Dort wurden wir einer oberflächlichen ärztlichen Untersuchung unterzogen. Mit Autobussen fuhren wir zur spanischen Grenze, wo den Grenzpolizisten eine Sammelliste mit spanischen Namen vorgelegt wurde. Wir waren quasi Spanier, die nach Hause fuhren. In Albacete wurden wir je nach Sprache den entsprechenden Brigaden zugeteilt. Ich wurde nach Tarazona de la Mancha geschickt, zum französischen Bataillon ›6. Februar‹. Bereits am 20. Januar 1937 gingen wir an die Front. Ich war nun Soldat des Bataillons ›Commune de Paris‹ der XIV. Brigade ›La Marseillaise‹. Unser Frontabschnitt lag am Fluß Jarama.

In der Schlacht von Jarama wurde ich am 23. Februar 1937 schwer verwundet. Zu meinem Glück wurde ich von Sanitätern schnell gefunden und zum Verbandsplatz gebracht. Mit anderen Verwundeten wurde ich ins Lazarett in Tarancona transportiert und anschließend in ein spanisches Lazarett in Veles. Meine Wunde heilte leider nicht, und 18 Tage nach der Verwundung mußte mein Bein amputiert werden. Ich hatte schreckliche Schmerzen. Die Ärzte wollten mir Morphium spritzen, aber ich lehnte dies ab, ich wollte nicht Morphinist werden. In dieser schwersten Periode meines Lebens erhielt ich die beste Unterstützung durch meine Frau Regina, die nach vielen unbeschreiblichen Abenteuern zu mir aus Paris gekommen war. Sie mußte nach den schweren ersten Tagen nach Paris zurückkehren.

Trotz Amputation wollte meine Wunde nicht verheilen. Nach vier Monaten wurde ich ins Lazarett der Interbrigaden in Murcia verlegt. Dort wurde ich sechsmal operiert. Ich wurde vom jüdischen Arzt Dr. Vogel behandelt. Die meisten Ärzte waren Juden. Auf meinen Wunsch wurde ich ins Lazarett der Interbrigaden in Albacete überwiesen. Als sich die Front 1938 näherte, wurde ich in einem provisorischen Lazarett in einem Kloster untergebracht. Zum Schluß brachte man uns nach Sagaró, wo ich Dr. Heller traf, der mich viele Jahre später im Krankenhaus in Tel Aviv behandeln sollte.

Im Juli 1938 wurde ich aus den Diensten der Internationalen Brigaden entlassen und erhielt eine entsprechende Bescheinigung sowie meinen spanischen Militärpaß. Wir fuhren in einem Evakuierungszug nach Frankreich. In Cerbère in Frankreich befanden wir uns noch im dortigen Eisenbahntunnel, als die Franzosen den Tunnelausgang versperrten und die Einreise des Zuges nach Frankreich verweigerten. Wir blieben im Tunnel die ganze Nacht, bis die Regierung in Paris die Einreise bewilligte.

Im März 1939 ging der Bürgerkrieg zu Ende. Die Sowjetunion erklärte sich bereit, eine gewisse Anzahl der Kranken und Verwundeten aufzunehmen. Eine sowjetische Kommission traf die Wahl. Man mußte Fragebogen ausfüllen, mit Fragen wie zum Beispiel: ›Was ist Deine Meinung über die Trotzkisten?‹ Ich schrieb: ›Vernichten!‹ So dachte ich damals – ich war ein Idiot.

Am 4. April 1939 kamen wir in Marseille an, nach sechs weiteren Tagen in Leningrad. Von dort wurde ich mit fünf anderen Kranken mit offenen Wunden ins Hospital in der Bolschaja-Pirogowskaja-Straße in Moskau gebracht. Zehn Monate später wurde ich in Moskau noch einmal operiert, es sollte meine letzte Operation sein. Ich erhielt eine gute Prothese.

Die Internationale Gefangenenhilfsorganisation MOPR, die sich um Spanienkämpfer kümmerte, wollte mir ein Studium der Orientalistik in Moskau ermöglichen, aber immer noch hatte ich keine Aufenthaltsgenehmigung für Moskau. Nach drei Monaten mußte ich deswegen Moskau verlassen und wurde ins Heim für Spanienkämpfer in Peredelkino überwiesen, wo viele bekannte Schriftsteller lebten. Ich konnte mich aber an das Nichtstun nicht gewöhnen und meldete mich deshalb zur Arbeit in einer veralteten Textilfabrik, deren englische Maschinen aus der Jahrhundertwende stammten.

Im Juni 1941 brach der deutsch-sowjetische Krieg aus. Wir lebten in einer ständigen Spionage- und Sabotagefurcht. Ein falsches Wort konnte drei bis vier Jahre Gulag kosten. Als sich die Front Moskau näherte, brach bei uns Panik aus. Es gelang mir, noch den letzten Zug am 20. Oktober 1941 nach Dimitrow zu besteigen. Dort meldete ich mich bei den NKWD-Leuten. Mit Hilfe von Polizisten kam ich nach Alexandrowsk. Dort traf ich Frieda Rzepkowicz, deren Ehemann mit mir bei den Brigaden in Spanien gekämpft hatte. Sie erzählte mir, daß viele Spanienkämpfer nach Usch in Kirgisien fuhren.

Nach vielen Tagen kamen wir in Kirow an. Ich fuhr weiter nach Tscheljabinsk, von dort nach Nowosibirsk und schließlich nach Taschkent. Hier traf ich viele jüdische Flüchtlinge aus den westlichen Provinzen der Sowjetunion, die sich in allem gut auskannten. Kampf um Brot überall. Nach zweiundvierzig Tagen erreichte ich Usch in Kirgisien am 2. Dezember 1941. In Usch sollte ich fünf Jahre bleiben, vom Dezember 1941 bis Oktober 1946. Hier wurde ich von der Gruppe der dort befindlichen Spanienkämpfer mit Freuden empfangen. Die Gewerkschaftsorganisation besorgte mir die Aufenthaltserlaubnis. Wir waren 150 Spanienkämpfer: Spanier, Bulgaren, Jugoslawen, Tschechen, Österreicher und sieben Juden aus verschiedenen Ländern. Unter uns waren auch einige spanische Frauen, deren Männer irgendwo der Partei dienten. Unser Haus war ein ehemaliges Erholungsheim der Bahnarbeiter. In Usch wurde ich gezwungen, die sowjetische Staatsbürgerschaft anzunehmen, doch habe ich dies nicht als ein großes Unglück betrachtet.

Als der Zweite Weltkrieg am 8. Mai 1945 zu Ende ging, fuhr ich nach Moskau zurück. Dem MOPR war meine Ankunft schon signalisiert worden. Mir wurde die Arbeit in einer Fabrik bei Moskau vermittelt, wo ich zwei Jahre blieb.

Die Verbindung zwischen meiner Frau und mir war während der letzten Jahre immer wieder unterbrochen worden. Regina reiste 1953 nach Polen in der Hoffnung, daß es von dort leichter sein werde, zu mir zu kommen. Sie wandte sich an die Parteizentrale in Moskau mit der Bitte, daß wir nach den vielen Jahren der Trennung endlich wieder zusammenleben wollten. Regina durfte einen Monat bei mir bleiben. Da Regina polnischer Abstammung war, stellte ich den Antrag, nach Polen ausreisen zu dürfen. Sie war Mitglied der Partei und hatte eine Wohnung in Warschau. Nach sieben Monaten wurde meiner Bitte entsprochen, und ich kam am 5. Mai 1956 in Warschau an. Obwohl ich in Jaffa geboren bin, erhielt ich sofort die polnische Staatsbürgerschaft. Wir blieben dreizehn Jahre in Polen, bis uns im Jahre 1969 die von der Regierung und der Partei entfachte antisemitische Welle aus dem Land spülte, nach Eretz Israel – nach zweiunddreißig Jahren.«

Jona Brodkin starb am 26. Februar 1985 in Tel Aviv.

Pinchas Hefetz

Pinchas Hefetz

Pinchas Hefetz stammte aus einer alteingesessenen, chassidischen, streng orthodoxen jüdischen Familie aus Jerusalem. Seine Vorfahren kamen schon vor vielen Generationen aus Litauen ins Gelobte Land, um hier zu leben, zu arbeiten, zu beten und in der heiligen Erde von Eretz Israel begraben zu werden – bis der Messias kommt und sie alle, die in dieser Erde begraben sind, auferstehen läßt.

Pinchas Hefetz' Familie gehörte zu den frömmsten und den angesehensten ersten Gründerfamilien des jüdischen Jerusalem. Er verlor als kleines Kind seinen Vater und verbrachte seine Kindheit und Jugend in frommen Waisenheimen. Als Jugendlicher lernte er die sozialistisch-zionistischen Pioniere kennen. Er wollte nicht mehr auf den Messias warten, sondern die Gebote der Propheten Israels für soziale Gerechtigkeit und Brüderlichkeit unter den Menschen hier und heute verwirklichen. Deshalb schloß er sich der Kommunistischen Partei Palästinas (PKP) an. Als Jugendlicher wurde er Bauarbeiter und Aktivist der marxistischen Kreise in Palästina. Er nahm an Aktionen der Kommunisten in Jerusalem teil, Streiks, Demonstrationen oder Störung von Versammlungen der sozialistischen Gewerkschaften, der Histadrut. Beim Versuch, Plakate für die 1. Mai-Demonstration im Jahre 1929 in der Altstadt von Jerusalem anzukleben, wurde er von Arabern angeschossen und verwundet. Oft wurde Pinchas Hefetz von der britischen Mandatspolizei verhaftet und saß mehrmals im Gefängnis.

Als der spanische Bürgerkrieg ausbrach, fuhr er nach Paris und von dort nach Spanien. Er gehörte zu den rund dreihundert jüdischen – und drei arabischen – Freiwilligen aus Palästina, die in Spanien gegen den Faschismus kämpfen wollten. Er kämpfte drei Monate an der Front, wo er schwer verwundet wurde. Er verlor dabei ein Auge, und das andere Auge wurde verletzt, so daß er fast blind war. Auch sein Arm wurde verwundet. Nach sechs Monaten Aufenthalt in verschiedenen Lazaretten in Spanien wurde er nach Paris überführt, wo er am Auge operiert wurde.

Die französischen Behörden verlängerten die Aufenthaltserlaubnis von Monat zu Monat, aber seine Zukunft war ungewiß. Welches Schicksal erwartet einen fast blinden Verwundeten, der in seinem von britischen Imperialisten beherrschten Heimatland nicht erwünscht ist? Die einzige Hoffnung war die Sowjetunion. Nachdem er vergeblich in der britischen Botschaft in Paris versucht hatte, einen ihm zustehenden Palästina-Paß zu bekommen, fuhr er im April 1939 mit einem sowjetischen Schiff nach Leningrad.

Vom Schiff schrieb er an seine alte Mutter in Jerusalem:

»Es gibt doch noch ein Land, daß uns Spanienkämpfer mit offenen Armen empfängt, die große Sowjetunion. Diese Heimat des internationalen Proletariats sorgt sich um uns, ihre Söhne. Ich kann euch meine Freude nicht beschreiben, bald in der Sowjetunion einzutreffen, einem Land, das frei von Faschismus ist, ein Land des Sozialismus, wo man als produktiver Mensch leben kann. Dort kann ich ein freies sozialistisches Leben nach den Jahren der Verfolgung, der Gefängnisse und der Schrecken des Krieges führen.«

Mit diesem Brief rasselte über das Leben Pinchas Hefetz' ein Vorhang herunter, der erst viereinhalb Jahre später, am 31. Dezember 1943, ein wenig aufgehen sollte, als die Familie in Jerusalem von ihm ein Schreiben in hebräischer Sprache aus einem »Spezialsanatorium« erhielt. Über seine Lebensbedingungen schrieb er wenig, wahrscheinlich aus Angst vor der Zensur. Nur einmal wagte er eine Anspielung, als er schrieb: »ich lebe im Feuer« – »chai ba'esch« auf Hebräisch.

Als der Staat Israel im Mai 1948 ausgerufen wurde, war die Sowjetunion der erste Staat der Welt, der ihn anerkannte. Sofort wurden diplomatische Beziehungen angeknüpft. Golda Meir, die bisherige Generalsekretärin des Gewerkschaftsbundes Histadrut, die als Kind mit ihren Eltern aus Rußland nach Amerika ausgewandert war, wurde erste Botschafterin des jungen, um seine Existenz kämpfenden Staates in Moskau.

Der Zufall wollte, daß eine Verwandte des Generals Hefetz, des Neffen von Pinchas Hefetz, Miriam Schwili aus Tel Aviv, als Mitarbeiterin an die israelische Botschaft in Moskau berufen wurde. Sie wußte Bescheid über Pinchas, dessen »Spezialsanatorium« elf Stunden Bahnreise von Moskau entfernt lag. Kurz nach ihrem Eintreffen in Moskau erhielt sie einen Brief von Pinchas Hefetz, in welchem er als ehemaliger Staatsbürger Palästinas den Wunsch äußerte, die israelische Staatsangehörigkeit zu erwerben.

Wenige Tage später erschien Pinchas Hefetz in der Botschaft, erzählte der Botschafterin Golda Meir von seinen Abenteuern und äußerte den festen Wunsch, nach Israel auszuwandern. Als er ins Invalidenheim zurückkehrte, wurde ihm eine zweijährige Haft angedroht, falls er das Heim wieder ohne Genehmigung verlassen sollte. Inzwischen besuchte Golda Meir den Leiter der Konsularabteilung im sowjetischen Außenministerium, Wlassow, um für die Repatriierung von Pinchas Hefetz zu intervenieren. Hierzu war eine sowjetische Ausreisegenehmigung erforderlich. Trotz wiederholter Interventionen der israelischen Botschaft und seiner Briefe an die Behörden – er schrieb sogar an Stalin persönlich – wurde ihm die Ausreisegenehmigung nicht erteilt. Er erhielt schließlich von der Botschaft einen israelischen Paß, aber die Behörden verweigerten noch immer, trotz wiederholter Interventionen der Botschafterin, die Ausreisegenehmigung.

Bei diesem letzten Besuch in der Botschaft sagte er: »Wenn sie mich nicht herauslassen, werde ich mich umbringen.« Vorher versuchte er noch, eine Genehmigung zu erhalten, nach dem kommunistischen Polen ausreisen zu dürfen, wo viele seiner Freunde und Kameraden aus Spanien wichtige Positionen im Staatsapparat und in der Armee innehatten. Mit Mojsche Lew (Goj) in Warschau, heute in Israel, der auch ein Invalide aus Spanien ist und der sein Genosse in der PKP war, hielt er Kontakt. Als auch dieser Versuch scheiterte, nahm sich Pinchas Hefetz das Leben, indem er sich vor einen Zug der Moskauer U-Bahn warf.

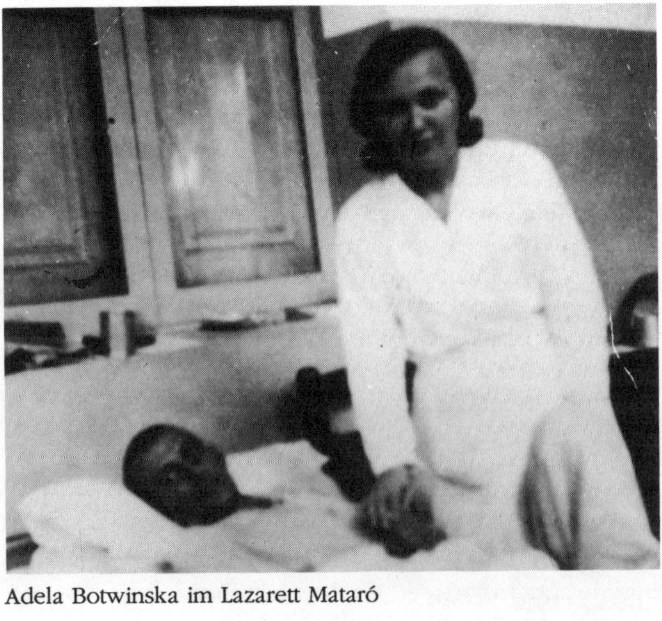

Adela Botwinska im Lazarett Mataró

Frankreich · Belgien

Vier jüdische Offiziere aus Belgien mit ihren Frauen, die im Lazarett der Sozialistischen Internationale in Ontoniente arbeiteten. V. l. n. r.: Alter Szerman, Dr. Kuba Bacharach, Mendel Bober, Max Stark, gefallen in Teruel, Adela Korn-Szerman, Cyla und Genia Stark.

Paulina Pintchuk

Im September 1985 suchte ich Paulina (Paulinka) Pintchuk in Tel Aviv auf. Von Paulinka Pintchuk hatte ich schon lange vorher von vielen in Israel lebenden Veteranen der Internationalen Brigaden gehört, denn es gab fast keinen unter ihnen, den sie nicht besucht hat, am Krankenbett oder bei familiären Feierlichkeiten. Auch nahm sie bei jeder Zusammenkunft der ehemaligen Interbrigadisten teil. Unser Gespräch lief sehr zögernd an, denn Paulinka Pintchuk hat in ihrem Leben vieles erlebt, und Enttäuschungen spielten die Hauptrolle. Erst beim dritten Besuch, nachdem sie offenbar ausreichende Auskünfte über mich bekommen hat, hat sie der Tonbandaufzeichnung eines Gesprächs zugestimmt.

Kaum hatte ich die Niederschrift des Gespräches angefertigt, erreichte mich aus Tel Aviv eine Nachricht. Paulinka Pintchuk äußerte den Wunsch, das Interview zu ihren Lebzeiten nicht zu veröffentlichen, denn sie wollte nicht in Kollision mit Menschen geraten, die mit ihr in Spanien gewesen, Kommunisten und ihr freundschaftlich verbunden waren.

Völlig unerwartet ist Paulinka Pintchuk am 16. Januar 1987 gestorben. Das folgende Interview soll einen Nachruf ersetzen.

Paulinka Pintchuk wurde 1908 als Paulina Feldstein in Galizien in Polen geboren. 1910 zogen die Eltern nach Paris. Der Vater war Kommunist und verbrachte mehr Zeit in Gefängnissen als in der Freiheit. Mit neun Jahren verlor Paulinka ihre Mutter. Ihr Vater war Parteifunktionär. Sein eigenes Brot habe er sich nie selbst verdienen müssen, sagte sie sarkastisch. Sie mußte sich von ihrem Vater trennen und ging nach Ortelsburg in Ostpreußen zu ihrem älteren verheirateten Bruder. Sie besuchte bis zum dreizehnten Lebensjahr die deutsche Volksschule und mußte danach ins Berufsleben. Auf der Suche nach einer Haushaltsstelle fuhr sie nach Danzig. Im nahegelegenen Badeort Zoppot fand sie eine Stelle bei einer bürgerlichen jüdischen Familie aus Rußland, die vor der Revolution geflohen war. Sie war Kindermädchen des kleinen Sohnes der Familie und blieb ein Jahr dort. Eines Nachts verschwand die Familie, unter Hinterlassung von Mietschulden und ohne Paulinka den Lohn für die ganze Zeit bezahlt zu haben.

Paulina Pintchuk berichtet:

»Nicht einmal im Traum kam mir der Gedanke, daß die Leute kein Geld hatten. Die Hauswirtin lud mich zum Frühstück ein und fragte mich, was ich zu tun gedenke. Ich beschloß, zu meinem Bruder nach Ortelsburg zurückzufahren. Mein Bruder wollte oder konnte mich nicht in seinem Hause behalten und schickte mich 1924 nach Paris. Er hatte in Ortelsburg ein jüdisches Ehepaar kennengelernt, dessen Verwandte in Paris eine jüdische Hausangestellte suchten. Meine Staatsangehörigkeit blieb polnisch, nach meinen Eltern und meinem Geburtsort, obwohl nicht Polnisch, sondern Deutsch meine Muttersprache war und ist.

Meine Arbeitgeber waren beide Ärzte, er war Internist und sie Zahnärztin. Die Praxis und die Wohnung waren zusammen, eine ganze Etage mit acht Zimmern in der rue de Turenne. Frau Dr. und Herr Dr. Schapira stammten aus Warschau, haben sich in Paris als Studenten kennengelernt und sprachen außer Französisch auch Russisch und Polnisch. So lernte ich auch Polnisch. Sie hatten drei Söhne, alle gute Schüler. Der älteste Sohn war schon mit dreiundzwanzig Jahren Hospitalarzt. Madame Schapira erzählte mir, daß er ihr immer in den Ohren läge mit der Forderung, daß ich nicht Dienstmädchen bleiben, sondern lernen solle. Pauline sei nicht dazu geboren, eine ›bonne à tout faire‹ – ein Mädchen für alles – zu sein.

Ich hatte tatsächlich alles gemacht, die Klinik geputzt, die Patienten empfangen. Ich bekam gut zu essen, wurde auch gut bezahlt und fast wie ein Familienmitglied behandelt. Ich besuchte abends die Volksschule in Paris, die ich mit gutem Erfolg beendete, denn Henri gab mir intensiven Nachhilfeunterricht in Französisch. Die Söhne schmiedeten Berufspläne für mich: ›Pauline muß die Krankenschwesternschule machen.‹ Da meinte Henri: ›Warum soll sie nicht Abitur machen und Ärztin werden?‹ Aber als Ausländerin bekam ich keine Zulassung zu einer Schwesternschule. Erst drei Jahre später hat es geklappt. Ich wurde Krankenschwester und arbeitete im Hospital Bichard. Die Schapiros waren meine Schutzengel. Der Sohn Henri wurde Professor, und ich arbeitete in seiner Abteilung.

Im Hospital Bichard blieb ich bis zum spanischen Bürgerkrieg 1936. Kurz davor bin ich Mitglied der KPF geworden, aber in kurzer Zeit habe ich es geschafft, daß man mich dreimal rausgeschmissen hat. Ich hatte einen Freund, einen wunderbaren bretonischen Jungen, der Pazifist, Kriegsdienstverweigerer und Anarchist war. Das mußte sich in Parteikreisen der KPF herumgesprochen haben. Dies war, glaube ich jedenfalls, der mögliche Grund eines Angriffs auf mich seitens Doriot, des Führers der KPF. Der Vorfall ereignete sich beim jährlichen Fest der ›Humanité‹, der Parteizeitung. Als braves Parteimitglied verkaufte ich dort Parteibroschüren. Viele Tausende Genossen waren anwesend. Der große Doriot schrie mich an: ›Was machst Du hier, verschwinde!‹ Er packte mich am Kragen, ich habe mich gewehrt und geschrieen. Wutentbrannt kam er zu unserem Verkaufsstand und fauchte die Genossen an: ›Wer ist sie?‹ Sie antworteten: ›Das ist unsere Genossin.‹ Er gab den Befehl, mir den Verkauf zu verbieten. Ich wurde von der Partei gerufen und bekam einen Verweis. Darauf sagte ich den Genossen: ›Machen wir uns keine Illusionen, Doriot ist ein Faschist.‹ Ich sollte recht behalten, denn ein paar Jahre später war Doriot tatsächlich Führer der Faschisten und wichtigster Kollaborateur der Nationalsozialisten.

Als ich das sagte, wurde ich wieder ausgeschlossen, zum

zweiten Mal. Das erste Mal habe ich während des Unterrichts in der kommunistischen Arbeiteruniversität einige Fragen gestellt. Ein älterer Professor referierte, und das Thema sollte Marxismus sein. Aber er redete nur über die Sowjets, und weil ich nichts verstanden habe, besaß ich die Frechheit, ein paar Fragen zu stellen. Das war der Grund für den ersten Rausschmiß.

Viele Jahre war ich Erste-Hilfe-Schwester des Jüdischen Arbeitersportklubs und war bei allen sportlichen Wettbewerben dabei. Logischerweise fuhr ich auch mit ›meinen‹ Sportlern im Juli 1936 nach Barcelona zur Spartakiade – Arbeiterolympiade. Ich blieb und nahm an den Straßenkämpfen teil. In meiner Gruppe kämpften die beiden Brüder Ascasso mit, wunderbare Menschen und Führer der Anarchistenmilizen. Sie riefen ›Adelante – Vorwärts‹, stürmten vorwärts und wurden getötet.

Viele Sportler sind wegen des Bürgerkrieges nach Hause zurückgefahren, aber ich blieb und auch mein Freund, der fünf Jahre im französischen Militärgefängnis wegen Kriegsdienstverweigerung als Pazifist gesessen hatte. Er hieß Perrin, war Bretone und hatte im Untergrund den Namen Pierre Odéon. Trotz seiner pazifistischen Einstellung meldete er sich als Lastwagenfahrer und fuhr Munitionstransporte für die spanische Republik.

Mein Lebensgefährte kannte die politischen Umweltbedingungen und war überzeugt, daß mir eine reguläre Arbeit in einem Armeelazarett nicht ermöglicht werde. Wir beschlossen, eine Kinderkolonie zu gründen, denn es gab Hunderte von Kriegswaisen, die keine Bleibe und kein Zuhause mehr hatten und aus den ständig bombardierten Großstädten evakuiert werden mußten. Pierre fand ein Haus in den Pyrenäen, nicht weit von der Grenze in Port Bou. [...]

Wir blieben in Castillo bis Januar 1938. Dann wurden auch wir bombardiert. Pierre war inzwischen kurz in Madrid gewesen und kam furchtbar entmutigt zurück, da fast die ganze Stadt zerstört war. Wir mobilisierten Lastwagen und brachten unsere dreihundert Waisenkinder und vierzig Leute Personal nach Frankreich. Das war ein furchtbarer Exodus. Einige unserer Kinderpflegerinnen waren hochschwanger und haben vor Aufregung frühzeitig entbunden, auf dem Fußboden, weil die Betten schon weg waren. Auf der französischen Seite wurden wir vom Präfekten empfangen, der uns auf der nahegelegenen Insel Oleron unterbrachte. Mit uns kamen auch erwachsene Flüchtlinge. Sie hatten einen furchtbaren Hunger. Diese

Menschen hatten drei Jahre lang kein Brot gegessen. Auf Oleron blieben wir bis September 1939.

Als der Krieg ausbrach, war Frankreich das erste Land, welches Franco anerkannte. Marschall Pétain wurde erster französischer Botschafter an Francos Hof. Franco verlangte die sofortige Rückführung aller Kinder und auch der Erwachsenen, aber in Frankreich galt damals das Gesetz, welches die Auslieferung von politischen Häftlingen untersagte.

Pierre ging sofort in den Untergrund und trat der Résistance-Organisation der KPF bei. Auch mir wurde von der Führung der Résistance eine wichtige Aufgabe übertragen. Ich wurde Quartiermeisterin, besorgte und verteilte die konspirativen Wohnungen und organisierte Treffs. Ich trug niemals den Judenstern und lebte in einer Kellerwohnung. In meiner Straße lebte ein jüdischer Schuster, der große Not litt und stets Hunger hatte. Ich hatte Mitleid mit ihm und brachte ihm ab und zu Essen, und dieser Mann hat mich der Gestapo verraten. Ich kam in mein Zimmer, da war er da und hat mich so komisch angeschaut, aber ich sagte mir, was soll's, es ist doch ein Jude. Fünfzehn Minuten später klopfte es an der Tür, und ich mußte öffnen. Es waren zwei französische Polizisten und ein Gestapo-Agent. Sie fragten nach Frau Feldstein. Geistesgegenwärtig sagte ich: ›Sie ist gerade weggegangen, wahrscheinlich sind Sie ihr begegnet.‹ Aber diese List hielt nicht lange vor, ich wurde verhaftet und in das größte Gefängnis von Paris, Frésnes, gebracht. Die französischen Polizisten waren schlimmer als die Gestapo-Leute. Sie schlugen mich hart ins Gesicht und haben mir einen Zahn ausgeschlagen. Der Gestapo-Mann fragte mich, warum ich ihn belogen habe. Ich erwiderte, daß ich das Recht habe, mich zu verteidigen. Ich saß in Frésnes achtzehn Monate. Ich wurde immer wieder vernommen und gefoltert. Mir wurden die Fingernägel ausgerissen. Ich sollte aussagen, wo sich die ›Banditen‹ verstecken, meine heldenhaften Résistancekameraden. Vielleicht hätte ich Verrat geübt, aber ich wurde so schrecklich gefoltert, daß ich gleich in Ohnmacht fiel. Ich habe niemanden verraten. Das hat mich gerettet. Ich ging in einen unbefristeten Hungerstreik, denn meine Wunde fing zu faulen an. Ein Gestapo-Mann kam in die Zelle und fragte die Nonnen, die seltsamerweise zum Personal der Abteilung für weibliche Gefangene gehörten – sie waren Sadistinnen –, was mit mir los sei. Ach, die hat gar nichts, nur eine Wunde, antworteten sie. Seitdem läuft es mir kalt über den Rücken, wenn ich eine Nonne auf der Straße sehe. Eine Nonne sagte den Gestapo-Beamten, daß ich die Behandlung der Wunden verweigere – das war eine sadistische Lüge. Er spuckte aus und sagte: ›Das stinkt ja hier fürchterlich.‹ Man hat mich ins Gefängnislazarett gebracht und behandelt, etwa zehn Tage. Das schlimmste war, mit den anderen Frauen zusammensein zu müssen, denn sie waren schlecht und hysterisch.

Jeden Morgen hat man die Zellen aufgesperrt, ein oder zwei Leute herausgeholt und sie auf dem Hof erschossen. Am Anfang hatte ich Angst vor dem Tode wie alle anderen Frauen, aber später dachte ich mir, daß es doch besser ist, einen Schuß zu bekommen als ewig gequält zu werden. Ich wußte ja nicht, wie lange ich noch sitzen mußte. Deshalb wurde ich allmählich ganz ruhig. Ab und zu wurden wir zum Waschen getrieben, aber wir wurden nicht bis zum Wasserhahn gelassen. Diese Schikane besorgten die Nonnen. Man hat uns geschlagen und zurück in die Zellen getrieben. Auf diese Weise kam ich nie mit Wasser zum Waschen in Berührung.

Meine Befreiung aus Frésnes verdanke ich mutigen französischen Polizisten, die mit der Résistance zusammenarbeiteten. Eines Nachts im Mai 1943 kam die Polizei in die Zelle. Ich sollte schnellstens ins Lazarett kommen. Ich lief, so schnell ich konnte, ich wog damals 43 Kilo, Haut und Knochen. Dort wurde ich zunächst gefüttert, Medikamente gab es nicht. Die mit dem Widerstand zusammenarbeitenden Polizisten fertigten Verhaftungslisten mit Namen vieler Frauen von Kollaborateuren an, die verhaftet wurden – sozusagen ein Justizirrtum. Später mußte man sie entlassen, aber anstatt dieser Kollaborateur-Weiber hat man, wieder per ›Irrtum‹, mich und weitere Widerstandskämpferinnen befreit. An die 70 Prozent der französischen Polizisten waren als Patrioten in der Résistance.

Später mußte ich ins Krankenhaus, ich wurde furchtbar blutarm. Bis dahin vermied ich es, Fleisch zu essen, ich konnte es einfach nicht behalten. Man versuchte, mich mit Gewalt zu stopfen. Da kam ein junger Arzt und sagte mir, daß ich eine Baguette mit Butter und Schinken einfach essen müsse, sonst werde ich sterben. Ich aß es. Der Mann hat mir das Leben gerettet, denn er hat mir persönlich jeden Tag das von ihm vorgeschriebene Essen gebracht.

Als ich wieder zu mir kam und an Gewicht zugenommen hatte, hat mich eine Protestantenfamilie in Paris, mit welcher ich bis heute im herzlichen Kontakt bin, aufgenommen, praktisch als Familienmitglied adoptiert. Sie hatten sieben Kinder, die ich pflegte und versorgte. Die Protestantenfamilie sagte zu mir: ›Wir werden Dich schützen und alles für Dich tun, aber Du darfst uns nicht in Gefahr bringen, im Klartext, keine konspirative Arbeit mehr.‹

Eines Tages kam die Polizei. Sie suchten eine Madame Feldstein, genannt Perrain. Sie wußten offenbar Bescheid. Mein Gastgeber tat scheinheilig. ›Feldstein, das müßte ja eine Jüdin sein. Wir würden hier keine Juden beherbergen.‹ Eines der Kinder, der sechsjährige Jean-Paul, wurde verhört, aber sagte nichts. Später fragte ich ihn, wieso er nichts gesagt habe, da er ja gewußt habe, daß Papa gelogen habe. Da sagte er: ›Den boches sagt man niemals die Wahrheit.‹

Die Lage wurde brenzlig, und ich wurde in eine andere Gegend von Paris geschickt. Ich sollte in einer zur protestantischen Kirche gehörenden Buchhandlung arbeiten, und zwar in der Bastille-Gegend. Jeden Morgen radelte ich mit dem Fahrrad viele Kilometer vom Südwesten nach dem Nordosten von Paris. Ich benutzte nie die Métro, weil es dort oft Razzien und Kontrollen gab.

Pierre wurde durch den Leichtsinn einer Frau verhaftet. Er schickte einem Kameraden aus der Résistance Geld per Post. Als der Kamerad aufflog, fand man bei seiner Mutter den Postabschnitt. Er wurde also nicht bei einer Widerstandstat, sondern durch eine Dummheit verhaftet. Auch er war einige Zeit in Frésnes, aber vor mir, und kam dann nach Buchenwald. Dort hat man an ihm Experimente gemacht und ihn kastriert.

In der Buchhandlung blieb ich bis zur Befreiung, an die ich mich sehr gut erinnere. Es gab Straßenkämpfe. Französische Kollaborateure schossen von den Dächern auf unsere Widerstandskämpfer, die mit offenen Lastautos die Deutschen verfolgten. Die Kämpfe waren sehr heftig. Ich schlief zwei Tage und Nächte nicht. In einer Toreinfahrt organisierte ich einen Verbandsplatz für die vielen Verwundeten.

Pierre wurde 1942 verhaftet und erlebte die Befreiung in Buchenwald. Wir haben unsere überlebenden Helden enthusiastisch empfangen, sie in Krankenhäusern untergebracht. Ich wußte nicht, ob mein Pierre überlebt hat. Er kam zurück, aber in einer schrecklichen physischen und seelischen Verfassung, furchtbar niedergeschlagen. Er kam mit seinen überlebenden anarchistischen Freunden zusammen und sagte: ›Fini la comédie, fini l'antimilitarisme.‹ Wenn man Schläge bekommt, muß man zurückschlagen. Die Antimilitaristen haben ihn kritisiert, und er hat sich von ihnen ideologisch entfernt. In der KP war er nicht mehr. Von mir verlangte er, daß ich ihn verlassen sollte, da er seine Männlichkeit verloren hatte, er, dieser männliche schöne und zärtliche Bretone.

Obwohl ich erst 37 Jahre alt war, habe ich dieses Verlangen strikt abgelehnt. Pierre wurde korpulent, fing zu trinken an und beging kurze Zeit später Selbstmord. So starb ein idealistischer Pazifist, Antimilitarist und Held des Widerstandes.

Als ich in Spanien war, wußte ich, daß ich auf der richtigen Seite stand, obwohl wir den Krieg verloren haben. Ich habe es nie bereut und würde es immer wieder tun. Das wunderbare spanische Volk ist mir ans Herz gewachsen, und viele Jahre hoffte ich, in Spanien leben zu können. Aber die Franco-Diktatur hat es ja verhindert.

Es war im Jahr 1983. Ich verpaßte mein Abonnementkonzert des Israelischen Philharmonieorchesters in Tel Aviv und ging also an einem anderen Abend. Ich suchte einen Platz. Ich schaue rechts und links, nach allen Seiten, da kreuzt sich mein Blick mit dem eines Mannes, der zwei Stühle neben mir saß. Nach ein paar Minuten sagte er: ›Das ist ja Pauline.‹ Nach Jahrzehnten der Arbeit als Krankenschwester kann man sich nicht an jeden Patienten erinnern. Bevor das Konzert begann, erzählte mir der Mann folgende Geschichte:

›Ich bin französischer Jude und war republikanischer Flieger, wurde abgeschossen und dabei schwer verwundet. Viele Schwerverwundete wurden in die Kolonie Ascasso geschickt, zu Erholung, denn dort gab es genügend zu essen. Als ich zu euch kam, waren fünfzig Kinder an Typhus erkrankt. Ich hatte Schmerzen und konnte nicht schlafen. Nachts saß ich in eurem Garten und sah Dich, immer rastlos bei der Arbeit, Tag und Nacht. Einmal hast Du mir einen Blick zugeworfen, den ich bis heute, 46 Jahre später, nicht vergessen habe. Du hast nie gelacht, nur geschuftet. Als ich eines Tages zusammen mit Deinen Pflegerinnen beim Mittagessen saß, kamst Du zum ersten Male lachend an und erzähltest die Geschichte, die Du von Deinem Bruder gehört hast. Deine Schwester wurde während des Ersten Weltkrieges krank, sie lag im Sterben mit hohem Fieber. Dein Vater lief auf die Straße, stoppte einen russischen Armee-Ambulanzwagen und bettelte den Armeearzt um Hilfe an für das sterbende Kind. Der Arzt kam, verordnete heiße Kompressen und erweckte das Kind aus dem Koma. Du lachtest vor Freude, weil Du eben auf die gleiche Weise ein krankes Waisenkind wieder zum Leben erwecktest. ›Dein‹ spanisches Kind hieß Julia und war neun Jahre alt. Das Kind wachte auf, wollte trinken und blieb am Leben. Du erzähltest auch, daß Dich zwei französische Ärzte sehr beschimpft haben, weil Du Dich nicht gegen Typhus impfen ließest. Du sagtest, Du wärest längst immun.‹

In der Pause blieb er sitzen und erzählte mir über längst vergessene Details aus der Kolonie Ascasso, als wäre es gestern gewesen.

Nach dem Konzert sah ich, daß er an beiden Beinen amputiert war und keine Prothesen trug, sondern sich auf zwei Krücken bewegte. Ich schluckte und schluckte, denn ich wollte auf keinen Fall zu weinen anfangen. Ich war so bewegt, daß ich Dummkopf versäumt habe, nach seinem Namen und seiner Adresse zu fragen. Da er noch nie bei einer Zusammenkunft der Spanienkämpfer in Israel gewesen war, mußte er im Ausland wohnen. Ich war so sprachlos, daß ich zu Fuß nach Hause ging. Ich konnte nicht schlafen. Ich wurde mit so einer traurigen, schrecklichen Erinnerung nicht fertig. Mein ganzes Leben lief wie ein Film vor mir ab. Ich erinnerte mich an meine Kleidung in Spanien, weißer Kittel und die Alpargatas, Schuhe aus Stoff mit Bastsohle. Immer wieder dachte ich über meine Familie nach. Meine Schwester mit ihren sechs Kindern ist in Auschwitz vergast worden, mein Bruder aus Ortelsburg mit seiner Familie ebenfalls, mein jüngerer Bruder verließ Europa glücklicherweise rechtzeitig und emigrierte nach Südamerika. Meine ›Schwester‹ Maria Ascasso gab für mich eine Anzeige in Argentinien auf: ›Pauline Feldstein sucht ihren Bruder.‹ Eines Tages bekam ich von ihm einen Brief, da war ich schon in Israel, als persönliche Krankenschwester des Präsidenten Weizmann. Mein Bruder, den ich 32 Jahre nicht gesehen hatte, kam zu mir nach Israel.«

Jacques Grunblatt

Jacques Grunblatt wurde 1910 in Kolomyja in Polen als Sohn wohlhabender Eltern geboren. Polnisch war seine Muttersprache, und er war tief in der polnischen Kultur verwurzelt. Trotzdem konnte er wegen des an polnischen Universitäten herrschenden faschistischen und antisemitischen Terrors nicht das angestrebte Medizinstudium beginnen. Er mußte sich in Marseille immatrikulieren.

Der junge Arzt promovierte im Jahr des Ausbruchs des

spanischen Bürgerkrieges. Dr. Grunblatt meldete sich sofort als Truppenarzt, um bei den Sanitätseinheiten der Internationalen Brigaden die Verwundeten zu versorgen.

Jacques Grunblatt berichtet:

»Ich wurde Bataillonsarzt einer Einheit der XIV. Brigade. Meine erste Herausforderung als Arzt war komischerweise eine Mumps-Epidemie, die ich schnell in den Griff bekam, wofür ich von meinem Vorgesetzten Dr. Neumann, ebenfalls ein jüdischer Arzt, gelobt wurde.

Sehr bald wurde meine Einheit aus La Roda, wo wir einige Zeit ausruhten, an die Front geschickt. Wir kamen nachts zu unserem Frontabschnitt in Morata de Tajuna am Jarama-Fluß, wo wir den Süden Madrids verteidigten. Ich wurde als Leutnant Sanitätsarzt einer Kavallerieschwadron, die aus französischen, belgischen, skandinavischen und italienischen Freiwilligen bestand. Wir hatten rund vierhundert Pferde, und die Männer waren hervorragende Reiter. Mein oberster Vorgesetzter war Dr. Telge, Chef des Sanitätswesens der Brigaden in Albacete, den ich in bester Erinnerung habe. [...]

Später mußte ich Dr. Grossfeld, einen jüdischen Arzt, der Bataillonsarzt des 24. Bataillons der XV. Brigade war, an der Front ablösen. Auf diese Weise wurde ich ständiger Truppenarzt der anglo-amerikanischen XV. Abraham-Lincoln-Brigade. Unsere Einheit kämpfte in Villanueva de Cañada. Als ich mit meinem Fahrer zur Front kam, war diese fast am Zusammenbrechen, und ich mußte viele Verwundete unter Feuer versorgen, weil unsere Schützengräben bereits von den Faschisten erobert worden waren. Plötzlich war ich mit einigen Sanitätern und Verwundeten allein. In einer Hütte in der Nähe erblickte ich einen marokkanischen Franco-Soldaten. Ich war also hinter feindlichen Linien und schien verloren. An diesem Tage hatte ich wegen der Hitze meine republikanische Offiziersuniform gegen einfache Khaki-Klamotten ohne Rangabzeichen ausgetauscht. Ich rief dem Araber ›Adelante‹ zu, und er hielt mich für einen Kameraden. Dr. Robbins, mit dem ich die Uniform tauschte, rettete mir damit das Leben, aber er selbst wurde am gleichen Tag durch eine Fliegerbombe getötet. [...]

Im Oktober 1937 kämpfte meine Einheit bei Fuentes del Ebro. Wir hatten fast keine Ambulanzwagen, und ich schrie deshalb meinen Vorgesetzten, den jüdisch-kanadischen Arzt Dr. Maggid, an, der mich trotzdem nicht vor ein Feldgericht stellte. Oliva, meine spanische Lebensgefährtin, die in einem Dorf die Verwundeten versorgte, kam bei einer Feuerpause für einen Tag zu mir an die Front.

Mein letzter Einsatz als Frontarzt war bei Seguros de Baños am Ebro im März 1938, wo meine Einheit mehrere Tage durch Artillerie und Flieger bombardiert wurde. Nach einem wiederholten Bombardement bekam ich Besuch von meinem Vorgesetzten Dr. Marc Straus, einem jüdisch-amerikanischen Arzt. Er fragte mich, wie lange ich schon an der Front sei. ›Neunzehn Monate‹, war meine Antwort. Dies war ungewöhnlich, denn normalerweise wurde man nach sechs bis acht Monaten Frontdienst als Arzt zu einem rückwärtigen Lazarett abkommandiert.

Kurz darauf wurde ich zum Lazarett in Mataró bei Barcelona befohlen. Mit meiner Oliva bezog ich in Mataró eine kleine Wohnung. Wir beide arbeiteten im Lazarett. Ich assistierte oft Prof. Dr. Leo Eloesser, einem der besten Chirurgen Amerikas von der Stanford Universität, ein großartiger Mensch und Arzt, der wie ich Jude war.

Einmal brauchte ein Verwundeter, dessen Wunde gangränös war, dringend eine Bluttransfusion. Ein wunderschönes achtzehnjähriges Mädchen, Mitglied der kommunistischen Jugendorganisation, meldete sich freiwillig. Das Resultat war eine Tragödie, denn beide, der Verwundete und die Blutspenderin, starben. Ganz Mataró nahm an dem Doppelbegräbnis teil.

Die Versorgung wurde immer schlechter. Wir lebten Monate fast nur von Garbanzos, spanischen Erbsen. Inzwischen wurde Oliva wegen Überanstrengung und schlechter Verpflegung krank und mußte selbst ins Krankenhaus.

Im Oktober 1938 wurden die Internationalen Brigaden zurückgezogen. Wenige Monate später begannen wir, mehrere Hundert Kranke, Verwundete, Krankenschwestern und Ärzte, den Rückzug nach Frankreich. Wer laufen konnte, wie Oliva und ich, marschierte zu Fuß. Nach zwei Tagen brach Oliva zusammen, und erst jetzt erfuhr ich, daß sie schwanger war. Ich konnte mich nicht dazu entschließen, sie in ihrem Zustand den weiteren Strapazen der Evakuierung und der Internierung in französischen Lagern auszusetzen, denn das hätte den Tod für sie bedeuten können. Unter Tränen verabschiedeten wir uns voneinander in der Hoffnung, daß wir nach dem Kriege wieder zusammenkommen und heiraten würden.

Niedergeschlagen, frierend, hungrig und todmüde kamen wir zur französischen Grenze, wo wir entwaffnet wurden. André Marty sprach uns Mut zu. Ich zeigte meine französische Identitätskarte aus Marseille. Der Grenzbeamte zerriß sie vor meinen Augen mit den Worten: ›Du bist ein Spanier wie alle anderen, marsch, weiter!‹ Übermüdet marschierten wir weiter, bis wir im Lager Gurs ankamen. Eine meiner ersten Pflichten war, die Schwerkranken nach Perpignan zu begleiten. Meine Freunde in Marseille hatten einen Fluchtplan für mich ausgedacht. Auf dem nächsten Krankentransport nach Perpignan tauschte ich meine spanische Offiziersuniform gegen Zivilkleidung und fuhr nach Marseille.

Im Sommer 1939 erhielt ich von Oliva die Nachricht, daß ich Vater eines Sohnes war.

Als der Zweite Weltkrieg ausbrach, meldete ich mich als Freiwilliger bei der französischen Armee. Nach der Niederlage flüchtete ich nach Marseille zurück und von dort über Algier und Casablanca nach Mexiko, von wo ich nach den USA einwanderte. Ich habe später geheiratet, denn der Kontakt mit Oliva in Franco-Spanien war abgerissen. Ich beschloß, Oliva und unseren Sohn Jaime zu suchen. Ich hatte Angst vor einer verständlichen Feindseligkeit meines Sohnes und zögerte die Begegnung mit Oliva und Jaime immer wieder hinaus. Erst 1977, unsere Kinder waren inzwischen erwachsen, fuhren meine Frau Hilda und ich nach Madrid, um Jaime zu besuchen, denn Oliva war bereits 1974 gestorben. Meine spanische Familie hat mich nicht verstoßen, sondern mich mit großer Herzlichkeit akzeptiert. Seitdem kommen meine spanischen Enkelkinder in jedem Sommer zu uns nach Amerika.«

Dr. Grunblatt – er übersetzte die Memoiren Alexander Szureks ins Englische – starb am 14. Januar 1989 in Manzanillo in Mexiko, betrauert von seiner amerikanischen Familie und von seinem Sohn Jaime Cabezas Garcia in Madrid.

Henri Szulevic

Henri Szulevic (Largo) wurde 1915 in Zyrardów bei Lodsch in Polen als Sohn einer frommen jüdischen Familie geboren. Nach der Kinderbibelschule, dem Cheder, lernte er in einer Jeschiwa, einer Talmud-Hochschule. Henri lag aber der – wie er es bezeichnet – jüdische Obskurantismus und Fanatismus nicht. Mit sechzehn Jahren ging er 1931 nach Wien, wo er eine moderne Jeschiwa bis zum Jahre 1933 besuchte. Er wollte aber die Postulate der sozialen Gerechtigkeit, wie sie von den Propheten Israels vertreten und kommentiert wurden, schnellstens verwirklicht sehen, am besten im Heiligen Lande in einem sozialistischen Kibbuz. Er wurde Mitglied des »Haschomer Hazair«, der linkssozialistisch-zionistischen Jugendbewegung. Da aber keine Aussicht bestand, auf legalem Wege mit einem Einwanderungszertifikat der britischen Mandatsbehörden nach Palästina zu gelangen, beschloß er, den Weg zu Fuß zu gehen, wie die Pilger früher.

Henri Szulevic berichtet:

»In Wien hatte ich mir einen tschechischen Paß besorgt. Der tschechische Paß war der einzige in Europa, für den man keine Visa brauchte, nicht einmal für Frankreich. Ich kam nach Zagreb und ging dort in die Synagoge. Ich sprach mit einem Juden und erzählte ihm, daß ich zu Fuß nach Palästina gehen wollte. Da fragte er mich nach dem Weg. Ich sagte, von Zagreb nach Belgrad, dann nach Griechenland, in die Türkei, von dort nach Syrien und nach Palästina. ›O weh‹, sagte er, ›Du wirst doch auf dem Weg sterben. Du weißt nicht, was für Berge es dort gibt. Ich rate Dir, fahre nach Triest. Dort gibt es ein Palästina-Amt. Jeden Mittwoch fahren Schiffe nach Palästina ab.‹

Henri Szulevic

Jeden Mittwoch kamen Züge aus Deutschland an und fuhr ein Schiff nach Palästina ab. Man hat mir eine Fahrkarte bis Karlovac besorgt, und von dort aus eine Fahrkarte bis nach Schuschak. In Schuschak habe ich die Grenze nach Fiume überschritten, zu Fuß. Ich hatte die Adresse von einem Juden in Fiume, Weintraub, bei dem ich übernachtete. Man hat mir eine Fahrkarte bis Triest besorgt. In Triest erhielt ich die Adresse der Jewish Agency, das heißt des Palästina-Amtes, Via del Monte Nr. 7. Dort saßen viele Emigranten und warteten. Man konnte dort essen und schlafen. Ich sagte, daß ich nach Palästina fahren wolle.

Am Mittwoch ging ich zum Schiff und fing an, Koffer auf das Schiff hinaufzutragen. Da man mich Koffer schleppen sah, fragte man mich nichts. Es waren schwere Koffer. Das war so Anfang August 1933. Ich wollte aus Europa weg. Plötzlich klopfte mir jemand auf den Rücken. Es war ein Schiffsoffizier, und er fragte mich: ›Passagero, Passagero?‹ Also stellte ich den Koffer ab, denn das Schiff war abfahrbereit. Ich suchte eine Ecke, wo ich hätte unterschlupfen können. Ich stürzte und wurde ohnmächtig. Als ich wieder zu mir kam, trug mich ein Carabiniere zurück ins Palästina-Amt. Ich lag dort zwei Tage, völlig geschwächt. Dann sagte man mir, es sei unmöglich, es gebe Menschen, die schon so lange auf Zertifikate warteten. ›Hast Du nicht irgendwo eine Familie? Wohin willst Du fahren?‹ Ich sagte ihnen, ich hätte einen Bruder in Paris. Da gaben sie mir eine Fahrkarte bis Mailand und die Adresse der jüdischen Gemeinde mit einem Brief vom Palästina-Amt und der Bitte, mir zu helfen, nach Paris zu fahren. In Mailand bekam ich eine Fahrkarte nach Turin. In Turin war der Bahnhof schwarz von Faschisten, lauter Schwarzhemden. Eines der Hauptquartiere der Fascia lag in Turin. In Turin gab man mir eine Fahrkarte bis nach Grenoble.

Ich setzte mich in den Zug, der nach Paris fuhr. In Grenoble gab man mir eine Karte bis nach Lyon. Dort bekam ich eine Karte bis Dijon, von Dijon aus bis nach Paris. Ich hatte die Adresse meines Bruders im Kopf, aber ich hatte sie auch auf einen Zettel aufgeschrieben, denn ich verstand überhaupt kein Wort Französisch. Da stand geschrieben: ›rue Saint Martin 213‹. In Paris traf ich mit zehn Francs in der Tasche ein. Meinen Bruder habe ich an diesem Tag nicht mehr gefunden.

Ein Chauffeur brachte mich auf das Fest der ›L'Humanité‹, der Zeitung der KPF. Dort traf ich Benjamin Adler, den Redakteur der ›Naje Presse‹, der jiddisch-kommunistischen Zeitung. Er wurde später von den Deutschen erschossen. Er hatte einen Bruder, der mit mir in Wien studierte. Er hat mich dem Chefredakteur der ›Naje Presse‹ namens König vorgestellt. Wir kannten uns noch aus Warschau, aus der Mila-Straße. Auch Adek war da, ein Student, der mich in den AIK eingeführt hat, in den Jüdischen Arbeiterjugendklub. Das war eine Jugendorganisation, sie war mit dem JASK, dem Jüdischen Arbeitersportklub, verbunden. Es wurde Ping-Pong und Fußball gespielt. Es gab auch einen sozialen Kreis, wo man Marx studierte. Der Marxismus war für mich wie die Thora von Moses, es öffnete sich mir eine neue Welt. [...]

Anfang 1935 ging ich nach Spanien, weil ich keine Arbeit hatte, es gab Arbeitslosigkeit. Ich hatte in Barcelona einen Freund, Jacques Penczyna, einen ehemaligen JASKisten. Ich arbeitete 1935 in Barcelona als Schneider bei Szaja Kinderman. Wir setzten uns mit Moskau in Verbindung. Raschkes und Blumberg antworteten uns, wir sollten versuchen, eine legale Organisation zu schaffen. Ich wurde mit der Durchführung beauftragt. Gegen Ende 1935 wurde dann in Barcelona der Jüdische Kulturverein gegründet. Er wurde dank dem Anwalt Gallo legalisiert. Alle jüdischen Emigranten aus Deutschland, Ungarn etc., die damals in Barcelona waren, sind dieser Organisation beigetreten. Als 1936 die Volksfront bei den Wahlen siegte, wurde beschlossen, in Barcelona die Arbeiterolympiade – Spartakiade – zu veranstalten. Das war die Aufgabe des Jüdischen Kulturvereins in Barcelona. [...]

Im Juli brach der Aufstand aus. Diejenigen, die zur Spartakiade gekommen waren, haben sich fast alle freiwillig gemeldet und sind geblieben. Da gab es Emmanuel Trueba, der von Moskau zurückgekommen war, im Oktober 1934, und viele aus der Parteischule, die nach Asturien geschickt wurden – Politkommissare für die Kolonnen und Zenturien, reguläre Truppen für die Front, mit El Barrio und Trueba. Ramon Mercader, den Mörder Trotzkis, nannte man ›El Francez‹. Er war ein schöner Bursche. Er hatte eine Schwester, ein prächtiges Mädchen. Sein Vater und seine Mutter waren einst Anarchisten gewesen und sind Kommunisten geworden. Die Anarchisten wollten sie aus dem Fenster hinauswerfen. Dieser Mercader wurde auch ›El Pistolete‹ genannt. Es war Julian Gorkin, der entdeckt hatte, daß der Mörder Trotzkis Ramon Mercader war. Die NKVD hatte ihn geschickt.

Szaja Kinderman wurde der Verantwortliche für die ausländischen Gruppen. Er hat die Freiwilligen registriert. Mundek Mink hat sich damals in der Centuria ›Thälmann‹ als erster Freiwilliger gemeldet. Er war an der Front von Aragon mit El Barrio und Trueba. Ich kam ein paar Monate später, Ende 1936, und zwar aus folgendem Grunde: Als die Anwerbung der Freiwilligen anfing, wollte man diejenigen, die keinen Militärdienst gemacht hatten, nicht nehmen. Ich brauchte hohe Protektion, damit man mich akzeptierte. Deshalb bin ich etwas später gekommen, als der Kampf anfing. Der Kampf um Madrid, Ciudad Universitaria, Casa Francesa, Casa Velasquez, war schon vorüber. Die Front befand sich in Casa del Campo, am Manzanares. Die Regierung hatte Madrid schon verlassen. Dann kamen wir dran, wurden bei Morata de Tajuña, am Jarama, in den Kampf geworfen. Ich kämpfte im Dombrowski-Bataillon, um zu verhindern, daß die Faschisten den Weg von Madrid nach Valencia abschnitten, denn sonst wäre Madrid völlig eingeschlossen gewesen. Da es ihnen nicht gelang, griffen sie Guadalajara an. Zwei italienische Divisionen, auf der einen Seite, rechts vom Weg, an Brihuega vorbei, befand sich die XII. Brigade, links lagen unsere Italiener, ›Garibaldi‹, und rechts ›Dombrowski‹. Wir haben den Vorstoß der faschistischen Italiener aufgehalten. Etwa acht Tage später gingen wir zur Gegenoffensive über und zerschlugen beide italienische Divisionen. Wir haben Brihuega erobert und das Material der Italiener als Kriegsbeute genommen, auch Gefangene. Die Franco-Truppen wurden gejagt, bis Siguenza. Das war unsere Front, das war der berühmte Sieg von Guadalajara. [...]

Im September 1938 hielt Negrin seine Rede, wo er sagte, daß die Internationalen Brigaden zurückgezogen werden. Es gab dann eine riesige Parade in Barcelona.

Damals fand auch das Begräbnis von Chaskel Honigstein statt. Es war eine offizielle Beerdigung, Delegationen waren gekommen. Dann wurden wir nach San Pedro de Torello gebracht. Dort kamen wir vor den Ausschuß des Völkerbundes, anschließend sollten wir nach Mexiko fahren. Inzwischen hatten die Faschisten bei Lerida angegriffen, da warf man uns wieder dorthin an die Front, obwohl wir schon demobilisiert waren. Wir haben uns erneut freiwillig gemeldet. Als wir Lerida verteidigten, wurden wir im Rücken schon von den Faschisten angegriffen. So haben wir uns nur nachts zurückgezogen – am Tage kämpften wir – bis hinauf zur französischen Grenze.«

Henri Szulevic flüchtete aus den französischen Internierungslagern, holte seine Lebensgefährtin aus Straßburg und schloß sich einer Résistance-Einheit in Südfrankreich an. Er beteiligte sich an zahlreichen Aktionen. Später wurde Henri Szulevic aus der Kommunistischen Partei und damit aus der Résistance ausgeschlossen: Er wollte seine Lebensgefährtin aus Straßburg heiraten und blieb deshalb zwei Tage von seiner Résistance-Gruppe weg, ohne sich offiziell für diese 48 Stunden abzumelden. Später wurde er aufgefordert, der Partei wieder beizutreten, was er aber ablehnte.

Er beschloß dann unterzutauchen und kam in eine kleine Stadt in Savoyen, freundete sich mit einem Lehrer-Ehepaar an, welches eine antifaschistische Einstellung hatte. Er gab sich als ein nach Frankreich geflüchteter republikanischer Spanier aus, weil er fließend spanisch sprechen konnte. Der Lehrer besorgte ihm die fehlenden Dokumente und beherbergte das Ehepaar Szulevic bis zur Libération, der Befreiung.

Henri Szulevic berichtet:

Unter den jüdischen Freiwilligen in Spanien gab es ein

breites Spektrum politischer Überzeugungen. Nicht alle waren eingefleischte, dogmatische Kommunisten. Im Schützengraben und in der Etappe verblaßten alle politischen und selbst nationalen Unterschiede. Wir waren alle Brüder, vereint in einem Kampf auf Leben und Tod gegen den Faschismus, Nazismus, Antisemitismus und Rassismus.

Ein interessantes Beispiel für diese Vielfalt ist mein Freund David Tulman. Er überlebte den Krieg in Spanien und die Résistance und beschrieb seine Abenteuer im Buch ›Va-t'en‹, welches er mir widmete. Tulman war in seiner Jugend, wie auch ich, sehr fromm, war in seiner Heimat Ungarn Synagogenkantor, bis er, wie ich, der Kommunistischen Partei beitrat und nach Spanien ging. Ich lernte ihn erst im Lager Gurs kennen. Er kam eines Tages in unsere Baracke und schlug vor, einen Gottesdienst am Jom-Kippur-Tag zu organisieren. Er wollte als Kantor vorbeten. Er brachte zwar das erforderliche Quorum von Zehn, den Minjan, nicht zusammen, aber er meinte es ernst. Nach dem Krieg wurde er offizieller Kantor der Synagoge in der rue Notre Dame de Nazareth in Paris – nomen est omen. Jedes Jahr kam er zu den Gedenkfeiern für die gefallenen und ermordeten jüdischen Brüder und Schwestern und hielt auf Friedhöfen Trauer- und Gedenkfeiern ab, zu denen auch eingefleischte Kommunisten und militante Atheisten kamen, um den gefallenen Kameraden die letzte Ehre zu erweisen.

Nach dem Kriege kam ich mit vielen jüdischen Kameraden aus Spanien, die während des Krieges große Heldentaten in der Résistance vollbracht hatten, zusammen. Andere waren, wie Leibl Tiger, in der Spionageorganisation der Sowjetunion, ›Rote Kapelle‹, unter Leopold Trepper aktiv.

In dieser Zeit war ich mit den überlebenden jüdischen Schriftstellern befreundet. Sie waren vor allem Freunde meines Bruders, der auch Schriftsteller und Journalist ist und den Krieg in der Sowjetunion überlebte, später in einem DP-Lager in Deutschland für verschleppte Personen alliierter Staatsangehörigkeit landete und dort eine jiddische Zeitung gründete und bis zu seiner Auswanderung nach Palästina 1948 ihr Chefredakteur war. Im Jahre 1951 bemühte sich der Jüdische Weltkongreß, Abteilung Südamerika, um Emigrationsvisen für diese ostjüdischen Schriftsteller. Argentinien erteilte ihnen ein Sammelvisum, zweiunddreißig jiddischen Schriftstellern aus Paris und zwei, die im DP-Lager in Frankfurt-Zeilsheim waren, Mordechai Bernstein und Mejlech Ciemny. Das Dokument wurde von Präsident Peron persönlich unterzeichnet, demselben, der während und nach dem Krieg zahlreichen Faschisten, Nationalsozialisten und Kriegsverbrechern Asyl gewährte. Wahrscheinlich wollte er mit diesem Akt seine braune Weste weißwaschen. Wie bekannt, ließ Stalin ein Jahr später im Jahre 1952 fast alle jiddischen Schriftsteller in der Sowjetunion umbringen.«

Henri Szulevic ging mit seiner Frau nach Paris, schlug sich mit verschiedenen Arbeiten durch, gründete eine Familie – inzwischen wurden Kinder geboren – und machte sich mit einem Textilgeschäft selbständig. Der Laden war Treffpunkt ehemaliger Spanien- und Résistancekämpfer. Nach dem Ärztekomplott – hochgestellte jüdische Ärzte wurden beschuldigt, die sowjetische Elite ermorden zu wollen – brach er endgültig mit der Kommunistischen Partei. Später siedelte er nach Dünkirchen in Nordfrankreich über, war erfolgreicher Geschäftsmann, wurde Vorsitzender der dortigen Jüdischen Gemeinde und Vizepräsident der Gesellschaft für christlich-jüdische Zusammenarbeit. Heute lebt Largo in Nizza und pflegt seine schwerkranke Frau. Seine Kinder und Enkelkinder leben in Frankreich, in den USA und in Israel. Mit größter innerer Bewegung berichtet Largo über die Barmitzwa-Feier seines Enkelkindes in Jerusalem, an welcher auch sein Freund Leopold Trepper, der Grand Chef der »Roten Kapelle«, mit seiner Frau Luba teilnahm. (Trepper wurde kurz davor in Israel gefeiert, als ihm die polnische Regierung nach Jahren des Kampfes vieler Persönlichkeiten aus der ganzen Welt, vergleichbar mit den Bemühungen um die Freilassung Sacharows, endlich die Ausreise gestattete.)

Die Entführung und Ermordung Mark Reins

Kein Ereignis hat die Führung der sozialistischen Parteien in der Welt und der Sozialistischen Internationale während des spanischen Bürgerkrieges derart erschüttert wie die Entführung von Mark Rein, des Sohnes des führenden russischen Sozialdemokraten, Menschewiken, Bundisten und Mitglieds der Exekutive der Sozialistischen Internationale, Rafael Abramowitschs, und seine Ermordung. In seinem

Memorandum vom Mai 1939 zum Fall der Entführung und Ermordung seines Sohnes schreibt Abramowitsch unter anderem:

»Vielleicht wäre aber, trotz der unheilvollen Politik der Nichtintervention, das ganze Schicksal der spanischen Revolution anders ausgefallen, wenn ihre Leiter den Mut gehabt hätten, den terroristischen Methoden der Moskauer Waffenlieferanten, die mehr Terrorismus als Waffen lieferten, zu widerstehen und die innere Zersplitterung der Revolution zu verhüten, die zu einer außerordentlichen Quelle der Schwäche für die Republik wurde. [...] Es ist also mit der größten Wahrscheinlichkeit, die zur Gewißheit wird, anzunehmen, daß Mark nicht seinetwegen, sondern wegen seines Vaters entführt wurde; und dadurch wird auch die Urheberschaft dieses Verbrechens ganz eindeutig bezeichnet.«

Rafael Abramowitsch spricht den Namen nicht aus, aber er kann nur Stalin gemeint haben. Was hatte der mächtige Herrscher über ein Drittel der Welt mit dem eher unbedeutenden russisch-jüdischen Revolutionär und Arbeiterführer Rafael Abramowitsch zu tun?

Über die Motive für die Ermordung Mark Reins habe ich eine eigene Theorie entwickelt, die nicht unglaubwürdiger ist als die bis jetzt ausgeführten, und die zudem den Vorteil hat, daß sie historisch nachweisbar ist. Des Rätsels Lösung kann man in den wenig bekannten Memoiren von Rafael Abramowitsch finden, die in zwei Bänden im Jahre 1944 in New York in jiddischer Sprache unter dem Titel »In zwej rewoluzjes« erschienen sind.

Nach der Oktoberrevolution 1917 führte Abramowitsch mit Julij Martow die zunächst noch nicht verbotene menschewistische Sozialdemokratie. Er widersetzte sich der Verschmelzung des »Bundes« mit den Bolschewiken. Immer mehr wurden nichtbolschewistische Parteien und ihre Führer starken Repressionen ausgesetzt. Es fing der blutige Terror der Geheimpolizei Tscheka gegen alle anderen Politiker und Parteien an. Besonders die menschewistischen Zeitungen »Wpjerod« (Vorwärts) und »Nasch Golos« (Unsere Stimme) berichteten ausführlich über das Geschehen. Dies beunruhigte die Bolschewiken, deren Macht noch nicht konsolidiert war.

Im Sommer 1918 wurde gegen Martow eine Verleumdungsklage vor dem Obersten Tribunal in Moskau eröffnet. Er soll angeblich in einem Zeitungsartikel den Kommissar Stalin beleidigt haben. In diesem Artikel beschrieb Martow Stalins Rolle bei der »Expropriation« in Tiflis – so wurde schamhaft der bewaffnete Bankraub bezeichnet, bei welchem unschuldige Menschen getötet worden waren. Stalin wurde damals deswegen aus der bolschewistischen Partei ausgeschlossen. Stalin fühlte sich verleumdet und behauptete, daß man mit dem Artikel die ganze bolschewistische Partei treffen wollte. Rafael Abramowitsch berichtet:

»Wir sahen uns, Stalin und ich, nicht zum ersten Mal. Wir waren zwar nicht näher miteinander bekannt, aber wir saßen oft zusammen am gleichen Tisch als Mitglieder der gemeinsamen Partei [RSDAP – d.A.]. [...] Beide, Lapinski und Martow, hielten scharfe Reden, die politischen Charakter hatten. Noch unangenehmer für Stalin war es, daß Martow im mit Hunderten von Arbeitern besetzten Saal gleich am Anfang sagte, daß er alle Dokumente, die seine Behauptungen untermauern, sofort vorlegen kann. Der Prozeß endete ohne Ergebnis, weil Stalin Angst vor den Konsequenzen hatte.«

Aus den Nachforschungen, die von Rafael Abramowitsch und den führenden Persönlichkeiten der Sozialistischen Internationale gefordert wurden, ergibt sich, daß der gesamte kommunistische und sowjetische Sicherheitsapparat an der Vertuschung der Umstände, der Entführung und Tötung Mark Reins beteiligt war.

Selbst Ministerpräsident Negrin und das Innenministerium waren mit diesem Fall befaßt, jedoch ohne jegliches Ergebnis.

Es wurde gemutmaßt, daß man Rein auf eines der in Barcelona vor Anker liegenden sowjetischen Schiffe, welche von NKWD-Schergen als Gefängnisse betrieben wurden, verschleppt und ihn anschließend umgebracht oder in die Sowjetunion transportiert hatte. An dieser Operation waren mit Sicherheit die höchsten Spitzen der sowjetischen und kommunistischen Geheimdienste beteiligt.

Nach meiner Meinung konnten Entführung und Ermordung Mark Reins nur von höchster Stelle befohlen worden sein, von Stalin selbst. Der Diktator rechnete mit einigen Genossen wegen persönlicher Differenzen, die früher als bis zum Jahr 1918 zurücklagen, Jahrzehnte später ab. Die Ermordung Mark Reins war die späte Rache Stalins an dem Menschewiken und Bundisten Rafael Abramowitsch, der ihn zwanzig Jahre früher vor dem Obersten Tribunal in Anwesenheit Hunderter revolutionärer Arbeiter gedemütigt, blamiert und von Berlin aus in den zwanziger Jahren die Wahrheit über die Verbrechen sowjetischer Geheimdienste an den einstigen Revolutionären Rußlands in jiddischen und russischen Exilzeitungen berichtet hatte.

Jüdische Spanienkämpfer aus Belgien

Rund zweihundert Juden kamen aus der relativ kleinen jüdischen Gemeinschaft in Belgien, viele von ihnen politische Exilanten oder Arbeiteremigranten aus den faschistischen Ländern Osteuropas. Dreißig von ihnen sind in Spanien gefallen, einundzwanzig starben als Résistancekämpfer im Kampf gegen die Nationalsozialisten. Neunundvierzig von ihnen haben keine Spur hinterlassen; sie sind wahrscheinlich dem Holocaust zum Opfer gefallen. Zweiundfünfzig namentlich bekannte Freiwillige, die meisten waren Résistancekämpfer, wurden deportiert oder sind verstorben. Nur dreiundvierzig haben Spanien, die Résistance und die Konzentrationslager überlebt. Sechsundzwanzig junge jüdische Frauen aus Belgien erlernten in einem Intensivkurs die Krankenpflege und gingen nach Spanien zum von der Sozialistischen Internationale gegründeten Lazarett in Otoniente.

Die in Spanien Gefallenen: die Brüder Emiel (Tarzan) und Israel (Piet) Akkermann (ihr Leben und Sterben beschrieb Gustav Regler in seinem Roman »Das große Beispiel«); Leon Baum; Schlojme Bocian; Andor Brunner; Chaim Cukier; Nathan Czak, Dichter, Schriftsteller und Verfasser des Marsches der Dombrowski-Brigade; Leib Fidel; Abraham Gotinski; Hersch Grinberg; Imre Hercz; Leon Inselstein; Israel Katz; Emmanuel Katznelson; Laszlo Klein; Arpad Kohn; Michel Kotek; Abrasche Krasnowiecki (Krasni); Chaim Kutnowski; Leon Landau; Jules Lubka; ? Preisler; Jacob Rasner; Hersch Reisman; Micha Sapir, Kommandant der jüdischen Einheit ›Botwin‹; ? Soltyczek; Bela Spitzer; Max Stark, Hauptmann, dessen Frau in Otoniente war; Moniek Szafran und Mendel Weintraub.

Die in der Résistance gefallenen Spanienkämpfer: Isaac Baumol; Frieda Buchhalter; Mordko Bressler; Jacques Censor; Adolph Goldgewicht; Jacques Gunzig; Anton Kaltenbrunner; David Kamenomotsky (Kamy), der als Agent der »Roten Kapelle« in die Hände der Gestapo fiel und umgebracht wurde; Andor Klein; Nuchem Lipszyc; Srulek Livschitz; Nachman Mitnowiecki; Charles Rochman; Joseph

Rormann; Karol Schmidt; Isidore Springer; Alexandre Strausz; Pinkus Szidlower; Bruno Weingast; Sandor Weiss und Hersch Zimmerman.

Von den dreiundvierzig überlebenden Spanienkämpfern leben heute: zwölf Frauen und Männer in Belgien, vier von ihnen nach einer Odyssee durch »sozialistische Paradiese«; Lea Berger in Wien; Willy Schreiber, der beide Beine in Spanien verlor und als Invalide in der Sowjetunion überlebte, auch in Wien; sechs Spanienkämpfer, darunter Emanuel Mink, leben in Frankreich; fünf in Israel (zwei von ihnen kamen aus Polen), fünf in den USA, vier in Polen, sechs in Ungarn und je einer in Kanada, in der Sowjetunion, Tschechoslowakei und in der Bundesrepublik.

AKKERMAN, Emiel
«Tarzan»

AKKERMAN, Israël
«Piet»

BRUNNER, Andor
(Bondy)

KOTEK, Michel

SAPIR, Mojzesz
«Micha»

STARK, Max

Gefallene jüdische Spanienkämpfer aus Belgien

Deutschland · Österreich

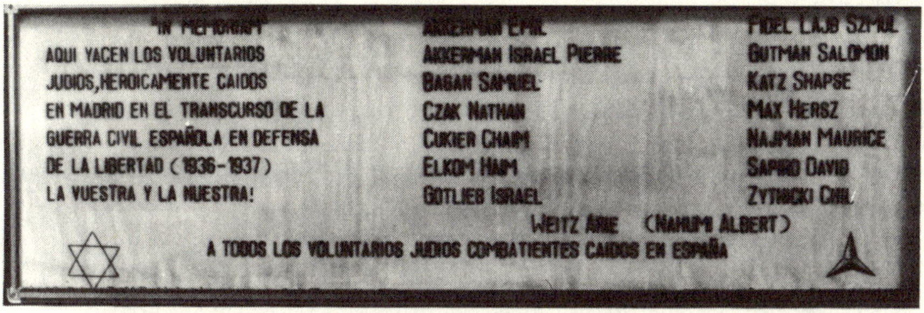

Die Gedenktafel: ›In memoriam. Hier ruhen jüdische Freiwillige, heldenhaft gefallen in Madrid und im Laufe des Spanischen Bürgerkrieges bei der Verteidigung der Freiheit (1936-1937)‹. Für alle jüdischen freiwilligen Kämpfer, die in Spanien fielen. Links der Davidstern, rechts der dreizackige Stern, das Zeichen der Internationalen Brigaden.

Manfred Stern

Über 30 000 Arbeiten, Artikel, Studien und Bücher sind über den spanischen Bürgerkrieg geschrieben worden. Es gibt keinen Aspekt und keine wichtige Persönlichkeit, über die nicht akribisch recherchiert, dokumentiert und geschrieben wurde. Nur um die Person des Manfred Stern – in Spanien als General Emilio Kléber bekannt – ranken sich Legenden auf der einen und herrschen totales Stillschweigen und Verschwinden im schwarzen Loch der kommunistischen Historiographie auf der anderen Seite.

Vergeblich würde man nach ihm in den sowjetischen Nachschlagewerken suchen. Weder in der zweiten noch in der letzten dritten Ausgabe der Großen Sowjetischen Enzyklopädie ist der Name eines der bekanntesten Generale des spanischen Bürgerkrieges enthalten. In der Sowjetischen Enzyklopädie des Bürgerkrieges in der UdSSR, die

Manfred Stern

erst 1983 in Moskau veröffentlicht wurde, steht die einzige Eintragung der sowjetischen Nachschlagewerke. Sie hat folgenden Wortlaut:

»Stern Manfred (1896 – Todesjahr unbekannt) war österreichischer Internationalist, seit 1920 Mitglied der KP. Im Ersten Weltkrieg Soldat der österreichisch-ungarischen Armee, seit 1916 in russischen Kriegsgefangenenlagern in Ostsibirien. Teilnehmer an Partisanenkämpfen gegen das Admiral Koltschak-Regime. Seit 1920 Kommissar einer Partisaneneinheit. Als Kommandeur einer gemischten Einheit kämpfte er gegen die Banden des Barons R.F. Ungern von Sternberg (Juni – Juli 1921). Nach Ende des Bürgerkrieges Kadermitglied der Roten Armee. Im spanischen Bürgerkrieg Brigadekommandeur während der Verteidigung Madrids (November 1936 – Februar 1937; General Kléber genannt).«

Im sowjetischen Standardwerk über den spanischen Bürgerkrieg, »Die Völker an der Seite der Spanischen Republik 1936-1939«, welches in vielen Sprachen in Moskau 1975 veröffentlicht wurde, finden wir im Kapitel »Österreich« die einzige Erwähnung Sterns mit dem Satz: »Der erste Kommandeur der XI. Internationalen Brigade, General Kléber (Manfred Stern), welcher eine wichtige Rolle bei der Organisation der Verteidigung von Madrid im Herbst 1936 spielte, wurde in Österreich geboren und erzogen.«

Die Standardwerke über den spanischen Bürgerkrieg wie die von Hugh Thomas und Broué/Témime sind leider nicht sehr hilfreich bei der Lösung des Rätsels »Kléber«. Andere Historiker verwechseln ihn mit dem jüdisch-sowjetischen General Grigorij Stern.

Gustav Szinda, ein führender Funktionär der KPD, war in Spanien vom Juli bis September 1937 Stabschef der XI. Brigade. In seinem im Verlag des Ministeriums für Verteidigung in Ost-Berlin 1956 erschienenen Buch »Die XI. Brigade«, das als offizielles Dokument der DDR-Militärgeschichtswissenschaft gelten muß, finden wir eine komplette Liste aller Kommandeure, Kommissare und Stabschefs der XI. Brigade sowie der Bataillonskommandeure. Szinda, der im März 1938 einen Monat lang selbst Kommandeur der Brigade war, nennt als ersten Kommandeur Hans Kahle. Manfred Stern wird nirgendwo im Buch erwähnt. Der damals in der Weltpresse bekannte und berühmte General wird totgeschwiegen.

Manfred Stern wurde am 20. Januar 1896 in Woloka in der Bukowina bei Czernowitz als Sohn eines jüdischen Kleinbauern und Pächters geboren. Der Vater Salomon konnte nur mit größter Mühe seine vielköpfige Familie ernähren. Mit Hilfe seines älteren Bruders Philipp, der Jurist war und 1968 in Czernowitz starb, konnte Manfred das Gymnasium absolvieren und sich an der Universität als Medizinstudent immatrikulieren. Bereits als Gymnasiast und später als Student beteiligte er sich an Aktivitäten der Arbeiterbewegung. Als Mitglied der »Freien Vereinigung sozialistischer Studenten« waren ihm die Losungen Liebknechts und Lenins über den imperialistischen Krieg bekannt. Bald nach Beginn des Ersten Weltkrieges wurde er als Einjähriger eingezogen und kam an die russische Front. Als kaum zwanzigjähriger Fähnrich der k.u.k. Armee geriet er 1916 in russische Kriegsgefangenschaft und mußte im Lager Tschita, nahe der mongolischen Grenze, leben. Nach der Oktoberrevolution 1917 war er an der Bildung von revolutionären Einheiten beteiligt, die sich aus befreiten ehemaligen Kriegsgefangenen zusammensetzten und an der Seite der Bolschewiki kämpften.

Seine militärischen Vorgesetzten erkannten bald die hervorragenden militärischen und organisatorischen Fähigkeiten des jungen österreichischen Offiziers. Er wurde Kommissar einer Partisaneneinheit, die im Rücken der weißgardistischen Truppen des Admirals Koltschak operierte. Im Sommer 1921 kämpfte er im Transbaikal-Gebiet gegen die Truppen des Generals Baron Ungern von Sternberg. In diesen Kämpfen wurde er mehrmals verwundet. Stern wurde kurz darauf zum Stabschef der fernöstlichen Truppen der Roten Armee befördert, die gegen japanische Interventionstruppen und tschechische Legionäre kämpften.

Das nächste Operationsgebiet Manfred Sterns war China, wo er mehrmals als oberster Militärberater der Komintern beim Zentralkomitee der chinesischen KP wirkte. Von Schanghai aus dirigierte die KP das Zentrale Sowjetgebiet in Südchina, wo der Lange Marsch des Mao Tse Tung nach Nordchina begann. Das Sowjetgebiet umfaßte sechzigtausend Quadratkilometer mit fünf Millionen Bewohnern und hatte relativ große Truppenverbände. 1932 kämpften die Truppen der chinesischen Roten Armee Maos mit den Armeen Tschang Kei Scheks. Große Teile Chinas waren von Japan besetzt.

Manfred Stern traf im Frühjahr 1933 in Schanghai als militärischer Hauptberater ein. Stern organisierte eine straffe und disziplinierte Truppe, die im Kampf mit einem überlegenen Gegner stand. Im August 1934 schloß die Sowjetunion einen Pakt mit der Zentralregierung in Nanking, was den Kampf gegen die japanischen Invasoren stärkte.

Als der spanische Bürgerkrieg ausbrach, wurde der berufsmäßige Militärexperte der Weltrevolution zusammen mit dem ersten sowjetischen Botschafter in Spanien, Manfred Rosenberg, im September 1936 nach Spanien entsandt. Am 22. Oktober 1936 billigte die spanische Regierung die Bildung der Internationalen Brigaden. Franco wollte schon am 12. Oktober in Madrid einmarschieren, am Tag der Entdeckung Amerikas durch Kolumbus. Der faschistische Radiosender in Burgos strahlte seit dem 4. November eine Sendung unter dem Titel »Die letzten Stunden von Madrid« aus. Am 7. November verkündete Franco, daß er am nächsten Tage einer Messe in Madrid beiwohnen werde. Am gleichen Tage verließ die Regierung Madrid und ging nach Valencia. Sie beauftragte General Miaja mit der Verteidigung der Hauptstadt.

Am Morgen des 7. November fing die Schlacht um Madrid an, die das weitere Schicksal der Republik bestimmen sollte. General Miaja mobilisierte alle Bürger Madrids, die die seit Beginn des Krieges kämpfenden Milizen verstärken sollten. Immer wieder stürmten die Truppen der Generale Varela und Yagüe gegen die Verteidiger, immer wieder konnten die Angriffe abgewehrt werden. Die Situation spitzte sich dramatisch zu. Aber am Morgen des 8. November erblickten die verzweifelten Madrider auf der Gran Via die ersten regulären, uniformierten und bewaffneten Freiwilligen der ersten internationalen Einheit, die XI. Internationale Brigade. Unter dem Kommando von Manfred Stern (General Emilio Kléber) marschierten drei Bataillone, das deutsche Bataillon Edgar André, das französisch-belgische Bataillon Commune de Paris und das polnische Bataillon Dombrowski, an die Front. (Manfred Stern bewunderte den napoleonischen General Jean Baptiste Kléber und nahm deshalb seinen Namen als Kriegspseudonym an.)

Zum ersten Male erhielten die Verteidiger Madrids Unterstützung durch Panzereinheiten, die von Oberst Kriwoschein befehligt wurden. Am Himmel erschienen zum ersten Male republikanische Flugzeuge, kommandiert von General Jakob Smuschkewitsch (Douglas), die die Luftherrschaft der Faschisten über Madrid brachen. Obwohl die XI. Brigade nur aus knapp zweitausend Soldaten bestand, stärkte sie den Verteidigungswillen der Milizen und der Bevölkerung in großem Maße.

Drei jüdische Kommandeure verteidigten Madrid: Kriwoschein, Stern und Smuschkewitsch, aber auch unter den Soldaten gab es viele Juden, wie den polnischen Leutnant Adam Dawidowicz.

Die Truppen des General Mola versuchten, wenigstens eine der fünf Brücken über den Manzanares-Fluß zu erobern, und starteten immer wieder selbstmörderische Attacken. Besonders erbittert wurde um die Französische Brücke gekämpft. Sie wurde von der XI. Brigade verteidigt. In der Nacht vom 9. November beschlossen die republikanischen Generale Miaja und Kléber, den Gegner im Casa del Campo zu vernichten. Auf faschistischer Seite kämpften arabisch-marokkanische Söldner, denen reiche Beute versprochen wurde. Im Morgengrauen des 10. November war es klar, daß Madrid gerettet war, denn die XI. Brigade eroberte den ganzen Park bis zu den Garabitas-Anhöhen. Aber die XI. Brigade hatte ein Drittel ihrer Kämpfer eingebüßt.

Inzwischen wurde eine weitere Brigade formiert und an die Madrid-Front geworfen, die XII. Internationale Brigade unter dem Kommando des Generals Mate Zalka, eines Juden ungarischer Herkunft aus der Sowjetunion. Die beiden Brigaden kämpften gemeinsam in verlustreichen Attacken und Nahkämpfen um jedes Haus und um jeden Raum der Universitätsgebäude und in der Casa del Campo. Wegen der schweren Verluste mußte die XI. Brigade Ende November umgruppiert werden.

General Kléber wurde von allen in Madrid und während der Kämpfe in der Stadt verbliebenen Korrespondenten der Weltpresse als der Retter von Madrid gefeiert. Der polyglotte, sympathische und dynamische vierzigjährige General war eine für die Medien interessantere Person als sein Vorgesetzter, General Miaja. Miaja war mit Sicherheit darüber erbittert, daß Kléber alle Lorbeeren erntete, obwohl die Mehrheit der Verteidiger Madrids Spanier war.

Am 26. November 1936, nachdem die direkte Gefahr für die Hauptstadt gebannt war, richtete er einen scharfen und ausführlichen Brief an die Regierung in Valencia, in welchem er Kléber vieler taktischer und anderer Führungsfehler beschuldigte. Er führte sieben Beschuldigungspunkte an, die sich wie eine Anklageschrift lesen. Kléber war der einzige Kommandeur, dem Fehler und dazu in dieser Form vorgeworfen wurden. Anders war die Beurteilung seiner Taten durch seine Mitkämpfer und durch die Weltpresse.

Als Kléber mit seiner Brigade in Madrid eintraf, richtete er einen in der Presse abgedruckten Aufruf an die Bevölkerung von Madrid, in welchem es hieß: »Wir sind gekommen, um Euch zu helfen, um Eure Hauptstadt mit der gleichen Hingabe zu verteidigen, als ob es die Hauptstadt eines jeden von uns wäre.« Genau einen Monat später wurde Kléber seines Kommandos enthoben. Es ist nicht auszuschließen, daß schon damals das Damoklesschwert der »Säuberungen« in Moskau über diesem charismatischen Kominternfunktionär jüdischer Abstammung hing, denn diese Qualitäten waren schlechte Faktoren für ein Überleben in der Zeit Stalins. Es ist fast unwahrscheinlich, daß General Miaja so ein schweres Geschütz gegen einen von der Sowjetunion entsandten General hätte auffahren können, ohne von dort Ermunterung oder sogar Zustimmung erhalten zu haben.

Auf einen Schlag wurde der Held des spanischen Bürgerkrieges und Verteidiger von Madrid zu einer Unperson. Er schloß sich in einem Hotelzimmer in Valencia ein, das er selten verließ.

Nach der Schlacht von Madrid übernahm General Mate Zalka das Kommando über die 45. Division, in deren Verband auch Internationale Brigaden kämpften. Als Mate Zalka am 11. Juni 1937 fiel, übernahm Kléber das Kommando über die Division, aber nur für kurze Zeit. Wenige Tage später wurde er nach Moskau gerufen, wo er Opfer der »Säuberungen« wurde.

Es ist weder bekannt, ob und wann er liquidiert wurde, noch sind die Beschuldigungspunkte je genannt worden. Ihn hat Chruschtschow bei seiner Rede auf dem XX. Parteitag der KPdSU wahrscheinlich auch nicht gemeint, als er die Opfer des stalinistischen Terrors unter den sowjetischen Spanienkämpfern erwähnte und ihre baldige Rehabilitierung ankündigte. Stern (Kléber) ist nie rehabilitiert worden und verschwand im schwarzen Loch der sowjetischen Geschichtsschreibung.

Trotz allem verblieb Manfred Stern in literarischen und journalistischen Zeugnissen und vor allem im Gedächtnis seiner Mitkämpfer. Über ihn schrieben der Hauptkorrespondent der »Prawda«, Michail Kolzow, Ilja Ehrenburg, Ernest Hemingway, Herbert Matthews, Ralph Fox, Ludwig Renn und viele andere.

Nur drei Stimmen sind aus dem sowjetischen Bereich über Manfred Stern bisher bekannt. Erstens die bereits zitierte Eintragung in der Sowjetischen Enzyklopädie des Bürgerkrieges vom Jahre 1983. Zweitens erschien am 10. Februar 1965 ein Artikel in der Zeitung »Sowjetzkaja Bukowina«, in welchem die Biographie und das tragische Schicksal des Landsmanns Stern aus der Bukowina beklagt und dessen Tod betrauert wurde. Damit wurde zum ersten Male und zwanzig Jahre nach seinem spurlosen Verschwinden von einem offiziellen KP-Organ zugegeben, daß ihm Unrecht getan wurde.

Das dritte und bis jetzt letzte Zeugnis über Manfred Stern wurde von seinem Mitkämpfer in Spanien Zwetan Kristanow geschrieben, der ein führender bulgarischer Kommunist ist und in Spanien als Dr. Oskar Telge, Chef der Sanitätsdienste der Internationalen Brigaden, diente. Im Jahre 1968 erschienen seine Memoiren im Verlag des bulgarischen Verteidigungsministeriums in Sofia unter dem Titel »Ispania! Ispania!«. In seinem Buch widmet er seinem Kampfgenossen aus Spanien ein Kapitel, in welchem er das Leben Sterns und seine Zeit in Spanien nachzeichnet.

Auch zwei jüngere Brüder Manfred Sterns kämpften in Spanien. Der jüngste Bruder Wolfgang überlebte den Bürgerkrieg, wurde Begründer der ersten kommunistischen Gruppen in der Bukowina. Er war aktives Mitglied der KPÖ und kämpfte während des Zweiten Weltkrieges in den Formationen der Roten Armee. Nach dem Kriege kehrte er in die heimatliche Bukowina zurück und lebte in Czernowitz.

Manfred Sterns Bruder Leo wurde 1901 in Woloka geboren. Er war seit 1921 Mitglied der KPÖ, kurzfristig Mitglied der Linksopposition. Er nahm an den Februarkämpfen des Schutzbundes 1934 in Wien teil und flüchtete dann über die Tschechoslowakei in die Sowjetunion. Von 1936 bis 1938 kämpfte er in den Internationalen Brigaden. Im Jahre 1939 wurde er Lektor für deutsche Geschichte an der Sprachen-Hochschule in Moskau. Er habilitierte 1942 in Moskau und war später am Aufbau der antifaschistischen Kurse für deutsche Kriegsgefangene tätig. Im Januar 1945 wurde er zum Oberst befördert und gehörte zum Stab des Marschalls Tolbuchin, dessen Armeen Österreich befreiten. Er nahm an den ersten Gesprächen Tolbuchins mit Karl Renner teil, als deren Folge die erste demokratische Regierung in Österreich gebildet wurde. Nach seiner Tätigkeit als Direktor des Instituts für Wissenschaft und Kunst und als Professor an der Universität Wien wurde er Ordinarius für Zeitgeschichte an der Universität in Halle. Er war Vorsitzender der gemeinsamen Historiker-Kommission DDR-UdSSR.

Hermann Feld

Hermann Feld

Eines Tages im Jahre 1980 saß Frau Fachler im Wartezimmer eines Zahnarztes in Sydney in Australien und blätterte die dort ausliegenden Zeitschriften durch. In der amerikanischen Illustrierten »Esquire« fand sie einen Artikel über den Herausgeber der »New York Times«, Mr. A.M. Rosenthal. Der Autor des Artikels erwähnte auch den Schwager Rosenthals, George Watt, mit der Bemerkung, daß dieser als Freiwilliger der Internationalen Brigaden in Spanien gekämpft hatte.

In der Tat war George Watt zusammen mit Milton Wolff, John Gates und Leonard Lamb (alle vier Juden) führender Offizier der XV. Lincoln-Brigade in Spanien. Nach Ende des Bürgerkrieges kehrte Watt in die USA zurück, meldete sich bei Kriegsausbruch in der US-Armee und wurde Bomberpilot. Bei einem Einsatz wurde er über Belgien abgeschossen, konnte abspringen und wurde von belgischen Résistancekämpfern geborgen und versteckt. Er konnte entkommen und zu seiner Basis in England zurückkehren.

Frau Fachler suchte die Hilfe dieses Spanienkämpfers bei der Suche nach ihrem Bruder Hermann Feld, der als republikanischer Flieger in Spanien abgeschossen und dort an einem unbekannten Ort begraben worden war. Es war seit vielen Jahren der Wunsch von Frau Fachler, die sterblichen Überreste ihres Bruders Hermann Feld nach Israel zu überführen. Frau Fachler schrieb also einen Brief an A.M. Rosenthal und bat ihn, sie mit George Watt in Verbindung zu bringen, denn mit seiner Hilfe hoffe sie, die Grabstätte ihres Bruders zu finden.

Frau Fachler wurde, wie ihre Brüder, in Berlin geboren, emigrierte nach Belgien, überlebte dort den Holocaust und emigrierte nach dem Kriege nach Australien. Inzwischen lebt sie in Israel, wohin ihr jüngster Sohn als Kibbuznik auswanderte. Ich durfte sie im Sommer 1986 in ihrer Wohnung in Israel interviewen.

George Watt hatte sofort Fäden zu ehemaligen Fliegern der Republik in den USA und in Spanien angeknüpft. Er konnte sogar einige Kameraden von Hermann Feld finden, die in seiner Staffel geflogen und enge Freunde von ihm gewesen waren. Besondere Verdienste hat sich der Verband der republikanischen Flieger, die »Asociacion de Aviadores de la República« (ADAR), erworben und hier Antonio Vilella und Antonio Beamud. Auch Senator

Paulino, der einst Militärarzt der Republik war, unterstützte Frau Fachler bei ihren Recherchen.

Hermann Feld wurde als Sohn einer wohlhabenden jüdischen Familie am 21. Februar 1914 in Berlin geboren. Sein Vater war 1909 aus Polen eingewandert und hatte später eine Bekleidungsfabrik gegründet. Hermann Feld gehörte seit früher Jugend linken Jugendorganisationen an. Viele Jugendliche waren im Bund jüdischer Pfadfinder aktiv, der eine linke Tendenz hatte. Manche von ihnen gingen nach Spanien, wie zum Beispiel Bobby Berger.

Als die Nationalsozialisten zur Macht kamen, war Hermann Feld eine der am meisten gefährdeten Personen und mußte mit falschen Papieren flüchten, während seine Familie, Vater, Bruder und Schwester, in Berlin blieben. Der Vater wurde wegen der politischen Aktivität seines Sohnes zuerst in Dachau, später in Buchenwald inhaftiert.

Hermann Feld ging zunächst nach Paris, wo er den Kampf gegen die Nationalsozialisten fortsetzte. Er sandte zahlreiche getarnte antifaschistische Propagandaschriften nach Deutschland, auch an seine Familie, zur weiteren Verbreitung. Vielleicht wußte er nicht, daß die Gestapo noch jahrelang nach seiner Flucht die Wohnung in Berlin regelmäßig durchsuchte, um Spuren von ihm, zum Beispiel Post, zu finden.

Was wurde aus der Familie Feld? Hermann Feld war in Spanien, seine Schwester Hermine in Belgien, der jüngere Bruder Siegfried emigrierte 1939 als dreizehnjähriges Kind nach England, wurde mit siebzehn Jahren als Freiwilliger Offizier im Garderegiment »Royal Fusiliers«, kämpfte bis zum Sieg in der englischen Armee und starb nach dem Kriege mit sechsunddreißig Jahren. Die Eltern wurden nach Auschwitz deportiert und ermordet.

Hermann Feld ging 1934 nach England. In Croydon, dem britischen Luftfahrtzentrum, ließ er sich zum Piloten und Flugingenieur ausbilden. Als der spanische Bürgerkrieg ausbrach, war er einer der ersten, die sich freiwillig in den Dienst der republikanischen Luftwaffe stellten. Er wurde Flieger der internationalen Flugstaffel »España«.

Das Informationsbulletin der ADAR vom April 1981 veröffentlichte einen Aufruf an ehemalige Kameraden Hermann Felds zur Bekanntgabe von Fakten aus seinem Leben als Flieger der Republik. Es meldeten sich mehrere ehemalige Flieger und sogar zwei engste Freunde Hermann Felds, die bis zu den letzten Stunden seines Lebens zusammen mit ihm in der Luft gewesen waren.

Im Juni 1981 schrieb Luis Fernandez Garcia aus Madrid:

»Mein Gewissen läßt mich nicht ruhen, bis ich die im Bulletin Nr. 14 unserer ADAR gewünschten Daten über Hermann Feld, den großen Helden, Piloten und Beobachter unserer glorreichen republikanischen Luftwaffe, mitgeteilt habe [La Gloriosa‹ war der Zuname der republikanischen Luftwaffe – d.A.].

Wir begannen in der Gruppe Nr. 20 der ›Nataschas‹ von den Flugfeldern Madrilejos und Tembleque an die Fronten von Madrid und Guadalajara zum Kampf zu fliegen, wo wir zusammen mit einer Staffel von ›Rasantes‹-Flugzeugen die Italiener besiegten.

Unter den Kommandanten Chacon, Chindes und Camacho war ich Luftpatrouillenchef. Mit mir flogen zwei meiner besten Freunde, die ausländische Freiwillige waren, der Deutsche Hermann Feld zu meiner Linken und der Pole Karol Weiboda zu meiner Rechten. Wir drei wurden Anfang 1937 zu Leutnants befördert. Vom Flugfeld Villafranca wurden wir nach Alcaniz in Aragon versetzt.

Nach der Aragon-Offensive wurden wir nach dem Flugfeld Camporrobles verlegt, wo die Gruppe Nr. 30 mit vier Geschwadern von ›Natascha‹-Flugzeugen formiert wurde. Hier trennten sich unsere Wege. Ich wurde stellvertretender Chef des Flughafens Campo Real, von wo aus wir an der Offensive von Brunete teilnahmen. Hermann wurde zum 2. Geschwader unter Hauptmann Sabate abkommandiert. Das Geschwader operierte von Quintanar de la Orden aus, nicht weit von Villamayor de Santiago, der Basis meines Geschwaders. Aus diesem Grunde sahen wir uns öfters.

Hermann erhielt den wichtigen Posten des Stabschefs des Geschwaders, der ihm aber wenig zusagte, denn er wollte vor allem fliegen und mit dem Geschwader-Commodore bei Erkundungsflügen als Bordschütze und Beobachter dabeisein. Bei einer dieser Missionen wurde das Flugzeug von Flakgeschützen an der Beobachter-Schutzscheibe getroffen.«

Über Freunde in der Schweiz und über Dänemark erhielt die Familie in Berlin die Nachricht über Hermann Felds Tod. Die spanische Botschaft in Bern teilte am 20. Oktober 1937 mit, daß laut Telegramm des Außenministeriums in Valencia der Ingenieur-Pilot Hermann Feld am 18. Juli 1937 in Alcala gestorben ist. Im Namen der Republik kondolierte der Botschafter Antonio Fabra Ribas der Familie.

Im Jahre 1962 lehnte es der frankistische Botschafter in Bern, Manuel de la Calzada, Marquis de Santa Cruz de Inguanzo, ab, sich mit der Bitte Frau Fachler zu beschäftigen, weil »die Roten die Akten nach dem Sieg der Nationalarmee vernichtet haben«. Außer der ADAR hielt sich bis heute keine Stelle oder Organisation für zuständig, sich um das Andenken des jungen antifaschistischen Kämpfers aus Berlin, der im fernen Spanien mit dreiundzwanzig Jahren sein Leben ließ, zu kümmern.

Nach mehrjährigen Nachforschungen, die zu nichts führten, weil die sterblichen Überreste trotz Interventionen vieler Persönlichkeiten nicht gefunden werden konnten, mußte der Wunsch nach Überführung und Bestattung in Israel aufgegeben werden.

Georg Hornstein

Georg Hornstein

In Spanien kämpften viele Deutsche. Über jeden von ihnen legte die für die Regimegegner zuständige Gestapoabteilung ihres Heimat- oder letzten Aufenthaltsortes eine Akte an, unabhängig davon, ob sich die betreffende Person in ihrem Gewahrsam befand oder nicht. In den Akten wurden Aussagen von Gefangenen über die betreffende Person vermerkt und alles zusammengetragen, was die Auslandsspitzel der Gestapo über die Tätigkeit der Widerstandskämpfer in Erfahrung bringen konnten.

Über Georg Hornstein aus Düsseldorf gab es keine Akte bei der Gestapo, denn er war in Deutschland politisch nicht tätig. Seit seiner Verhaftung im Oktober 1940 in Holland bis zu seinem Tode am 3. September 1942 ist seine Akte auf über 100 Seiten angewachsen. Zwischen den vergilbten Aktendeckeln verbirgt sich das tragische Schicksal eines jüdischen antifaschistischen Kämpfers, der den Naziachergen keine Antwort schuldig blieb und diese »Frechheit« mit dem Leben bezahlte.

Georg Hornstein wurde am 8. Dezember 1900 in Berlin geboren. Die Familie übersiedelte 1902 nach Düsseldorf, wo sie auf der Königsallee einen Laden besaß. Georg meldete sich, nach dem Abitur und einem Semester an der Handelshochschule in Köln, im Januar 1918 als Freiwilliger bei der k.u.k. Armee in Wien und diente als Fähnrich beim 33. Landwehrjägerregiment in Krakau bis zu seiner Entlassung im November 1918. Nach Studienaufenthalten in Köln, Paris, London und Buenos Aires kehrte er 1926 nach Düsseldorf zurück, um das Geschäft des inzwischen verstorbenen Vaters zu übernehmen.

1930 übertrug ihm der holländische Warenhauskonzern Bijenkorff in Amsterdam den Zentraleinkauf in Europa und Nordafrika. Als die Nationalsozialisten in Deutschland an die Macht kamen, wollte er nach Übersee auswandern. Er versuchte in London, Brüssel und Paris Auswanderungspapiere zu erhalten, mußte aber nach Holland zurückkehren, um die Aufenthaltsgenehmigung dort nicht verfallen zu lassen.

Als der spanische Bürgerkrieg ausbrach, meldete er sich beim spanischen Generalkonsul in Amsterdam, mit dem er gesellschaftlich verkehrte, als Freiwilliger. Vor der Gestapo begründete er dies mit dem Wunsch, die spanische Staatsangehörigkeit zu erwerben, was sicher eine Schutzbehauptung war. Er fuhr über Paris nach Spanien und meldete sich beim Rekrutierungsbüro der spanischen Armee in Barcelona. Hier sein Bericht, wie er nach seiner Vernehmung von einem SS-Offizier am 24. Januar 1942 in Düsseldorf protokolliert wurde.

»[...] Auf dieser Dienststelle wurde ich eingeh. über meine polit. Vergangenheit und bisherige Tätigkeit befragt. Im Verlauf des Gesprächs ergab es sich, daß ich auf Grund meiner milit. Vorbildung und Sprachkenntnissen eine bessere Verwendung im Frontdienst, als wie ursprünglich beabsichtigt, als Zivilbeamter – finden konnte. Man entließ mich zunächst und versprach mir in den nächsten Tagen genaueren Bescheid zu geben. 3 Tage darauf wurde ich von der fragl. Dienststelle zu einem Truppenteil in *Albacete* abgesandt und erhielt dort eine Ausbildung als Instrukteur, bei der ich gleichzeitig als Dolmetscher verwandt wurde. Nach etwa 2 Monaten erhielt ich das Offizierspatent der rotspan. Armee und wurde als Oberleutnant zu einem Frontstab in Guadalajara – abkommandiert. Es handelte sich um einen Truppenteil der 11. intern. (deutschen) Brigade, wo ich in erster Linie als Dolmetscher zur Übermittlung der Befehle tätig war. Im Juli 1937 anläßlich der ersten rotspan. Offensive, wurde ich als Kompagnieführer an der Front eingesetzt und habe an den dortigen Kämpfen in Brunete b/Madrid, bis zum 8. Juli 1937 teilgenommen.

Bei den Gefechten von Madrid erhielt ich eine schwere Verwundung (Kiefernschuss), die mich felddienstuntauglich machte und die mich längere Zeit zu einem Aufenthalt im Lazarett zwang. Im September 1937 wurde ich wieder nach Albacete beordert und dort als Verbindungs-Offizier zwischen der rotspan. Regierung und dem Generalstab der internat. Brigade – eingesetzt. Diese Stellung hatte ich bis April 1938 inne.

Im April 1938 als ich sah, daß die Sache der Internat. Brigade verloren war, versuchte ich unter allen Umständen nach Holland zurückzukehren. Da mit einer Entlassung bzw. Beurlaubung, seitens der internat. Brigaden nicht zu rechnen war, nutzte ich meine Verbindungen bei der span. Regierung aus, die mir dann auch ohne Wissen meiner milit. vorgesetzten Dienststellen einen Grenzübergangsschein nach Frankreich besorgten, wo ich von meinem Reichsdeutschen Pass mit Aufenthaltsgenehmigung in Holland wieder Gebrauch machte. So kehrte ich Ende April 1938 nach Amsterdam zurück und machte mich hier in der Fabrikation von Lederwaren selbständig.

Als im Mai 1940 Holland von deutschen Truppen besetzt wurde, liquidierte ich noch im Mai 1940 mein Geschäft und legte das daraus erworbene Geld in Schmucksachen und ähnlichen Wertgegenständen an. Bei meinen Bemühungen, Holland zu verlassen und ins Ausland zu flüchten wurde ich dann von der Sicherheitspolizei festgenommen.«

Der hier folgende Teil der Aussage Georg Hornsteins ist das Credo eines jüdischen Widerstandskämpfers.

»Wenn ich gefragt werden, aus welchem Grunde ich als Offizier bei der Internat. Brigade an den Kämpfen in Spanien teilgenommen habe, so habe ich hierzu folgendes zu sagen.

Ich besitze zwar die Deutsche Staatsangehörigkeit und gelte nach den Buchstaben des Gesetzes als deutscher Staatsangehöriger. Als Jude habe ich jedoch praktisch alle Rechte in Deutschland verloren und war darum bemüht, mir eine neue Heimat zu suchen. Daß ich hierbei gerade die besonderen Umstände in Spanien ausnutzte ergibt sich aus der Natur der Sache.

Mir war zwar bekannt, daß ich in Spanien auch gegen deutsche Freiwilligenverbände kämpfte und vor allen als Offizier bei einer von dem deutschen Reich nicht anerkannten Regierung diente. Als Jude habe ich hier für meine Überzeugung und meine Lebensrechte gekämpft. Ich betrachte mich unter den gegebenen Umständen nicht mehr als deutschen Staatsangehörigen und würde jede mir gegebene Gelegenheit benutzen, eine neue Staatsangehörigkeit zu erwerben, wie ich auch als Jude jederzeit bereit wäre für meine Lebensrechte zu kämpfen.

Weitere Angaben habe ich nicht zu machen.«

Im Anschluß an die Vernehmung und deren Protokollierung verfaßte der leitende SS-Offizier einen Schlußbericht, dessen letzter Absatz wie folgt lautet:

»Bei H o r n s t e i n handelt es sich um einen intellektuellen Juden, der in der Erkenntnis der Lage des Judentums in Europa alles auf eine Karte setzt und aus rein egoistischen Motiven handelt. Durch die vorliegenden Umstände nunmehr restlos in seiner Handlungsfreiheit beschränkt, ist er ein fanatischer Gegner des nationalsozialistischen Deutschlands und bedeutet eine Gefahr für die öffentliche Sicherheit und Ordnung, so daß seine Unterbringung in ein Konzentrationslager angebracht ist.«

Die Gestapo beantragte am 24. Januar 1942 beim Reichssicherheitshauptamt in Berlin die Schutzhaft der Stufe 3, das heißt die Konzentrationslager-Inhaftierung für besonders gefährliche Gegner des Naziregimes. Der Schutzhaftbefehl wurde am 6. März 1942 ausgestellt und von Heydrich unterzeichnet. Die dort angeführten Gründe: »Er gefährdet nach dem Ergebnis der staatspolizeilichen Feststellungen durch sein Verhalten den Bestand und die Sicherheit des Volkes und Staates, indem er auf Grund seines Einsatzes als Rotspanienkämpfer zu der Befürchtung Anlaß gibt, er werde sich in Freiheit staatsabträglich verhalten.«

Bis zu seiner Überstellung ins Konzentrationslager Buchenwald befand er sich im Polizeigefängnis in Düsseldorf, wo er seit der Ankunft aus Amsterdam inhaftiert war. Aus der Zelle schickte er seiner Mutter Hulda Hornstein, die noch in Düsseldorf wohnte, mehrere Briefe. Er tröstete die besorgte Mutter mit der Zusicherung, daß er sich guter Gesundheit erfreue, obwohl er Folterungen während der Vernehmung hinter sich hatte.

Nach der Ausstellung des Schutzhaftbefehls durch Heydrich im März 1942 wurden die Vernehmungsakten mit allen Anlagen an verschiedene Gestapo- und Sicherheitsdienst-Stellen in Berlin geschickt. Am 16. April 1942 wurde die Überführung ins Konzentrationslager Buchenwald angeordnet. Georg Hornstein kam dort am 7. Mai 1942 an. Er war unter ständiger Beobachtung und durfte nicht bei Arbeiten der Außenkommandos beschäftigt werden. Am 21. Juli 1942 wurde seine Mutter nach Theresienstadt deportiert.

Am 3. September 1942 wurde Georg Hornstein von der SS getötet. Sein Tod wurde mit einem Fernschreiben der Gestapo in Düsseldorf mit dem Vermerk: »Eilt, sofort vorlegen« bekanntgegeben.

Wegen des Nachlasses von Hornstein wurden mehrere Fernschreiben zwischen der Gestapostelle in Düsseldorf und der SS in Buchenwald und Theresienstadt gewechselt. Am 11. September 1942 verfügte die für Theresienstadt zuständige Gestapostelle in Prag, über den Nachlaß »[...] anderweitig zu verfügen, da die Angehörigen bereits evakuiert sind«. Hieraus geht hervor, daß die Mutter Hornsteins vor dessen Ermordung nach Auschwitz verschickt und dort ermordet worden ist.

Kurt Goldstein

Kurt Goldstein wurde am 3. November 1914 in Dortmund als Sohn eines Ladenbesitzers geboren. Der pazifistisch eingestellte Vater ist im Ersten Weltkrieg gefallen. Kurt wurde Mitglied des links eingestellten deutschjüdischen Wanderbundes »Kameraden«. 1928 wechselte er zum Kommunistischen Jugendverband Deutschlands. Mit sechzehn Jahren wurde er aktives Mitglied der KPD.

Als die Nationalsozialisten 1933 zur Macht kamen, war er als jüdischer Kommunist besonders gefährdet. Er flüchtete aus Deutschland und gelangte nach Abenteuern in mehreren Ländern nach Paris. Dort schloß er sich der zionistisch-sozialistischen Organisation »Hechalutz« an, die ihm eine Berufsausbildung und die legale Einwanderung nach Palästina ermöglichte. Goldstein mußte sich zunächst auf einer Hachschara, einer landwirtschaftlichen Lehrfarm, auf die Arbeit in Palästina vorbereiten. Dort lernte er ein zionistisches Mädchen kennen, die später seine Lebensgefährtin werden sollte. Sie unterstützte ihn im Bestreben, in Palästina eine sozialistische Heimstätte für die Juden aufzubauen. Goldstein kam 1934 nach Palästina.

Palästina wäre wahrscheinlich die Endstation seiner Wanderungen geworden, wenn 1936 nicht der spanische Bürgerkrieg ausgebrochen wäre. Er war einer der ersten über dreihundert Freiwilligen, die aus Palästina nach Spanien gingen. Er nahm an allen Schlachten des Krieges teil, unter anderem an der Schlacht um Teruel im Jahre 1937. Die faschistische Gegenoffensive erlebte er bei Seguros los Baños. Er wurde am Bein verwundet und lag einen Monat im Lazarett in Vich. Während der Rekonvaleszenz wurde er zum Politkommissar in Vich und später in Santa Colona de Paneres ernannt. Auch an der zunächst siegreichen, aber am Ende gescheiterten Ebro-Offensive nahm Goldstein teil. Dort erreichte ihn und seine Mitkämpfer der Beschluß des Völkerbundes über den Abzug der Interbrigadisten von der Front, deren Auflösung und Repatriierung. Das Letztere kam für den jüdischen Kommunisten Goldstein nicht in Frage. Wie Tausende seiner Waffenkameraden aus faschistischen Ländern blieb er in Spanien und meldete sich gemeinsam mit ehemaligen Interbrigadisten der XI., XIII. und XV. Brigade noch einmal freiwillig zum Kampf im Rahmen der internationalen Kampfgruppierung »Agrupacion Internacional«.

Im Februar 1939 wurde Goldstein ins Internierungslager

Gurs gebracht, später nach St. Cyprien, dann nochmals nach Gurs. Goldstein meldete sich als Freiwilliger bei der französischen Armee, aber ihm wurde statt dessen der Dienst in der Fremdenlegion angeboten. Goldstein und seine Kameraden lehnten dieses Angebot mit der Begründung ab, daß sie keine Söldner im Dienst des Imperialismus in Afrika sein wollten. Die Aktivisten unter den Internierten wurden darauf nach Le Vernet transportiert.

Goldstein blieb dort bis Juli 1942, als man die jüdischen Internierten ins berüchtigte Durchgangslager Drancy bei Paris schickte. Von dort kam er mit den ersten Transporten aus Frankreich nach Auschwitz. Er war im Nebenlager Jawischowitz als Häftling Nr. 58 866 inhaftiert und arbeitete in der dortigen Kohlengrube. Mit dieser niedrigen Nummer war er einer der alten »Auschwitzer«. Als sich die Rote Armee Auschwitz näherte, wurden alle marschfähigen Gefangenen am 17. Januar 1945 auf einen Evakuierungsmarsch geschickt. Wer nicht gehen konnte, wurde erschossen. Die erste Etappe war das Konzentrationslager Groß Rosen, das ungefähr nur ein Viertel der überlebenden Gefangenen erreichte. Nur fünfhundert von dreitausend Häftlingen kamen in Buchenwald an.

Nach der Befreiung beteiligte sich Kurt Goldstein am Wiederaufbau der KPD, zunächst in Thüringen, wo er befreit wurde. Er wurde 1945 Sekretär der Landesleitung der »Freien Deutschen Jugend«, die bis 1949 auch die westdeutsche kommunistische Jugend betreute. Der bedeutende kommunistische Führer Max Reimann, der ihn in seiner Jugend in Dortmund zur kommunistischen Jugend gebracht hatte, initiierte seine Berufung bei der FDJ. Diese Position bekleidete Kurt Goldstein bis zum Jahre 1957, als er stellvertretender Chefredakteur und anschließend Intendant des Deutschlandsenders in Ost-Berlin wurde. Er war Mitglied der Zentralen Leitung des Komitees der antifaschistischen Widerstandskämpfer in der DDR.

Kurt Goldstein ist Träger und Besitzer hoher Auszeichnungen der DDR, unter anderem der Hans-Beimler-Medaille. Er ist heute hauptamtlicher Sekretär der FIR (Federation Internationale de la Résistance) in Wien und Präsidiumsmitglied des Internationalen Ausschwitz-Kommitees.

Friedl Kassowitz

Wenige Wochen vor seinem dreißigsten Geburtstag fiel bei Navalperal am 4. Juli 1937 der Kommandant der 3. Kompanie des 10. Bataillons im Verband der XIV. Internationalen Brigade Dr. Friedl Kassowitz. Die deutsche Ausgabe der Frontzeitung der Internationalen Brigade, »Voluntario de la Libertad«, widmete ihm einen ganzseitigen Nachruf mit Lebenslauf. Dort stand unter der Überschrift »Genosse Dr. Friedl Kassowitz gefallen« unter anderem:

»Und als die faschistischen Barbaren, nachdem sie das eigene Volk geknechtet, das herrliche spanische Volk überfielen und damit den deutschen Namen schändeten, bist du, der Jude, herbeigeeilt, um als wahrer Deutscher und Antifaschist den deutschen Namen unter den anderen Völkern wieder zu Ehren zu bringen.

Obwohl du auf spanischem Boden infolge deiner hervorragenden fachlichen Kenntnisse und sprachlichen Fähigkeiten dem Kommando der Internationalen Brigaden in besonderer Mission zur Verfügung standest und schon dort wertvolle Dienste im Kampfe gegen den Faschismus geleistet hast, warst du mit deiner Verwendung nicht einverstanden.

Du bist an die vorderste Front geeilt. Du bist an der Spitze deiner Abteilung gefallen:

für das freie Spanien, weil du die Schmach und die Verbrechen der Faschisten tilgen mußtest, die das deutsche Volk belasten, das sie unter Mißbrauch seines Namens begangen wurden;

für die Arbeitersache und die sozialistische Zukunft der Menschheit, der du als Intellektueller in Treue ergeben warst;

für das deutsche Volk, das du als deutscher Jude geliebt hast und dem du zur Freiheit verhelfen wolltest, indem du in den vordersten Reihen kämpftest, um das deutsche Volk möglichst rasch von seinen faschistischen Peinigern zu befreien.«

Walter Katz

Die ungeheure Überlegenheit der faschistischen Luftwaffe im Bürgerkrieg, besonders der Bomberflugzeuge, konnte nur durch den mutigen Einsatz der Jagdpiloten der republikanischen Luftwaffe einigermaßen kompensiert werden. Vier Geschwader-Commodores befehligten diese Truppe, denen dreizehn Gruppenkommandeure unterstanden. Bis zum letzten Luftkampf im Januar 1939 führten 46 Staffel-Kapitäne die republikanischen Jagdstaffeln, die meistens aus sowjetischen »Chato«- und »Mosca«-Jagdflugzeugen bestanden. Einer von ihnen war José Maria Bravo, den ich im Oktober 1986 in Madrid kennenlernte.

Es operierten zwei Nachtjagd-Staffeln, die eine wurde von José Falco San Martin kommandiert, die andere befehligte der deutsche Jude Walter Katz, dessen Staffel aus »Chato«-Flugzeugen bestand.

Walter Katz war einer der letzten zwölf Jagdpiloten gewesen, die im Bürgerkrieg umkamen, und der letzte internationale nichtspanische Jagdpilot, der sein Leben für die Republik opferte. Er wurde beim Einsatz der Nachtjagd-Staffel, die er führte, am 20. November 1938, zwei Monate vor dem letzten Luftangriff der Republik, bei Seros am Segre-Fluß über Katalonien abgeschossen. Katz war sofort tot, sein Bordschütze Sergeant Lopez überlebte den Absturz.

Leider konnte ich trotz vieler Bemühungen keine weiteren biographischen Details über Walter Katz erhalten.

Ernst Toller

Die spanische Republik hat den Krieg mit den tragischen Konsequenzen für Millionen ihrer Bürger nicht zuletzt deshalb verloren, weil ihre natürlichen potentiellen Verbündeten, die westlichen Demokratien, sie nicht nur im Stich ließen, sondern auch die Hilfe von anderswo politisch und technisch behinderten. Jeder ahnte oder wußte, daß die erstarkten Faschisten einen Weltkrieg entfesseln werden, aber die Politiker verschlossen sich dieser Ansicht. Viele Millionen, zunächst Europäer, hielten den Atem an, andere verzweifelten. Zu den Verzweifelten zählte Ernst Toller, der den Bürgerkrieg zunächst für verloren hielt. Ende Juli 1938 fuhr er nach Spanien, um sich selbst über die Lage zu informieren.

»Der stärkste Eindruck, den ich im loyalistischen Spanien gehabt habe, ist die heroische Haltung des Volkes, das kämpft und widersteht, das hungrig ist ohne zu klagen, mutige Antifaschisten, die Demokraten bleiben in ihrem täglichen Leben unter Bedingungen des Krieges. [...]

Mehr und mehr Menschen in der Welt erkennen die Signifikanz des spanischen Krieges. Ihr und eure Freiwilligen-Kameraden aus anderen Ländern wart die Pioniere – ihr wart die ersten, die an den Schlaf der Welt rührten.«

Als Toller Mitte September 1938 Spanien verließ, stand die Auflösung der Interbrigaden kurz bevor. Die sowjetischen Berater hatten Spanien unauffällig verlassen. Er entwarf einen Hilfsplan, der die Aufbringung von fünfzig Millionen Dollar vorsah. Er besuchte in direkter Folge England, die USA, Finnland, Schweden, Dänemark und Norwegen, wo Sozialisten an der Macht waren. Unablässig veröffentlichte er Aufrufe, sprach mit Politikern, Geistlichen, Ministern, warnte den Westen vor den Gefahren des Faschismus für die Welt.

Der Idealist Toller schloß von sich auf andere und glaubte an die Kraft des Mitleids und der humanitären Solidarität unter Menschen. Die Regierungen versprachen eine Unterstützung unter der Bedingung, daß die USA und England dem Hilfsplan zustimmten. Als diese Zustimmung endlich erfolgte und die ersten Gelder zu fließen begannen, war es zu spät. Inzwischen gab es nichts mehr zu verteidigen, denn die Republik war am 1. April 1939 gefallen.

Ernst Toller wurde am 1. Dezember 1893 in Samoczyn bei Posen als Sohn einer jüdischen Kaufmannsfamilie geboren. Er unterbrach 1914 das Studium in Grenoble, um vor Verdun zu kämpfen. Er verließ die Armee 1917 als militanter Pazifist, wurde 1918 verhaftet und wieder in Uniform gesteckt, nachdem er im Militärgefängnis inhaftiert gewesen war. 1918 wurde er stellvertretender Vorsitzender des Arbeiterrates und Kommandant der bayerischen Roten Armee innerhalb der kurzlebigen Münchener Räterepublik. Er wurde zu fünf Jahren Festungshaft wegen »Hochverrat« verurteilt und 1924 aus Bayern ausgewiesen. Sein Stück »Masse Mensch« wurde 1921 von Erwin Piscator am Proletarischen Theater in Berlin aufgeführt. 1926 besuchte er die Sowjetunion als Mitglied der Gruppe Revolutionärer Pazifisten. Im Januar 1933 kam er von einer Vortragsreihe in der Schweiz nicht mehr zurück, denn er war einer der von den Nationalsozialisten am meisten gehaßten Intellektuellen. Die Nationalsozialisten versuchten ihn 1935 zu entführen und zu ermorden. Er emigrierte in die USA, wo er in Hollywood Fuß fassen wollte, aber ohne großen Erfolg. In Mexiko gründete er die »Liga pro Cultura Alemana«. Er nahm auch am zweiten internationalen Kongreß zur Verteidigung der Kultur in Paris teil. In den

USA schrieb er ein autobiographisches Buch, »Eine Jugend in Deutschland«, und das Stück »Pastor Hall«.

Als seine Mission, eine große Hilfsaktion zu organisieren, gescheitert war, kehrte er in die USA zurück. Er war darüber verbittert, daß ein Teil der Gelder, deren Aufbringung er veranlaßt hatte, schließlich durch Zufall oder Absicht bei Franco landete. Er sah sich am Ende des Weges, nicht zuletzt deshalb, weil er von nun an von der Unvermeidbarkeit des Weltkrieges überzeugt war, dessen Ausbruch er in Kürze erwartete. Von seiner jungen Frau, der Schauspielerin Christiane Grantoff, die er fünf Jahre zuvor geheiratet hatte, getrennt und voller Zweifel über sein literarisches und politisches Werk, erlag er offenbar Depressionen. Er erhängte sich am 22. Mai 1939 in einem Hotel in New York. Er wußte vor seinem Tode nicht, daß die Hilfsmittel, die er mobilisiert hatte, am Ende doch den spanischen Flüchtlingen in Frankreich zugute kamen und ihre Not linderten. Sein Stück »Pastor Hall« wurde wenige Tage nach seinem Tode in London aufgeführt. Seine Kriegsvision sollte Wirklichkeit werden: dreizehn Wochen nach seinem Tode fing der Zweite Weltkrieg an.

Carl Einstein

Mehrere deutsche Dichter und Schriftsteller kämpften in Spanien mit dem Gewehr, mit der Feder und mit der Schreibmaschine. Einer von ihnen war Carl Einstein, der 1895 als Sohn eines Lehrers am Israelitischen Landes-Stift in Karlsruhe geboren wurde. Seit seiner Kindheit und Jugend stand er der Sozialdemokratie nahe und kämpfte für sie mit der Feder. Wegen der Schrift »Die schlimme Botschaft«, die seine Version vom Wirken Jesu Christi darstellte, wurde er zu einer hohen Geldstrafe wegen Gotteslästerung verurteilt. Nach dem Ersten Weltkrieg näherte er sich der KPD. 1926 erschien aus seiner Feder der 16. Band der Propyläen-Kunstgeschichte, »Die Kunst des 20. Jahrhunderts«.

Carl Einstein emigrierte nach Frankreich und ging bereits im September 1936 zusammen mit seiner Frau nach Spanien. Der spanische libertäre und undogmatische Anarchismus, der tiefe Wurzeln im Volk hatte, hatte ihn angezogen. Er wurde Soldat einer anarchistischen Einheit, nachdem er Durruti, den anarchistischen Volkstribun, als Journalist kennengelernt hatte. Über Durruti schrieb er, daß er das vorgeschichtliche Wort »ich« aus seiner Grammatik verbannt habe. Nach dem Tode Durrutis verfaßte er einen ergreifenden Nachruf auf ihn.

Einstein kämpfte in Spanien bis zum Ende, auch als die Anarchisten unterdrückt wurden.

Nach dem Sieg Francos wurde er in Argelés interniert. Er kehrte als gebrochener Mann nach Paris zurück und wurde im Mai 1940, wie alle Deutschen, noch einmal interniert, im Lager Gurs. Als sich die deutschen Truppen dem Lager näherten, entließ der Lagerkommandant die Internierten. Einstein konnte in einem Kloster ein Versteck finden. Er hatte eine Chance, aus Europa über Spanien zu entkommen. Viele haben es gewagt und Glück gehabt. Er glaubte, als Jude und Spanienkämpfer keine Chance zu haben. Dem Galleristen Kahnweiler sagte er, bevor er Paris verließ: »Ich weiß, was passieren wird. Man wird mich internieren, und französische Gendarmen werden uns bewachen. Eines schönen Tages werden es SS-Leute sein. Aber das will ich nicht. Ich werde mich ins Wasser werfen.«

Am 5. Juli 1940 verließ er das Kloster, ging zum nahegelegenen Fluß und warf sich ins Wasser, nachdem er sich vorher die Adern durchgeschnitten hatte. Im gleichen Jahr beging aus gleichen Motiven auch Walter Benjamin Selbstmord.

Julius Deutsch

Julius Deutsch war als General der spanischen republikanischen Armee während des Bürgerkrieges einer der wenigen sozialdemokratischen Führer, die aktiv am Krieg teilnahmen.

Julius Deutsch wurde am 2. Februar 1889 in Lackenbach im österreichischen Burgenland als Sohn eines jüdischen Gastwirts und Handelsvertreters geboren. Bereits mit vierzehn Jahren war er Hilfsarbeiter und Druckerlehrling. Er wurde Mitglied der Zentralleitung des Vereins jugendlicher Arbeiter in Wien. Später wurde er durch den Führer der österreichischen Sozialdemokratie, Victor Adler, gefördert, der ihm zum nachgeholten Abitur verhalf. Anschließend studierte er Rechts- und Wirtschaftswissenschaften in

Zürich. Nach Ausbruch der russischen Revolution von 1905 gründete er den Verein internationaler sozialistischer Studenten.

Von 1914 bis zum Dezember 1917 war Deutsch Frontoffizier im Ersten Weltkrieg. Dann wurde er ans Kriegsministerium in Wien abkommandiert. Er gründete eine geheime sozialdemokratische Militärorganisation, um den Einsatz der Armee bei den 1918 beginnenden Streiks zu verhindern. Dies war die Vorform der späteren Soldatenräte. Als der Krieg 1918 zu Ende ging, wurde er Staatssekretär im Verteidigungsministerium, zuständig für die Demobilisierung der alten Armee und Gründung der neuen Volkswehr. Er diente der österreichischen Republik als Mitglied der Konstituierenden Nationalversammlung, Mitglied des Nationalrats (bis 1934) und Parlamentskommissar für das Heereswesen. Als Parteivorstandsmitglied der SDAPÖ gründete er 1923 den Republikanischen Schutzbund, dessen Obmann er bis zu dessen Auslösung durch die faschistische Regierung 1933 war. Von 1926 bis 1934 war er Präsident der Internationalen Kommission zur Abwehr des Faschismus, aus welcher die Organisation der sozialdemokratischen Selbstschutz-Verbände Europas hervorging.

Er war auch Präsident der Sozialistischen Arbeiter-Sport-Internationale in Luzern, die die Arbeiterolympiade in Frankfurt und die nicht stattgefundene Olympiade in Barcelona organisierte. Deutsch war militärischer und politischer Führer des Aufstandes der Arbeiter in Wien und mußte nach dessen Niederschlagung im Februar 1934 in die Tschechoslowakei flüchten.

Als der spanische Bürgerkrieg ausbrach, kam er als Militärberater der republikanischen Regierung nach Spanien. Er wurde Kommandeur der 3. Division der spanischen Armee. Später wurde ihm als General der Aufbau der bis dahin fast nicht vorhandenen Küstenverteidigung anvertraut.

Im Oktober 1937 wurde in Antwerpen die ausgefallene Arbeiterolympiade von Barcelona nachgeholt. Deutsch war Präsident der Olympiade, an welcher starke Kontingente aus der Sowjetunion und aus dem kämpfenden Spanien teilnahmen.

Seit 1938 war Deutsch im spanischen Kriegsministerium tätig und startete eine diplomatische Aktion in vielen europäischen Staaten, um die Bombardierung offener Städte durch die Faschisten zu verhindern. Dieser Initiative Deutschs war kein Erfolg beschieden.

Nach der Niederlage der Republik kümmerte er sich um

die in Frankreich internierten Kampfgenossen und setzte sich energisch für die Wiederbelebung der Volksfront unter den deutschen und österreichischen Sozialdemokraten und Kommunisten ein. Nach Kriegsausbruch 1939 bemühte er sich um eine offizielle Vertretung des demokratischen Österreich in Frankreich und führte Verhandlungen über die Gründung einer österreichischen Legion innerhalb der französischen Armee.

Als die Deutschen Frankreich besetzten, konnte er nach London flüchten. Von dort ging er nach Kuba, wo er interniert wurde. Später emigrierte er in die USA. Ab 1941 war er Mitarbeiter der »Free World Association«, die den Aufbau der Demokratie in Europa nach dem Kriege zum Ziele hatte. Er war in Kreisen der exilierten Sozialisten tätig und protestierte heftig, als Otto von Habsburg ein österreichisches Bataillon innerhalb der US-Armee aufzustellen versuchte.

1946 kehrte er nach Wien zurück, wo er hohe Partei- und Staatsämter bekleidete. Er war Ehrenmitglied des »Bundes sozialistischer Freiheitskämpfer« sowie Vorsitzender der »Gesellschaft der Freunde des republikanischen Spaniens«. 1952 trat er von seinen Ämtern nach über sechzigjährigem Wirken für Freiheit und soziale Gerechtigkeit zurück.

Josef Toch

Josef Toch wurde am 10. März 1908 in Wien geboren. Nach dem Besuch der Höheren Schule und einer Textilfachschule wurde er kaufmännischer Angestellter. Als Mitglied einer zionistischen Jugendorganisation wanderte er 1929 nach Palästina aus, nachdem er einen Kurs auf einer Chachschara, einer Lehrfarm, absolviert hatte. 1932 kehrte er nach Wien zurück, wurde Mitglied der KPÖ und ab 1933 illegaler Funktionär.

1936 ging er nach Paris, wo er an der Deutschen Freiheits-Bibliothek mitarbeitete (Bibliothek der verbrannten Bücher). Bereits im Oktober 1936 war er auf dem Weg nach Spanien.

Josef Toch wurde nach dem Ende des Bürgerkrieges in Südfrankreich interniert und konnte nach England entkommen, aber auch hier wurde er von 1940 bis 1941 als feindlicher Ausländer auf der Isle of Man interniert. Er mußte bis 1944 in der Landwirtschaft und in der Industrie arbeiten und wurde Mitglied des Verbandes der österreichischen Interbrigadisten in Großbritannien.

1946 kehrte Josef Toch nach Wien zurück und arbeitete beim Rundfunk und Theater als Autor und Dramaturg. Daneben wirkte er auch als Redakteur der kommunistischen »Volksstimme«. 1957 trat er aus der KPÖ aus und wurde Mitglied des »Bundes sozialistischer Akademiker«. Es schloß sich eine ausgedehnte Tätigkeit an als Schriftsteller, Lektor, Archivar und Erforscher des Anteils der Juden am spanischen Bürgerkrieg. Er war aktives Mitglied des österreichischen PEN-Clubs und lebte abwechselnd in Wien und in Israel, wo sein Sohn Michael an der hebräischen Universität wirkt. Ihm ist es zu danken, daß die Informationen über die jüdischen Spanienkämpfer auf Spaniens Schlachtfeldern nicht ganz in die Mühlen der kommunistischen Geschichtsschreibung gerieten. Er starb am 6. November 1983 in Wien.

Bernhard Littwack

Bernhard und Eva Littwack

Dr. Bernhard Littwack wurde 1902 in Ortelsburg in Ostpreußen geboren. Er studierte Medizin in Königsberg und promovierte in Bonn. Anschließend war er als Praktikant am Krankenhaus Moabit in Berlin tätig. In diesem Krankenhaus arbeiteten viele fortschrittliche Ärzte und Professoren, viele Sozialdemokraten und Juden. Als die Nationalsozialisten zur Macht kamen, ließen sie ihre Wut über das »rote« Krankenhaus Moabit aus, indem sie die meisten Ärzte und Professoren mißhandelten und entließen.

Bernhard Littwack war mit der nichtjüdischen Oberschwester Eva verheiratet. 1933 wurde die Tochter Carmen geboren. Er ging zunächst nach Belgrad auf der Suche nach einer Beschäftigung, kehrte aber im April 1934 nach Berlin zurück. Er versuchte eine Privatpraxis aufzumachen, aber der jüdische Arzt wurde terrorisiert. Mitte 1934 hatte es geheißen, daß zweihundert jüdische oder andere verfolgte Ärzte für die Sowjetunion von der sowjetischen Botschaft in Prag gesucht werden. Bernhard Littwack fuhr nach Prag, aber die Botschaft vertröstete ihn und andere. Schließlich wurden nur fünfzig Ärzte angeworben. Wie Littwack später erfuhr, ist von diesen fast niemand am Leben geblieben. Sie alle hat die Welle der Verhaftungen und »Säuberungen« wenige Jahre später verschlungen.

Littwack war während seiner Studienzeit Mitglied einer zionistischen Studentenverbindung, gleichzeitig Mitglied der SPD und aktiv im Reichsbanner, der demokratischen Schutztruppe der Sozialdemokratie.

Im Januar 1937 meldete sich Littwack bei der spanischen Botschaft in Prag als Freiwilliger für den Sanitätsdienst bei der spanischen republikanischen Armee. Er besorgte sich ein französisches Transitvisum und meldete sich in Paris beim Service Sanitaire. Da er kein Kommunist war, wurde sehr genau nach seiner politischen Vergangenheit geforscht, und schließlich – Ärzte wurden ja dringend gebraucht – wurde er mit einer Gruppe von dreißig Freiwilligen zunächst nach Perpignan und später illegal über die Grenze nach Spanien gebracht. Kaum im wegen der Luftangriffe verdunkelten Barcelona angekommen, wurden die Ärzte nach Valencia und danach zu der Basis der Internationalen Brigaden nach Albacete transportiert.

Littwack erhielt den Grad eines Leutnants und wurde Chefarzt des Krankenhauses Nr. 1 der »Socorro Rojo«, der Roten Hilfe, in Albacete. Dort blieb er bis zum Ende des Krieges. Die spanische Regierung versprach Littwack, seine Frau Eva und ihre Tochter Carmen aus Berlin sobald als möglich nachkommen zu lassen. Eva Littwack wurde als hochqualifizierte Krankenschwester dringend gebraucht. Carmen wurde in die Schweiz zu einer Pastorenfamilie in Bern gebracht, wo das Kind jedoch sehr schlecht behandelt wurde, obwohl das Hilfskomitee für Spanien und die spanische Regierung für die Kosten der Unterbringung aufkamen. Eva Littwack hatte sich ebenfalls freiwillig gemeldet und kam nach Albacete. Dort wurde vom Alcalde, dem Bürgermeister, die seit der Machtübernahme durch die Nationalsozialisten immer wieder verschobene Trauung durchgeführt. Eva Littwack war eine der wenigen qualifizierten Krankenschwestern im Krankenhaus. Mit ihr waren noch eine holländische antifaschistische Genossin, eine königstreue Engländerin und mehrere Schwestern aus Polen und Lettland sowie spanische Frauen, die während der Arbeit den Beruf erlernten.

Benko Littwack berichtet:

»Mit uns zusammen war ein Arzt aus Bonn, ein jüdischer Kommunist namens Hans, ein äußerst lieber Mensch, der bei uns in Albacete in der Chirurgie arbeitete. Dieser Mann hat sich für die Verwundeten geopfert. Ich habe später gehört, daß er in der Résistance in Frankreich umgekommen ist. Wir hatten auch einen französischen Neurologen. Wir beide wurden als Sozialdemokraten nicht ganz ernst genommen und mußten uns wegen jeder Handlung oder Unterlassung sehr vorsehen. Wegen einer zu hohen Morphiumdosis sollte ich vor ein Kriegsgericht, obwohl ich damit nichts zu tun hatte, nur rein formell als Chefarzt. Ein spanischer Kollege hat so heftig zu meinen Gunsten interveniert, daß die Sache fallengelassen wurde.

Außer den deutschen Brigadezeitschriften gab es nur spanische Zeitungen. Öfter kamen deutsche und österreichische Freunde zu uns, mit denen wir uns ziemlich offen unterhalten konnten. Ein paar Letten waren so fanatische Kommunisten, daß eine Unterhaltung nicht möglich war. Mit Dr. Langer, dem Bruder von Ernst Fischer, dem hohen österreichischen Funktionär der KPÖ, waren wir eng befreundet. Er und seine jüdische Frau waren keine fanatischen Kommunisten. Wir hatten in Albacete einen holländischen Kollegen, einen jüdischen Arzt aus Amsterdam. Er war zunächst bei mir und ging später an die Front, an einen vorgeschobenen Verbandsplatz. Er war ein ganz junger, vitaler, sehr angenehmer Kollege, der perfekt deutsch und spanisch sprach.

Bei uns in Albacete war auch der deutsche Arzt Dr. Schnell, der nach einer schmerzhaften Verwundung drogensüchtig wurde. Er kam an die Front, geriet in Gefangenschaft und wurde als Gefangener erschossen. Ein anderer Kollege, ein jüdischer Arzt aus Frankreich, der in Spanien Dr. Delarbre hieß, war Chefarzt des Militärlazaretts in Murcia. Dann gab es den jungen jüdischen Arzt Dr. Pollak aus Frankfurt. Er war Frontarzt und wurde mehrmals vor ein Kriegsgericht gestellt, weil er, statt die Verwundeten zu versorgen, sich immer wieder zu Spähtrupps, Erkundungsoperationen und Partisanenkämpfen freiwillig gemeldet hat. Er suchte immer wieder nach einer Gelegenheit, dorthin zu kommen, wo es gefährlich war. Er war unpolitisch, einfach ein Antifaschist, der die Faschisten schlagen wollte. [...]

Nach vielen Monaten bekamen wir endlich im April 1938 Urlaub. Wir wollten zusammen nach Paris fahren. Mein Paß war noch gültig, ohne den ›J‹-Stempel für Juden. Nach vier Wochen Urlaub in Paris wollten wir nach Spanien zurück, aber da sagte man uns in der spanischen Botschaft, daß wir wegen der Kriegslage nicht mehr gebraucht würden. Inzwischen war uns das Urlaubsgeld ausgegangen, und die spanischen Behörden verweigerten uns jegliche Unterstützung. Als vom spanischen Hilfskomitee keine Hilfe mehr zu erwarten war, ging ich zum jüdischen, zum sogenannten Rothschild-Komitee.«

Eva Littwack berichtet:

»Eines Tages wurden wir beide auf die Präfektur in Paris vorgeladen. Am Abend wurden wir dann unter Bewachung ins Hotel geführt, mußten sehr schnell packen und wurden in eine finstere Provinz, die Ardèche, transportiert. Wir waren ungefähr zwanzig Spanienkämpfer, die zusammen in die Ardèche deportiert wurden. [...] Ich hatte Carmen, die inzwischen sechs Jahre alt war, aus der Schweiz nach Paris geholt. Es lief eine Aktion für Ferien in der Schweiz für Emigranten-Kinder. Unsere Carmen war dabei, und sie hatte diesmal mehr Glück, denn sie kam zu sehr netten Leuten nach Bern, mit denen wir noch heute in gutem Kontakt stehen. Als Carmen aus der Schweiz im September 1939 zu uns zurückkam, war der Krieg schon ausgebrochen. Benko wurde abgeholt und als Deutscher, also feindlicher Ausländer, verhaftet. Unser Dorf südlich von Marseille war ein rechtsradikales Nest. Der örtliche Staatsanwalt, ein Faschist, hatte es auf Benko abgesehen. Er kam in das berüchtigte Konzentrationslager Les Milles. Am 2. Januar 1940 wurde Benko entlassen, weil seine Magengeschwüre wieder aufgebrochen waren. Am 10. Mai 1940 wurden wir beide von der Polizei abgeholt, das Kind war auf dem Schulhof. Nach zwei Tagen im Gefängnis wurden wir nach Privas in die Souspräfektur gebracht.«

Benko und Eva Littwack berichten:

»1942 erhielt ich die Erlaubnis, nach Marseille zu fahren. Ein Hilfskomitee hatte für uns Spanienkämpfer eine Schiffspassage nach Mexiko für 60 000 Franken besorgt, und die Polizei gab uns auch ein Ausreisevisum. Das Schiff sollte in zehn Tagen von Marseille auslaufen. Aber Anfang September 1942 wurde auch in Frankreich die Endlösung der Judenfrage eingeleitet. Wir waren beide auf der Liste der zu verhaftenden Personen. Wir haben vereinbart, daß ich Benko fünf Kilometer weiter in den Bergen treffen werde, um ihm die Papiere, die Schiffskarte und Geld zu bringen, damit er nach Lissabon fahren konnte. Benko bat mich, mit ihm zu kommen, aber ich konnte doch Carmen nicht alleine lassen.«

Trotz aller Vorsicht wurde Benko Littwack verhaftet und anschließend ins Durchgangslager Drancy bei Paris gebracht. Dort versuchte ein evangelischer Pfarrer, die nicht beschnittenen Männer zu retten. Dies gelang ihm in einigen Fällen; er wurde später von der SS ermordet. Benko Littwack wurde nach Osten abtransportiert. Eva Littwack ging über die Demarkationslinie nach Drancy, im ihren Mann zu retten. Sie ging zum Deutschen Roten Kreuz. Dort wurde ihr eröffnet, daß sie gelogen hatte, als sie die jüdische Herkunft ihres Mannes verschwiegen hatte. Es wurde ihr in Aussicht gestellt, mit Scheidungspapieren und ohne Kind herüberzukommen. Zwei Tage später wurde Benko Littwack ins Lager Annaberg in Oberschlesien gebracht. Nach einigen Wochen kam er ins Konzentrationslager Blechhammer, ein Nebenlager von Auschwitz.

Eva Littwack irrte mit ihrem Kind von einem französischen Dorf zum anderen. Ein evangelischer Pastor besorgte ihr eine Unterkunft. Eines Tages wurde sie in eine Gaststätte gerufen. Dort drohten ihr zwei Gestapo-Agenten an, ihr das Kind wegzunehmen, wenn sie sich von ihrem Mann nicht scheiden ließe. Eva Littwack versteckte das Kind bei Bekannten im Dorf, um bei der Gestapo wegen der Freilassung ihres Mannes zu intervenieren. Im Hotel Lutetia in Paris, wo die Nationalsozialisten ihr Hauptquartier hatten, zog ein Beamter eine Akte aus dem Regal und zeigte ihr einen Brief, den sie ein Jahr früher geschrieben hatte, in dem sie um die Entlassung ihres Mannes bat und auf den für Deutschland im Ersten Weltkrieg gefallenen Bruder verwiesen hatte. Da Carmen gut versorgt und geschützt war, fuhr Eva Littwack über Saarbrücken zu ihrer Familie nach Aschersleben im Harz.

Benko Littwack wurde vom Konzentrationslager Blechhammer ins Lager Greditz überstellt, wo eine Typhusepidemie herrschte. Es gab zwei französische und zwei deutsche Häftlingsärzte. Sie wurden auch krank. Benko Littwack versorgte mit einem ehemaligen jüdischen Armeesanitäter die noch Lebenden. Von Greditz wurde Benko Littwack in ein anderes Lager gebracht; seine Magenblutungen begannen erneut. Er überlebte und wurde im Mai 1945 von der sowjetischen Armee befreit.

Eva Littwack schlug sich nach unglaublichen Abenteuern über Theresienstadt, wo sie vergeblich ihren Mann suchte, nach Frankreich durch, wo sie ihn zum letzten Mal gesehen hatte. Am 28. Juni 1945, an Carmens Geburtstag, fand sich die Familie in der französischen Provinz Ardèche wieder.

Eva Littwack berichtet:

»Plötzlich wurde ich geweckt und raste die Treppe hinunter. Als ich ihn umarmte, da hatte ich das Gefühl, daß sich zwei Skelette aneinander reiben. Ich wog nur 35 Kilo.

Als Carmen in die Schule kam, wußte jeder, daß ihr Vater die nationalsozialistischen Konzentrationslager überlebt hatte und zurückgekehrt war. Als sie in die Klasse kam, wurde sie mit einem großen Blumenstrauß mit der Trikolore, mit einem Kuchen und mit Klatschen begrüßt. Die französische Bevölkerung, auch die einfache, zeigte immer Verständnis für die Bedrängten. Ganz andere Erfahrungen machte ich in dieser Zeit in Deutschland, wo ich Unverständnis, Gemeinheiten und Bösartigkeit erlebte. Wir wurden überall im Dorf eingeladen, aber Benko schlief oft über dem Teller vor Müdigkeit ein.

Nach vielen Überlegungen und langem Zögern entschlossen wir uns, nach Deutschland zurückzukehren. Wir kamen nach Aschersleben, in der Sowjetischen Besatzungszone, wo wir endlich richtig arbeiten konnten und glücklich und zufrieden waren.«

Benko Littwack berichtet:

»Dann kam im Jahre 1952 die Sache mit Slansky. Eines Tages erschien der Chefarzt des Krankenhauses, in welchem ich arbeitete, und sagte: ›Kollege, Sie müssen sofort weggehen, die jüdischen Ärzte sind alle verhaftet. Wir haben den Auftrag, alle festzunehmen, die in Spanien waren, und vor allem die Ärzte.‹ Ich stand vor dem Schrank mit den Büchern, die ich mir inzwischen angeschafft hatte. Nun sollte ich wieder meine Bücher lassen? Ich hatte dazu eine schwere Hepatitis mit Fieber. Eva packte mir einen kleinen Koffer, und ich ging über West-Berlin nach Bad Mergentheim. Das war damals noch möglich. Carmen wohnte im Jüdischen Krankenhaus in West-Berlin und machte das Abitur nach. Sie durfte nicht studieren, weil ihr Vater als Arzt kein produktives Element war, während Kinder ehemaliger Nazibonzen durch Beziehungen einen Studienplatz erhielten.«

Eva Littwack berichtet:

»Ich war nun allein in Aschersleben, da erschien ein Mann und sagte, ich sollte mich schnellstens davonmachen, denn in einer Stunde würde die Staatssicherheit kommen, um mich zu verhaften. Ich holte meinen Koffer und fing zu packen an, während die lieben Nachbarn und

Bekannten darangingen, das Schlafzimmer auseinanderzunehmen. Mit einem Koffer in der Hand bin ich in West-Berlin angekommen.«

Im März 1953 kam die Familie Littwack nach Frankfurt. Benko Littwack meldete sich bei der Jüdischen Gemeinde, die ihm eine Unterkunft im halb zerstörten Gebäude des Altersheimes in der Gagernstraße zuwies. Benko Littwack hatte noch keine Arbeit, und die Familie hatte keine richtige Wohnung. Inzwischen begann Carmen ihr Studium an der Frankfurter Universität. Erst später konnte Benko Littwack eine normale Existenz als Vertragsarzt einer Versicherungsanstalt beginnen.

Fritz Jensen

In vielen Lebenserinnerungen von Spanienkämpfern kommt Dr. Fritz Jensen vor, über den alle mit hohem Respekt und Verehrung sprechen. Alfred Kantorowicz hat ihm in seinem »Spanischen Tagebuch«, in welchem er ausführlich über eine Begegnung mit ihm im Mai 1937 berichtet, ein literarisches Denkmal gesetzt.

Fritz Jensen wurde als Friedrich Albert Jerusalem am 26. Dezember 1903 in Prag als Sohn des jüdischen Psychologen Alfred Jerusalem geboren. Nach Abschluß des Medizinstudiums in Wien schloß er sich der Sozialistischen Arbeiterjugend Österreichs an und betätigte sich literarisch als Agitprop-Mitarbeiter, Regisseur und Schauspieler von proletarischen Theatergruppen. Während der Februarkämpfe des Schutzbundes 1934 versorgte er die vielen Verwundeten des Aufstandes, wurde nach dem Zusammenbruch des Aufstandes im März 1934 verhaftet und in das Konzentrationslager Wöllersdorf gebracht. Nach der Entlassung 1935 eröffnete er eine Privatpraxis in Wien.

Als der spanische Bürgerkrieg ausbrach, gehörte Dr. Jensen zu den ersten freiwilligen Ärzten, die nach Spanien gingen, um der Republik zu helfen. Er war einer der bekanntesten und beliebtesten Ärzte der Internationalen Brigaden. Als Chefarzt der XIII. Internationalen Brigade hat er sich große Verdienste um die vielen verwundeten Freiwilligen erworben. Anfang 1938 wurde er Chefarzt des Zentralhospitals der Brigaden in Benicassim. Anschließend und bis zum bitteren Ende im Januar 1939 war er Chefarzt der 42. spanischen Division.

Nach Ende des Krieges wurde er mit allen anderen Spanienkämpfern in Südfrankreich interniert. Es gelang ihm, nach London zu entkommen. In England wurde ein »China Aid Committee« gegründet, welches Ärzte für die chinesische Armee warb. Mehrere jüdische Brigadeärzte, wie Dr. Mojzesz Flato und Dr. Frantisek Kriegel, fuhren gemeinsam nach China. Nach sechswöchiger Schiffsreise kamen die Ärzte in Hongkong an, von wo sie nach Shunking weiterflogen. In Kweyang, der Hauptstadt der Provinz Kweitschu, befand sich das Hauptquartier des Chinesischen Roten Kreuzes. Dr. Jensen und seine Ärztekameraden aus Spanien wurden uniformiert und nach verschiedenen Feldlazaretten der Kuomintang-Armee geschickt, die sich im Krieg mit den japanischen Invasoren befand.

Dr. Jensen richtete mehrere Seuchen-Hospitäler ein und versorgte medizinisch die chinesische Bevölkerung in den von der Armee befreiten Provinzen. Als Bevollmächtigter der internationalen Flüchtlingsorganisation UNNRA versorgte er Abertausende der notleidenden Flüchtlinge. 1947 flog er nach den USA, um Medikamente zu besorgen. Er heiratete eine chinesische Lehrerin namens Wang Wu An aus den befreiten Gebieten.

1948 kehrte er nach Wien zurück, eröffnete eine Arztpraxis, aber die Politik und Journalistik obsiegten, und er ging nach China als Korrespondent deutscher und österreichischer KP-Organe. Er war auch Begleiter der chinesischen Delegation bei der ersten Friedenskonferenz in Genf.

Im Jahre 1955 schlossen sich die Länder der Dritten Welt in der ersten Afro-Asiatischen Konferenz in Bandung in Indonesien zusammen. Dr. Jensen war als offizieller Gast und Journalist zu dieser Konferenz eingeladen worden. Das Flugzeug, mit welchem er zur Konferenz flog, wurde durch eine Bombe zerstört.

Melanie Ernst und Tilly Spiegel

Die meisten Freiwilligen für Spanien mußten ihre meist faschistisch geführten Heimatländer illegal verlassen und auf Nebenwegen viele Grenzen überwinden. Eine natürliche Drehscheibe dieses Verkehrs für die Freiwilligen aus Osteuropa und aus den Balkanländern und Ungarn waren die österreichisch-schweizerische Grenze sowie die nahe schweizerisch-französische Grenze. Dort arbeiteten viele Menschen konspirativ, weil die Regierungen den illegalen Grenzübertritten mit polizeilichen Maßnahmen beizukommen versuchten.

Zu den wichtigsten Helferinnen zählte die Jüdin Melanie Ernst, die am 4. April 1893 als Tochter von Isidor Weinberger und Nelly Grünberger in Czernowitz geboren wurde. Mit ihrer Tätigkeit befaßten sich das österreichische Bundeskanzleramt in Wien und Polizeibeamte im Vorarlberg.

Melanie Ernst wurde am 26. August 1937 in Chur in der Schweiz als die sechsunddreißigjährige Schneiderin Emma Bachmayer aus Wien verhaftet. Sie hatte eine Organisation, die Hunderte von Freiwilligen in die Schweiz schmuggelte, geschaffen. Eine Gruppe von 37 Freiwilligen wurde gefaßt und in ihre Heimatländer Polen, Tschechoslowakei, Jugoslawien und Ungarn abgeschoben.

Im Bericht des Bezirkshauptmanns von Feldkirch vom 19. Januar 1938 ist zu lesen:

»Nach der im Herbst 1937 erfolgten Festnahme der seinerzeitigen Hauptorganisatorin der damaligen illegalen kommunistischen Organisation, der österreichischen Kommunistin Melanie Ernst, ruhte eine Zeitlang die Tätigkeit der kommunistischen Menschenschmuggler im österreichischschweizerischen Grenzgebiet. Melanie Ernst wurde bekanntlich nach Strafverbüßung aus der Schweiz ausgewiesen und von den Schweizer Behörden an die schweizerisch-französische Grenze gestellt, von wo sie sich dem Vernehmen nach nach Paris wandte. Von dort aus dürfte die Genannte zweifellos die Verbindung mit ihren Wiener Gesinnungsgenossen wieder aufgenommen haben. [...]

Noch im September 1937 traten bereits wieder die ersten Gruppen von sogenannten ›Spanienfreiwilligen‹ in Vorarlberg ein, wo sie mit der Bahn bis nach Götzis fuhren und sich dort im Gasthause zur Hohen Kugel (Besitzer Tobias Feuerstein) unter dem Stichwort ›Pichler‹ meldeten. Hierzu wird bemerkt, daß ›Pichler‹ der Deckname des geflüchteten Ernst Reiner aus Götzis war, der bereits, wie nunmehr festgestellt, in der ersten Menschenschmuggelaffäre mit Tobias Feuerstein zusammengearbeitet hat. Die ankommenden Personen, die von Prag aus an diese Stelle in Götzis gewiesen wurden, waren über die Verhältnisse in Vorarlberg und insbesondere über die Grenzübergänge in die Schweiz genau informiert. Es handelte sich durchwegs um militärisch ausgebildete Leute polnischer und tschechischer Nationalität, die vielfach Spezialausbildungen als Kraftfahrer, Flieger, Minenwerfer etc. genossen hatten. [...]

Auf diese Weise wurden in der Zeit von September 1937 bis

zu der in der zweiten Hälfte Dezember 1937 erfolgten Aufdekkung der gegenständlichen illegalen Organisation weit über 100 ›Spanienfreiwillige‹ von Vorarlberg nach der Schweiz geschmuggelt.

Anfang Dezember 1937 tauchte in Begleitung des Josef Foscht in St. Margarethen plötzlich eine jüdische Frauensperson auf, die sich nach ihrer Festnahme als die bekannte Wiener Kommunistin Tilly Spiegel entpuppte. Nach den bisherigen Feststellungen dürfte Tilly Spiegel, die ebenfalls von Paris kam, als Nachfolgerin der bereits mehrfach erwähnten Melanie Ernst in Frage kommen und nach den mit den Vorarlberger Mittelspersonen in St. Margarethen gepflogenen Unterredungen eine übergeordnete Funktion bei dem in Frage stehenden kommunistischen Unternehmen bekleidet haben. Die Genannte hat auch wiederholt Geldbeträge sowohl an die Vorarlberger Mittelspersonen als auch an den Taxi-Unternehmer Scherrer in St. Margarethen ausbezahlt. Desgleichen versuchte sie, wenn auch ohne Erfolg, den Gastwirt zum Löwen in Diepoldsau zur Übernahme weiterer Transporte zu bewegen.

Tilly Spiegel und Josef Foscht wurden am 16. bzw. 21. Dezember 1937 von der Kantonspolizei St. Gallen in St. Margarethen festgenommen.

Laut Mitteilung der Polizeidirektion Wien handelt es sich bei Foscht und Spiegel um bekannte, schwer vorbestrafte Kommunisten. [...]

Tilly Spiegel ist in Wien seit dem Jahre 1928 als kommunistische Parteigängerin bekannt, hat seinerzeit als Herausgeberin und verantwortlicher Redakteur mehrerer kommunistischer Zeitungen fungiert und war dann lange Zeit als Beamtin der russischen Handelsvertretung in Wien tätig.

Durch die Zusammenarbeit schweizerischer und österreichischer Polizeiorgane konnten 12 österreichische Bürger gefaßt und abgeurteilt werden, unter ihnen Tilly Spiegel, geboren am 10.12.1906 in Novosielice, Rumänien, nach Wien zuständig, konfessionslos, ledig, zuletzt in Wien VIII., Laudongasse Nr. 44, wohnhaft und David Kohn, geboren am 21.3.1907 in Wien, nach Jasova, Bezirk St. Dala, CSR., zuständig, zuletzt in Wien II., Floßgasse Nr. 5, wohnhaft.«

Melanie Ernst konnte nach Frankreich entkommen. Es gab Freiwillige, die wochenlang unterwegs waren. An vielen Grenzen erhielten sie die Hilfe von Menschen wie Tilly Spiegel und Melanie Ernst.

Kurt Landau

Nach Ende des spanischen Bürgerkrieges erschien in London eine Broschüre aus der Feder des britischen Labour-Abgeordneten John McGovern mit dem Titel »Terror in Spain«. Der angesehene Parlamentsabgeordnete hat längere Zeit im republikanischen Spanien auf der Suche nach verschwundenen Sozialisten zugebracht. In der Broschüre faßte er seine erschütternden Eindrücke vom Wüten der verschiedenen politischen Geheimdienste, die er mit dem Sammelnamen Tscheka belegt, zusammen.

Er berichtet von einem Besuch beim Innenminister Zugazagoitia, einem Rechtssozialisten, der dem Verschwinden und dem Tode von Andres Nin, Erwin Wolf, Georges Tioli, Mark Rein und Kurt Landau galt. Vom Direktor des Gefängnisses erhielt er die Genehmigung zum Besuch der Ehefrau von Kurt Landau, Katja, die nach achttägigem Hungerstreik im Frauengefängnis in das General Hospital in Barcelona verlegt wurde. Sie war bereits fünf Monate in Haft. In dieser Zeit wurde ihr Mann entführt und ermordet. McGovern berichtete, daß zwei bewaffnete Soldaten in ihrem Krankenzimmer postiert waren und niemand ohne Erlaubnis sie besuchen durfte. McGovern schreibt:

> »Ein deutscher Kommunist, dessen Name ich kenne, ist der Komintern-Tscheka-Offizier. Seine Drohung, die ich von anderen Gefangenen hörte, äußerte er so: ›Wir müssen Kurt Landau kriegen und ihn killen. Er ist ein Gegner der Komintern, der Volksfront und ein POUM-Trotzkist.‹«

Am Tage nach dem Besuch McGoverns wurde Katja entlassen, und der Justizminister teilte ihr den Tod ihres Mannes mit, ohne weitere Einzelheiten anzugeben.

Kurt Landau wurde am 29. Januar 1903 in Wien als Sohn eines jüdischen Weinhändlers geboren. Mit achtzehn Jahren trat er der Agitprop-Abteilung der KPÖ bei und redigierte die »Rote Fahne«. Er beteiligte sich an Fraktionskämpfen innerhalb der KPÖ und war zeitweilig Anhänger Trotzkis, als dieser noch legal in der Sowjetunion lebte. Als er 1926 aus der KPÖ ausgeschlossen wurde, gründete er 1927 die KPÖ-Opposition, aus der er ebenfalls ausgeschlossen wurde. Er gründete die Kommunistische Opposition – Marxistisch-Leninistische Linke, die sich auf Anregung Trotzkis (schon im Exil) um eine Vereinigung der kommunistischen Linksopposition bemühte. Er war in vielen oppositionellen Gruppierungen tätig, ein Wanderer zwischen den vielen linken Ideologien. Er war mit Andres Nin und Trotzkis Sohn Leon Sedow (auch er wurde später ermordet) Mitglied des Internationalen Büros der Internationalen Linksopposition ILO. Nach Auseinandersetzungen mit Trotzki wurde er aus dieser Gruppierung ausgeschlossen.

Bis 1936 wirkte er in vielen kurzlebigen Linksorganisationen. Dann emigrierte er nach Frankreich, wo er mit Ruth Fischer in der Gruppe »Internationale« wirkte. Er versuchte ohne Erfolg eine Protestbewegung gegen die Moskauer Prozesse ins Leben zu rufen. Als 1936 seine Frau Katja aus Frankreich ausgewiesen wurde, verlegte seine Gruppe ihr Büro nach Barcelona. Er wurde Mitglied des Internationalen Sekretariats der POUM und Leiter des Rekrutierungsbüros für ausländische Freiwillige der POUM-Einheiten. In dieser Funktion lernten ihn Willy Brandt und Max Diamant kennen. Landau gehörte zu den Mitorganisatoren des Kongresses der internationalen linkssozialistischen Parteien in Barcelona 1937, an dem unter anderem deutsche SAP-Vertreter und englische ILP-Vertreter teilnahmen. Es gab harte Auseinandersetzungen um die Zusammenarbeit mit den Kommunisten in der Volksfront. Landau war aus ideologischen Gründen dagegen. Als die POUM nach den Straßenkämpfen im Mai 1937 in Barcelona zerschlagen wurde, wurde er von der KPS und den Tscheka-Agenten gesucht. Der Anarchist Augustin Souchy konnte ihm zunächst ein Versteck besorgen. Es ist klar, daß Barcelona damals, wo mehrere unabhängig voneinander operierende Geheimdienste ideologisch Andersdenkende verfolgten und ermordeten, für ihn der falscheste Platz auf der Erde war, außer der Sowjetunion. Er wurde 1937 entführt und ermordet. Seiner Frau gelang die Flucht nach Frankreich und später nach Mexiko, wo sie heute lebt.

Günter Bodek

Günter Bodek wurde 1895 in Berlin als Sohn einer seit Generationen eingesessenen jüdischen Familie geboren. Im Ersten Weltkrieg war er Soldat und studierte nach dessen Beendigung Medizin in Freiburg i.Br. und Göttingen. Anschließend war er Assistenzarzt am Jüdischen Krankenhaus in Berlin. 1923 heiratete er eine Kollegin und ließ sich ein Jahr später als Kassenarzt in Berlin-Neukölln nieder. Dr. Bodek gehörte zu den fortschrittlichen Ärzten, die neue Wege in der Kinderbehandlung suchten und fanden. Bekannt wurde das von ihm herausgegebene und in mehreren Auflagen erschienene Buch »Das Kind in gesunden und kranken Tagen«.

Als die Nationalsozialisten an die Macht kamen, wurden die Ärzte, die Opfer der Nationalsozialisten nach Schlägereien und Saalschlachten behandelten, besonders verfolgt. Deshalb wurde Dr. Bodek bereits im März 1933 verhaftet und verlor bald die Zulassung als Kassenarzt. Es gelang ihm, bereits im Dezember 1933 über Paris nach Spanien auszuwandern. Die Familie fand eine Bleibe in San Feliu an der katalanischen Küste.

Als der Bürgerkrieg ausbrach, meldete er sich sofort bei den Arbeitermilizen, um das bedrohte Zaragoza zu verteidigen. Er trug sich in die Freiwilligenliste der Milizen ein und wäre wahrscheinlich mit der jüdischen Thälmann-Gruppe, die sich bereits im Juli in Barcelona formierte, an die Front ausgerückt, wenn man ihm nicht nahegelegt hätte, darauf zu verzichten, weil an Ort und Stelle Ärzte sehr dringend benötigt wurden. Er stürzte sich sofort in die Arbeit, ohne seine angegriffene Gesundheit zu schonen. An einen Arztkollegen, ebenfalls ein deutscher Jude, schrieb er folgendes: »Es ist mir wie Ihnen hoffentlich ganz klar, daß jetzt Neutralität nichts mehr nützt. Der Faschismus würde uns alle erbarmungslos an die Luft setzen, wenn nicht Schlimmeres von ihm zu erwarten ist. Es bleibt uns also keine Neutralität mehr.«

Leiter des Sanitätsdienstes der inzwischen in Albacete formierten Internationalen Brigaden war der deutsch-jüdische Emigrant Dr. Rudolf Neumann. Dr. Bodek erhielt von ihm den Auftrag, ein großes Lazarett in Benicassim zu gründen und zu leiten. Das Lazarett war in einzelnen Villen untergebracht und zählte bis zu achthundert Betten. Dr. Bodek arbeitete sehr hart trotz seiner schwachen Gesundheit, wie auch seine Frau. Er erkrankte und magerte bis zum Skelett ab. Am 26. Juni 1937 stürzte er vom Fahrrad und war sofort tot. Es ist nur 42 Jahre alt geworden. Viele Offiziere der Brigaden und ehemalige Patienten nahmen an seinem Begräbnis teil. Frau Bodek meldete sich bei der Kinderhilfe - Ayuda Infantil. Sie richtete in den Bergen ein Heim für fünfzig Waisenkinder aus Madrid ein, wo sie auch ihre eigenen Kinder unterbrachte. Als im März Katalonien immer stärker von den Faschisten bombardiert wurde, bat sie die Verwaltung, ihr einen Urlaub in Frankreich zu genehmigen. Kurze Zeit darauf teilte ihr das spanische Hilfskomitee in Paris mit, daß eine Rückkehr nach Spanien wegen der Lage dort nicht ratsam sei. Sie wurde gut versorgt, und die Kinder fanden einen Platz in einem Heim für spanische Flüchtlingskinder bei Paris. Nach dem Überfall auf Frankreich durch die deutschen Truppen im Sommer 1940 schlug sich die zunächst getrennte kleine Familie nach Südfrankreich durch. Die Familie erhielt Visen nach Mexiko. Sie sollten sich in wenigen Tagen in Marseille melden, von wo sie ein Schiff nach Casablanca bringen sollte. Trotz langer Fußmärsche schafften sie es in letzter Minute. Über die Bermudas, Kuba und USA kamen sie in Veracruz nach zwei Reisemonaten an, wo sie vom Jüdischen Komitee in Empfang genommen wurden. Die Familie teilte ihre freie Zeit in die Arbeit für das Komitee »Freies Deutschland«, den Heine-Klub und die jüdische Organisation »Menorah«. Frau Bodek, die bis zuletzt als Leiterin eines von ihr gegründeten physiotherapeutischen Instituts arbeitete, starb vierundachtzigjährig im Jahre 1981.

Italien · Rumänien · Ungarn
Jugoslawien · Bulgarien

Das Jüdische Museum in Belgrad ist die einzige Institution der Welt, die in einer besonderen Ausstellung die jüdischen Spanienkämpfer ehrt. Abgebildet sind v. l. n. r. oben: D. Steinberger, A. Bergmann, Dr. Imre Ber, M. Papo, V. Presburger.
2. Reihe: R. Domanji, A. Bergmann, W. Meider, K. Sende.
3. Reihe: L. Kraus, M. Drechsler und F. Jakic, Dr. J. Hauptmann, S. Albahari, I. Baruh.

Vittorio Vidali

Bis zum Ausbruch des Bürgerkrieges waren in Madrid vier Regimenter stationiert. Nur wenige Offiziere, wie der greise General Miaja, blieben der Republik treu. In den ersten Tagen des Krieges verteidigten hauptsächlich Arbeitermilizen, in Columnas und Centurias organisiert, die Republik. Jede Partei, die Sozialisten, Anarchisten, POUM-Leute etc., hatte ihre eigenen Milizen. Die Kommunisten bildeten das Quinto Regimiento (5. Regiment), die Kaderschmiede und militärische Ausbildungsstätte für Tausende von Soldaten und Offizieren der spanischen Volksarmee. Zu den Gründern gehörten der Student Carnero, einige Offiziere der Armee und der Guardia Civil, alle Kommunisten und vor allem Vittorio Vidali – Carlo Contreras oder einfach Commandante Carlos. Alle großen militärischen Führer der Republik im Bürgerkrieg gingen aus dem Quinto Regimiento hervor: Modesto, Lister, Castro und viele andere. Das Quinto Regimiento wurde im Juli 1936 gegründet und im Januar 1937 in die spanische Volksarmee übernommen. Bereits Ende Juli 1936 sandte es 7 900 Mann an die Front, im August 14 800. Im Dezember 1936 waren 70 000 Soldaten des Quinto Regimiento unter Waffen in Madrid. Die sowjetischen Berater hatten das Quinto Regimiento bestens geschult und mit neuen Waffen ausgestattet. Der Botschafter Marcel Rosenberg regte die Schaffung eines politischen Kommissariats an, nach dem Muster der Roten Armee. Generalkommissar des Quinto Regimiento wurde Commandante Carlos. Der Oberbefehl lag ausschließlich in den Händen kommunistischer Offiziere und Funktionäre. Es wurde eine bis dahin in der spanischen Armee nie gekannte, hierarchisch aufgebaute eiserne Disziplin eingeführt. Dies kam bei den Namen der Einheiten zum Ausdruck: »Comuna de Madrid«, »batallón de hierro« (Eisenbataillon) sowie 33 »compañías de acero« (Stahlkompanien), die sich schworen, niemals zurückzuweichen.

Vittorio Vidali wurde am 27. September 1900 in Muggia bei Triest als Sohn einer jüdisch-sephardischen Familie geboren, deren zweite Muttersprache Ladino war, das Judenspanisch. Mit siebzehn Jahren wurde er Mitglied der Sozialistischen Jugend-Föderation. Seit 1919 wurde er wiederholt verhaftet und von den Faschisten gefoltert. 1921 mußte er aus Italien flüchten, weil ein Haftbefehl gegen ihn vorlag. Er wurde in Deutschland verhaftet und in einem Arbeitslager in Cottbus interniert. 1922 kehrte er illegal nach Italien zurück, wurde gefaßt und von den Faschisten schwer mißhandelt.

Nach Mussolinis Marsch auf Rom wurde er erneut verhaftet; ihm gelang die Flucht nach Algerien, von dort nach den USA. Er fand Beschäftigung als Arbeiter in den Ford-Automobilwerken in Detroit und wurde Herausgeber einer Gewerkschaftszeitung.

1927 wollte ihn das FBI wegen revolutionärer Tätigkeit dem faschistischen Italien ausliefern. Eine internationale Protestaktion verhinderte dies. Die Sowjetunion bot ihm Asyl an, aber er blieb in Europa, in Frankreich, Belgien, Österreich, Spanien und zeitweise auch in der Sowjetunion. Aus Frankreich und Belgien wurde er ausgewiesen.

1934 organisierte er in Spanien die internationale Solidaritätshilfe für die asturischen Bergarbeiter, die einen Aufstand wagten. Der Franco-Putsch überraschte ihn in Spanien.

Commandante Carlos kämpfte in den entscheidenden Schlachten, wurde im November 1938 schwer verwundet und verlor die linke Hand.

Es gelang ihm 1939 nach Mexiko zu entkommen, wo er bis 1947 als politischer Asylant lebte. Dort organisierte er die italienische antifaschistische Allianz »Giuseppe Garibaldi«, die unter den italienischen Emigranten in Südamerika und sogar in Australien wirkte. Er war Mitarbeiter der Zeitungen »El Popular« und »Futuro«.

1947 hatte er große Schwierigkeiten, nach Italien zurückzukehren, weil viele Länder ihm ein Transitvisum verweigerten. Er wurde Sekretär der KPI in Triest. Im Februar 1956 nahm er am XX. Parteikongreß der KPdSU teil, auf welchem Chruschtschow seine Geheimrede hielt. Vidali schrieb ein Tagebuch über den Kongreß, das zu einem der wichtigsten Zeitdokumente zählt und in Italien und England veröffentlicht wurde.

Von 1954 bis 1963 war er Parlamentsmitglied und von 1963 bis 1968 Senator und Mitglied des Zentralkomitees der KPI. Er war lange Präsident des Studienkreises »Che Guevarra« in Triest und Vizepräsident des Verbandes der italienischen Spanienkämpfer.

Es war uns im Rahmen unserer Recherchen nicht möglich, Behauptungen zu verifizieren, die von seiner Beteiligung an der Unterdrückung der Anarchisten und POUM-Milizen im Mai 1937 in Barcelona berichten.

Carlo Rosselli

Carlo Rosselli wurde 1899 in Rom als Sohn einer um Italiens Freiheit im 19. Jahrhundert sehr verdienten und bekannten jüdischen Familie geboren. Seit frühester Jugend kämpfte er im Untergrund gegen den Faschismus. 1924 sagte er bei einer Versammlung der jüdischen Jugend in Livorno, daß das Judentum für ihn die Religion der Freiheit repräsentierte. 1930 wurde er verhaftet und nach einem spektakulären Prozeß auf der Lipari-Insel inhaftiert. Dort schrieb er sein Hauptwerk »Socialismo Liberale«. 1930 gelang ihm die Flucht mit einem Motorboot. In der Schweiz, Deutschland und Frankreich organisierte er den

Widerstand gegen den Faschismus in Italien. In Frankreich gründete er die libertäre antifaschistische Organisation »Giustizia e Libertá«, deren Mitglieder zu den ersten Freiwilligen in Spanien gehörten. Carlo kommandierte die Einheit selbst, die bereits im August 1936 bei Irun kämpfte und später Huesca verteidigte. Wegen seiner Verwundungen mußte er nach Frankreich zurückkehren. Den Faschisten Italiens war er offenbar auch im Exil sehr gefährlich, denn sie ließen ihn und seinen jüngeren Bruder Nello von bezahlten Killern der französischen faschistischen Terrororganisation »Cagoulards«, die während der deutschen Besatzung mit den Nationalsozialisten kollaborierte, am 9. Juni 1937 in Cagnoles ermorden. Er wurde 38 Jahre alt.

Conrad Singer

Conrad Singer

Conrad Singer wurde 1914 als Sohn gutsituierter jüdischer Eltern in Braila in Rumänien geboren. Bis zum elften Lebensjahr besuchte er die Schule und arbeitete später als Botenjunge in einem Büro. Er versuchte mehrmals, als Schiffsjunge anzuheuern, aber die Arbeitslosigkeit unter den Matrosen war sehr hoch. Inzwischen wurde er zur rumänischen Armee eingezogen, wo er nach einjährigem Dienst als Fähnrich Offiziersanwärter wurde. Später arbeitete er als Manager eines englischen Unternehmens in Bukarest, das aber kurz darauf liquidiert werden mußte. Durch Intervention des britischen Konsuls in Bukarest erhielt er einen Job als Küchenjunge auf einem Schiff der britischen Handelsmarine. Das Schiff segelte zwar unter britischer Flagge, der Kapitän war aber ein russischer Jude. Die Besatzung war gemischter Nationalität, meistens Matrosen aus den Balkanländern.

Nach Ausbruch des spanischen Bürgerkrieges fuhr das Schiff als Blockadebrecher der Nichtinterventionspolitik des Völkerbundes und transportierte Güter für die spanische Republik. Conrad Singer wollte das Schiff verlassen, um sich bei den Internationalen Brigaden zu melden.

Conrad Singer berichtet:

»Auf Betreiben meines Kapitäns habe ich die Fahrt nach Rumänien und wieder zurück nach Spanien noch einmal mitgemacht. Wir legten diesmal in Barcelona an. Neben unserem Schiff lag ein britisches Tankschiff vor Anker, dessen Besatzung in Gibraltar desertiert war, aus Angst vor einer Versenkung durch italienische U-Boote. Der Zahlmeister des britischen Tankers bot uns Matrosen eine fünfzehnfache Heuer, wenn wir zu ihm kämen. Das kam für mich aber nicht in Frage, denn ich war fest entschlossen, die spanische Republik als Freiwilliger zu verteidigen. Ich muß dazu betonen, daß ich keiner Partei angehörte. Ich wollte nur gegen die Nationalsozialisten und Faschisten kämpfen, wie und wo immer ich konnte.

Ich bat um ordentliche Entlassung aus den Diensten meiner Reederei, aber dies wurde mir abgeschlagen. Ich verließ darauf das Schiff ohne Wissen und Genehmigung des Kapitäns. Es drohte mir damit ein Verfahren vor einem Seefahrtsgericht. Aber das war mir jetzt egal.

Ich meldete mich bei der ersten Einheit, auf die ich stieß, beim Companys-Regiment der Katalanischen Republikanischen Armee. Schon am nächsten Tag wurde ich an die Aragon-Front geschickt. Zum Glück hatte ich eine erstklassige militärische Ausbildung bei der rumänischen Armee hinter mir. Auf die Aragon-Front folgten einige Wochen militärische Ausbildung. Später war ich bei der Schlacht von Belchite dabei. Wir sollten Zaragoza erobern, was uns jedoch nicht gelang. Ich wurde an der Hand schwer verwundet, und meine Handmuskeln waren mehrere Monate lang gelähmt. Man schlug mir die Entlassung und Repatriierung vor, aber ich ließ mich statt dessen zum Hauptquartier der Internationalen Brigaden nach Albacete abkommandieren.

Nach kurzer Zeit aber ließ ich mich wieder zu einer kämpfenden Einheit abkommandieren und nahm an der Schlacht von Teruel teil. Durch das ständige Ausheben von Schützengräben verbesserte sich der Zustand meiner gelähmten Handmuskeln. Ich war Soldat eines Artillerieregiments, welches später nach Balagur verlegt wurde.

Meine Batterie war mit Geschützen ausgestattet, die den Feind höchstens durch den Höllenlärm bei Abfeuern beeindrucken konnten. Diese Geschütze datierten noch von den karlistischen Kriegen. Später erhielt meine Einheit, die Batterie ›La Pasionaria‹, drei französische 75mm-Geschütze aus dem Ersten Weltkrieg.

Im Oktober wurden die Internationalen Brigaden auf Beschluß des Völkerbundes von der Front, der Ebro-Offensive, die bereits zusammengebrochen war, zurückgezogen. Die Freiwilligen aus demokratischen Ländern wurden in Repatriierungslagern zusammengefaßt, wo sie von den

Konsulatsangehörigen ihrer Heimatländer bis zur Repatriierung betreut wurden. Wir als Angehörige faschistischer Länder, wie mein Heimatland Rumänien, wurden in das Lager in Vanol und später in die Nähe von Gerona verlegt. Man versprach uns die Aufnahme in Mexiko, und wir warteten auf die Einreisepapiere und Schiffskarten.

Inzwischen ging der Krieg weiter, und die Republik erlitt eine Niederlage nach der anderen. Immer kleiner wurde das von der Republik verteidigte Gebiet. Als Barcelona von den Faschisten umzingelt wurde, haben unsere eigenen Lagerkommandanten den Befehl ausgegeben, wir sollten uns kämpfend in Richtung französische Grenze, also nach der Grenzstadt Figueras, zurückziehen.

Nach langem Fußmarsch kamen wir im Fischerdorf San Pedro Pescador an, wo André Marty, der ›Schlächter von Albacete‹, alle bereits aus den Diensten der Internationalen Brigaden entlassenen Soldaten zum Marktplatz des Dorfes beorderte und uns mit den wüstesten Beschimpfungen und Beleidigungen empfing. Er nannte uns ›conejos, canalias, cobardes‹ (Kanaillen und Idioten), weil wir nicht in Gerona auf ein paar Gewehre gewartet hatten, mit denen wir die mit Panzern, Artillerie und Flugzeugen vorwärtsstürmenden Faschisten hätten aufhalten sollen. Wir hörten seinem Gelaber schweigend zu. Uns bewegte das Unglück, das auf das wunderbare spanische Volk niederstürzte, aber wir schämten uns nicht, wie das Marty von uns erwartete, der sich selbst noch in Sicherheit brachte und keinen einzigen Tag in einem Internierungslager war.

Ich kann mir noch heute nicht erklären, wie wir die vielen kalten Februarnächte im Freien, ohne Verpflegung oder sanitäre Einrichtungen, überlebten. Erst am vierten Tag brachten französische Gendarmen etwas Brot, das sie in die Menge warfen. Die Gendarmen genossen auf sadistische Weise das Schauspiel, wie sich zu Tode ausgehungerte Menschen auf die wenigen Baguettes warfen. Einen Moment später erschien ein junger spanischer Offizier, dessen Anwesenheit bewirkte, daß sich alle in einer Reihe aufstellten – die Gendarmen mußten auf das weitere Schauspiel verzichten.

Bald hatte ich genug vom Lagerleben. Meine beiden rumänischen Kumpels und ich beschlossen, aus dem Lager zu flüchten und uns als Freiwillige bei der französischen Fremdenlegion zu melden. Dies widersprach zwar den Parolen, die die kommunistischen Politkommissare ihren Schäfchen verordneten. Aber als Nichtkommunisten fühlten wir uns an diese Anordnungen nicht gebunden.

Wir schlugen uns nach Perpignan durch und meldeten uns beim Rekrutierungsbüro der Fremdenlegion, welches sich in der Kaserne eines marokkanischen Regiments befand. Leider wurden wir von der Ärztekommission wegen unseres schlechten Gesundheitszustandes zurückgewiesen. Die Franzosen wollten nur gesundes und kräftiges Kanonenfutter aufnehmen. Wir wurden zurück ins Internierungslager überstellt. Neben uns biwakierten spanisch-marokkanische Spahi-Soldaten, deren Einheiten in der Nähe der Grenze gegen uns kämpften. Auch sie hatten genug vom Krieg auf der Seite Francos und waren nach Frankreich desertiert. Nun lagen wir, ehemalige erbitterte Gegner, im selben Lager.

Die Bedingungen waren so katastrophal, daß man mit einer Rebellion der Internierten rechnen mußte. Die französische Kommandantur geriet in Panik und schickte uns bis an die Zähne bewaffnete senegalesische Soldaten auf den Hals, die für ihre Brutalität bekannt waren.

Mit meinem rumänischen Freund wurden wir nach Barcares überstellt, wo wir ein Konzentrationslager bauen sollten. Später wurden wir ins Lager Gurs geschickt. Dort lebten alle Interbrigadisten in nach Nationalitäten geteilten Baracken. Ich war zusammen mit anderen in der rumänischen Baracke, die unter kommunistischer Zucht und Disziplin stand.

Als der Zweite Weltkrieg ausbrach, setzten die Kommunisten die Parole in Umlauf, daß das nicht unser Krieg sei, und verboten jedem, sich bei der französischen Armee zu melden, denn Frankreich war Kriegsgegner Deutschlands, das durch den Stalin-Hitler-Pakt vom August 1939 mit der Sowjetunion verbunden war.

Diese Einstellung befremdete mich als Juden und humanistisch eingestellten Menschen. Ich beachtete deshalb diese Parolen nicht, sondern meldete mich freiwillig bei der Fremdenlegion, dem 11. Regiment der Fremdenlegion in Valbonne bei Lyon. Anschließend diente ich im 3. Regiment der Legion in Marokko und in Algerien. Als die französische Armee 1940 kapitulierte, wurde die Fremdenlegion von französischen VichyKollaborateuren übernommen. Wir wurden entlassen und zum Dienst in einem Arbeitsbataillon in der Sahara gezwungen.

Wir haben schwer beim Straßenbau und beim Bau von Eisenbahnlinien in der Hitze der Sahara geschuftet. Ich war zeitweilig Vorarbeiter in einer Kohlengrube, wo ich zwei schwere Grubenunglücke mit viel Glück überlebte.

Als die Alliierten in Algier landeten, schlug für uns

endlich, nach Jahren der Not und der Verzweiflung, die Stunde der Freiheit. Aber der Krieg ging weiter, und es kam für mich nicht in Frage, als Zivilist auszuruhen, solange die Nationalsozialisten noch nicht besiegt waren. Ich meldete mich bei der britischen Armee und wurde einer Einheit des Pionierkorps zugeteilt. Das machte mich verrückt, denn ich wollte unbedingt zu einer kämpfenden Fronteinheit – von Arbeitsbataillonen und ähnlichen Einheiten hatte ich genug. Auf mein Bitten und Betteln bei den entsprechenden Stellen wurde ich zur Royal Artillery abkommandiert. Nach einem Kurs in einem Nachrichtenregiment wurde ich zur Front nach Italien geschickt, wo ich bis zum siegreichen Ende kämpfte.

Ich erhielt 100 Pfund Demobilisierungsgeld, konnte aber trotz meiner Kenntnis der französischen, deutschen, spanischen, italienischen, rumänischen und englischen Sprache keine Arbeit finden. Schließlich landete ich als Arbeiter in einer Fabrik für Fertigbauteile in Manchester. Später arbeitete ich in anderen Fabriken, unter anderem in einer Wollweberei, und eröffnete schließlich meinen eigenen Laden.«

Mihail Florescu und Gaston Marin

Über fünfhundert rumänische Freiwillige nahmen am Bürgerkrieg teil. Ein Drittel von ihnen waren Juden, obwohl diese nur 5 Prozent der Bevölkerung ausmachten. Neben Freiwilligen in den Brigaden wirkten viele Juden als Ärzte und Krankenschwestern. Rumänien gehört zu denjenigen kommunistischen Ländern, wo Spanienkämpfer nicht verfolgt wurden, sondern zu hohen Ehren und Ämtern in Partei und Regierung kamen. Wichtige Positionen in der Partei nahm Valter Roman ein, der in Spanien ein Bataillon kommandierte. Gaston Gheorghe Marin, 1917 in Transsylvanien geboren, studierte Elektronik in Paris, bevor er nach Spanien ging. Während des Krieges schloß er sich der Résistance in Frankreich an. Nach dem Kriege war er Staatssekretär im Büro des Staatspräsidenten Gheorghiu-Dej. Seit 1960 war er Mitglied des Zentralkomitees der regierenden Partei, seit 1962 Präsident der Planungsbehörde und danach viele Jahre Energieminister.

Auch Mihail Florescu kämpfte an vielen Fronten in

Spanien und später in der Résistance, wo er eine Genossin heiratete. Er war nach seiner Rückkehr nach Rumänien 1945 Leiter der politischen Verwaltung der rumänischen Armee. Während des Bruchs mit Tito wurde er aller Ämter enthoben. Nach dem Tode Stalins wurde er Minister für die Erdöl- und chemische Industrie. Diesen Posten bekleidete er jahrzehntelang bis zu seiner Pensionierung.

Mate Zalka

Mate Zalka

Im spanischen Bürgerkrieg waren drei Brigadekommandeure Juden: General Manfred Stern, Gründer und Kommandeur der XI. Brigade, General Waclaw Komar, Kommandeur der 129. Brigade, und General Mate Zalka, Kommandeur der XII. Brigade.

Dem General Mate Zalka, in Spanien General Lukacs genannt, errichteten mehrere Schriftsteller literarische Denkmäler. Gustav Regler, sein Freund, der mit ihm im Kommandofahrzeug saß, als die Granate einschlug, die Lukacs tötete und Regler schwer verwundete, beschreibt ihn in seinen Büchern »Das große Beispiel« und »Das Ohr des Malchus«. Aus diesem Grunde wollen wir uns mit einigen biographischen Notizen begnügen.

Mate Zalka wurde am 23. April 1896 als Béla Frankl, Sohn einer jüdischen Familie in Matolcs in Ungarn, geboren. Während des Ersten Weltkrieges kämpfte er als Honved-Offizier (ungarischer Teil der k.u.k. Armee) zunächst an der italienischen und später an der russischen Front. Im Jahre 1916 fiel er bei Luck in Ostpolen in russische Kriegsgefangenschaft. Unter dem Eindruck der russischen Revolution von 1917 schloß er sich der revolutionären Bewegung an. Im Jahre 1918 organisierte er in Krasnojarsk unter den Kriegsgefangenen verschiedener Nationalität Freiwilligenverbände, die gegen weißrussische Truppen kämpften. Zalka geriet 1919 in weißrussische Gefangenschaft, konnte fliehen und bildete große Partisaneneinheiten, die hinter der Front gegen Verbände des Admirals Koltschak in West-Sibirien erfolgreich operierten. Von 1921 bis 1923 wurden ihm verschiedene Aufgaben als Offizier der Roten Armee anvertraut. Später übte er einen zivilen Beruf aus. 1925 gründete er das Theater der Revolution in Moskau, dessen Direktor er bis 1928 blieb.

Danach bekleidete er wichtige Posten beim Zentralkomitee der KPdSU. Er war auch Mitglied des Zentralbüros des MOPR, des Internationalen Verbandes der Revolutionären Schriftsteller.

Mate Zalka war ein begabter und viel gelesener Schriftsteller. Seine ersten Erzählungen wurden 1924 veröffentlicht. Die meisten von ihnen, wie »Chodia« (1924), »Kavallerie-Attacke« (1929) und »Äpfel« (1934), sind dem russischen Bürgerkrieg gewidmet. In dem kurz vor seinem Tode erschienenen Roman »Doberdo« beschreibt er den imperialistischen Charakter des Ersten Weltkrieges.

Ende der zwanziger Jahre begleitete Zalka die Sowjetbeauftragten Michail Borodin-Grusenberg und Blücher in delikaten Missionen in China.

Als der spanische Bürgerkrieg ausbrach, wurde der erfahrene Offizier nach Spanien entsandt. Lukacs wurde Kommandeur der XII. Garibaldi-Brigade, die bereits im November 1936 aufgestellt worden war. Sie bestand aus den Bataillonen »Thälmann«, »Garibaldi« und »Marty«. Kommissar der Brigade war Gustav Regler.

Die XII. Brigade symbolisierte die in Spanien zum letzten Male verwirklichte internationale Solidarität. Das deutsche Bataillon »Thälmann« kommandierte Ludwig Renn, Kommissar des Bataillons war Hans Beimler. Im Thälmann-Bataillon kämpften auch Engländer, unter ihnen der exzentrische Neffe Churchills, Desmond Romilly. Kommandant des Garibaldi-Bataillons war einer der wenigen sozialistischen, also nichtkommunistischen, Offiziere der Internationalen Brigaden, der Italiener Randolfo Pacciardi. Eine Kompanie dieses Bataillons kommandierte der Sozialist Pietro Nenni. Beide spielten eine große Rolle in der Politik Italiens nach dem Zweiten Weltkrieg. Das 3. Bataillon der Brigade war belgisch-französisch.

Die XII. Brigade kämpfte in der Schlacht von Jarama und in der siegreichen Schlacht von Guadalajara, wo Lukacs' Garibaldini zahlreiche faschistische Landsleute gefangennahmen. Inmitten der Vorbereitung zum Angriff der XII. Brigade an der Front von Huesca wurde General Lukacs durch einen Granateneinschlag in seinem Kommandofahrzeug am 11. Juni 1937 getötet.

Zalka ist der einzige höhere Offizier jüdischer Abstammung, der bereits in der 2. Ausgabe der Sowjetischen Enzyklopädie vom Jahre 1952 erwähnt wird.

Jugoslawische Juden in Spanien

Über 72 000 Juden lebten bis Anfang des Zweiten Weltkrieges im Königreich Jugoslawien, in einem Nationalitätenstaat im wahrsten Sinne des Wortes. Bis zum Ersten Weltkrieg hatten die Landesteile Serbien, Kroatien, Slowenien, Dalmatien und Mazedonien eine unterschiedliche historische Entwicklung hinter sich. Die Juden lebten in manchen Provinzen seit den römischen Zeiten. Ihre Herkunft und ihr nationalkulturelles Umfeld waren noch differenzierter und unterschiedlicher als das ihrer nichtjüdischen Landsleute. Neben den aus Osteuropa stammenden 43 000 aschkenasischen Juden lebten 1939 29 000 aus Spanien stammende, Ladino sprechende sephardische Juden in Jugoslawien. Sie kamen nach der Vertreibung der Juden aus Spanien im 15. Jahrhundert über die Türkei und Italien nach Serbien und Kroatien. Gegen Ende des 19. Jahrhunderts erlangten die Juden die volle Emanzipation in allen Staaten des späteren Königreichs Jugoslawien. Sie nahmen an den balkanischen Kriegen 1912-1913 in relativ großer Zahl teil und erfreuten sich eines guten Zusammenlebens mit ihren christlichen und moslemischen Mitbürgern. Sie waren nach 1918 in rund 120 Gemeinden organisiert und gehörten meistens dem gehobenen und unteren Mittelstand an. Die jüdische Gemeinschaft unterhielt viele Volksschulen und ein Rabbinerseminar in Sarajewo. Die jüdische Jugend war in zionistischen Organisationen linker und bürgerlicher Prägung aktiv, aber auch Sportklubs und jüdische Pfadfinderorganisationen vereinigten eine große Zahl junger Menschen ohne Unterschied der aschkenasischen oder sephardischen Herkunft.

Den jüdischen Freiwilligen aus Jugoslawien sollte im spanischen Bürgerkrieg eine besondere Rolle zufallen, und zwar aufgrund ihrer durch ihre Herkunft bedingten Sprachkenntnisse. Sie sprachen alle Serbokroatisch, eine Sprache, die dem Russischen verwandt ist, und außerdem Ladino, die Sprache der Juden aus Spanien, das spanische Jiddisch. Die zahlreichen sowjetischen Militärberater in Spanien waren auf die Dienste von Dolmetschern und Verbindungsoffizieren dringend angewiesen. Die jugoslawischen Sepharden beherrschten die seltene Sprachenkombination von Russisch und Spanisch.

Fast alle Freiwilligen aus Jugoslawien kämpften später in der Résistance und nahmen an den Partisanenkämpfen, die zur Befreiung ihrer Heimat führten, teil. Der spätere

Bruch zwischen Stalin und Tito bewahrte die jugoslawischen Spanienkämpfer und hier besonders die Juden vor dem Schicksal ihrer Mitkämpfer aus Ungarn und der Tschechoslowakei, wo viele von ihnen in Schauprozessen angeklagt und zum Tode verurteilt wurden.

Jugoslawien ist das einzige kommunistische Land, wo Veteranen des spanischen Bürgerkrieges hohes Ansehen genießen und wichtige Stellungen innerhalb der Armee, des Staates und der Gesellschaft erreichen konnten. Hier wurden sie nie verfolgt oder benachteiligt. Dementsprechend genau und umfangreich ist die Dokumentation über ihren Kampf in Spanien.

Aus Jugoslawien kämpften 1 664 Freiwillige in Spanien für die Republik. Über tausend von ihnen sind dort gefallen, zweihundert wurden verwundet. Sie stellten Generale wie Copic, zwei Oberstleutnants, acht Majore und über zweihundert Offiziere und Unteroffiziere. Neunundzwanzig von ihnen wurden später in Jugoslawien Generale.

Zehn Jahre lang erforschte Velimir Drechsler (Marko Peric), selbst Spanienkämpfer, das Schicksal jüdischer Spanienkämpfer aus Jugoslawien. 1975 veröffentlichte er eine umfangreiche Arbeit im »Jahrbuch des Jüdischen Museums Jugoslawiens«. Seine Untersuchung stützt sich auf Materialien des zentralen Parteiarchivs in Moskau, in dem die Archive der Internationalen Brigaden lagern, ferner auf die Dokumentensammlung des Spanienkämpferverbandes Jugoslawiens und dessen Publikationen sowie auf Archive der jugoslawischen Polizei, die den Freiwilligen in Spanien nachspionierte, sie bis 1940 verfolgte und durch die Staatsschutzgerichte aburteilen ließ. Velimir Drechsler deponierte alle Dokumente seiner langjährigen Recherchen im Archiv des Historischen Museums der Juden Jugoslawiens in Belgrad, wo auf einer großen Tafel mit Fotos und Dokumenten die Kämpfe der jüdischen Spanienkämpfer aus Jugoslawien dokumentiert sind.

Über vierzig Juden aus Jugoslawien kämpften in Spanien, vierunddreißig von ihnen waren jugoslawische Bürger. Zu den anderen gehörten zum Beispiel polnisch-jüdische Studenten, die in Jugoslawien studierten, und Dr. Wolf und Edita Jungermann, die aus Deutschland stammten, in Spanien als Ärzte wirkten und während des Zweiten Weltkrieges als Militärärzte in China arbeiteten. Sie waren fast alle Mitglieder der linkssozialistisch-zionistischen Jugendbewegung »Haschomer Hazair« oder Mitglieder des zionistischen Sportklubs »Macabbi«. Viele wechselten zur kommunistischen Jugendbewegung über, weil hier direkte revolutionäre Aktionen durchgeführt wurden. Viele Jugoslawen, darunter auch Juden, kämpften in der 129. balkanischen Interbrigade, deren Kommandeur der polnische Jude General Waclaw Komar war.

Wir können hier zweiunddreißig jüdische Spanienkämpfer aus Jugoslawien mit Kurzbiographien vorstellen. Vier von ihnen wurden mit dem höchsten Orden »Nationalheld Jugoslawiens« (drei von ihnen posthum) ausgezeichnet, acht fielen in Spanien, elf starben als Helden des Widerstandes, einer wurde im Gulag umgebracht.

Albert Abinun wurde 1913 in Sarajewo als Sohn sephardischer Juden geboren. Er war als Gymnasiast Mitglied des »Haschomer Hazair«, der linkssozialistischen Jugendbewegung. Seine Militärzeit absolvierte er bei der Intendantur und wurde Mitglied der KPJ. Später arbeitete er als Textilarbeiter und wurde Gewerkschafter. Er meldete sich freiwillig und traf im November 1937 in Spanien ein. Nach der Ausbildung in Casas Ibañez wurde er als Verbindungsoffizier des Brigadekommandeurs der 129. Interbrigade zugeteilt. Während der faschistischen Offensive an der Aragon-Front geriet er in Gefangenschaft und wurde in den berüchtigten Lagern San Pedro de Cardeña und Miranda del Ebro bis 1943 festgehalten. Er wurde entlassen, flüchtete darauf nach Jugoslawien und wurde Mitglied des Zentralkomitees der KPJ. Nach der Landung der Alliierten in Algier wurde er dort Chef der Wache der jugoslawischen Militärmission. Später kämpfte er als freiwilliger Soldat einer Partisanenbrigade. Nach der Demobilisierung wurde er als Diplomat nach Kairo und Lissabon entsandt. Er wurde Spanisch-Professor an der Diplomaten-Hochschule und leitet die spanischen Sendungen von Radio Belgrad. Er ist Publizist, Journalist und schreibt für spanische Zeitschriften.

Salomon Albahari wurde 1915 in Sarajewo geboren. Nach dem Ende des spanischen Bürgerkrieges schlug er sich nach Jugoslawien durch. Er ist 1942 in Bosnien als Partisan gefallen.

Isa Altarac wurde 1910 in Sarajewo geboren und wollte nach seiner Ausbildung als Elektriker nach Palästina auswandern. Er arbeitete eine Zeitlang auf einer »Hachschara«, einer landwirtschaftlichen Lehr- und Vorbereitungsfarm, in Pusta Brod Jagodnjak. 1937 meldete er sich als Freiwilliger und ging zunächst nach Paris. Von dort schickte er an seine Freunde in der Vorbereitungsfarm, die den Kibbuz Gath gründeten, eine Karte, in der er ankündigte, daß er nach dem Sieg der Revolution in Spanien nach Palästina kommen werde, um dort den Sozialismus aufzubauen. Isa Altarac fiel in Spanien.

Haim Atijas ist wahrscheinlich der einzige Jude, der sein Leben als vermeintlicher Moslem retten konnte. Er wurde 1912 in Sansky Most als Sohn einer kinderreichen sephardischen Familie geboren. Er arbeitete in Zagreb als Elektromonteur. Im Mai 1938 kam er illegal nach Spanien und nahm an den Kämpfen am Ebro als Soldat des Divisionario-Bataillons der 45. Division teil. Im September 1938 wurde er am Bein verwundet und blieb ein schwerbehinderter Invalide. Er wurde im Internierungslager Argelés interniert, von wo ihm die Flucht gelang. Dann kam er als Zwangsarbeiter moslemischen Glaubens mit Namen Hamdija nach Deutschland und konnte auf diese Weise trotz jüdischer Herkunft überleben. Nach dem Krieg kehrte er nach Jugoslawien zurück, aber wenig später wanderte er nach Israel aus, wo er als Angestellter des staatlichen Telefonwesens in Jerusalem tätig war. Er verlor mehrere Brüder und Schwestern im Widerstand und im Holocaust. Er starb 1975. Sein Bruder Mimo lebt in Belgrad.

Theodor Balk ist ein in der Geschichte der Interbrigaden in Spanien bekannter Mann. Fast unbekannt ist sein Lebenslauf. Er wurde als Karl Fodor 1900 in Zemun geboren. Er studierte Medizin in Innsbruck, Zagreb, Wien und Prag, wurde 1925 Mitglied der KPJ und seit 1929 Genosse der KPD und Mitglied des Schriftstellerverbandes Deutschlands. Er war in der »Roten Hilfe« in Berlin tätig. Er schrieb für die »Rote Fahne«, »Die Linkskurve«, die »Weltbühne« und nach deren Exilierung für die Nachfolgeorgane in Prag, wo auch die KPD-nahe »Volksillustrierte« erschien. Schon Anfang Januar 1937 meldete er sich in Spanien als Frontarzt der XIV. Interbrigade. Er versorgte die Verwundeten bei den Schlachten von Jarama, Balsain, Caspe und an der Aragon- und Ebro-Front. Es gelang ihm später, nach Mexiko auszuwandern, wo er während des Zweiten Weltkrieges blieb und journalistisch arbeitete. In Jugoslawien schrieb er mehrere Bücher, auch für die »Politika«. Wegen des Stalin-Tito-Konfliktes übersiedelte er in die Tschechoslowakei. Er starb 1974 in Prag.

Iso Baruh wurde 1913 in Belgrad geboren. Seit 1936 war er Mitglied der KPJ und Gewerkschaftsfunktionär. Er leistete seine Dienstzeit bei der Luftabwehr ab. Er ging im Februar 1937 nach Spanien, kämpfte in der XV. Interbrigade in den Schlachten von Jarama, Brunete und Quinto. Später war er Kaderoffizier der balkanischen Freiwilligen in Albacete und Dolmetscher des Kommandeurs einer Artilleriegruppe. Er wurde dann zur 129. Interbrigade versetzt, von der Aragon-Front zur Zentralfront. Bei einem faschistischen Durchbruch der Front fiel er im April 1938.

Jakov Baruh wurde 1914 in Sarajewo als Sohn einer sephardischen Familie geboren. Es gelang ihm, nach Jugoslawien zurückzukehren. 1941 fiel er in Bosnien als Politkommissar einer Partisaneneinheit.

Silvio Baruh wurde 1910 in Sarajewo geboren. Er war Student und fiel im Juli 1938 an der Aragon-Front bei Penamarco.

Viele Geschwister kämpften in Spanien, einzigartig ist aber die Familie Basch, Vater, Mutter und deren Sohn Jan. *Andreas Basch* wurde bei Subotice im Jahre 1890 geboren. Er war Transportfachmann und Vermessungsingenieur und nahm am Ersten Weltkrieg als Leutnant der k.u.k. Armee teil. Nach Kriegsende kehrte er nach Hause zurück und wurde Mitglied der KPJ. Wegen seiner revolutionären Tätigkeit verlor er jegliche Erwerbsmöglichkeit und emigrierte nach Belgien, wo er Mitglied der KP Belgiens wurde. Bereits im Oktober 1936 war er in Spanien und wurde Kommandeur der Kasernen der Interbrigaden in Albacete. Später war er Lehrer für Topographie an der Offiziersschule in Pozorubio, danach Instrukteur für schwere Artillerie. Er kehrte aus Spanien nach Belgien zurück, wurde von der Gestapo verhaftet, in ein Lager gebracht und ermordet.

Seine Ehefrau *Anamarija Basch* wurde 1893 in Felz Sentivan geboren. Sie war Aktivistin der proletarisch-feministischen Bewegung, gründete Arbeiterwohlfahrts- und Bildungsvereine sowie Arbeiterselbsthilfe-Organisationen. 1929 nahm sie an einem Kongreß der Selbsthilfe in Berlin als jugoslawische Delegierte teil. Mit ihrer Familie übersiedelte sie nach Belgien, wo sie als Krankenschwester an einem Hospital in Brüssel arbeitete. Mit ihrem Mann und ihrem Sohn kam sie im Oktober 1936 nach Spanien und wurde Krankenschwester im Lazarett der Interbrigaden in Valencia. Bis 1938 war sie Krankenschwester im Frontlazarett des 15. Armeekorps. Nach dem Bürgerkrieg kehrte sie nach Belgien zurück und kämpfte dort in der Widerstandsbewegung. Sie überlebte und emigrierte nach dem Zweiten Weltkrieg als geachtete alte Revolutionärin nach Budapest, wo sie starb.

Beider Sohn *Jan Basch* wurde 1921 in Bec geboren und emigrierte mit seinen Eltern nach Belgien. Er erlernte in einer Berufsschule in Brüssel den Beruf des Elektromechanikers. Er arbeitete in seinem Beruf, war Gewerkschafter und Mitglied der KP Belgiens. Er kam mit seinen Eltern nach Spanien als der jüngste Freiwillige der Interbrigaden und kämpfte zunächst in der XI. Interbrigade, dann in der Artilleriegruppe »Ana Pauker«. Er nahm an den Kämpfen im Universitätsviertel in Madrid, in Jarama, Guadalajara und Huesca teil. Nach der Rückkehr nach Belgien kämpfte er dort im Widerstand gegen die Nationalsozialisten. Heute lebt er in Budapest.

Imre Ber wurde 1905 in Senta geboren. Mit neunzehn Jahren wurde er Mitglied der KP Jugoslawiens und ging später in die Sowjetunion, wo er sein Medizinstudium beendete. Er ging nach Spanien als Brigadearzt. Nach Ende des Bürgerkrieges wurde er mit wenigen anderen Spanienkämpfern in die Sowjetunion evakuiert, weil er schwer verwundet war. 1941 wurde er, wie viele seiner Kameraden aus Spanien, von den Schergen Stalins verhaftet. Er wurde in einem Gulag umgebracht.

Alfred Bergmann wurde 1901 in Visoko geboren. Er wurde aus dem Militärdienst als Reserveoffizier entlassen, absolvierte die Parteischule der KPD in Berlin und die Lenin-Schule in Moskau. Er übte eine Vielzahl von Funktionen aus, zum Beispiel als Mitglied des Zentralkomitees der »Roten Hilfe«, meistens als Mitarbeiter des legalen und illegalen technischen Apparates der KPJ. Er wurde viele Male verhaftet, in Belgrad, Mostar, Zagreb und in Halle. 1936 wurde er in Westeuropa als Waffenaufkäufer für die spanische Republik eingesetzt, ging aber im Februar 1937 als Freiwilliger nach Spanien, wo er als Artillerist kämpfte und später in der Verwaltung tätig war. Nach dem Fall der Republik lebte er bei Marseille. 1940 kehrte er nach Split zurück, wo er von der jugoslawischen Polizei verhaftet wurde und bis zur deutschen Besetzung in Haft blieb. Im Juli wurden die Gefangenen von den kroatischen Faschisten übernommen. Als erste Gruppe wurden die jüdischen Kommunisten vor die Erschießungskommandos geführt. Mit Bergmann starben unter den Kugeln der Faschisten mehrere führende Persönlichkeiten Jugoslawiens.

Alfred Bergmann wurde von seiner Frau *Braina Voss* überlebt, die 1906 in Riga geboren wurde. Fast die ganze Familie Voss war in Spanien, auch ihr Bruder Jakob, der im Zweiten Weltkrieg als Fallschirmspringer hinter der Feindeslinie in Lettland operierte und im Kampf fiel. Auch ihre Schwester Miriam war in Spanien, sie lebt jetzt in Riga als pensionierte Ärztin. Braina Voss studierte Medizin in Wien, wo sie Mitglied der KP Jugoslawiens wurde. 1935 kam sie an die Lenin-Schule nach Moskau und ein Jahr später, im Herbst 1936, als Ärztin nach Spanien. Bevor sie jedoch nach Spanien fuhr, wurde sie mit der Organisation der Freiwilligentransporte beauftragt. Sie organisierte mehrere Transporte über Triest und Split. Dort wurde sie festgenommen, zu sechs Monaten Haft verurteilt, aber sofort ausgewiesen. Sie flog nach Prag. In Spanien arbeitete sie zunächst im Lazarett in Murcia. Später wurde sie Leiterin des neueröffneten Lazaretts der Interbrigaden in Sagaró. Nach dem Fall der Republik organisierte sie in Frankreich ein Hospital für kranke Interbrigadisten. Im März 1939 gelangte sie über Paris in die Sowjetunion. In Moskau war sie Ärztin der »Roten Hilfe«. Ohne Chance, ihren Mann wiederzusehen, kehrte sie nach dem Kriege in ihre Geburtsstadt Riga zurück, wo sie ein medizinisches Institut leitete. Hier starb sie im Jahre 1973.

Otto Bihalji-Merin wurde 1904 in Zemun geboren. Als Jugendlicher war er Mitglied der sozialistisch-zionistischen Partei »Poale Zion«. Er machte eine landwirtschaftliche Ausbildung auf einer Lehrfarm als Vorbereitung für die Auswanderung nach Palästina mit. 1924 wurde er Mitglied der KPJ. Er ging 1929 nach Berlin, besuchte dort die Kunstakademie und wurde aktives Mitglied der KPD. Er arbeitete als Redakteur des Parteiorgans »Rote Fahne« und als Redaktionssekretär der Zeitschrift des »Verbandes der revolutionären-proletarischen Schriftsteller«, »Die Linkskurve«. An der zweiten internationalen Konferenz der revolutionären Schriftsteller in Charkow 1930 nahm er als deutscher Delegierter teil. 1933 emigrierte er nach Paris, wo er das »Institut für den Kampf gegen den Faschismus« gründete. 1936 sammelte er in Spanien Material für ein Buch, das in der Schweiz, England und den USA erschien. Nach seiner Rückkehr nach Jugoslawien wurde er 1940 als Reserveoffizier mobilisiert und geriet in deutsche Kriegsgefangenschaft bis 1945. Im Oflag gründete er eine antifaschistische Organisation. Ein Fluchtversuch mißlang. Nach dem Krieg entdeckte, erforschte und propagierte er die jugoslawischen »Naiven« und arbeitete als Kunsthistoriker.

Mirko Deucht wurde 1906 in Zagreb geboren. Er war im zionistischen Sportklub »Macabbi« in Zagreb aktiv. Später ging er nach Paris, wo er im »Macabbi«-Fußballklub spielte und in der Gewerkschaft tätig war. Schon 1936 ging er als Freiwilliger nach Spanien, kehrte aber 1937 wegen einer Verwundung nach Paris zurück. Nach der Kriegserklärung Frankreichs gegen Deutschland 1939 meldete er sich als Freiwilliger bei der Fremdenlegion, um gegen die Nationalsozialisten zu kämpfen, und wurde nach Syrien versetzt. Nach der Kapitulation Frankreichs 1940 lief er nach Palästina über und meldete sich als Freiwilliger der britischen Armee. Er wurde Offizier einer Kommandoeinheit, die hinter den feindlichen Linien operierte. Nach Kriegsende wurde er wegen der Zugehörigkeit zur illegalen Militärorganisation »Hagana« von der britischen Besatzungsmacht verhaftet. Nach dem Unabhängigkeitskrieg Israels arbeitete er als Lagerverwalter im Hafen von Haifa. Er starb 1970 als Mirko Ben Jakov.

Robert Domanji wurde 1908 in Osijek geboren. Er studierte an der Technischen Hochschule in Zagreb und wurde Mitglied des Kommunistischen Jugendverbandes. Er absolvierte die Artillerie-Offiziersschule in Sarajewo und ging im Februar 1937 nach Spanien. Im November 1937 wurde er Kommandeur der Artilleriebatterie »Karl Liebknecht«, später Kommandeur einer Artilleriegruppe. Nach der Niederlage war er Gefangener in den Lagern St. Cyprien, Gurs und Vernet. Er flüchtete 1941 über Deutschland nach Jugoslawien. Als Kommandeur einer Partisaneneinheit lieferte er der Besatzungsmacht viele erfolgreiche Schlachten, aber im April 1942 geriet er in einen Hinterhalt der Tschetnik-Kollaborateure. Domanji und drei weitere Offiziere wurden ermordet, darunter sein jüdischer Mitkämpfer aus Spanien Drago Steinberger. Erst 1966 wurden die Gebeine der ermordeten Partisanenführer gefunden und in der Ehren-Allee der Kroatischen Nationalbefreiung auf dem Ehrenfriedhof in Plaschko beigesetzt. Im Juli 1953 wurde Robert Domanji (Drago Domjanic) der Orden »Nationalheld Jugoslawiens« verliehen.

Velimir Drechsler wurde 1914 in Osijek geboren und war von Beruf Elektrotechniker. Er war Begründer der sozialistisch-zionistischen Organisation »Haschomer Hazair« in Jugoslawien. 1934 baute er den illegalen technischen Apparat der KPJ Kroatiens in Zagreb auf. 1935 leitete er den zentralen Technischen Dienst der KPJ, 1936 ging er nach Prag, wo er den illegalen Apparat der KPJ leitete, die Freiwillige nach Spanien schleuste. Im Juli 1937 ging er selbst nach Spanien. Nach dem Zusammenbruch der Republik entkam er aus den Lagern in Frankreich zunächst nach Deutschland und 1941, wiederum illegal, nach Jugoslawien. Obwohl er bereits in Spanien verwundet wurde, meldete er sich bei den Partisanen, wo er verwundet und später in der Propagandatruppe eingesetzt wurde. Er wirkte nach dem Kriege als Journalist und Historiker und lebt heute in Belgrad.

Elias Engel wurde 1912 in Jajce geboren. Er besuchte die Technische Schule in Sarajewo und setzte die Studien am

Elektrotechnischen Institut in Prag fort. Hier wurde er Mitglied der KPJ. Er war aktiv im »Kommunistischen Studentenbund« tätig und wurde mehrmals verhaftet. Im Februar 1937 kam er bereits nach Spanien, war hier erst Soldat des Bataillons »Dimitrov« und später Offizier der Panzerabwehrbatterie der 45. Division. Er wurde Kommandeur einer Artilleriegruppe. Er kämpfte in Jarama, Zaragoza, Teruel und an der Levante-Front. Bis 1941 war er Gefangener in französischen Internierungslagern. Er flüchtete nach Jugoslawien und organisierte die ersten Partisanenverbände und konspirativen Druckereien. Bei einem Überfall der Polizei und der faschistischen Ustascha-Angehörigen wurde Engel verletzt, aber er konnte fliehen. Er wurde Generalstabschef der »Kroatischen Befreiungsarmee« und später stellvertretender Kommandeur dieser Armee im Range eines Obersten. Im Mai 1944 wurde er bei einem Fliegerangriff getötet. Im Jahre 1953 wurde er zum »Nationalhelden Jugoslawiens« ernannt.

Benno Fischer wurde 1901 in Zabalj geboren. Er ging 1919 nach Ungarn, wo er bis 1927 blieb, und lebte von 1932 bis 1936 in Brüssel, später in Paris und Bukarest, zuletzt als Textilarbeiter, Gewerkschafter und Delegierter der »Roten Hilfe«. Er ging im Mai 1938 nach Spanien, wo er in der 129. Interbrigade kämpfte. Vier Monate später, im September 1938, fiel er an der Ebro-Front als Soldat der 45. Division.

Josef Hauptmann wurde 1910 in Sotvelj in der Ukraine geboren. Nach dem Studium in der Tschechoslowakei war er Assistenzarzt in Belgrad. Er kam im Juli 1937 nach Spanien und diente in den Militärlazaretten in Albacete, Denia, Madriguera, Valencia und Estremadura. Ab Februar 1939 arbeitete er im Sanitätsdienst der französischen Internierungslager. Er flüchtete nach Marseille und organisierte dort den Sanitätsdienst für die Résistancekämpfer. Er war Organisator und Chef des ärztlichen Dienstes, Chirurg und Mitglied des Generalstabs der Résistance Südfrankreichs. Mehrmals wurde er verhaftet, aber immer von seinen Mitkämpfern befreit. Er kam 1945 ins befreite Jugoslawien, organisierte den Sanitätsdienst der jugoslawischen Armee und wurde Generalmajor. Er starb 1973 als General Alexander Mezic.

Samuel Kambi Alkalaj wurde 1911 in Bosanski Brod geboren. Er nahm an vielen Schlachten in Spanien als Leutnant teil und wurde mehrmals verwundet. Er fiel in der Ebro-Offensive als Kommandant der jüdischen Botwin-Kompanie im September 1938.

Arthur Kerschner wurde 1912 in Donji Miholjac geboren. Er besuchte das Gymnasium in Zagreb. Dort war er Mitglied einer jüdischen Jugendorganisation. Später studierte er Veterinärmedizin und wurde Aktivist des »Kommunistischen Jugendverbandes«. Er flüchtete vor einer drohenden Verhaftung über Wien nach Brünn, wo er seine Studien und Aktivitäten fortsetzte. Auf dem Weg nach Spanien wurde er in Perpignan in Frankreich verhaftet. In Spanien wurde er Stabsoffizier des Bataillons »Duro Dakovic« und fiel im Juli 1938.

Lea Kraus wurde 1914 in Zagreb geboren. In ihrer Jugend war sie zionistische Aktivistin. 1935 wurde sie Mitglied des illegalen Kommunistischen Jugendverbandes. Im gleichen Jahr wurde sie verhaftet und zu zehn Monaten Gefängnis verurteilt. Im Juni 1937 kam sie nach Spanien, wo sie als Lazarettschwester arbeitete. Im September 1938 betreute sie die nach Frankreich evakuierten Schwerverwundeten. Sie blieb in Frankreich und kämpfte in der Résistance. Nach dem Kriege kehrte sie nach Jugoslawien zurück und wanderte 1949 mit ihrem Mann Mischa Stein nach Israel aus, wo sie 1985 starb.

Der einzige überlebende jüdische »Nationalheld Jugoslawiens« ist *Samuel Lehrer*, der 1914 in Mostar als Sohn des aus Lemberg stammenden Zahariasz Lehrer geboren wurde. Er arbeitete zunächst als Sattler und studierte später Veterinärmedizin in Zagreb. 1934 wurde er Mitglied der KPJ und wurde mehrmals verhaftet. Im Dezember 1937 kam er nach Spanien und wurde MG-Schütze in der 129. Interbrigade. Bis 1941 wurde er in den Lagern St. Cyprien, Gurs und Vernet festgehalten. Mit Hilfe der KPJ schlug er sich über Deutschland nach Jugoslawien durch. Eine Zeitlang arbeitete er illegal im Zwangsarbeitslager für jugoslawische Spanienkämpfer in Espenheim bei Leipzig, wo er ein illegales Parteikomitee organisierte. In Jugoslawien wurde er Kommandeur eines Partisanenbataillons, später einer Brigade. Im August 1943 überfiel seine Brigade einen Luftwaffenstützpunkt bei Sarajewo. Die Partisanen lieferten den alarmierten Ustascha- und Wehrmachtstruppen einen erbitterten Kampf. Fast ohne eigene Verluste wurden 34 Luftwaffenflugzeuge zerstört. Später wurde er Kommandeur einer Division. Er ist Träger vieler Auszeichnungen und ging nach dem Kriege in Pension als Generaloberst und »Nationalheld Jugoslawiens« Voja Todorovic.

Vladimir Kurt Meider wurde 1911 in Sisak geboren. Er war seit 1931 Mitglied der KPJ und Sekretär des Lokalkomitees der illegalen Partei. Er wurde mehrmals verhaftet und entkam 1935 in die Sowjetunion. Er machte dort eine politische Schulung durch und wurde dann nach Jugoslawien und später nach Frankreich entsandt. 1935 war er Sekretär der KPJ in Frankreich, wo sich zur gleichen Zeit auch Tito befand. Bereits 1936 ging er nach Spanien, kämpfte in Madrid und war später Politkommissar einer Kompanie der Brigaden. Nach einer Dienstzeit in der Basis in Albacete kämpfte er an der Teruel-Front. 1942 flüchtete er aus französischen Lagern nach Jugoslawien und war Chef des Nachrichtendienstes der Partisanenarmee in Kroatien. 1943 starb er auf bereits befreitem Territorium.

Menahem Papo wurde 1915 als Sohn eines armen sephardischen Handwerkers in Sarajewo geboren. Er besuchte die Berufsschule in Split, wo er später Arbeit fand. Schon als Lehrling war er Mitglied der Gewerkschaft. Als blinder Passagier fuhr er von Split nach Spanien, wo er im Oktober 1936 eintraf. Er wurde Soldat des Dombrowski-Bataillons der XI. Interbrigade. In Madrid wurde er verwundet, kam aber bald zur XII. Interbrigade. Bei Kämpfen im Universitätsviertel von Madrid im Dezember 1936 wurde er durch einen Bauchschuß verwundet. Als Invalide wurde er 1938 nach Paris geschickt, aber die französische Polizei verhaftete ihn und brachte ihn ins Lager Gurs. Von dort flüchtete er über Marseille nach Split. Er blieb zeit seines Lebens Invalide. Dies hinderte ihn aber nicht, am Widerstandskampf teilzunehmen. 1942 wurde er von italienischen Faschisten verhaftet und in der Festung San Rocco bis Juli 1943 inhaftiert. Nach der Kapitulation der italienischen Truppen kämpfte er um Split. Er wurde Kommandant der Festung, in der er bis dahin inhaftiert war. Im September 1943 mußten sich die Partisanen aus Split wegen des starken Drucks der Wehrmacht zurückziehen. Am Neuen Friedhof in Split erwartete die Gruppe ein deutscher Hinterhalt. Menahem Papo fiel im Kampf.

Vilko Pressburger wurde 1906 in Zagreb geboren. Der Vater fiel im Ersten Weltkrieg. Die Brüder Oto und Dragutin kämpften als Partisanen, der letztere fiel 1942. Vilko war als Gymnasiast Mitglied des zionistischen Sportklubs »Macabbi«. Wegen revolutionärer Aktivitäten wurde er verhaftet. Nach Haftverbüßung fuhr er illegal nach Spanien, wo er im März 1937 ankam. Er kämpfte zunächst in der anarchistischen Brigade »Durruti« und später im Bataillon »Rako-si«. Er fiel in der Schlacht von Belchite im September 1937.

Ein tragisches Schicksal war *Marija Schneemann* beschieden. Sie wurde 1896 in Backa Palanca geboren. Bis

1928 war sie Arbeiterin in ihrer Heimatstadt. Später arbeitete sie in Österreich, Ungarn, Rumänien, Deutschland und der Tschechoslowakei. Mit ihrem deutschstämmigen, aus Sarajewo stammenden Ehemann Steinmacher beschloß sie, nach Spanien zu gehen. Sie durchquerten zu Fuß Österreich, die Schweiz und Frankreich. Marija arbeitete in einem Krankenhaus, ihr Mann kämpfte an der Aragon-Front und arbeitete später als Mechaniker in einer Fabrik in Barcelona. Marija rettete Peter Blachstein das Leben, als sie ihn in ihrem Haus vor der Geheimpolizei versteckte. Sie und ihr Mann wurden deshalb von der Geheimpolizei verhaftet und wahrscheinlich umgebracht, denn man hat nie wieder etwas von ihnen gehört.

Kornelija Sende wurde 1914 als Tochter einer jüdischen Arztfamilie bei Subotice geboren. Während ihres Medizinstudiums in Belgrad und Zagreb war sie Aktivistin in vielen sozialistischen und studentischen Organisationen. Sie kam im November 1937 über Paris nach Spanien und arbeitete als Medizinerin des Sanitätsdienstes der Interbrigaden in Madrid und später im Frontlazarett »Nueva de la Jara«, während der Evakuierung der Verwundeten im Lazarett in Sagaró. 1939 ging sie nach Paris, von wo sie nach Jugoslawien zurückkehrte. Hier schloß sie sich der illegalen KPJ an und war aktives Mitglied der Partisanenbewegung. Im August 1941 wurde sie von der Geheimpolizei bei Belgrad verhaftet und gefoltert. Sie starb im Folterkeller.

Sigismund Städtler wurde 1914 in Stara Pazova geboren und war aktiv in der zionistischen Jugendbewegung, später in der Arbeiterbewegung. 1934 war er Bezirkssekretär des illegalen Kommunistischen Jugendverbandes. Er wurde fünfmal verhaftet und zu Gefängnisstrafen verurteilt. Er ging im Januar 1938 nach Spanien und wurde an der Aragon-Front verwundet. Er kam später nach Zagreb, wo er im Widerstand kämpfte. Er wurde von den Nationalsozialisten verhaftet und ermordet.

Drago Steinberger wurde 1916 in Zagreb geboren. Er ging 1937 nach Spanien, wo er als Artillerist kämpfte. Er flüchtete aus Frankreich und wurde in Jugoslawien Politkommissar eines Partisanenbataillons. Im April 1942 fiel er zusammen mit Robert Domanji und anderen Offizieren. 1953 wurde er posthum zum »Nationalhelden Jugoslawiens« ernannt. Seine Überreste sind 1966 auf dem Nationalfriedhof in Plaschko beigesetzt worden.

Gerhard Weiss wurde 1914 in Bihac geboren und studierte an der Technischen Hochschule in Prag, wo er unter Studenten politisch wirkte. Bereits im Dezember 1936 ging er nach Spanien, wo er eine Offiziersschule der Interbrigaden absolvierte. Er kommandierte eine Partisaneneinheit, die hinter der Front den Franco-Truppen schwere Verluste zufügte. Im Mai 1938 mußte er wegen einer schweren Verwundung nach Frankreich evakuiert werden. 1939 kehrte er nach Belgrad zurück, wo er seine revolutionären Aktivitäten fortsetzte. Er ist beim Luftbombardement Belgrads 1941 umgekommen.

Jüdische Spanienkämpfer aus Bulgarien

Als der spanische Bürgerkrieg ausbrach, meldeten sich rund vierhundert Freiwillige aus Bulgarien. Die meisten kamen direkt aus ihrem Heimatland, einhundert Freiwillige kamen aus der Sowjetunion, wo sie verschiedene Funktionen im Apparat der Komintern ausgeübt hatten. Aus der kleinen jüdischen Gemeinschaft Bulgariens, die rund vierzigtausend Menschen zählte, gingen siebzehn Freiwillige nach Spanien. Einer von ihnen, Isaak Moschew, erforschte die Schicksale seiner Mitkämpfer. Fast alle waren sephardische Juden.

Leon Anawi wurde 1912 in Plowdiw geboren. Er besuchte das jüdische Bialik-Gymnasium und kam 1936 über Frankreich nach Spanien, wo er im balkanischen Bataillon der 45. Brigade kämpfte. Er fiel an der Front.

Samuel Assa, 1910 geboren, kam 1937 nach Spanien und war Soldat der Kolarow-Batterie der republikanischen Artillerie. Er wurde verwundet und später interniert. Er meldete sich freiwillig bei der französischen Armee und war später Résistancekämpfer.

Jacques Ascher, geboren 1898, hatte eine lange Zeit als antifaschistischer Kämpfer in Italien und Deutschland hinter sich, als er nach Spanien ging, wo er zum Direktor des Radiosenders Barcelona berufen wurde. Er war auch Instrukteur der Parteischule der KPS. Er blieb in Spanien bis zum März 1939 und starb kurz darauf in Frankreich.

Nissim Baruch wurde 1888 in Sofia geboren. Seit April 1937 war er Instrukteur für Spanisch bei der Basis der Internationalen Brigaden in Albacete. Sein weiteres Schicksal blieb unbekannt.

Isaak Bechmoarasch, 1899 in Warna geboren, war offizieller Dolmetscher des sowjetischen Beraters des 4. Armeekorps an der Madrid-Front.

Carlo Beredschik, 1903 in Sofia geboren, diente ab 1937 in der balkanischen 129. Internationalen Brigade und lebte später in Paris.

David Davidow wurde 1914 in Sofia geboren. Seit 1937 kämpfte er an vielen spanischen Fronten. In der Ebro-Schlacht wurde er schwer verwundet. Trotzdem wurde er in Frankreich interniert, von wo ihm die Emigration nach Argentinien gelang.

Harry Eschkenasy, 1912 in Sofia geboren, kämpfte in der 129. Brigade und kehrte nach Kriegsende nach Bulgarien zurück.

Janto Canetti wurde 1912 in Kasanlik geboren. Nach Beendigung des Medizinstudiums in Sofia kam er 1937 nach Spanien, wo er als Brigadearzt der 86. Brigade an den Fronten Córdoba, Pozoblanco und Almadén Dienst tat. Nach der Internierung in Südfrankreich meldete er sich freiwillig als Frontarzt bei der chinesischen Armee im Krieg gegen Japan. Bis 1945 diente er als Divisions- und später Armeekorps-Arzt im Range eines Obersten. Auch im Vietnam-Krieg wirkte er als Militärarzt der nordvietnamesischen Armee. Später war er Professor für Radiologie in Sofia.

Elieser Jossipow, 1911 in Plowdiw geboren, kam 1937 nach Spanien und kämpfte in der 129. Brigade. Sein weiteres Schicksal blieb unbekannt.

Sara Kowo wurde 1904 in Zarigrad geboren. Sie kam aus Paris 1937 nach Spanien, wo sie als Krankenschwester in Frontlazaretten arbeitete. Sie erkrankte schwer und wurde nach Frankreich evakuiert, wo sie 1939 starb.

Caesar Kowo, der Bruder von Sara Kowo, wurde 1912 in Sofia geboren. Er war Offizier der XI. Thälmann-Brigade. Als er in der Guadalajara-Schlacht schwer verwundet wurde, mußte er nach Frankreich evakuiert werden.

Robert Josua Melamed wurde 1914 in Sliwen geboren. Er kämpfte in der Kolarow-Batterie. Er wurde in Argelés, Gurs, Vernet, Les Milles und Miramar interniert. Er flüchtete, kämpfte bis 1944 in der französischen Résistance und kehrte nach Bulgarien zurück.

Victor Baruch Meworach wurde 1914 in Sofia geboren. Er war Soldat des balkanischen Bataillons der 45. Brigade und kämpfte an den Fronten Caspe, Gandesa, Tortosa und Ebro. Er fiel 1938 bei der Verteidigung von Barcelona.

Isaak Moscher, 1903 in Sofia geboren, war Soldat der Kolarow-Batterie und kämpfte bei Brunete und an anderen Fronten. Nach der Internierung in Frankreich meldete er sich als Freiwilliger bei der französischen Armee und fiel in deutsche Kriegsgefangenschaft. Nach seiner Flucht kämpfte er bis zum Kriegsende in der Résistance.

David Natan Salomonow wurde 1910 in Plowdiw geboren und emigrierte als Kibbuz-Pionier nach Palästina. Von dort kam er 1937 nach Spanien. Er kämpfte in der 129. Brigade und kehrte nach Kriegsende nach Palästina zurück.

Ruben Abramow

Ruben Abramow

Die ranghöchste Persönlichkeit des spanischen Bürgerkrieges aus Bulgarien war Ruben Abramow. Vergeblich würde man in spanischen oder sonstigen Quellen nach dieser führenden Persönlichkeit des Krieges suchen. Kein Nachschlage- oder Standardwerk, außer der amtlichen bulgarischen Enzyklopädie aus dem Jahre 1978, erwähnt ihn. Die Bescheidenheit und Zurückhaltung Abramows, der heute als Pensionär in Sofia lebt, können nicht die einzigen Gründe für seine Unbekanntheit sein. Sicherlich spielen hier auch die verzwickten Wege der Komintern und der bulgarischen Innenpolitik eine Rolle, auf die wir nicht eingehen wollen.

Er wurde als Ruben Abramow Levi am 23. September 1900 in Samokow geboren. In der Sowjetunion trug er den Namen L. Michajlow. In Spanien hieß er General Miguel Gomez. Heute heißt er Ruben Abramow. Er ist Sohn einer jüdisch-sephardischen Familie und hat zwei Muttersprachen: Bulgarisch und Ladino. Seit frühester Jugend war er Mitglied sozialistischer Jugendverbände und trat 1919 der Kommunistischen Jugend-Union (BKMS) bei. Er wurde 1925 Mitglied des Zentralkomitees dieser Organisation und trat 1921 der KPB bei. In einem aufsehenerregenden Prozeß gegen das gesamte Zentralkomitee der Jugendorganisation wurde er 1925 in Abwesenheit zum Tode verurteilt und mußte in die Sowjetunion flüchten.

In Moskau nahm er an den Sitzungen des Exekutivkomitees der Komintern (EKKI) teil und studierte an der Lenin-Hochschule von 1926 bis 1928. Anschließend wurde er Dozent an der Kommunistischen Universität für nationale Minderheiten aus dem Westen (KUHMZ). Später leitete er die bulgarische Sektion der Lenin-Hochschule und wurde zum Leiter der spanischen und südamerikanischen Sektion der Lenin-Hochschule berufen.

Abramow war einer der wenigen nichtspanischen Kominternfunktionäre, deren Muttersprache Spanisch war. Er wurde in Spanien zum Generalinspekteur des Kriegskommissare-Korps der republikanischen Armee im Range eines Generals ernannt und baute den politischen Apparat der Armee nach sowjetischem Muster auf. Später kämpfte er als Divisionskommissar und fungierte gleichzeitig als Herausgeber der Frontzeitung für Kriegskommissare »El Comisario«. Gegen Ende des Krieges wurde er im Januar 1939 Sekretär der Madrider Organisation der KPS. Im Mai 1939 kehrte er nach Moskau zurück.

Abramow war ein Freund Dimitrows, führender Theoretiker der KPB und Mitglied des einflußreichen Kreises um Volko Tscherwenkow, des Schwagers und Freundes Dimitrows. In Moskau gründete Abramow eine Kominternschule für spanische, italienische, französische Emigranten und wurde 1942 zum Direktor aller Kominternschulen ernannt. Er leitete auch den bulgarischen Exilradiosender. Mit der Roten Armee kehrte er im September 1944 nach Bulgarien zurück und übernahm hohe Partei- und Staatsämter. Als sein Freund Tscherwenkow Ministerpräsident wurde, berief er Abramow als Kulturminister in sein Kabinett. Er blieb von stalinistischen Verfolgungen verschont, aber sein Cousin Vitali Levi wurde verhaftet.

Spanienkämpfer aus Bulgarien: Jacques Ascher; Leon Anawi, in Spanien gefallen; Isaak Bechmoarasch, gefallen; Janto Canetti

Tschechoslowakei

Drei Ärztinnen in Spanien, rechts Dr. Dora Lorska, links Dr. Vlasta Vesela

Artur London und der Slansky-Prozeß

Im Jahre 1968 erschien ein Buch, das mehr zur Aufklärung über den Mechanismus der stalinistischen Repression und über den Kommunismus beitrug als alle bis dahin bekannten Forschungen und Zeugnisse. Es handelt sich um das Buch »Ich gestehe« von Artur London, das von Costa Gavras mit Yves Montand als London und Simone Signoret als dessen Frau Lise verfilmt wurde. Mit einem Schlag wurde der ehemalige jüdische Spanienkämpfer Symbol für die unzähligen politischen und persönlichen Tragödien dieses Jahrhunderts. »Ich gestehe« gehört zu den wichtigsten Zeugnissen unserer Zeit, wie Solchenizyns »Archipel Gulag« und Lanzmanns »Schoa«.

Artur London wurde als Sohn jüdischer Eltern – sein Vater war Marxist – am 1. Februar 1915 in Ostrawa in

Mähren geboren. Seit seinem vierzehnten Lebensjahr gehörte er einer kommunistischen Jugendorganisation an. Ihm wurde die pazifistische, antimilitaristische Propaganda unter den Soldaten übertragen. Er wurde verhaftet, verhört und verriet niemanden. Mit achtzehn Jahren wurde er aus der Haft entlassen und flüchtete in die Sowjetunion, wo er in die Dienste der Komintern als »Gerard« trat. In Moskau wohnte er im Hotel »Lux«, wo er Lise Ricol traf, Tochter eines spanischen Bauern, der nach Frankreich emigriert und kommunistischer Arbeiterführer geworden war. Sie wurde später seine Frau. Er gehörte dem internationalen Apparat der Komintern an.

Als der spanische Bürgerkrieg ausbrach, war London Anfang 1937 bei den Internationalen Brigaden in Albacete als einer der jungen Freiwilligen zur Stelle. Er kämpfte in Valencia, Teruel, in der Ebro-Schlacht bei Gandesa, gegen Ende des Krieges bei Barcelona und zum Schluß in der »Agrupacion Internacional« unter Heniek Torunczyk. Mit Hilfe seines Schwagers, des Führers der Kommunistischen Jugend Frankreichs, konnte er aus Spanien flüchten. In Paris wurde er Mitglied der Auslandsarbeit-Sektion der KPF (MOI). Nach dem Ausbruch des deutsch-sowjetischen Krieges wurde er Mitglied der Résistance-Organisation »Travail Allemand« (TA), die die Aufgabe hatte, deutsche Besatzungssoldaten zur Kooperation mit der Résistance und zur Desertion zu agitieren.

Mitte 1942 wurde seine Résistance-Gruppe FTP-MOI gefaßt. Auch seine Frau Lise, aktive Résistance-Kämpferin, wurde verhaftet. Sie wurde nicht hingerichtet, weil sie schwanger war und zwei kleine Kinder hatte. Sie wurde ins Konzentrationslager Ravensbrück eingeliefert. Die Gestapo entdeckte die wahre Identität Londons nicht und hielt ihn für einen Juden mit falschen Papieren. Das rettete ihm das Leben, und er wurde im Konzentrationslager Mauthausen interniert, wo er Mitglied der illegalen Widerstandsorganisation im Lager wurde.

Beide, Lise und Artur London, überlebten die Konzentrationslagerhaft. Für ihre Verdienste wurde Lise zum Offizier der französischen Ehrenlegion ernannt. Das Ehepaar nahm mit den Kindern seinen Wohnsitz in Paris. Im Konzentrationslager war Artur London lungenkrank geworden. Noël Field, Europa-Chef der Quäker-Hilfsorganisation, finanzierte den Kuraufenthalt in einem Lungenheilsanatorium in der Schweiz.

Der tschechoslowakische Staat brauchte dringend zuverlässige kommunistische Führungskader. Wie viele andere kehrte London nach Prag zurück. Er wurde stellvertretender Außenminister unter Vlado Clementis. Sein Jugendfreund Rudolf Slansky, Spanienkämpfer und nun Generalsekretär der KP der Tschechoslowakei, hatte ihn für diesen Posten empfohlen.

Am 11. Mai 1949 wurde Noël Field in Prag verhaftet und an Ungarn ausgeliefert. Er wurde »Zeuge« beim Prozeß gegen den Generalsekretär der ungarischen KP, Laszlo Rajk, der wie Slansky und London Jude und Spanienkämpfer war. Rajk wurde am 24. September 1949 zum Tode verurteilt und hingerichtet. Im gleichen Jahr wurden Trajtscho Kostow in Sofia, Bulgarien, und Kotschi Dodze in Tirana, Albanien, beide kommunistische Spitzenfunktionäre, zum Tode verurteilt und hingerichtet.

Am 6. Oktober 1950 wurde Otto Sling, Jude, Spanienkämpfer und Parteisekretär in Brünn verhaftet. Es folgte eine große Verhaftungswelle unter den höheren Chargen der Partei, Polizei und Regierung. Obwohl Stalin selbst von der Unschuld Slanskys überzeugt war, wurde Slansky gezwungen, als Generalsekretär der Partei und stellvertretender Ministerpräsident zu demissionieren. Anfang November 1951 sandte Stalin trotzdem Mikojan als persönlichen Emissär mit dem Befehl, Slansky zu verhaften. Der Befehl wurde am 24. November ausgeführt. Das Zentralkomitee der Partei bestätigte einstimmig die Verhaftung. Unter Folter gestand Slansky einige Verbrechen und versuchte anschließend, Selbstmord zu begehen.

Rudolf Slansky

Erst im August 1952 wurde auf Druck der sowjetischen »Berater«, die faktisch die Macht hatten und die Vernehmungen durchführten, beschlossen, einen Schauprozeß gegen das »Zentrum der antistaatlichen und Anti-Partei-Konspiration unter Leitung von Rudolf Slansky« vorzubereiten. Im Sicherheitsdienst, der die Verhaftungen auf Befehl der »Berater« und des Parteiapparates durchführte, arbeiteten viele Spanienkämpfer. Der Chef, Oswald Zavodsky, war in Spanien gewesen, wie auch Oskar Vales. London ahnte, was in der Luft lag, und beriet sich mit seinen Kameraden aus Spanien:

»Wo bleibt unsere einstige Begeisterung, wo die Freude, einander wiederzusehen, um von unseren Erinnerungen an Teruel, Madrid, Casa del Campo und Albacete zu reden? Wir sprechen nunmehr von dem, was gegenwärtig in unserem Land vorgeht, das heißt von den Verhaftungen. Von der Verhaftung Slings, auch ein alter Kämpfer aus Spanien, Mitglied des Zentralkomitees der Partei. [...] Es ist zu erwarten, daß wir bald auch bei uns eine Affäre Rajk erleben werden.«

London schreibt weiter:

»Ich überhole eine Gruppe Spaziergänger und erkenne Dora Kleinova, die den Wagen ihres kleinen Jungen schiebt. Ich habe sie in Spanien kennengelernt, wo sie als Ärztin bei der Internationalen Brigade tätig war; dann traf ich sie in Frankreich während des Krieges bei einer tschechischsprechenden Gruppe der MOI. Sie war in Paris verhaftet und nach Auschwitz deportiert worden; von dort war sie zurückgekommen und wollte nach Polen heimkehren. Nach einem Pogrom in Kielce hatte sie jedoch beschlossen, sich endgültig in Prag niederzulassen, wo sie seinerzeit Medizin studiert hatte. Hier lernte sie Gisela kennen, die Frau des Schriftstellers Egon Erwin Kisch, die sie heute begleitet.

Sie bemerken mich, lächeln mir zu, und ich winkte ihnen zum Gruß. Ich weiß, daß es auch bei ihnen in letzter Zeit Schwierigkeiten gibt. Auch sie kannte Field, aber ich denke, daß sich für sie wieder alles eingerenkt hat, während, was meine Person anlangt, ich den Eindruck habe, daß ich mit vollen Segeln auf eine Katastrophe zusteuere.«

Londons Ahnung sollte sich nicht erfüllen. Auch Dr. Dora Klein wurde inhaftiert. Am gleichen Tage, dem 28. Januar 1951, wurde London verhaftet. Er wurde seelisch und physisch gefoltert, um die unsinnigsten Beschuldigungen zu »beweisen«. Was daraus folgte, gehört der Geschichte an. London allein ist es zu verdanken, daß die Welt von diesem Höhepunkt des Zynismus, des Verbrechens und der Menschenverachtung erfahren hat, der als der Slansky-Prozeß bekannt wurde.

Jeder der Angeklagten mußte mit den Vernehmern und den sowjetischen »Beratern« ein komplettes Szenario auswendig lernen, mit den unglaublichsten Selbstbeschuldigungen und Beschuldigungen anderer. Die vierzehn Angeklagten waren die Elite der Partei und des Staates. Nur drei von ihnen waren Nichtjuden: Vladimir Clementis, ehemaliger Außenminister, Josef Frank, stellvertretender Vorsitzender des Zentralkomitees der Partei, und Karel Svab, ehemaliger stellvertretender Minister für Staatssicherheit. Die anderen waren Juden: Otto Fischl, ehemaliger stellvertretender Finanzminister, Ludwig Frejka, Bedrich Gminder, Vavro Hajdu, Eugen Löbl, Artur London, Rudolf Margolius, Bedrich Reicin, André Simone (Otto Katz), Rudolf Slansky und Otto Sling. Außer diesen Hauptangeklagten wurden noch zwei weitere Personen israelischer Staatsangehörigkeit verhaftet, angeklagt und als »Zeugen« mißbraucht, Mordechai Oren und Schimon Orenstein. Bei der Eröffnungssitzung charakterisierte der Ankläger die Beschuldigten zunächst mit folgenden Worten: Slansky habe nach der Befreiung des Landes 1954 durch die Rote Armee zahlreiche Zionisten, Trotzkisten, Nationalisten und Spione in den Staatsapparat eingeschleust, so auch den Abenteurer und Kriegsverbrecher Zorek Frank, den Trotzkisten, Nationalisten und Juden Bedrich Gminder, den Millionär und alten Spion Otto Sling, den alten Kosmopoliten und britischen Agenten Ludwig Frejka sowie den Agenten westlicher Geheimdienste Vladimir Clementis. Otto Fischl sei Organisator der subversiven zionistischen Tätigkeit und wichtigster Agent israelischer Geheimdienste, der Millionär Vavro Hajdu sei ein alter Agent der Israelis. Eugen Löbl sei Agent der Briten, der Kosmopolit Rudolf Margolius sei ebenfalls britischer Agent, Bedrich Reicin dagegen sei Gestapo-Spitzel. Karel Svab sei ein verkappter Kriegsverbrecher. André Simone, dessen richtiger Name Otto Katz war, sei ein internationaler Spion, Zionist und Trotzkist.

Wessen wurde London beschuldigt? Trotzkistische Betätigung in Spanien, Zusammenarbeit mit Noël Field und mit den amerikanischen Geheimdiensten, mit Frankreich und mit der französischen Polizei, der Gestapo, Repatriierung der Trotzkisten in die Tschechoslowakei zum Zweck der Auslieferung der illegalen Parteiorganisationen an die Gestapo, Mitarbeit bei der Auslieferung von Widerstandskämpfern an die Gestapo, Bildung eines trotzkistischen Spionagenetzes in allen Volksdemokratien, Funktion als Delegierter der vierten trotzkistischen Internationalen für alle Ostblockländer, Zusammenarbeit mit den bereits hingerichteten Rajk und Kostow, Kontakt mit einer Spionagegruppe in Ungarn, Chef des trotzkistischen Netzes in der Tschechoslowakei, rekrutiert aus den Internationalen Brigaden in Spanien, Führung eines amerikanischen Spionagenetzes in der Tschechoslowakei unter Noël Field und Allen Dulles, enge Kontakte zu Tito zwecks Regierungsumsturz. Die schlimmste Beschuldigung: die Verantwortung für den Tod Hunderter von Juden in Frankreich während der Besetzung. Aber auch im Konzentrationslager Mauthausen soll London mit der Gestapo zusammengearbeitet haben. London wurde die Verhaftung Lises angedroht, obwohl sie französische Staatsbürgerin war.

Am 20. November 1952 wurde der Prozeß mit der Verlesung der Liste der Angeklagten und ihrer Verbrechen eröffnet. Die Beschuldigungen lauteten summarisch: Hochverrat, Spionage, Sabotage und Militärverrat. Am 27. November 1952 wurde das Urteil gesprochen. Clementis, Fischl, Frank, Frejka, Gminder, Margolius, Reicin, Simone,

Slansky, Sling und Svab wurden zum Tode verurteilt und am 3. Dezember 1952 hingerichtet. Hajdu, Löbl und London wurden zu lebenslänglichem Zuchthaus verurteilt.

Der Prozeß hatte eine deutliche antisemitische, antiisraelische und antizionistische Tendenz. Bei den jüdischen Angeklagten wurde ihre jüdische Abstammung hervorgehoben. Manchen wurde unterstellt, daß Tschechisch für sie eine Fremdsprache sei.

Als der Staat Israel ausgerufen wurde, war die Sowjetunion der erste Staat, der ihn anerkannte. Im Krieg der arabischen Staaten gegen Israel teilte die Sowjetunion der Tschechoslowakei die Rolle des Waffenlieferanten für Israel zu. Dies wurde Slansky zum Vorwurf, ein zionistischer Agent zu sein, gemacht. Die Juden und Zionisten seien angeblich an einer planvollen Destabilisierung der Wirtschaft des Landes führend beteiligt gewesen.

Einer der Anklagepunkte betraf auch die illegale zionistische Einwanderungsorganisation, die tatsächlich mit voller Zustimmung der Sowjetunion bis 1947 in Polen, Rumänien und der Tschechoslowakei gearbeitet und Tausende von Überlebenden trotz Widerstandes der britischen Behörden nach Palästina gebracht hatte. Nun war das ein Verbrechen.

Nach der Urteilsverkündung verzichteten sie sofort auf alle Rechtsmittel, so daß einer baldigen Hinrichtung nichts mehr im Wege stand. Am 5. März, drei Monate nach den Exekutionen, starb Stalin, aber die Prozesse gingen bis zum Herbst 1954 weiter. Am 3. Oktober 1954 setzte sich in der KP in Ungarn die Überzeugung durch, daß die Aussagen von Noël Field fabriziert waren und jeder Grundlage entbehrten. Somit waren auch die meisten Beschuldigungen im Prager Prozeß gegenstandslos.

Im Februar 1956, beim XX. Kongreß der KPdSU, kam ein Teil der Wahrheit ans Licht. Erst im August 1962 wurde eine Rehabilitationskommission unter Vorsitz von D. Kolder gebildet.

Gläubige Kommunisten und virulente Antizionisten wurden zu Zionisten und zionistischen Agenten erklärt, so zum Beispiel Otto Fischl, der als stellvertretender Finanzminister Schikanen der Zollbehörde gegen jüdische Auswanderer anordnete, manchmal selbst an Zollkontrollen teilnahm und sich damit brüstete, »der jüdische Himmler« zu sein. Tschechische Juden fanden für ihn einen Spitznamen: »das Monster Fischl«.

London wurde im Gefängnis schwer krank. Die Zeit in Spanien, in der Résistance und im Konzentrationslager zeigte ihre Folgen. Wahrscheinlich verdankte er sein Leben den ständigen Interventionen der KPF, als deren Genosse er in der Résistance gekämpft hatte. Maurice Thorez selbst hatte sich für ihn bei Stalin eingesetzt. 1956, nach der Begnadigung, Entlassung aus dem Gefängnis und Rehabilitierung, schrieb er sein Buch über Spanien, in dem er seinen Kameraden Gerechtigkeit widerfahren ließ. 1963 durfte er nach fünfzehn Jahren Frankreich als freier Mensch wieder betreten. Von nun an lebte er mit seiner Frau und seinen Kindern in Paris, wo er das Buch »Ich gestehe« schrieb. Artur London starb am 7. November 1986 in Paris nach langer Krankheit und fast erblindet.

André Simone – Otto Katz – Franz Spielhagen

Hier handelt es sich nicht um drei, sondern um eine Person, um den Angeklagten im Slansky-Prozeß Otto Katz, der unter weiteren Pseudonymen gegen die Nationalsozialisten und Faschisten kämpfte.

Er wurde am 27. Mai 1895 in Prag als Sohn eines jüdischen Fabrikanten geboren. Seit 1922 war er Mitglied der KPD und im Verlagswesen in Berlin tätig. 1930 emigrierte er nach Moskau. Im Frühjahr holte ihn, den kontaktfreudigen Journalisten, Willy Münzenberg nach Paris. Als »Breda« wirkte er im Komitee zur Untersuchung des Reichstagsbrandes mit. Er war Verfasser des berühmten »Braunbuches« und organisierte in London den Gegenprozeß zum Reichstagsbrand-Prozeß in Leipzig gegen Dimitroff; in London war Göring der Angeklagte.

Als der spanische Bürgerkrieg ausbrach, sammelte er Dokumente über die nazistische Unterstützung des Franco-Putsches, die er in seinem Buch »Spione und Verschwörer in Spanien« als Franz Spielhagen zusammenfaßte. Er gründete schon 1936 die Presseagentur »Agence d'Espagne« in Paris, die die Propaganda der spanischen Regierung in Westeuropa leitete. Sein Deckname war diesmal André Simone.

Nachdem die Republik den Krieg verloren hatte, ging er 1939 in die USA, wo er den Thomas-Mann-Ausschuß ins Leben rief. 1940 emigrierte er nach Mexiko und gründete dort die »Acción Democr tica Internacional« zur Abwehr nazistischen Einflusses. 1942 legte er seine KPD-Ämter nieder und wurde Berater des mexikanischen Gewerkschaftsbundes. In Mexiko näherte er sich dem Judentum an und wurde Vorstandsmitglied der »Tribuna Israelitica« und des Heinrich-Heine-Klubs.

1946 kehrte er mit einem Diplomatenpaß in die Tschechoslowakei zurück und wurde Mitglied der dortigen KP. Er hat sich im Slansky-Prozeß der unglaublichsten Verbrechen bezichtigt. Er wurde wegen Hochverrats und Spionage verurteilt. Erst 1963 wurde er mit anderen Angeklagten des Slansky-Prozesses voll rehabilitiert. Dr. Meir Cotic, ein israelischer Schriftsteller und Jurist, bezeichnet Otto Katz in seinem Buch »The Prague Trial«, New York 1987, als den »Wandernden Juden« der kommunistischen Führung der Tschechoslowakei. Er fuhr von Stadt zu Stadt, von Land zu Land, um alle demokratischen Kräfte für den Kampf gegen den Nazismus und Faschismus zu mobilisieren.

Sechs Jahre später wurde Otto Katz von einem Regime und von einer Partei ermordet, der er sein ganzes Leben gewidmet hatte.

Frantisek Kriegel

Im Jahre 1977 nannte ihn der tschechoslowakische stellvertretende Außenminister auf einer Pressekonferenz in Stockholm »einen internationalen Abenteurer und Major der amerikanischen Armee«. Vor dem sowjetischen Einmarsch in die Tschechoslowakei beschimpfte ihn der sowjetische Ministerpräsident Kossygin als »kleinen galizischen Juden«. Jahrelang galt er als Feind Nr. 1 des kommunistischen Regimes.

Frantisek Kriegel wurde am 10. April 1908 als Sohn einer jüdischen Familie in Stanislawow in Ostpolen geboren. Der Vater konnte als Bauaufseher die Familie kaum durchbringen und starb, als Frantisek elf Jahre alt war. Er schlug sich alleine durchs Leben. Da ihm das Studium an der Universität wegen Numerus nullus für Juden verwehrt wurde, ging er 1926 nach Prag, wo er an der deutschen Abteilung der Medizinischen Fakultät der Karls-Universität seine Studien aufnahm. In Polen war er in der Arbeiterjugendbewegung aktiv gewesen. Im Jahre 1931 trat er der KPTsch bei. 1934 wurde er Assistent an der Ersten Internistischen Klinik in Prag. Die Tschechoslowakei wurde seine Heimat, die er als »eine ungewöhnliche Insel der Demokratie und der Kultur in Osteuropa« liebte und schätzte.

Als der spanische Bürgerkrieg ausbrach, gehörte Kriegel zu den ersten Freiwilligen. Bereits am 1. Dezember 1936 war er Frontarzt bei der Schlacht um Madrid. Wenige Monate später war er Chefarzt der 45. Division, in deren Bestand mehrere Internationale Brigaden kämpften. Nach der Auflösung der Brigaden im September 1938 dankte ihm die spanische Regierung für seinen Einsatz mit einem besonderen Schreiben. Er blieb noch einige Monate und verließ Spanien als einer der Letzten im Februar 1939. Mit allen anderen Spanienkämpfern wurde er in Südfrankreich interniert, zunächst in St. Cyprien, später in Gurs. Seine zweite, tschechische Heimat war von den Nationalsozialisten besetzt, und Kriegel blieb im doppelten Sinne heimatlos.

Im Sommer 1939 sammelte das norwegische Spanienhilfskomitee Medikamente und Hilfsgüter für das chinesische Rote Kreuz. In China wüteten die japanischen Invasoren, und alle Chinesen von links und rechts vereinigten sich unter dem Kommando des nationalistischen Generals Tschang-Kai-Schek zur Abwehr der Aggression. Die Sowjetunion unterstützte dieses Bündnis mit Waffen und Beratern. Mehr als zwanzig Ärzte, unter ihnen der Bruder von Egon Erwin Kisch, Dr. Friedrich Kisch, meldeten sich freiwillig zum Dienst in China und fuhren am 12. August 1939 von Marseille nach Hongkong ab. In Hongkong wurden sie von der Witwe des chinesischen Staatsgründers Sun-Jat-Sen herzlich begrüßt, die die Ärzte mit Tsche-Zu-Lai zusammenbrachte, der die zentrale KP Chinas in Chuogking leitete. Dr. Kriegel meldete sich nach dem deutschen Angriff auf die Sowjetunion als Freiwilliger bei der Roten Armee, aber sein Gesuch blieb unbeachtet.

Die europäischen Ärzte beschlossen, unter den gleichen, schweren Bedingungen wie die chinesischen Soldaten zu leben, ohne Rücksicht auf Rang und Funktion. Dr. Kriegel organisierte den Sanitätsdienst der Armee und kämpfte auch an der Hunan-Front bis Ende 1942. Inzwischen hatten die Japaner alle chinesischen Häfen erobert, so daß Waffen- und Hilfslieferungen nur über Indien und Burma möglich waren. Um diesen letzten Verbindungsweg zu verteidigen, wurden britische, amerikanische und indische Einheiten eingesetzt. Diese Truppen brauchten Frontärzte. Kriegel wirkte unter ihnen als ein unter amerikanischem Dienstvertrag stehender Truppenarzt der chinesischen Armee. Die amerikanische Wochenzeitung »Saturday

Evening Post« berichtete 1944 über seinen außergewöhnlichen Mut bei der Versorgung von sechsundvierzig verwundeten Soldaten unter heftigem Feuer.

Kriegel blieb in Burma bis zum Ende des Krieges im Fernen Osten im September 1945. Er ging dann nach Prag zurück und widmete sich trotz inneren Widerstandes der politischen Arbeit. 1948 wurde er Sekretär der Prager KP, 1949 wurde er stellvertretender Gesundheitsminister, bis er 1952 ohne Grund fristlos aus dem Amt entlassen wurde. Schon 1951 fingen die Schwierigkeiten an, als sowjetische »Berater« daran gingen, die großen Schauprozesse vorzubereiten.

Die familiäre und politische Herkunft Kriegels und seine Erlebnisse im Krieg waren Grund genug, Kriegel wie viele Kameraden aus Spanien unablässig zu verhören. Was die Schergen der Partei besonders mißtrauisch machte, waren seine internationalen Bekanntschaften und die Sprachkenntnisse. Er konnte fließend Polnisch, Tschechisch, Jiddisch, Englisch, Französisch, Russisch, Spanisch und Chinesisch sprechen.

Nach seiner Entlassung als stellvertretender Minister nahm er eine Arbeit als Betriebsarzt bei den Tatra-Automobilwerken in Prag an. Kriegel hatte Glück, er wurde bei den großen Verhaftungswellen vor und nach dem Slansky-Prozeß übersehen oder als dem Regime ungefährlich eingestuft, weil er als idealistisches Parteimitglied galt.

In den Jahren 1957-1958 wurde auch er rehabilitiert. Als 1960 eine kubanische Delegation in Prag weilte, erkannte ein früherer kubanischer Spanienkämpfer den Kameraden und lud Kriegel nach Havana ein, um den dortigen Gesundheitsdienst aufzubauen. Nach seiner Rückkehr aus Kuba wurde er Parteiabgeordneter, Präsidiumsmitglied und Vorsitzender des außenpolitischen Ausschusses. 1964-1967 nahm er an den Sitzungen der Vereinten Nationen in New York teil und an den Treffen der Interparlamentarischen Union. Kriegel führte die Fragestunde im Parlament ein, ein in kommunistischen legislativen Organen unerhörter Vorgang. Aber auch seinen Arztberuf übte er als Chefarzt einer großen Klinik weiter aus.

Dr. Frantisek Kriegel gehörte zu den wenigen Politikern im Ostblock, die nicht von den Privilegien der Nomenklatura profitieren wollten. Bis zum Ende seines Lebens bewohnte er die gleiche kleine Zweizimmerwohnung und fuhr mit der Straßenbahn zur Arbeit. Er war ein kongenialer Mitstreiter Dubceks, und im April 1968 wurde er zum Präsidenten der »Nationalen Front« und Präsidiumsmitglied der KP der Tschechoslowakei gewählt. Er war dort neben Dubcek der populärste Politiker seiner Zeit und erregte damit den Zorn der Sowjets und ihrer lokalen Statthalter.

Die Spannung zwischen den Reformern und der sowjetischen Führung erreichte einen Höhepunkt. Die Konferenz in Cierna-nad-Tissou war der letzte Schritt vor der Besatzung durch die sowjetische Armee. Dort drohte Kossygin dem Doktor Kriegel Prügel an und machte antisemitische Bemerkungen, wie zum Beispiel, daß ein galizischer Jude kein Recht habe, das tschechoslowakische Volk zu vertreten. Kriegel wurde in der Nacht der Besatzung verhaftet und mit Dubcek im Parteipräsidium unter Hausarrest gestellt.

Die anschließenden Ereignisse sind Zeitgeschichte. Die gesamte Staatsführung mit dem Staatspräsidenten wurde gewaltsam nach Moskau gebracht, wo sie zur Unterschrift eines Unterwerfungsvertrags gezwungen wurde. Allein Dr. Frantisek Kriegel weigerte sich mit der Begründung, daß er nicht befugt sei, auf die Souveränität seines Landes zu verzichten. Zur Strafe sollte er in der Sowjetunion bleiben und über seine Frechheit in einem Gulag nachdenken. Dubcek und Staatspräsident General Svoboda weigerten sich jedoch, ohne Kriegel heimzukehren. Da Kriegels Geburtsort in dem von der Sowjetunion nach dem Zweiten Weltkrieg annektierten Teil Polens liegt, konstruierten die Sowjets unter rechtsverdreherischem Vorgehen die Jurisdiktion über ihn als vermeintlichen Sowjetbürger. Erst in letzter Minute brachten die »Organe« Kriegel zum Flugzeug, vor dem die tschechische Delegation verabschiedet wurde.

Da Kriegel als einer von vier Abgeordneten gegen die Ratifizierung des Knebelungsvertrags stimmte, wurde er entlassen und wenig später aus der Partei ausgeschlossen. Seine letzte Rede vor dem Zentralkomitee der Partei beendete er mit den Worten: »Der Vertrag wurde nicht mit einer Feder, sondern mit den Läufen von Kanonen und Maschinengewehren geschrieben ...«

1970 wurde er auch als Arzt entlassen und Tag und Nacht observiert, sein Telefon abgehört. Aber damit nicht genug. Am hellichten Tag versuchten maskierte Männer, seine Frau zu erwürgen. Man erwartete, daß Kriegel endlich verstummen würde, aber dies war nicht der Fall. Er setzte sich weiterhin für die Menschenrechte ein, schrieb und bekam, wenn auch auf Umwegen, Post. Im Juni 1976 schrieb ihm Andrej Sacharow und bedankte sich für die Wünsche anläßlich der Verleihung des Nobelpreises. »Ihr Brief hat für uns eine besondere Bedeutung, weil er aus dem Lande des Prager Frühlings kommt«, schrieb Sacharow.

Unter der Charta 77 figurierte an prominenter Stelle die Unterschrift Dr. Frantisek Kriegels. Streichers Erben in der Tschechoslowakei mußte dies besonders ärgern, denn ein gewisser Knotek schrieb am 19. Februar 1977 in einer Sendung des Prager Rundfunks »Wer ist Dr. Kriegel?« folgendes: »Frantisek Kriegel benahm sich wie ein Judas. Schließlich haben beide eine gemeinsame Herkunft.«

Zu Kriegels sechzigstem Geburtstag erreichten ihn Telegramme und Blumengrüße vom Staatspräsidenten. Zehn Jahre später, im April 1978, saßen vor der Wohnung Kriegels zwei Polizisten mit Maschinenpistolen und notierten die Ausweise aller Besucher. Trotzdem ließen es sich zweihundert Menschen nicht nehmen, dem unerschrockenen Politiker des Prager Frühlings ihre Reverenz zu erweisen. Aber auch Regimetreue wollten bei der Gratulation dabei sein. Diese hatten die folgenden Worte gewählt: »Aus Anlaß des 70. Geburtstages wünsche ich das Schlimmste. Es ist schwer zu glauben, daß ein jüdisches Schwein so lange stinken kann. gez. Pfacek.«

Dr. Frantisek Kriegel erhielt keine Reisegenehmigung zu dem von der spanischen KP zu seinen Ehren 1978 veranstalteten Bankett. Es gelang ihm aber, einen Gruß in Spanisch auf einer Kassette herauszuschmuggeln.

Die letzten drei Jahre seines Lebens verbrachte er praktisch unter Hausarrest. Sogar als er 1979 einen schweren Herzinfarkt erlitt, begleiteten ihn die Polizeischergen in die Intensivstation. Dr. Frantisek Kriegel, einer der Väter des Prager Frühlings, starb am 2. Dezember 1979 in Prag.

Als der Initiator der »Charta 77«, Professor Potocki, beerdigt werden sollte, veranstaltete die Polizei mit Motorrädern und Hubschraubern einen derartigen Lärm, daß man kein Wort des Nachrufs am Grab verstehen konnte. Bei der Beerdigung Kriegels gab es etwas ganz Neues in der Geschichte Europas: Die Beerdigung Dr. Frantisek Kriegels, des Trägers höchster Staatsämter und Auszeichnungen, der zehn Jahre lang gegen den Faschismus überall gekämpft hatte, wurde verboten. Sein Körper wurde an unbekanntem Ort zu unbekannter Zeit verbrannt.

Dora Goldscheider-Lorska

Dora Lorska wurde am 3. November 1913 in Kielce in Polen als Tochter einer jüdischen Familie geboren. Der Vater, Malermeister und Kunstmaler, hatte die Hautsynagoge von Kielce mit Wandfresken verschönert. Die Familie gehörte dem Mittelstand an. Die beiden Kinder besuchten jüdische Privatgymnasien. Die Immatrikulation an der medizinischen Fakultät in Warschau wurde Dora Lorska wegen des gegen die Juden gerichteten Numerus nullus verwehrt. Sie beantragte einen Studienplatz in Prag und Paris und wurde wegen ihrer guten Noten von beiden Universitäten angenommen. Sie entschied sich für Prag.

Als der spanische Bürgerkrieg ausbrach, hatte sie gerade in Medizin promoviert. Um die tschechoslowakische Staatsangehörigkeit zu erwerben, bei gleichzeitiger Aufgabe der polnischen Staatsangehörigkeit, schloß sie eine Scheinehe mit einem Studienkollegen und hieß nun Dr. Slawa Klein.

Der Bruder wunderte sich, daß Dora bei einem Besuch zu Hause in Polen im Winter 1936 an der Schulter ihrer Mutter bitter weinte (der Vater war früh verstorben). Später verstand er, daß Dora der Mutter nicht von ihrer bevorstehenden Reise nach Spanien erzählen wollte und ohne Worte Abschied von ihr nahm. Sie sollte sie nie wiedersehen, denn die Mutter wurde in Treblinka ermordet.

Dr. Dora Lorska traf im Juli 1937 im Sanitätszentrum der Internationalen Brigaden in Albacete mit einem Ambulanzwagen ein, für dessen Ankauf sie in der Tschechoslowakei Geld gesammelt hatte. Sie wurde sofort zum tschechoslowakischen Feldlazarett »Jan Komensky« in Benicassim abkommandiert. Sie war mit knapp vierundzwanzig Jahren die jüngste Ärztin in Lazarett und in der Stadt. Dort schloß sie Freundschaft mit der tschechischen Kollegin Dr. Vlasta Vesela, die das ganze Leben dauern sollte. Bei der Arbeit im Lazarett lernte sie den jungen polnisch-jüdischen Arzt Dr. Andrzej Lorbeerbaum-Lorski kennen, der ihr Ehemann werden sollte. In Benicassim trat die bis dahin unpolitische Dora Lorska der KPTsch bei.

Egon Erwin Kisch wurde ihr engster Freund. Er widmete ihr ein Buch mit der Eintragung: »Für Dora, die meine Tochter sein könnte und mir eine mütterliche Freundin ist.«

Als die Front sich immer mehr näherte, befahl der Chefarzt Dr. Jensen, daß Dr. Dora Lorska als Jüngste den ersten Evakuierungstransport begleiten sollte, aber sie verweigerte den Befehl und blieb mit ihren verwundeten Patienten bis zur endgültigen Evakuierung nach Mataró in Katalonien. Aber auch Mataró mußte bald nach Vich evakuiert werden. Dort brach eine Ruhrepidemie aus, und Dora meldete sich freiwillig zur Behandlung der Kranken.

Der deutsche Interbrigadist Rudi Göbel, den sie später als Häftling Nr. 9 500 in Auschwitz traf, wurde während der Ebro-Schlacht schwer verwundet. Er verdankt sein Leben Dora Lorska, die ihn unter schwersten Bedingungen operierte.

Nach Francos Sieg gelang es Dora Lorska, mit ihrem Lebensgefährten Andrzej, E.E. Kisch und anderen Freunden nach Paris zu entkommen. Sie stürzte sich sofort in die Arbeit für die in Südfrankreich Internierten. Bald wurde sie als Ärztin am städtischen Krankenhaus in Aubonne bei Paris eingestellt.

Dora Lorska beteiligte sich in Frankreich an der Résistance-Bewegung der KPF »Francs Tireurs Partisans« (Freischützen und Partisanen). Im Juli 1943 wurde sie mit anderen Résistancekämpfern verhaftet und nach Folterungen und Verhören nach Auschwitz-Birkenau gebracht, wo sie die Häftlingsnummer 52 325 erhielt. Sie landete im berüchtigten Block 10, wo Dr. Mengele an den gefangenen Frauen und Zwillingen auf grausamste Weise herumoperierte. Der Block 10 grenzte an den Todesblock 11, wo laufend Hinrichtungen stattfanden. Rudi Göbel, der zu den ältesten Auschwitz-Häftlingen zählte, brachte sie in Verbindung mit anderen Kommunisten. Dora Lorska wurde später Häftlingsärztin im Block von SS-Doktor Clauberg. Sie kämpfte um das Leben ihrer sechzehn Mitkämpferinnen aus der französischen Résistance wie eine Löwin. Ihre Kameradinnen brachte sie auf die Liste von SS-Doktor Münch, damit sie nicht durch die »Experimente« der SS-Mörder Mengele, Clauberg oder Schumann umkamen. Dora Lorska organisierte ein Kommando zum Sammeln von Heilkräutern, um den operierten Frauen vom Block 10 den Aufenthalt im Freien zu ermöglichen.

In Auschwitz war sie im ständigen Kontakt mit der Widerstandsbewegung um Hermann Langbein, Karl Lill, Józef Cyrankiewicz, Tadeusz Hollej und anderen. Die Rapporte von Dora Lorska über die Verbrechen der nationalsozialistischen Ärzte wurden nach außen geschmuggelt und erreichten die polnische Exilregierung in London. Sie wurden auch in der polnischen Untergrundpresse publiziert.

Als Ende Januar 1945 die Frauen von Auschwitz vor der sich nähernden russischen Armee in offenen Waggons nach Ravensbrück evakuiert wurden, erkrankte Dora Lorska schwer, wurde aber von ihren Kameradinnen gerettet. Auf einer Tragbahre brachten sie Dora Lorska vom Bahnhof ins Konzentrationslager Ravensbrück. Nach wenigen Tagen wurde auch dieses Konzentrationslager nach Neustadt-Gleve per Fußmarsch evakuiert. Dort wurden die überlebenden Frauen am 2. Mai 1945 befreit.

Dora Lorska organisierte sofort mehrere Krankentransporte nach Prag, wo sie eine gewisse Zeit blieb. Sie wurde anschließend Ärztin der tschechoslowakischen Repatriierungsmission für Westeuropa in Paris. Sie sammelte verlorene tschechische Waisenkinder und schickte sie nach Hause.

Im Jahre 1947 kehrte sie endlich nach Prag zurück, denn die Tschechoslowakei wurde ihre zweite und echte Heimat. Dora Lorska, die sich jetzt wieder Slawka nannte, wurde Betriebsärztin in einem großen Betrieb der metallurgischen Industrie in Prag. Ihr Mann, Dr. Andrzej Lorski, überlebte die nationalsozialistischen Verfolgungen und wurde Amtsarzt der polnischen Botschaft in Prag.

Inzwischen versuchte der Bruder Dora Lorskas, der Bergen-Belsen überlebt hatte, nach Kanada auszuwandern. Der Antrag wurde wegen der kommunistischen Vergangenheit seiner Schwester abgelehnt. Zur gleichen Zeit wanderten Hunderte von ehemaligen ukrainischen und baltischen SS-Angehörigen in Kanada ein.

Als im Mai 1949 der Amerikaner Noël Field unter dem Verdacht der Spionage in Prag verhaftet wurde, kam eine von sowjetischen »Beratern« angezettelte Verhaftungs- und Prozeßwelle ins Rollen, der fast alle zum Opfer fielen, die im Westen, und sei es in der Résistance und im Konzentrationslager, überlebt hatten. Auch Dora Lorska wurde verhaftet und wegen unter der Folter erzwungenen phantastischen Selbstbeschuldigungen zu einer hohen Gefängnisstrafe verurteilt. Im Gefängnis fand sie mehrere Kameraden aus Spanien, denn Spanienkämpfer zu sein war damals ein lebensbedrohendes biographisches Detail. Nach der Entlassung im Dezember 1954 wurde langsam ein Rehabilitierungsverfahren eingeleitet. Erst danach, im Jahre 1956, durfte sie nach Polen zurückkehren. Ihr kleiner Sohn, der mit seinem Vater seit 1950 in Warschau lebte, hat sie nicht mehr erkannt.

Sehr langsam überwand Dora Lorska die Folgen von Spanien, Résistance, Auschwitz, Ravensbrück und der Haft in Prag. Sie fand Arbeit als Ärztin an einer Klinik in Warschau.

Doch schon 1964 sollte sie die Vergangenheit von Auschwitz wieder einholen. In London stand vor Gericht der ehemalige polnische Häftlingsarzt Dr. Wladyslaw Deryng, der in Auschwitz Assistent von Dr. Mengele gewesen war und in dessen Auftrag er die grausamen Operationen durchgeführt hatte. Er war in London inzwischen zu hohen Ehren gekommen. (Der Deryng-Prozeß und ihr plötzlicher Auftritt als Zeugin der Anklage ist Gegenstand von Leon Uris' Buch »QB12«.) Als sie Deryngs Verteidiger fragte, wie sie auf einen Befehl zur Verstümmelung einer Gefangenen reagiert hätte, antwortete Dora Lorska ohne zu zögern: »Ich hätte Selbstmord begangen.«

Dora Lorska schwieg über ihre Zeit im Gefängnis in Prag. Nur einmal vertraute sie einer engen Freundin ihre wahren Gefühle an. »Wenn ich damals meinen Pepik [sie gebar ihren Sohn kurz nach ihrer Verhaftung] nicht gehabt hätte, hätte ich dasselbe wie Vlasta getan.« Ihre Freundin aus Spanien, Dr. Vlasta Vesela, Spanienkämpferin und Kommunistin, die zusammen mit Dora Lorska verhaftet worden war, beging im Gefängnis Selbstmord.

Trotz ihrer schweren Erlebnisse stürzte sich Dr. Dora Lorska in die medizinische Forschung. Sie schrieb viele Arbeiten, die in medizinischen Fachzeitschriften publiziert wurden. Beim Schreiben einer Habilitationsschrift erkrankte sie an Krebs.

Dr. Dora Lorska starb am 25. Oktober 1965 in Warschau und wurde auf dem Nationalfriedhof Powazki begraben. Vor der Trauerprozession wurden auf einem Samtkissen ihre Orden getragen: das französische Kriegskreuz mit Sternen (Croix de Guerre avec Etoiles), der Orden der Spanienkämpfer »Für eure und unsere Freiheit«, der höchste polnische Militärorden »Virtuti Militari« sowie das Kommandeurkreuz des Ordens der Wiedergeburt Polens. Viele Menschen aus allen Schichten der Bevölkerung in Polen und in der Tschechoslowakei trauerten um diese exemplarische Humanistin. Die Januar-Ausgabe 1967 des Organs der polnischen Ärzteschaft »Przeglad Lekarski« widmete ihr einen fünfseitigen Nachruf, der vom Mithäftling St. Klodzinski geschrieben worden war. In dieser Ausgabe erschien auch posthum ihr eigener Aufsatz über ihre Erlebnisse in Auschwitz. Neben Leon Uris beschrieben die Autoren M. Hill und N. Williams in ihrem 1965 in London erschienenen Buch »Auschwitz in England« die mutige Zeugin der Anklage im Deryng-Prozeß. Aber auch ihre Freunde in Frankreich vergaßen Dora Lorska nicht. Ihre Freundin und Arztkameradin aus der Résistance und Auschwitz, Dr. Heidi Hautval, widmete ihr im Organ der Widerstandskämpfer einen bewegenden Nachruf.

Die jüdische Einheit Botwin

Soldaten der Botwin Kompanie kurz vor der Ebro-Offensive, Juli 1938. Fast alle sind entweder verwundet, gefallen oder nach der Gefangennahme ermordet worden

Gründungsgeschichte und Kommandanten der Einheit

Welche Rolle spielte das Nationale auf der republikanischen Seite im spanischen Bürgerkrieg? Was die Kommunisten seit 1936 bis zum heutigen Tage betrifft, eine sehr große Rolle. Bis heute wird dieser Konflikt in allen kommunistischen und sowjetischen Publikationen als der »national-revolutionäre Krieg« bezeichnet. Fast alle der in den Internationalen Brigaden kämpfenden Völker und Nationalitäten wurden durch Gründung besonderer Brigaden, Bataillone, Kompanien und Batterien geehrt, die den Namen entweder eines Nationalhelden oder des Führers einer revolutionären Bewegung dieser Nation trugen. Sogar die Spanier beteiligten sich an diesem nationalen oder nationalistischen Spiel und gaben den vielen Kompanien und Bataillonen ihrer Armee Namen von Nationalhelden. Die fast fünfzig Bataillone der Internationalen Brigaden ehrten Nationalhelden wie Garibaldi (Italien), Washington und Lincoln (USA), Masaryk (Tschechoslowakei), Mickewicz und Glowacki (Polen), Rakoczi (Ungarn), Saklatvala (Finnland) unter anderen, die nichts mit den sozialen Bewegungen zu tun hatten. Die Pariser Kommune wurde durch den Bataillonsnamen »Commune de Paris«, durch die Namen der Kommunardin Louise Michel und des Generals Dombrowski geehrt. Die Ukrainer kämpften in der Schewtschenko-Kompanie, die Briten in der Tom Man-Centurie, die Kanadier im Mackenzie- und Papineau-Bataillon, nach zwei kanadischen Freiheitskämpfern benannt. Der Nationalismus führte dazu, daß man einzelne Geschütze, Panzerwagen und sogar Maschinengewehre mit Namen ehrte. Dieser Wunsch nach Auszeichnung von Angehörigen des eigenen Volkes oder der eigenen Nationalität ist in gewissem Sinne verständlich und legitim und sollte allen Nationalitätsgruppen im gleichen Maße gewährt werden.

Die Juden gehörten zu den ersten internationalen Freiwilligen in Spanien. Mehrere von ihnen wohnten in Spanien als Ausländer, weitere kamen zur Arbeiterolympiade und blieben, um die Republik zu verteidigen. Die erste internationale Einheit des spanischen Bürgerkrieges war die Thälmann-Gruppe, die bis heute als deutsche Gruppe bezeichnet wird, obwohl die Mehrheit ihrer Kämpfer keine Deutschen, sondern Juden und sogar die deutschen Staatsbürger dieser Gruppe jüdischer Abstammung waren. Sollte der Einwand kommen, daß die Gruppe international war, dann wäre nichts dagegen einzuwenden. Wird jedoch die nationale Bezeichnung gewählt, ist es richtiger zu sagen, es war eine jüdische Gruppe.

Im Jahre 1937 erschien im Verlag des Generalkommissariats der Internationalen Brigaden in Madrid das Buch der jiddisch-amerikanischen Journalistin Gina Medem, die Kriegskorrespondentin jiddischer Zeitungen aus den USA in Spanien war, unter dem Titel »Los Judíos Voluntarios de la Libertad – Un año de lucha en las Brigadas Internacionales« (Die jüdischen Freiwilligen für die Freiheit – Ein Jahr des Kampfes in den Internationalen Brigaden). Dem Buch gab die Autorin die Worte von La Pasionaria als Motto: »Lieber stehend sterben, als auf den Knien leben.« Das Vorwort zu dem Buch, das aus Anlaß des ersten Jahrestages der Gründung der Internationalen Brigaden in Spanisch erschien, schrieb der Generalkommissar der Brigaden, Luigi Longo. Das Vorwort lautet:

»Es war in den ersten Tagen des Eintreffens der Freiwilligen in Albacete. Ich erinnere mich, als ob es gestern gewesen wäre: an einen Jungen, schwarzhaarig, mit einem schmalen Gesicht, das sofort sympathisch wirkte. Es war ein Jude, der mich in meiner Eigenschaft als einer der Verantwortlichen für die Organisation der Internationalen Brigaden aufsuchte. Er sprach im Namen der ersten aus fünfzehn Juden bestehenden Gruppe, die er organisiert hatte und an deren Spitze er stolz durch die Straßen von Albacete marschierte.

Er bat, daß die Juden in einer eigenen Formation unserer Brigaden zusammengefaßt werden sollten. ›Wir wollen zeigen‹, sagte er mit aufrichtigem und leidenschaftlichem Nachdruck, ›was wir Juden können. Die Faschisten behaupten allerorten, daß wir feige sind. Wir werden der Welt zeigen, daß wir Helden sein können.‹ Ich verstand sehr gut die Gefühle und politischen Motive, die ihn bewegten, und ich erklärte mich sofort bereit, ihn zu unterstützen.

In Übereinstimmung mit dem Genossen André Marty, dem Inspirator unserer Brigaden, bevollmächtigte ich ihn, einen Aufruf an alle Juden zu richten, die sich in den übrigen Formationen befanden, und eine jüdische Einheit ins Leben zu rufen.

Er verließ mich mit leuchtenden Augen und freudigen Herzens. Ich glaube, er fühlte sich bereits ein wenig als Rächer aller gegen seine Brüder und sein Volk gerichteten Verleumdungen.

Unglücklicherweise konnte dieser schöne Traum nicht verwirklicht werden. Sprachschwierigkeiten und Zeitmangel verhinderten es. Jener junge Kamerad ging an die Front an der Spitze der Fünfzehn, die er gesammelt und aus Paris nach Spanien geführt hatte.

Sein Gesicht jedoch ist mir im Gedächtnis geblieben. Ich kam eine Woche später als er nach Madrid, und es war meine Absicht, ihn wiederzusehen. Er ist in den ersten Kämpfen um die Universitätsstadt als Held gefallen.

Mein lieber und tapferer jüdischer Kamerad, du bist mir wieder erschienen, als die Genossin Gina Medem auf der Suche nach Material über die Juden in den Brigaden vor wenigen Wochen zu mir kam. Ich fühlte damals, daß wir Freiheitskämpfer eine große Schuld gegenüber den jüdischen Helden abzustatten haben, die sich auf so großartige Weise in der Geschichte unserer Brigaden verewigt haben.

Schmählicherweise haben sie nicht in einer jüdischen Formation vereinigt kämpfen dürfen.

Wir jedoch, Kämpfer aller Brigaden und Nationen, müssen die großartigen Beispiele des Opfermutes und Heldentums der jüdischen Kämpfer sammeln, um sie der Bewunderung der Welt darzubieten, so wie es jener jüdische Kamerad wünschte, der als einer der ersten bei der Verteidigung Madrids gefallen ist.

L. Gallo
Inspektor-Kommissar der Internationalen Brigaden«

Luigi Longo wurde 1900 geboren und war 1921 Mitgründer der KPI. Schon 1933 kam er als Komintern-Funktionär nach Spanien. Nach dem Bürgerkrieg kämpfte er im französischen und italienischen Widerstand. Seit 1946 war er kommunistischer Parlamentsabgeordneter und seit 1964 Generalsekretär der KPI. Er starb 1980 in Rom. Zur Feier des 10. Jahrestages des Bürgerkrieges, den jüdische Spanienkämpfer aus Palästina in Tel Aviv im Jahre 1946 organisierten, sandte er eine Botschaft. Auch am Vorabend der Ausrufung des Staates Israel versicherte er die jüdischen Kameraden seiner Freundschaft. Er war sicherlich nicht der Initiator einer Kontroverse mit jüdischen Spanienkämpfern, zu der es 1977 beim internationalen Treffen in Florenz gekommen ist. Berl Balti, ein jüdischer Spanienkämpfer aus Israel, schlug vor, in der Schlußresolution neben den Spanienkämpfern und Helden des Widerstandes, die in Frankreich und Italien gefallen waren, auch derer zu gedenken, die im Warschauer Gettoaufstand umgekommen waren, wie zum Beispiel Pinkus Kartin. Dieser Vorschlag wurde abgelehnt. Auch eine andere Resolution, die den rassistischen Charakter des Faschismus anklagte, wurde nicht angenommen. Vittorio Vidali und amerikanische Veteranen unterstützten erfolglos diese Resolutionsentwürfe; die Delegierten aus dem Ostblock setzten sich durch und verhinderten den Beschluß.

Nahumi Weitz war einer der ersten Interbrigadisten, die die Gründung einer jüdischen Einheit wünschten. Selbst der polnisch-jüdische Komintern-Beauftragte Rwal (Dr. Reicher) schlug eine Einheit namens Bar Kochba vor, zum Andenken an den Führer des Aufstandes der Juden gegen die Römer im antiken Palästina. Andere schlugen den Namen Makkabi vor, des Führers des Aufstandes gegen die hellenistischen Besatzer Palästinas. Aus diesen Vorschlägen sprach jedoch ein Zionismus, welchen die Kommunisten seit Lenin ablehnten, weil er den Blick der revolutionären jüdischen Massen nach Palästina statt auf die Weltrevolution richtete. Wäre der Wille vorhanden gewesen, eine jüdische Einheit zu gründen, dann wäre die Namensfindung die kleinste Schwierigkeit gewesen. Neben den polnischen und französischen Helden der Kommune hätte man den Namen Gaston Cremieux wählen können, der Führer der Kommune in Marseille gewesen war und nach deren Niederwerfung erschossen worden war. Man hätte auch den Namen von Oberst Berek Joselewicz (1764-1809) verwenden können, der Gründer eines jüdischen Reiterregiments im polnischen Aufstand gegen die Russen gewesen war, später in den polnischen Einheiten der napoleonischen Armee in Italien gekämpft hatte und in der Schlacht von Kock in Polen gefallen ist. Auch die Namen von Rosa Luxemburg oder Ferdinand Lasalle hätten sich für eine jüdische Einheit gut geeignet. Dies war wahrscheinlich zunächst aus folgenden Gründen nicht erwünscht. Zur gleichen Zeit tobte in der Sowjetunion der Terror Stalins, der auch die gesamte Führung des Jüdischen Autonomen Gebietes Birobidschan im Fernen Osten erfaßte. Viele der jüdischen Freiwilligen waren Mitglieder der KP Polens, die damals als einzige Partei der Komintern liquidiert wurde. Ihre Führer wurden nach Moskau gerufen, auch aus Spanien, wie Rwal, und dort erschossen. Ein jüdisches Mitglied der KP Polens zu sein war also ein doppelter Webfehler. Hinzu kam der Umstand, daß bereits Tausende von Juden nach Spanien gingen, ohne daß es eine jüdische Einheit gab. Sie trieb nach Spanien die Gefahr des in Europa erstarkten Faschismus. Erst im Herbst 1937 war man in der Leitung der Internationalen Brigaden bereit, in diesem Punkte den jüdischen Freiwilligen nachzugeben, denn die anfängliche Begeisterung der jüdischen Massen in den Arbeitervierteln von Paris, Antwerpen, Warschau und Lodsch hatte sich abgekühlt. Die nach und nach repatriierten Invaliden erzählten unter der Hand, wie man in Spanien die idealistischen Freiwilligen behandelte, welchen Kadavergehorsam man von ihnen forderte, welchen Schikanen sie unterworfen wurden, welche Lippenbekenntnisse sie bei politischen Versammlungen gegen die »trotzkistischen Verräter«, die als Gestapo-Agenten bezeichnet wurden, abgeben mußten.

Zu jeder Zeit gab es in Spanien genug Juden, um eine der sechs Internationalen Brigaden zu bilden, mindestens aber ein Bataillon. Als sich die Leitung der Brigaden endlich entschloß, eine jüdische Einheit zu gründen, versiegte aus den geschilderten Gründen der Zustrom neuer Freiwilliger, denn auch die materiellen Bedingungen, der Mangel an Verpflegung, sanitären Einrichtungen etc., schreckten ab. Sie wußten nicht, daß zur gleichen Zeit die sowjetische Regierung den Goldschatz Spaniens von über 510 Tonnen im Besitz hatte, mit welchem jegliche materielle Hilfe bezahlt werden konnte. Die Invaliden sowie die Witwen und Waisen der in Spanien Gefallenen waren auf die Barmherzigkeit ihrer zu Hause gebliebenen, nicht vermögenden Genossen angewiesen.

Die Behauptung mancher Spanienkämpfer, daß die

Gründung einer jüdischen Einheit den Zweck verfolgte, neue Freiwillige nach Spanien zu locken, entbehrt nicht jeder Grundlage.

Wie gründet man eine Einheit ohne neue Freiwillige? Man nimmt eine bisher namenlose Einheit und gibt ihr einen jüdischen Namen. Diese Einheit mit relativ vielen jüdischen Soldaten war die 2. Kompanie des Palafox-Bataillons der polnischen XIII. Dombrowski-Brigade. Palafox war ein Führer des Aufstandes gegen die Truppen Napoleons während dessen spanischen Feldzuges gewesen, und der Name Berek Joselewicz hätte gewiß eine symbolische Bedeutung der Verbrüderung des spanischen, polnischen und jüdischen Volkes dargestellt. Statt dessen wählte man für die jüdische Kompanie den Namen Naftali Botwin. Botwin war eine eher unbekannte Persönlichkeit der jüdischen Arbeiterbewegung in Polen. Vielleicht wäre sein Name vergessen worden, wenn nicht zufälligerweise wenige Tage vor Ausbruch des Bürgerkrieges in Spanien, und zwar am 10. Juli 1936, ein Theaterstück im Saal »Poli-Belleville« in Paris aufgeführt worden wäre, geschrieben vom sowjetisch-jiddischen Dramatiker Abraham Wiewiorka. Das Theaterstück hatte eine wahre Begebenheit zum Inhalt.

Naftali Botwin wurde 1908 als Sohn einer armen Arbeiterfamilie in Lemberg geboren. Als der Vater starb, war er noch ein Kind und mußte trotzdem arbeiten, um der Mutter zu helfen. Er wurde später Mitglied einer kommunistischen Gewerkschaft. Die polnische politische Polizei schleuste in deren Reihen den Polizeispitzel Cechnowski ein, der die Funktionäre der illegalen KPP überführte und an den Galgen lieferte. Sie sollten gegen polnische Gefangene aus der Sowjetunion ausgetauscht werden; auf dem Weg zur Grenze wurden sie von einem Polizisten, der angeblich auf eigene Initiative handelte, erschossen. Im Juli 1925 wurden die Funktionäre Hibner (nicht verwandt mit General Hibner), Kniewski und Rutkowski verhaftet und exekutiert. Die Partei beschloß, Cechnowski zu töten; der siebzehnjährige Botwin erhielt den Auftrag. Es wurde geplant, Cechnowski während eines Besuches in Lemberg zu erschießen. Bis zur letzten Minute sollte die Waffe von einer jungen Kommunistin getragen werden, und erst dann sollte sie die Pistole Botwin überreichen. Botwin erschoß den Polizeibeamten, wurde aber gefaßt und vor Gericht gestellt. Die junge Kommunistin war Luba Brojde, die nach Palästina flüchten konnte. Dort traf sie in einem Kibbuz ihren späteren Mann Leopold Trepper, den späteren Grand Chef der »Roten Kapelle«. (An diese Verbindung zwischen ihr und der Botwin-Kompanie erinnerte ich Luba Trepper, als sie zur Feier für die jüdischen Spanienkämpfer aus Belgien im November 1986 nach Brüssel kam. Auch Leopold Trepper kannte viele jüdische Spanienkämpfer. Als Präsident der jüdischen Gemeinschaft in Polen schrieb er einen ganzseitigen Artikel in der Januar-Ausgabe 1968 des Verbandsorgans der Juden in Polen, »Jiddische Schriften«, die aus Anlaß des 30. Jahrestages der Gründung der Botwin-Kompanie erschien. Über diese Verbindung Botwin-Brojde-Trepper ist in der jüdischen Welt bis heute nichts bekannt.)

Botwin zeigte unerhörten Mut während der Verhöre sowie beim Prozeß, der am 5. August 1925 stattfand. Dank seines Schweigens konnte Luba Brojde nach Palästina entkommen. Botwin wurde zum Tode durch Erhängen verurteilt. Da ein Henker fehlte, wurde er erschossen. In Polen wurde später in linken Kreisen das Botwin-Lied bekannt: »Botwin, Botwin, auf deinem Grabe / Höre, höre unseren Gesang.«

Die 2. Kompanie des Palafox-Bataillons der XIII. Dombrowski-Brigade wurde im Oktober 1937 an die Aragon-Front verlegt, in die Nähe des Städtchens Samper de Calanda. Kompaniechef war *Karol Gutmann*, der Sohn einer bürgerlichen polnisch-jüdischen Familie aus Bialystok. Nach dem Abitur diente er als Unteroffizier in der polnischen Armee. Er wurde aktives KPP-Mitglied, weshalb er inhaftiert wurde. Er kam direkt aus Polen nach Spanien und war einer der ersten Kämpfer des Palafox-Bataillons in den Schlachten von Guadalajara, Huesca, Brunete, Zaragoza und anderen. Im September übernahm er das Kommando über die 2. Kompanie. Dort gab es, wie in anderen Einheiten, viele Juden. Efraim Wuzek, der spätere Intendant der Botwin-Kompanie, beschreibt den 12. Dezember 1937 an der Front:

Karol Gutmann

»Der 12. Dezember 1937 war ein trüber Tag. Bei Tardienta kam keine Sonne heraus. Ein kalter Wind blies durch die Hütte, in der sich der Kompaniestab befand. Das Telefon klingelte. Der Kompaniechef Karol Gutmann hob den Hörer ab, und wir konnten nur hören, was er antwortete: ›Gut – zu Befehl!‹ Er sagte, daß in wenigen Minuten Mietek, der politische Delegierte der Brigade, und der Genosse Gerschon Dua kommen werden, um uns den Befehl zur Umwandlung unserer Kompanie in eine jüdische Einheit auf den Namen Botwin zu überbringen.

Draußen war es dunkel und kalt, aber die Nachricht elektrisierte uns, und wir warteten nun ungeduldig auf unsere verehrten Gäste. Bald sahen wir sie sich unserer Hütte nähern. Nach einem militärischen Gruß und einigen Worten begleiteten Kommandant Gutmann und Kommissar Mischa die Gäste zu unseren Positionen und Schützengräben. In einem Abschnitt, den Sektionschef Schlojme Elbaum kommandierte, hatte sich bereits ein großer Teil der Kompanie versammelt. Nach einer herzlichen Begrüßung mit alten Freunden und Bekannten berichteten Mietek und Gerschon kurz über den Befehl zur Gründung der Botwin-Kompanie. Aber die Faschisten vergaßen nicht, unsere Feier zu stören, und schossen unaufhörlich. Der Kommandant gab über das Feldtelefon Befehle durch. Zusammengerückt, mit eingezogenen Köpfen, standen wir da, Juden, Polen und Spanier, und hörten dem Genossen Gerschon Dua zu, der über den Internationalismus und die Verantwortung der Botwin-Soldaten sprach. Er las den Befehl zu Ende und sagte, daß wir nun unsere Köpfe höher tragen könnten. Mit der ›Internationale‹ bei geballter Rot-Front-Faust wurde die Feier beendet und die Gäste verabschiedet – mit dem Ausdruck der Bereitschaft, auf Leben und Tod gegen den Faschismus zu kämpfen.«

In der Botwin-Kompanie gab es neben Juden auch Polen, Spanier, einen Griechen und einen Italiener. Später stießen zur Kompanie zwei Araber aus Palästina, die Jiddisch verstanden.

Eli Abdul Halak war ein Jerusalemer Bäcker und Mitglied der PKP. Er bemühte sich ständig um antifaschistische Aufklärung, keine leichte Aufgabe im klerikal-faschistischen, von Hitlers und Mussolinis Agenten beeinflußten arabischen Palästina. Die britische Mandatsbehörde hat Eli mehrmals verhaftet und zu Gefängnisstrafen verurteilt. Der erfahrene antifaschistische Kämpfer kam nach Spanien und wünschte in der jüdischen Einheit zu kämpfen. Bei einem Angriff auf Sierra Quemada an der Estremadura-Front ist er tödlich verwundet worden. Der Palästinenser *Fawzi Nabulsi* fiel als Botwin-Soldat an der Front.

Karol Gutmann, der erste Kommandant der Botwin-Kompanie, die später an die Estremadura-Front verlegt wurde, fiel am 16. Februar 1938, zwei Monate nach der Gründung der jüdischen Kompanie. Sein Nachfolger wurde *Leon Rubinstein*, 1912 in Tomaszow Mazowiecki in Polen geboren. Bereits als Jugendlicher war er in revolutionären Bewegungen tätig. Mit neunzehn Jahren wurde er in Lodsch zu einer zweijährigen Haftstrafe verurteilt. Um der Verfolgung durch die politische Polizei zu entgehen, emigrierte er 1933 nach Frankreich. Er war aktiv in der jüdischen Arbeiterbewegung in Paris und studierte gleichzeitig an der Technischen Hochschule. 1936 unterbrach er die Studien und fuhr nach Spanien. Er wurde zweimal verwundet und dann als Leutnant Verbindungsoffizier der

Dombrowski-Brigade. Als Karol Gutmann fiel, rückte an seine Stelle für einige Tage der Pole Tadeusz Szlachta. Szlachta fiel später in der Ebro-Schlacht. Dann übernahm Leon Rubinstein das Kommando. Wenige Tage später, am 16. März 1938, wurde Rubinstein bei einem Panzerangriff der Faschisten schwer verwundet. Bis zu seinem Lebensende litt er an den Folgen. Trotzdem meldete er sich bei der polnischen Armee in der Sowjetunion. Nach dem Kriege wurde er stellvertretender Minister für Schwerindustrie. Er starb 1961, erst 42 Jahre alt.

Der dritte Kommandant der Botwin-Kompanie war *Michal Sapir*, geboren in Wilna/Polen. Nach Besuch eines jüdischen Gymnasiums studierte er Medizin in Paris. Er kam 1936 nach Spanien und kämpfte am Jarama, in Madrid und an anderen Fronten. Wegen seines Mutes und seiner Zuverlässigkeit wurde ihm der Sicherheitsdienst der Republik anvertraut. Später organisierte er den Sanitätsdienst der 45. Internationalen Division unter Hans Kahle. Er wollte aber zurück zur Front und wurde als Hauptmann Offizier der XV. Lincoln-Brigade. Er kam zur Botwin-Kompanie nach der Verwundung von Leon Rubinstein. Zwei Wochen nach der Übernahme des Kommandos wurde Hauptmann Sapir bei der Verteidigung von Lerida am 3. April 1938 schwer verwundet. Er galt zunächst als verschollen, doch später stellte sich heraus, daß er in ein Lazarett in Barcelona eingeliefert worden war, wo er im Mai 1938 starb.

Der vierte Kommandant der Botwin-Kompanie war *Israel Halbersberg* aus Lublin in Polen. Als Jugendlicher verließ er Polen und emigrierte nach Frankreich. Er meldete sich zum Dienst bei der französischen Fremdenlegion und diente fünf Jahre in Französisch-Marokko. Dann kam er nach Frankreich zurück und wurde französischer Bürger. Als der spanische Bürgerkrieg ausbrach, meldete sich der unpolitische und keiner Partei angehörende Halbersberg bei den Internationalen Brigaden. Er führte die Botwin-Kompanie bei Estremadura, Lerida und der Ebro-Schlacht. An der Ebro-Front im April 1938 vertrat Halbersberg Emanuel Mink, der zu einer Offiziersschule abkommandiert wurde. Kompaniechef Halbersberg fiel am 30. Juli 1938. Der fünfte und sechste Kommandant der Botwin-Einheit waren *Emanuel Mink* und *Alter Szerman*.

Der letzte Tag der ersten jüdischen Einheit in Spanien war der 21. September 1938. Die Faschisten wußten, daß in wenigen Stunden die Internationalen Brigaden zurückgezogen werden sollten, weil darüber vor dem Völkerbund in Genf gesprochen wurde. Sie verstärkten ihre Angriffe auf die Positionen der Internationalen Brigaden in der Annahme, daß niemand am letzten Kriegstag sterben wolle und sie folglich Fronteinbrüche erzielen könnten. Aber sie rechneten nicht mit der »heiligen Entschlossenheit«, die der amerikanisch-jiddische Journalist J. Patt bei den jüdischen Freiwilligen feststellte. Das Artillerie- und Mörserfeuer hatte schon zwei Tage früher die Stellungen der Botwin-Kompanie zerstört. Sie lag ungeschützt im Feuer. Die Faschisten überwältigten die übermüdeten Soldaten und führten den Rest in Gefangenschaft. Die Internationalen wurden erschossen, die Spanier geschont. Ein spanischer Kommissar rettete Mischa Skorupinski das Leben, indem er ihn mit Gewalt auf die »spanische« Seite zog. Jehuda Gilary rettete sich in die Schützengräben der 3. Kompanie.

Merkwürdigerweise finden wir in der Ausgabe der Frontzeitung »Botwin« Nr. 5 vom 3. November 1938, fünf Wochen nach den tragischen Ereignissen am Ebro, keinen Hinweis auf das Geschehen. Wir erfahren den genauen Hergang aus der polnischen Frontzeitung »Ochotnik Wolnosci« vom 25. Oktober 1938, die über die letzte Woche der Kämpfe des Bataillons »Palafox«, in dessen Bestand die Botwin-Kompanie kämpfte, tageweise berichtete. Womit kann dieses Schweigen erklärt werden? War es die Rücksicht auf die Angehörigen und Freunde der Gefallenen und Ermordeten oder die Hoffnung, daß sich der eine oder andere durchgeschlagen hat und am Leben geblieben ist? Nur aus jenem Bericht erfahren wir, daß der letzte Kommandant der jüdische Freiwillige aus Jugoslawien, *Samuel Kamhi Alkalaj* war, der zusammen mit dem Adjutanten Schönfeld und mit dem Kommissar Diego Mula am letzten Tag fiel. Der polnische Leutnant und Chef einer MG-Abteilung konnte entkommen und berichtete über das mörderische Kommando der Faschisten.

In den neun Monaten ihres Bestehens verlor die Botwin-Kompanie die Kommandanten Gutmann, Halbersberg, Sapir und Kamhi. Szlachta fiel später, Rubinstein wurde schwer verwundet. Mink und Szerman überlebten, weil sie am 21. September 1938 entweder verwundet oder abkommandiert worden waren. Nicht umsonst bekam die Kompanie den Ehrentitel »Sturmkompanie Botwin«. Dies war das Ende der ersten jüdischen Militäreinheit seit dem Ersten Weltkrieg. Im Zweiten Weltkrieg kämpfte die Jüdische Brigade aus Palästina mit dem Davidstern als Emblem innerhalb der 8. Britischen Armee. Innerhalb der Roten Armee kämpfte die Litauische Division, die zu 90 Prozent aus jüdischen Freiwilligen bestand. Doch das ist schon ein anderes Kapitel.

Efraim Wuzek stellte in seinen Memoiren eine Liste von 153 Botwin-Soldaten auf. Die Liste ist bei weitem nicht vollständig, weil es auch eine zweite, die Botwin-Ersatz-Kompanie gab.

Viele jüdische Freiwillige aus anderen Ländern, wie USA, Kanada, Südamerika usw., wußten während ihrer Dienstzeit in Spanien nichts von der Existenz der Botwin-Kompanie mit einer jiddischen Frontzeitung, einer jiddischen Hymne, Kommandosprache und Fahne. Diese Fahne befindet sich in einem Museum in Warschau. In Polen gab es Kooperativen und Straßen, die den Namen »Botwin« trugen, zum Andenken an die Soldaten der Botwin-Kompanie. Nach 1968 wurden sie umbenannt. Es ist dem Autor nicht bekannt, ob es noch die Botwin-Strasse in Lemberg, heute Lwiw, gibt. Als die ehemalige Krankenschwester Adela in Volkspolen ihren jüdischen Familiennamen Weinraub polnisieren mußte, wählte sie den Namen Botwinska, zum Andenken an die gefallenen und ermordeten Botwin-Soldaten.

Moshe Zalcman hat sein Leben als Kommunist in seinen Memoiren niedergeschrieben. Er ging aus Polen als gläubiger Kommunist in die Sowjetunion und arbeitete in einer Hosenfabrik in Kiew als Schneider. Im Sommer 1937 wurde er unter den merkwürdigsten Beschuldigungen verhaftet. Er kam ins Gefängnis in Kiew. Während eines Transportes in einem Gefangenenwagen im August 1937, der ihn zum Untersuchungsrichter bringen sollte, saßen im gleichen Wagen die Mutter und die Schwester Naftali Botwins, die kurz davor vom Großen Terror erfaßt und verhaftet worden waren. Sie waren nach der Hinrichtung ihres Sohnes und Bruders 1925 in die Sowjetunion geflüchtet, wo sie eine neue und sichere Heimat zu finden gehofft hatten. Diese Hoffnung sollte sich nicht erfüllen. Sie verschwanden für immer im Archipel Gulag.

Ein enger Freund Naftali Botwins in Lwow war an dem Attentat auf den Polizeispitzel Cechnowski beteiligt. Es war *Schlojme Gotlib*, der Freiwilliger in Spanien war. Als die Botwin-Kompanie gegründet wurde, bestand er darauf, in diese Einheit aufgenommen zu werden. Der Mitkämpfer Botwins fiel im Januar 1938 als Soldat der Botwin-Kompanie bei La Garriga.

»Stab der XIII. Brigade ›Dombrowski‹ Aragon-Front
Tagesbefehl

Kameraden, Soldaten, Offiziere und Kommandeure der Dombrowski-Brigade! Jüdische Freiwillige!

Heute, am 12. Dezember 1937, ist unserer ruhmvollen Familie der antifaschistischen Kämpfer die jüdische Kompanie ›Botwin‹ beigetreten. Unsere Brigade, alle unsere Freiwilligen waren seit ihrem Eintreffen in Spanien (zuerst als Kompanie, später als Bataillon und jetzt als Brigade) und sind bis heute eine große Familie, welche polnische, deutsche, ukrainische, weißrussische, jüdische, ungarische, spanische und andere Kämpfer vereinigt.

Der gemeinsame Kampf, das zusammen vergossene Blut haben uns alle noch enger zusammengeschlossen und uns gegenseitig schätzen und lieben gelehrt. Uns Antifaschisten ohne Unterschied der Nationalität oder der politischen Überzeugung einigt ein großes Ziel: der Kampf gegen den Faschismus, für ein freies Volksspanien, für die Befreiung der Menschheit von der Knechtschaft der Faschisten. Im Kampf ›für unsere und eure Freiheit‹ haben sich die Antifaschisten aller Länder die Hände gereicht.

Unter den Freiwilligen der Internationalen Brigaden und besonders in der Dombrowski-Brigade haben sich die jüdischen Freiwilligen durch Heldentum, Kampfbereitschaft und Opfermut im Kampf gegen den Faschismus ausgezeichnet. In Madrid, Guadalajara, Huesca, Brunete, Zaragoza – überall, wo unsere Brigade mit dem Todfeind der Menschheit, mit dem Faschismus, im Kampf stand, befanden sich die jüdischen Freiwilligen in den ersten Reihen, beispielgebend für Mut und antifaschistisches Bewußtsein.

Die große Zahl und die Bedeutung der jüdischen Freiwilligen in der Dombrowski-Brigade in Betracht ziehend und zum Andenken an die gefallenen jüdischen Kämpfer, bestimmen wir, daß die 2. Kompanie des heldenhaften Palafox-Bataillons von nun an den Namen ›Jüdische Kompanie Botwin‹ tragen soll. Das Andenken an Naftali Botwin ist uns allen teuer.

Botwin ist der Name eines jüdischen Arbeiters in Polen, welcher sein junges Leben im Kampf gegen Faschismus und Reaktion geopfert hat, der, durch ein faschistisches Gericht zum Tode verurteilt, heldenhaft starb.

Sein Name war Beispiel und Symbol im Kampf der jüdischen Volksmassen *für eure und unsere Freiheit*, ein Symbol der internationalen Solidarität und der Verbrüderung der Völker.

12. Dezember 1937

Polit-Kommissar der XIII. Brigade Dombrowski (-) Stach Matuszczak	Kommandeur der XIII. Brigade Dombrowski (-) Janek Barwinski«

Der jiddische Text des Tagesbefehls wurde in der Feldzeitung »Botwin« abgedruckt.

Alter Szerman

Alter Szerman kam mit seiner Jugendfreundin, Lebensgefährtin und späteren Ehefrau schon früh aus Belgien, wo er in der jüdischen Arbeiterbewegung aktiv war, nach Spanien. Nach vielen durchstandenen Kämpfen wurde er auf die Offiziersschule beordert, die er mit dem Rang eines Leutnants verließ. Er wurde Sektionschef in der 4. Kompanie des Palafox-Bataillons der XIII. Dombrowski-Brigade.

Alter Szerman berichtet:

»Als die jüdische Botwin-Kompanie gegründet wurde, wurde Mundek Mink ihr Kommandant. Dann wurde Mundek zur Division abberufen, und Israel Halbersberg, ebenfalls ein polnischer Jude, übernahm das Kommando; ich wurde Chef der 1. Sektion. Wir bereiteten uns auf die Ebro-Offensive vor, übten die Überquerung von Flüssen mit Booten, die Eroberung und Verteidigung eines Brükkenkopfes, besprachen taktische Fragen. Im Juli 1938 wurden die Befehle ausgegeben. Wir marschierten nur nachts, um den Gegner zu überraschen, denn die faschistische Luftaufklärung arbeitete sehr präzise. Tagsüber hielten wir uns in Wäldern und Gebüschen auf. Auf Lastwagen wurden Boote an den Ebro transportiert und in unserem Frontabschnitt bei Corbera postiert. Die Offensive fing an, wir überquerten den Ebro. Kommandant der Botwin-Kompanie war Israel Halbersberg, ehemaliger Offizier der Fremdenlegion, ein ausgezeichneter Soldat und ganz unpolitisch. Er wurde in der Ebro-Schlacht verwundet, aber kämpfte weiter an der Spitze der Botwin-Kompanie. Einen Monat später ist er gefallen. Inzwischen war Mundek Mink von der Division zurückgekommen und hatte das Kommando der Kompanie übernommen. Es dauerte nicht lange, da war auch er verwundet, zum x-ten Mal. Ich war gerade von meiner Verwundung genesen und kam zur Kompanie rechtzeitig zurück, da Mundek ins Lazarett mußte. Auf diese Weise haben wir uns mehrmals abgelöst. Wir hatten damals eine gefährliche Stellung bezogen, nur einhundertfünfzig Meter vom Feind entfernt, am Ebro. Die Faschisten beherrschten die Anhöhen und Berge, wir lagen unten. Wir hatten große Verluste, viele waren gefallen, verwundet oder gefangen. Ich war der letzte Kommandant der vollständigen Botwin-Kompanie. Als ich wieder verwundet wurde, schickte der Brigadestab den jugoslawischen Juden Samuel Kamhi Alkalaj. Die

Botwin-Kompanie – so erzählte man mir später – verlor die Verbindung zum Bataillon und wurde nicht rechtzeitig zurückgezogen. Nach der Gefangennahme der Botwin-Soldaten wurde der Befehl ausgegeben, alle zu töten. [...]

Nach dem Rückzug der Internationalen Brigaden von der Front kam eine Militärkommission des Völkerbundes, um unsere Personalien aufzunehmen und die Rückführung aus Spanien zu überwachen. Es war wie auf einem Karneval oder Maskenball. Die ausländischen Offiziere trugen ihre Gala-Uniformen mit prächtigen Schulterstücken und Orden. Je kleiner das Land, desto prächtiger die Uniform.

In unsere von den Internationalen Brigaden ausgestellten Militärpässe wurde die Entlassung aus der spanischen Armee eingetragen. Dann warteten wir auf die Abfahrt. Es hieß, einige Länder, wie zum Beispiel Mexiko, werden uns aufnehmen. Diejenigen, die legal in Belgien lebten, konnten zurück. Ebenso die Amerikaner, Kanadier, Franzosen. Dann hieß es, die erste Gruppe fährt nach Mexiko. Das war im Lager Parafrugel. Man begleitete uns zur Bahn, das Orchester des Städtchens spielte Märsche zum Abschied, die Leute klatschten, weinten. Wir saßen im Zug, eine Stunde, zwei, drei, aber der Zug bewegte sich nicht. Kein Wunder, die Lokomotive war noch gar nicht da. Inzwischen wurde es Mittag, wir hatten Hunger. Man mußte uns etwas zu essen geben. Das Orchester ging nach Hause, zum Mittagessen. Erst abends hieß es, daß wir nicht abfahren könnten, weil die französische Regierung den Transport nicht passieren ließe, selbst nicht als Transit.

Die italienischen Faschisten hatten keine Truppen von der Front abgezogen, vielmehr hatten sie ihre Stellungen verstärkt, die Flugzeuge der Legion Condor bombardierten uns ohne Unterbrechung. Alle diese Operationen waren für sie einfach Manöver, wie für die Russen, um neue Kampfmethoden zu erproben und anzuwenden. Da teilte man uns mit, daß es einen Aufruf von Negrin gab, sich freiwillig zur Verteidigung zu melden, um den Rückzug der Bevölkerung zu decken. Die Regierung war schon in Figueras. Im Laufe von 24 Stunden hatten wir wieder eine Brigade. Die Botwin-Kompanie zählte insgesamt fünfzehn bis achtzehn Mann. Es gab schon nicht mehr so viele Nationalitäten, die Freiwilligen, die sich legalisieren konnten, waren abgereist. Es blieben die Interbrigadisten, die die faschistischen Regierungen nicht aufnehmen wollten, zum Beispiel Österreicher, Polen, Deutsche usw. Im Lauf von 24 Stunden hatten wir uns wieder gemeldet.

Der Chef war Torunczyk, der politische Kommissar aller

Brigaden war Szyr, ein fähiger Mensch, sehr sprachbegabt. Ich erinnere mich an eine Episode mit ihm. Er war erst seit kurzem in Spanien, etwa fünf Monate, politischer Kommissar des Bataillons Palafox. Er hielt ein Referat für die Spanier, wie schlecht es sei, wenn man einen solchen Krieg verliert. ›Am besten kann euch das Szerman illustrieren‹, zu mir gewandt, auf Jiddisch, ›die Juden haben ihr Land Israel verloren – und wie sehen sie seit zweitausend Jahren aus!‹

Wir wurden alle bewaffnet, doch die einzigen Waffen, die wir außer Gewehren hatten, waren leichte Maschinengewehre, das war alles. Es wurde uns gesagt, daß Kanonen eintreffen würden, aber jeder von uns wußte, daß Kanonen nicht mehr ankommen konnten, denn von wo hätten sie herkommen sollen, vom Himmel? Es war doch nichts mehr da; die Russen waren gegangen, alle sowjetischen Instrukteure waren abgereist, es war zu Ende. Nur wir führten noch Rückzugsgefechte und Partisanenkämpfe durch.

Wir wurden von motorisierten Einheiten angegriffen. Die Faschisten hatten Panzerwagen, eine regelrechte, starke italienische Armee war auf dem Vormarsch. So kämpften wir uns durch, bis wir die französische Grenze erreichten. Ein Späher wurde geschickt, um auszukundschaften, was vor sich ging. Er war nicht mehr in der Lage, zu uns zurückzukehren, aber über fünfzig Meter hinweg rief er uns zu: ›Kameraden, rennt, die Faschisten sind da, sie sind in eurem Rücken!‹ So liefen wir in die Richtung, wo sich der Stab von Palafox befinden sollte. Aber da waren schon die Faschisten, die uns angriffen. Sie waren sehr dicht an uns herangekommen und riefen uns zu, daß wir uns ergeben sollten. Damals wurde Szleyen verwundet. Ich sagte ihm, er solle hier warten, man werde ihm einen Krankenträger schicken. Während ich den Berg hinaufkletterte, wurde mein Fuß getroffen. Sie schossen hinter uns her, der Fuß schwoll an, aber es gelang mir, hinaufzukommen. Oben gab es einen sanitären Hilfsposten und eine Einheit, die das Feuer erwiderte, was die Faschisten vorläufig zurück trieb. Ich wurde in die 45. Division evakuiert, in ein Krankenhaus in der Nähe der französischen Grenze.

In Frankreich waren wir Anfang März 1939. Die Brigade war schon am 11. März dort, und wir kamen am 13. März nach St. Cyprien. Das Lager lag am Strand, ringsherum Stacheldraht, von Gardes mobiles bewacht. Auf dem Meer fuhren Patrouillenboote der Grenzwache. Nichts war vorbereitet, keine Unterkünfte, nur eine Wellblechbaracke, in der die Verwundeten mit offenen Wunden lagen. Später transportierte man uns, die Kranken, nach Saint Jourdain. Man gab uns zu essen, wir badeten und wurden desinfiziert. Nach einigen Tagen fuhr man uns nach Argelés-sur-Mer zurück. Von meiner Frau, die Krankenschwester im Lazarett in Ontoniente war, hatte ich nichts gehört. Mich erreichte nur eine Karte, noch vor dem 10. Mai 1940, bevor die Deutschen Belgien angriffen.

Anfang April transportierte man uns nach Gurs, wo Baracken bereitstanden. Als der Krieg ausbrach, wurde eine Auswahl getroffen: diejenigen, die aktiver waren, wurden nach Vernet geschickt, die anderen nach Argelés-sur-Mer. In Vernet hatten wir drei Blocks; Block A war für die Spanier, Block B für politische Leute der Brigaden, und Block C war für alle anderen Interbrigadisten. Wir konnten uns jedoch miteinander verständigen, über den Stacheldraht hinweg.

Die Vichy-Regierung schickte uns im November 1941 nach Djelfa, Algerien, im Einvernehmen mit der Gestapo. Dort blieben wir bis zur Landung der Alliierten 1943 in Algerien. Wir meldeten uns bei der britischen Armee. Dann ging es Richtung Sowjetunion. Wir sind gefahren, geritten und zu Fuß gegangen. Mit dem Schiff nach Alexandria, wo wir mit russischen Gefangenen, die aus verschiedenen Ländern geflohen waren, in einem Lager lebten. Von Alexandria nach Palästina – doch im jüdischen Land wollte ich nicht bleiben. Über Transjordanien, durch die Wüste, nach Irak. Von Bagdad nach Basra, nach Teheran. Dort hat man uns in die Rote Armee übernommen.

Ich war dann in der polnischen Armee. Als ich nach Polen kam, wurde Lublin gerade befreit. Wir sind also in Lublin geblieben, in einer dort stationierten militärischen Einheit. Wo meine Frau war, wußte ich nicht. Sie wurde damals aus Belgien deportiert; sie war in Auschwitz.«

Adela Korn-Szerman meldete sich zusammen mit ihrer Schwester Anna freiwillig als Krankenschwester nach Spanien. Auf Initiative der Sozialistischen Internationale wurde in Ontoniente ein Lazarett für die Internationalen Brigaden gegründet. Da es nicht genügend freiwillige ausgebildete Krankenschwestern gab, wurde ein Intensivkurs organisiert, zu welchem sich junge Frauen meldeten, meistens jüdische Mädchen aus Antwerpen und Brüssel. Viele von ihnen gingen nach Spanien, zu ihren Lebensgefährten und Ehemännern, zum gemeinsamen Kampf gegen die Faschisten. In der jüdisch-belgischen Gruppe der Spanien-Freiwilligen gab es mehrere Geschwister- und Gebrüderpaare, wie Adela und Anna Korn, Emil und Piet Akermann, die beide in Spanien gefallen sind.

Während Alter Szerman in die Sowjetunion kam, schlug sich Adela Szerman nach der Auflösung der Brigaden über Frankreich nach Belgien durch. Als der Krieg mit Deutschland ausbrach und Belgien besetzt wurde, ging sie in den Untergrund, wurde Widerstandskämpferin. 1943 wurde sie mit anderen Mitgliedern ihrer Kampfgruppe verhaftet und nach Auschwitz gebracht, wo sie der dortigen Widerstandsbewegung angehörte. Zusammen mit *Mala Zimetbaum*, ihrer Kampfgenossin von Antwerpen und Heldin des Widerstandes in Auschwitz, war sie am mißglückten Aufstand des Sonderkommandos in Auschwitz beteiligt. Adela Szerman überlebte, Mala Zimetbaum wurde von der SS hingerichtet.

Aus Auschwitz kehrte Adela Szerman nach Belgien zurück. Dort erreichte sie die Nachricht von Alter Szerman, der Offizier der polnischen Armee war und später eine andere Position bekleidete. Da Polen dringend Kader brauchte, ging Adela Szerman nach Polen, um dort den Sozialismus mit aufzubauen.

Als die antisemitische Hetze dort im Jahre 1968 begann, verloren beide ihre Arbeitsplätze und wurden zur Auswanderung nach Israel gezwungen. Von dort bemühten sie sich um die Erlaubnis zur Rückkehr nach Belgien, wo sie Wohnrecht hatten, bevor sie freiwillig in das kommunistische Polen gegangen waren. Doch erst nachdem sich führende Persönlichkeiten im belgischen Parlament für sie eingesetzt hatten, genehmigten die Behörden widerwillig ihre Rückkehr und erteilten die unbefristete Aufenthaltsgenehmigung. Heute leben die Szermans in Brüssel.

Leibl Elski

Im Februar 1939 erschien in Paris das jiddische Buch von Leibl Elski »Ojf die Frontn vun Spanje«, eine Sammlung von Reportagen des »fliegenden Reporters« der jüdischen Milizionäre und Interbrigadisten in Spanien. Es sollte das einzige Buch eines jüdischen Journalisten über die jüdischen Spanienkämpfer sein, wenn man das bereits 1937 in Madrid in spanischer Sprache erschienene Buch von Gina Medem nicht berücksichtigt. Elskis Kollegen hatten nach dem Ende des Bürgerkrieges und fünf Monate vor Ausbruch des Zweiten Weltkrieges andere Sorgen als das Bücherschreiben, denn kurz danach wurden alle Zentren des jüdischen Lebens in Europa von deutschen Truppen besetzt.

Elskis Buch ist damals vom jiddisch lesenden Publikum mit großem Interesse aufgenommen worden. Der berühmte Kollege Elskis, Egon Erwin Kisch, schrieb ein ausführliches Vorwort, in welchem er seinen Kameraden liebevoll charakterisierte:

»In den Sommertagen des Jahres 1936 verfolgte die Welt mit Sorge, Schrecken und Hoffnungen die Geschehnisse in Spanien. [...] Nur Berichte und Artikel einiger Kriegsberichterstatter der faschistischen und antifaschistischen Presse ermöglichten es, etwas zu erfahren, die Lage politisch abzuschätzen und die dort herrschende Atmosphäre im sich in Entwicklung befindlichen Bürgerkrieg wiederzugeben. Zwei englische Zeitungen, zwei sowjetische, ein französisches Wochenblatt, ein deutsches Wochenblatt und ... merkwürdig, eine Zeitung in jiddischer Sprache, die ›Naje Presse‹, Paris, lieferten das Material. Die Berichte in dieser Zeitung waren mit dem Namen T. Elski signiert.

Elski schrieb ohne Phrasen, ohne Pomp, sachlich, sehr einfach. Das Objekt, das er sich zum Ziel erwählt hat, war das wichtigste im Geschehen in Spanien, das Objekt war der Mensch. Es waren ausgezeichnete Berichte.

Ich traf Elski in Teruel, nachdem die Republikaner die Stadt eingenommen hatten. Ich lernte ihn später besser kennen, als sich die Franco-Offensive verstärkte und es zu den blutigsten Schlachten dieses grausamen Krieges kam.

Im Zivilanzug, in einer wenig militärischen Haltung, befand er sich unter den Soldaten in der ersten Feuerlinie. Er sprach mit ihnen und notierte das Geschehen. Was er vor allem suchte und aufzeichnete, war der Mensch. Alle vertrauten ihm. Sie fühlten, daß er einer von ihnen war, von ihrer Klasse und Herkunft. Seine Abstammung, das war die Armut, die schmale Mila-Straße im Warschauer Judenviertel. Dort arbeitet seine Mutter seit ihrer Jugend, um ein Stück Brot zu verdienen, dort wurde Elski vor 29 Jahren geboren. Seine Kindheit und Jugend fielen in die Zeit des Ersten Weltkrieges. Hunger und Krieg waren seine ersten Erzieher. Sein zweiter war ein Strickwaren-Fabrikant, bei welchem er arbeitete. Der dritte war die Gewerkschaft der jüdischen Textilarbeiter. Seine spätere Erzieherin war die Literatur. Er leihte sich in den Bibliotheken der Gewerkschaften so viele Bücher wie möglich.

Mit zwanzig Jahren verließ er das Warschauer Getto und ging in die Welt hinaus. Er wanderte über die Tschechoslowakei, das französisch besetzte Ruhrgebiet nach Straßburg und weiter nach Paris. Dort fand er Arbeit in einer Strickwaren-Fabrik.

Am 17. Juli 1936 fuhr er mit einer Sportler-Delegation nach

Barcelona, wo die Internationale Arbeiterolympiade stattfinden sollte. Alles war so groß, imposant und festlich. ›Der General hat befohlen: Rettet Spanien vor der Volksfront, rettet es vor den Bolschewisten!‹ Mit der ersten Gruppe der internationalen Freiwilligen-Truppe, der Gruppe ›Thälmann‹, die an die Front abmarschiert, ging auch Elski. Alle Phasen des Putsches, der sich in einen Bürgerkrieg und später in einen Interventionskrieg verwandelte, hat Elski als mitkämpfender Zeuge geschildert, als einer, der alles selbst gesehen hat.«

Elski wurde 1909 in Warschau als Leibl Trojanowski geboren. In der Mila-Straße, wo sich vierunddreißig Jahre später das Kommando des Aufstandes im Warschauer Getto 1943 befand, verbrachte er seine Kindheit. In Paris fand er Freunde, Genossen und Mitkämpfer in der jüdischen Arbeiterbewegung. Er war aktives Mitglied des JASK (Jüdischer Arbeitersportklub) und des PIAT (Pariser Jüdisches Arbeitertheater). In den Cafés der jüdischen Arbeiterviertel Belleville und Pletzl sang er chassidische Gesänge und Arbeiterlieder.

Nach dem Ende des Krieges in Spanien faßte er seine Reportagen in dem erwähnten Buch zusammen, das längst vergessen ist. Es wurde noch nie in der kargen Literatur über die jüdischen Spanienkämpfer erwähnt. In Spanien schrieb er für die jiddischen Zeitungen »Naje Presse«, Paris, »Morgn Journal«, New York, und »Emes«, Moskau. Im Jahre 1941 wurde er bei einer Razzia auf Juden in Paris aufgegriffen und über das Auffanglager Drancy nach Osten deportiert, wo ihn die Gaskammern von Auschwitz erwarteten. Er wagte die Flucht aus dem fahrenden Zug. Er wurde dabei von den Wachen erschossen.

Die jiddischen Frontzeitungen

Im Mai 1937 fand in Albacete eine Besprechung jüdischer Offiziere und Politkommissare statt, die die von der Leitung der Brigaden immer wieder aufgeschobene Gründung einer jüdischen Einheit und die Schaffung einer jiddischen Frontzeitung zum Inhalt hatte. Obwohl nur 10 Prozent der Bevölkerung Polens Juden waren (2,7 Millionen Juden gaben Jiddisch als ihre Muttersprache an), war ein Drittel der Spanienkämpfer polnischer Herkunft Juden. Das gleiche galt für die ukrainischen Freiwilligen aus Polen.

Die Gründung einer jüdischen Einheit wurde wiederum abgelehnt, die Gründung einer Zeitung beschlossen: »Der Freiheits-Kemfer«, die unter der Redaktion von Schimens, Schlejen und Wolf im August 1937 erschien. In der Ausgabe vom 17. August 1937 berichtete die jiddische »Naje Presse« über die Gründung dieser jiddischen Frontzeitung auf der ersten Seite.

»Die jiddische Milizionär-Zeitung erscheint in Spanien.

Wir können unseren Lesern eine freudige Nachricht übermitteln. Vor einigen Tagen ist Wichtiges passiert. Ohne Zweifel wird dieser Tag ein ruhmvolles Datum in der Geschichte des jüdischen Volkes sein, insbesondere im Kampf seiner heldenhaften Söhne für die Freiheit und Unabhängigkeit Spaniens. Die jüdischen Milizionäre in Spanien, die Besten der Werktätigen aus Frankreich, Belgien, Polen, Palästina und anderen Ländern, begannen mit der Herausgabe einer eigenen Zeitung in jiddischer Sprache. Man hat uns die erste Nummer zugesandt. Wieviel Mut, Opferbereitschaft und Heroismus vermittelt uns jede Seite, jeder Artikel des Organs der jüdischen Kämpfer an den Fronten von Brunete, Guadalajara, Jarama und Pozoblanco.

Während die Antisemiten die Juden als mutlose und ängstliche Geschöpfe bezeichnen, während die polnische reaktionäre Zeitung ›Sila‹ die Unverschämtheit hat, zu erklären, daß kein einziger jüdischer Arbeiter in Spanien kämpfte, fing die legendäre Volksarmee der spanischen Republik mit der Herausgabe eines speziellen Organs für die jüdischen Kämpfer an. Diese Ehre haben bis jetzt nur neun Völker, die zahlreich in den ausländischen Brigaden vertreten sind, und die Juden gehören dazu.«

Die erste Nummer des »Freiheits-Kemfers« datiert vom 7. August 1937 und hat folgenden Inhalt: Leitartikel der jüdischen Freiwilligen, Antwort der Redaktion, ein Interview mit dem Politkommissar der Mickewicz-Kompanie, Bolek Maslankewicz, ein Artikel der amerikanisch-jiddischen Journalistin Gina Medem, eine Rede des jiddischen Kriegskorrespondenten A. Jalti auf dem Kongreß zur Verteidigung der Kultur in Valencia, Chronik aus dem jüdischen Leben und vieles mehr.

Gründer der Zeitung war Gerschon Dua-Bogen, der in der polnischen Sektion der Leitung der Internationalen Brigaden, in Quatro Caminos in Madrid, sein Büro hatte. Er fand unter den Rekonvaleszenten in Albacete einige Drucker und Setzer jiddischer Zeitungen aus Warschau, die die späteren Ausgaben der Zeitung unter schwierigsten Verhältnissen druckten.

Als im Dezember 1937 die jüdische Einheit »Botwin« gegründet wurde, folgte den Soldaten in die Schützengräben die erste Nummer der jiddischen Zeitung »Botwin«, Organ aller Jiddisch sprechenden Soldaten in Spanien. Die Erstnummer erschien am 30. Dezember 1937 an der Aragon-Front, am 15. Januar 1938 die zweite Nummer. Auf der Titelseite sehen wir eine Karikatur von Franco, Hitler und Mussolini, die mit einem großen Besen aus Spanien gekehrt werden. Der Leitartikel »In geschlossenen Reihen« weist auf das Erstarken faschistischer Kräfte in Polen, Jugoslawien, Rumänien, Ägypten, Palästina und in Südamerika hin. Der Artikel schließt mit den Worten:

»Alle zum vereinigten Kampf gegen Inquisition und Diktatur. Auch wir können sie schlagen, auch von uns können sie Schläge erwarten. Und wir Botwin-Soldaten werden mit doppelter Kraft, Zorn und Verbitterung, gestützt auf die brüderliche Solidarität der Antifaschisten aller Völker, mit unseren Freiheitsgewehren die Welt von faschistischer Barbarei säubern.«

Weitere Beiträge sind betitelt »Propaganda an der Front« und »Unser Silvesterabend«. Eine historische Glosse behandelte das Schicksal der Juden von Teruel während der Inquisition. Ein Redaktionsmitglied berichtete über die große Nachfrage nach der Zeitung aus anderen Kompanien, Bataillonen und Brigaden, wo es viele Jiddisch sprechende Soldaten gab. Wir finden auch einen Beitrag von Olek Nuss, dem Dichter des Marschliedes der Botwin-Kompanie, der 1942 als Résistancekämpfer in Paris fiel.

Die dritte Nummer der Frontzeitung erschien im Mai 1938. Die Kompanie war in schwere Kämpfe verwickelt und wurde an verschiedenen Fronten eingesetzt. Mehrere Redaktionsmitglieder fielen an der Front.

Die am 12. Juni 1938, am Vorabend der Ebro-Schlacht, erschienene vierte Nummer wurde als erste von maschinengeschriebenen Matrizen abgezogen, da endlich eine Schreibmaschine mit hebräischen Typen aus Paris eingetroffen war. Der Leitartikel heißt »Vor neuen Kämpfen« aus der Feder des Politkommissars des Palafox-Bataillons, Gerschon Szyr, der früher Politkommissar der Botwin-Kompanie war und die Frontzeitung mitgründete. Im Beitrag »Die Botwin-Zeitung ist Organ aller jüdischen Kämpfer« heißt es:

»Das Erscheinen jeder ›Botwin‹-Ausgabe wird ungeduldig nicht nur von den Botwin-Soldaten, sondern von vielen hundert jüdischen Freiwilligen in anderen Einheiten erwartet. Aus allen

Ecken der Welt kamen die jüdischen Freiwilligen nach Spanien, um gegen den Faschismus zu kämpfen. Nicht alle konnten in die jüdische Kompanie aufgenommen werden, viele wollten sich nicht von ihren nichtjüdischen Landsleuten trennen. Die ungarischen Juden gingen und blieben beim Rakoczi-Bataillon, englische und amerikanische bei der Lincoln-Brigade. Diese Freiwilligen haben aber nicht vergessen, daß sie Juden sind und daß sie, gegen den Faschismus kämpfend, auch den barbarischen Antisemitismus schlagen, wie auch die Nürnberger Gesetze und die verfluchten Regime der Gettos und der Pogrome.«

Wie in jeder Ausgabe wird auch in dieser Nummer der gefallenen Kameraden gedacht. Einer von ihnen war Jacques Gutmann aus Polen/Frankreich, der andere Joske Schnitzer, ein zwanzigjähriger Junge aus Palästina. Die Nachrufe schrieb Efraim Wuzek, der Intendant der Kompanie, der seine Eindrücke vom Krieg in einem 1964 in Warschau erschienenen jiddischen Buch, »Memoiren eines Botwinisten«, zusammenfaßte.

Die fünfte Ausgabe vom 3. November 1938 trägt den traurig-pathetischen Titel »Abschied«. Zum letzten Male wurden die gefallenen Kameraden durch ehrende Nachrufe gewürdigt, der letzte Gefallene der Brigaden Chaskel Honigstein und sein Begräbnis beschrieben. Auf der letzten Seite wurde der Botwin-Marsch von Olek Nuss abgedruckt, der bald darauf zur Hymne der jüdischen Soldaten wurde.

Insgesamt erschienen sechs Ausgaben, die letzte am 13. Dezember 1938 in Katalonien, nachdem einige Wochen früher die Internationalen Brigaden aufgelöst worden waren.

Nach dem Fall der Republik wanderten die nicht repatriierbaren Internationalen in die Lager in Südfrankreich. Auch dort gaben sie eine eigene jiddische Lagerzeitung heraus: »Hintel Stacheldroht«, deren erste Nummer am 7. April 1939 erschien. Sie wurde auf Matrizen mit der Hand geschrieben und abgezogen.

Chaskel Honigstein

Am 8. Oktober 1938 berichteten Arbeiterzeitungen in aller Welt vom Staatsbegräbnis für den letzten Gefallenen der Internationalen Brigaden in Spanien, Chaskel Honigstein.

Chaskel Honigstein

Goldring, ein Mitkämpfer Honigsteins, beschreibt den letzten Kampf Chaskels in der Frontzeitung »Botwin«.

»Wir verteidigen einen wichtigen Frontabschnitt. Die Faschisten greifen uns den ganzen Tag an, aus der Luft und am Boden. Die Botwin-Kompanie steht unter stärkstem Druck. Weinberg eröffnet mit seinem MG das Feuer, und als Antwort werden wir von den Faschisten mit Mörsergranaten traktiert. Aber Weinberg schießt verbissen weiter. Er wird verwundet, und auch das MG ist kaputt. Wir nehmen das aber nicht hin. Unter Feuer schleppen wir das MG zu unseren Stellungen, ersetzen das Schloß und postieren es wieder in Feuerstellung. Plötzlich wird unser MG-Schütze Honigstein verwundet. Honigstein gibt nicht auf und treibt uns an, Rache zu nehmen. ›Schützt die Botwin-Soldaten‹, schreit er, in einer Blutlache liegend.«

Chaskel Honigstein starb am 4. Oktober 1938, zehn Tage nach der Demobilisierung der Internationalen Brigaden, an den Wunden, die er in der Ebro-Schlacht erhalten hatte. Er war der letzte Gefallene der Internationalen Brigaden. Die spanische Regierung, das Oberkommando der Armee und die Leitung der Brigaden ordneten deshalb ein Militär- und Staatsbegräbnis für Chaskel Honigstein an. Hunderttausende säumten schweigend die breiten Straßen Barcelonas, durch die sich der Trauerzug bewegte. Die Soldaten der Ehrenkompanie trugen Spruchbänder mit dem Namen von Chaskel Honigstein. Jagdflugzeuge der Republik beschützten von oben die gewaltige Trauergemeinde vor einem faschistischen Luftangriff. Plötzlich sah die Menge viele weiße Punkte am Himmel über Barcelona. Langsam schwebten die Handzettel mit dem Gedicht des Dichters José Herrera Petere nieder, welches er für Chaskel Honigstein geschrieben hatte. (Ich gebe es hier in der Übersetzung aus dem Spanischen von I. Klönner wieder.)

CHASKEL HONIGSTEIN
Dem letzten Gefallenen der
Internationalen Brigaden

Chaskel Honigstein, ein Pole,
Arbeiter, ein junger Jude
dunklen Landes Sohn, im Lichte
meines Vaterlandes gestorben.
Und das Volk im Zorn schreit deinen
Tod Europa ins Gesicht.
Chaskel Honigstein, Arbeiter,
starb im Lichte, starb im Kampf!
So ist uns dein Blut der letzte

Tropfen jener Lavaflut,
die von allen Höhn der Welt
sich nach Spanien hat ergossen.
Eines edlen Feuerstromes,
der die Grenzen überschreitet,
alle Feigheit auszubrennen,
jede Hoffnung zu entfachen.
Chaskel Honigstein, Arbeiter,
starb im Licht, im Licht des Morgens!
Daß die Tannen sich erhöben
in den Düsternissen Polens
voller Stolz, so wie der Ölbaum
steht im Ebro-Tal in Flammen.
Freund: dir gilt der Gruß des Volkes!
Ehrengruß, der von der Schlacht kommt!
Chaskel Honigstein, wir rächen
deinen Tod, der Liebe ist.

José Herrera Petere

Der Leitartikel in der Zeitung der jüdischen Einheit »Botwin« vom 3. November 1938 trug den Titel »Ein Abschied«:

Das Leben Honigsteins ist das letzte, das die internationalen Kämpfer für die Unabhängigkeit Spaniens geopfert haben. [...] In der Menge herrscht große Trauer. Es ist der Abschied nicht nur von einem Helden, sondern von einer ganzen Epoche. Die Internationalen Brigaden wurden hier, in Barcelona, geboren. Im September 1936 haben die ersten 130 internationalen politischen Emigranten die Thälmann-Zenturie gegründet. Schon in den ersten Kämpfen, in den Bergen von Alcubierre, errangen sie einen großen Sieg, der die Hälfte ihrer Kämpfer kostete. Danach kamen mutige und freiheitsliebende Menschen aus der ganzen Welt. Ihre Zahl war nicht groß, nicht weil das Proletariat, dem sie angehörten, nicht mehr geben konnte, sondern weil die Regierungen die Tore schlossen. [...]

Es kommt der Moment des Abschieds. Hier in Spanien herrschen jetzt Krieg und Tod. Doch gehen die Internationalen mit Tränen in den Augen weg. Es ist nicht nur das Opfer Spaniens für den Weltfrieden. Es ist auch das Opfer der Internationalen. Von den ersten, die hier eintrafen, ist schon fast keiner mehr da. Sie sind gefallen oder verwundet. Es gibt viele Gräber, das letzte von Chaskel Honigstein.

Viele von ihnen werden keine Arbeit finden. Viele haben auch ihre Gesundheit eingebüßt. Sie werden zurückkehren in eine Welt, die statt Heldenmut Furchtsamkeit gezeigt hat, statt Ergebenheit Verrat. So ist es kein Wunder, daß diejenigen, die in die Nachbarländer gehen werden, sagen: ›Trotz des Krieges, trotz der unnormalen Lebensumstände, atmet man in Spanien freier.‹

Die Internationalen atmeten frei. Sie werden mit Herzweh gehen, wie ein Arbeiter, der seine angefangene Aufgabe nicht beenden kann. Doch haben sie den festen Glauben an unseren Sieg. Sie sind bereit, auf den ersten Ruf wieder in den Kampf zu gehen, auf jeden Ruf, den das Proletariat zu ihnen schickt. Sie kennen keinen Wankelmut, keine Erschöpfung. ›Was werdet ihr jetzt tun?‹ fragt man die Internationalen. Und alle antworten sie dasselbe: ›Wir werden Arbeit suchen und auf den Moment warten, wo wir den Kampf gegen den Faschismus fortsetzen können.‹«

MARSCHLIED DER BOTWIN-SOLDATEN

Wenn zum Krieg gehen die Republik-Bataillone,
wenn s'geien zum krieg republiks-batalionen,
Wenn die Erde blutet und knallt das Dynamit,
wenn s'blutikt die erd un es knallt der dynamit,
Begleitet ein Gesang die flatternden Fahnen:
bagleit a gesang die zerflaterte fohnen:
Hier gehen Botwinisten zur Schlacht mit einem Lied.
dos geien die botwinzes zu der schlacht mit a lied.
Einem Lied von Hoffnung und Sieg von Millionen,
a lied vun hofenung un sieg vun milionen,
Die wollen leben in Freiheit und Recht,
wos willn lebn in freiheit un recht,
Welches uns schickt zu stürmen des Feindes Kanonen
wos schickt uns sturmen dem ssojnes kanonen
Und führt uns mutig zum letzten Gefecht.
un fihrt uns dreiste zum letztn gefecht.
No pasaran!

(Refrain)
Mutig voraus, zum Sturm, zur Attacke
mutig, vorojs zum sturm zum atack
Gehen wir Botwinisten!
geien mir, botwinistn!
Mit der ›Brigada Internacional‹,
mit der brigade international,
Mit unserer Volksarmee.
mit unser volksarmee.

Uns einigt der Haß gegen die braunen Banditen,
uns einikt der hass zu die brojne banditn,
Welche wollen knechten das spanische Land.
wos willn varknechtn dos spanische land.
Wir werden die grün-roten Felder hüten
mir welln die grin-rojte felder varhitn
Mit den Fahnen der Einheit, mit dem Gewehr in der Hand.
mit fohnen vun einheit un mit biks in der hand.
In den Bruderreihen der Völker und Rassen,
un in der brider-reih vun velker un rassn,

Welche nicht mehr wollen Versklavung und Not,
wos willn mehr nischt varschklafung un nojt,
Schmieden wir die Waffen für die Massen
schmidn mir ojs dos gewehr vun die massn
Der Freiheitsvolksfront für Frieden und Brot.
der freiheits-volksfront vun scholem un brojt.
No pasaran!

(Refrain)
Mutig voraus, zum Sturm, zur Attacke
mutig, vorojs zum sturm zum atack
...

Wir lassen nicht fallen unsere Gewehre,
mir welln nischt losn vun hand die gewehrn,
Das lehrte uns Botwin, der Held,
asoj hot gelernt uns botwin, der held,
Bis uns die ganze Zukunft wird gehören,
bis s'wet uns die zukunft inganzn gehern,
Bis erblühen wird eine befreite Welt.
bis s'wet a bafreite sich zerblijen die welt.
Und in den neuen und kriegslosen Zeiten
un in die naje un krieglose zeitn
Wird man unseres Kampfes gedenken,
wet men dermonen ojch unser varmesst,
Als die jüdischen Botwin-Soldaten
wie s'hobn jidische botwin-soldatn
Weit vertrieben die faschistischen Henker.
vartriebn weit die faschistische pest.
No pasaran!

(Refrain)
Mutig voraus, zum Sturm, zur Attacke
mutig, vorojs zum sturm zum atack
...

Die Ehrenkompanie beim Begräbnis von Chaskel Honigstein

Las Mamas Belgas, die Krankenschwestern des Lazaretts in Ontoniente, die meisten von ihnen waren Jüdinnen.

Juden in den Sanitätsdiensten der Republik

Um den Anteil jüdischer Ärzte und Krankenschwestern bei der Rettung der Tausende von Verwundeten des Bürgerkrieges genau zu beschreiben, wäre eine umfangreiche Publikation notwendig. 1936 gab es sechzehn Millionen Juden in der ganzen Welt, und sie stellten damit einen Bruchteil an der Gesamtbevölkerung der Erde dar. Wie ist es zu erklären, daß weit über die Hälfte der in Spanien tätigen freiwilligen Ärzte und Krankenschwestern Juden aus der ganzen Welt waren? Sie alle verließen ihre Kliniken, Praxen, Krankenhäuser, Familien und Freunde, um in einem fremden Land Menschen anderer Nationalität oder Herkunft zu retten und zu pflegen.

Durch Rebellion der Generäle im Juli 1936 verlor die Republik fünf der acht Sanitätsdivisionen, die ja sowieso nicht für einen Krieg ausgelegt waren. Lediglich die Sanitätsdivisionen der Armee in Madrid, Barcelona und Valencia blieben der Republik treu, die anderen liefen zu Franco über. Entsprechend katastrophal war die Lage an den Fronten und in den rückwärtigen Gebieten.

Es gab 46 Frontlazarette mit 14 200 Betten und 97 Lazarette mit 36 000 Betten in der Etappe. Drei große Organisationen für die medizinische Hilfe konzentrierten die Anstrengungen der humanitären Welt für Spanien: die in Paris domizilierende »Centrale Sanitaire Internationale d'Aide à l'Espagne Républicaine«, die »Ayuda Medical Internacional«, die Internationale Medizinische Hilfe, der die Lazarette der Interbrigaden unterstanden, und das »Medical Bureau to Aid Spanish Democracy« in New York. Die Gründer aller Organisationen waren Ärzte, die ihrem Gewissen folgten und freiwillig und ehrenamtlich die unentbehrliche medizinische Infrastruktur schufen, die den Tausenden spanischen und internationalen Verteidigern der Republik das Leben und die Gesundheit retteten. Die Juden spielten in allen Organisationen eine führende und entscheidende Rolle. Auch draußen im Felde, auf den Frontverbandsplätzen, in den Frontlazaretten und Krankenhäusern arbeiteten viele Juden aus Ost und West, aus der Sowjetunion, Polen, Deutschland und Palästina bis Nord- und Südamerika.

In New York gründete der angesehene Chirurg des Beth Israel Hospitals, *Dr. Edward Barsky*, im kleinen Kreis ein Hilfskomitee, das nach kurzer Zeit jede Vorstellung von der Wirkungsmöglichkeit einer ehrenamtlichen Organisation sprengte. Aus dem Kreis entwickelte sich das »Medical Bureau«, dessen Mitglieder ausschließlich amerikanische Ärzte waren, zu dessen sechsunddreißigköpfigem Präsidium auch der weltberühmte Forscher Paul de Kruif gehörte. In der Präsidiumsliste lesen wir die Namen der Ärzte Baehr, Bronfenbrenner, Erlanger, Goldblatt, Kopetzky, Levine, Loeb, Meyer, Naffziger, Schick und Seldin; Dr. Guttmann war Schatzmeister.

Im November fiel der Beschluß, ein voll ausgestattetes Lazarett mit amerikanischen Ärzten und Personal nach Spanien zu schicken. Im Herbst und Sommer 1936 wurde unter den Studenten, Nationalitätengruppen, Schriftstellern, Hollywoodstars, Broadwayschauspielern und anderen Bevölkerungsgruppen über eine Million Dollar gesammelt. Manche der Aktivisten für Spanien sollten später, in der Ära von McCarthy und Kaltem Krieg, große »Zores« (jiddisch für Schwierigkeiten, Probleme, Sorgen) wegen ihres Engagements bekommen. Bereits am 16. Januar 1937 dampfte ein Schiff mit einem 75-Betten-Lazarett, vier Ärzten, acht Krankenschwestern und anderem Personal mit Dr. Barsky an der Spitze nach Spanien.

Im Jahre 1937 dienten über 220 Ärzte, Schwestern und Assistentinnen und 600 Sanitäter im Sanitätsdienst der Internationalen Brigaden, dem der Bulgare Dr. Oskar Telge vorstand. Viele Ärzte sind damals schon gefallen, wie Dr. Heilbronn oder Dr. Solenberger. Es gab 23 Lazarette mit 5 000 Betten, dreizehn Operationsteams, 130 Ambulanzen, sieben mobile Operationssäle, Evakuierungsgruppen, viele Autos.

Sehr bald kam nach Spanien die zweite amerikanische Gruppe mit Dr. John Posner, einem berühmten New Yorker HNO-Chirurgen. Zu ihr gehörten auch Dr. Abraham Friedmann und die Schwestern Matilde Jankowitz und Rebecca Schulman, die nach Spanien in einer Ambulanz quer durch Frankreich fuhren. Der Fahrer war Victor Hirschfield aus New York. Dr. John Klein, ein Kieferchirurg, organisierte eine mobile Dentalklinik, die an vielen Fronten eingesetzt wurde.

Ein anderer führender Arzt war Dr. Irving Busch, der später Direktor aller amerikanischen Lazarette in Spanien wurde. Dr. Barsky nahm viele jüdische Krankenschwestern aus seinem Krankenhaus Beth Israel nach Spanien mit, unter anderem Toby Jensky, Sana Goldblatt, Berthe Kipnis und Ruth Davidov. Auch viele der Ambulanzfahrer waren Juden, wie Benjamin Bernstein und Ben Levine. Am Einhundert-Betten-Lazarett in Pozoblanco arbeiteten Helen Freeman, Anne Shuldiner und die Ambulanzfahrer Michael Ehrenberg und Ben Richman.

Immer wieder errichtete Dr. Barsky neue mobile Einheiten. Das Geld hierfür sammelte er auf Vortragsreisen und Veranstaltungen in den USA. Dr. Barsky operierte während seiner Dienstzeit in Spanien Tag und Nacht und rettete vielen Schwerverletzten das Leben.

Als Chefarzt der XV. Lincoln-Brigade fungierte Dr. Marc Strauss, während Dr. Barsky Chefarzt der 35. Division war. Unter Dr. Strauss arbeitete Dr. Hene, der im Zweiten Weltkrieg nach der Gefangennahme ermordet wurde.

Ein weiterer prominenter Arzt war Prof. Dr. Eloesser, der ein Zweihundert-Betten-Lazarett unweit des bitter umkämpften Teruel aufbaute. Dieser weltbekannte Thorax-Chirurg sprach sechs Sprachen inklusive Jiddisch und Chinesisch, diente in der US-Armee im Ersten und Zweiten Weltkrieg, um zum Schluß bei der UNICEF in China zu wirken. Er brachte seine eigene komplette Mannschaft – Ärzte, Schwestern, Fahrer – aus Kalifornien nach Spanien mit.

Im Herbst 1938 wurde Dr. Barsky die Verantwortung für alle internationalen Lazarette in Spanien übertragen. Als sich die Front näherte, hatte er 96 Stunden Zeit, die Kranken und das Personal zu evakuieren. Nur der letzte Lazarettzug schaffte es nicht, weil er trotz der roten Kreuze auf den Waggondächern von den Faschisten bombardiert wurde. Als das Gros der republikanischen Armee in Katalonien konzentriert wurde, wurden alle Krankenhäuser dort der Leitung Dr. Barskys anvertraut.

Die Veranstaltungen des »Medical Bureau« zogen Tausende an. Bei einer Veranstaltung im Madison Square Garden fanden 20 000 Platz, über 6 000 Besucher mußten abgewiesen werden. Unter den nichtmedizinischen Sponsoren des »Medical Bureau« befand sich die geistige Elite des Landes: Prof. Albert Einstein, Prof. Robert Lovett, die Bischöfe Bromley Oxnam, Robert Paddock, Edward Parsons und Benjamin Brewster, der Sänger Paul Robeson, der Schriftsteller Upton Sinclair und die Rabbiner Edward Israel und Abba Silver, der letztere einer der großen Führer des amerikanischen Judentums.

Die »Centrale Sanitaire Internationale« (CSI) war das Herz der medizinischen Spanienhilfe außerhalb der USA. Die Nobelpreisträger Irene Joliot-Curie und Professor Frederick Joliot-Curie sowie die Professoren Roger und Tanon waren Ehrenpräsidenten der großen französischen Sektion »Centrale«. Dem Präsidium gehörten unter anderem an die Doktoren Zanek, Weissmann, Schreiber, Solomon und Levy, der Generalsekretär der CSI war Dr. J. Kalmanovitch. Die CSI hatte nationale Zentren in fünfzehn Ländern Europas und Südamerikas.

1938 wurde die medizinische Versorgungslage kritisch. Die verlustreichen Schlachten forderten Tausende von Verwundeten. Das Ziel: 140 Ambulanzen für die spanische Armee, die sechs Millionen Franken kosten würden. Es mußten noch dringend drei Millionen Franken gesammelt werden.

Im spanischen Bürgerkrieg wurde erstmalig das System der Blutbanken und Blutkonserven angewendet. Erfinder des Systems war Dr. Duran-Jorda von der katalanischen Regierung »Generalidad«. Die Ausführung lag beim kanadischen Arzt Dr. Norman Bethune. Bereits bei den Kämpfen in der Universitätsstadt in Madrid am 23. Dezember 1936 konnte das System erfolgreich angewendet werden. Im Laufe des Krieges wurden dadurch Tausende von Verwundeten gerettet.

Dr. Ernst Cohn war Chef des Pharmazeutischen Dienstes in Murcia, von wo er nach Palästina berichtete. Gustav Regler schilderte in seinem Buch »Das große Beispiel« liebevoll den Brigadearzt Dr. Werner Heilbrunn.

Einer der ersten Ärzte, die aus der Sowjetunion kamen, war Dr. Maxim Zetkin, Sohn von Clara Zetkin, der den Sanitätsdienst ausbaute. Dr. Rudolf Neumann war zeitweilig Leiter des Internationalen Sanitätsdienstes. Sein Nachfolger war Dr. Oskar Telge, dessen richtiger Name Zwetan Kristanow war, ein verdienstvoller bulgarischer Kominternfunktionär. Zum Schluß leitete den Sanitätsdienst der Interbrigaden Dr. Barsky.

Viele jüdische Ärzte kamen aus Ungarn, Rumänien und sogar aus südamerikanischen Ländern.

Die arabische Nation war durch einen Arzt vertreten, Dr. Jarufe, der in Jerusalem geboren wurde und nach Spanien aus Südamerika kam.

Nach dem Stand vom 25. Juli 1937 wirkten im Sanitätsdienst der Interbrigaden 222 Ärzte aus zwanzig Ländern sowie 563 Sanitäter und Krankenschwestern aus fünfundzwanzig Ländern. Die größte Gruppe stellten die Ärzte polnischer Staatsbürgerschaft. Alle außer einem waren Juden. Über die Hälfte der rund dreihundert internationalen Ärzte, die in Spanien wirkten, waren Juden aus vielen Ländern.

Die (fast) komplette Liste jüdischer Ärzte in Spanien nach dem Stand vom 27. November 1937

Der Sanitätsdienst der Internationalen Brigaden war in die Bereiche Frente (Front) und Retaguardia (Etappe) eingeteilt. In den Frontlazaretten dienten 173 Ärzte als Offiziere, 198 als Unteroffiziere und 709 als Soldaten. In der Etappe waren es 131 Ärzte als Offiziere, 105 als Unteroffiziere und 527 als Soldaten.

Nachstehend die jüdischen Ärzte des Bereiches »Frente« – nach Einheiten aufgeführt. (Der Einfachheit halber wurden die Doktoren- oder Professorentitel weggelassen. Viele Spanienkämpfer haben aus Rücksicht auf Familienangehörige in den faschistischen Ländern einen spanischen Namen als Pseudonym angenommen. Diese sind in dieser Liste nicht berücksichtigt.)

XI. Brigade: Weinermann, Heller, Pollak, Bernstamm, Zukkermann – fünf von sieben Ärzten der Brigade waren Juden.
XII. und XIII. Brigade: Kriegel (Chefarzt und Major), Flato, Chretien, Baer, Grünstein, Seidmann, Wikner, Koc, Leitner, Zimmermann.
XIV. Brigade: Lustig, Balk, Artmann, Kofler.
XV. Brigade: Strauss, Gross, Grunblatt, Hene.
35. Division: Bulka, Kalna, Fuster, Riemer, Blumenstein, Lilker, Landesberg, Feldstein, Kalmen.
45. Division: Bernat, Luschinski, Hauptreip.
20. Bataillon: Goldstray, Zeydorf.
Servicio Especial, Madrid: Tuchmann, Segel, Pleschkowski, Krongold.
Lazarett Oreja: Fruchter, Freudmann, Jansen, Volochin.
Tschechisches Lazarett Guadalajara: Kisch (Chefarzt, Bruder von E.E. Kisch), Wiesner, Eisner, Zlink, Schling (in Prag hingerichtet) und Vlasta Verela, die Freundin von Dora Klein, die im Gefängnis in Prag 1951 Selbstmord beging.
Lazarett Tarancon: Tallenberg (Chefarzt, gefallen), Jungermann, Linik, Oswald.
Lazarett Huete: Hart, Orlowski.
Amerikanisches Lazarett Nr. 1: Friedmann (Chefarzt), Rintz, Klein.
Amerikanisches Lazarett Nr. 2: Barsky (Chefarzt), Busch, Weismann, Stuart, Kornblum, Posner.
Amerikanisches Lazarett Carbillejo: Bloom, Weismann.
Evakuierungsgruppen: Grossfeld (Chefarzt), Endler, Hermann, Marcovici, Wolf, Schwarz.

Jüdische Ärzte des Bereichs »Retaguardia«

Basis der I.B. in Albacete: Dorf, Davidowitsch, Bilger, Rachel Reich, Rachel Ravaux, Klein, Heller, Feinsilber, Herzfeld, Kraus.
Hospital in Albacete: Littwack (Chefarzt), Scheinberg, Gluschkin, Ursula Mayer, Ochshorn, Miriam Rudin, Schwimmer.
Lazarette in Murcia: Langer, Blank, Radewski, Vogel, Sonja Ellinger, Rosa Berger, Lisa Freud, Brennstein, Sobel, Neumann, Rosner, Badian, Fränkel, Cohen, Jungermann.
Lazarett Benicassim: Minkow (Chefarzt), Jensen (Chefarzt),

Trocki, Bachrach, Ettelson, Schneller, Levin, Laufer, Fried, Fritzi Brauner, Mendel, Lorberbaum, Dora Klein-Lorska, Alice Chretien, Gartenstein, Szokolnikowitsch.
Rekonvaleszenten-Hospital Orihuela: Perlmann (Chefarzt), Jadwiga Kanner-Welykanowicz, Bober.
Lazarett Villanueva de la Jara: Glaser (Chefarzt), Serelmann.

Im Bericht vom 7. Juli 1937 sind weitere jüdische Ärzte aufgeführt, die im November 1937 nicht mehr dabei waren. Auch nach dieser Zeit kamen jüdische Ärzte nach Spanien, wie zum Beispiel Professor Eloesser.

Der Zahlmeister des Sanitätsdienstes der Interbrigaden zahlte am 27. November 1937 250 786 Peseten an die 1 703 Ärzte und das Hilfspersonal des Dienstes. Der Commandante (höchster Dienstgrad für einen Arzt) Kriegel bekam 503 Peseten Sold und der Teniente (Leutnant und Chefarzt des Krankenhauses in Albacete) Littwack 305 Peseten.

Die jüdischen Ärzte und das Sanitätspersonal aus Amerika

Dank der langjährigen Forschungsarbeiten von Adolph Ross ist es möglich, eine komplette Liste jüdischer Ärzte und Krankenschwestern aus den USA zu veröffentlichen. Das amerikanische Sanitätspersonal in den Internationalen Brigaden war nach den Polen, bei denen von 47 Ärzten 46 Juden waren, die zweitstärkste nationale Gruppe. In Spanien dienten 33 Freiwillige als Ärzte aus Amerika, 21 von ihnen, also zwei Drittel, waren Juden, eine ungeheure Proportion, wenn man den Anteil der Juden an der Bevölkerung Amerikas von 144 Millionen mit 4,7 Millionen bedenkt. Von den 48 amerikanischen Krankenschwestern waren 25 Jüdinnen, also über die Hälfte.

Die Ärzte: Edward K. Barsky – Franklin E. Bissel – N.N. Bloom – Irving Busch – Albert Byrne – Joseph Chodoff – Lewis I. Cohen – Leo Eloesser – Abraham Ettleson – Samuel N. Franklin – Marcus B. Fried – A.I. Friedmann – Philip Goland – Jaime de Guzman – Aaron A. Hilkevitch – Leonard H. Larsen – Barney Malbin – Odio E. Perez – W.W. Pike – Donald H. Pitts – Carlton C. Purviance – Norman C.

Rintz – Allan H. Sorrell – Mark Straus – Sidney Vogel – Edwin S. Weisfield – Israel Weissman – Louis J. Zanderer – Jack B. Klein – Jacob Posner – Zachary M. Stadt.

Die Krankenschwestern: Rose Abramson – Hilda Bell – Grace Berkowitz – Ruth Davidow – Ruth Epstein – Dora Ettleson – Helen Freeman – Lini M. Fuhr – Sara Goldblatt – Irene Goldin – Fanny Golub – Hermine Hartman – Hannah Hershkowitz – Matylda Jankovic – Sally Kahn – Bertha F. Kipness – May Levine – Miriam Margulis – Mary Platkin – Edna Romer – RebeccaoSchulman – Anne Shuldiner – Esther Silverstein – Rose Wachsman – Rose Weiner.

Die jüdischen Ärzte aus Polen in Spanien

Dank der umfangreichen Forschungsarbeiten über die Ärzte in den Sanitätsdiensten der Interbrigaden, die von Dr. G. Ersler durchgeführt wurden, ist es möglich, eine ziemlich komplette Liste der polnisch-jüdischen Ärzte mit kurzen Lebensdaten zu bringen.

Dr. Zygfryd Beer, studierte in Wien und Prag, 1937-1939 in Spanien, Chefarzt der 86. Brigade, bis 1945 in Frankreich, seitdem in Polen.

Dr. Rozalia Berger, Studium in Prag, 1937-1939 in Spanien, Leutnant, Lazarettärztin, Frankreich, bis 1945 in England, heute in Ost-Berlin.

Dr. A. Bernstein, Studium in Prag, 1936-1939 in Spanien, Hauptmann, 74. Brigade, 1941 in der Sowjetunion; ob er noch lebt, ist unbekannt.

Dr. Leon Bernstein, Studium in Paris, 1937-1939 in Spanien, Major, Chefarzt der XIV. Brigade, später in Frankreich (?).

Dr. Jakub Biezynski, Studium in Paris, 1937-1938 in Spanien, Leutnant, Bataillonsarzt der XIII. Brigade, lebt in Paris.

Dr. Samuel Charabalowski, Studium in Frankreich, 1937-1939 in Spanien, Leutnant, Bataillonsarzt der XII. Brigade, später in Mexiko und den USA, dort gestorben.

Dr. Michal Eilbaum, Studium in Frankreich, 1937 in Spanien, Lazarettarzt, dann in Frankreich.

Dr. Zofia Elinger, 1937-1939 in Spanien, Lazarettärztin, interniert in Frankreich, in Auschwitz umgebracht.

Dr. Gabriel Ersler, Studium in der Schweiz, 1937-1939 in Spanien, Cherarzt der XIII. Brigade, 1939-1944 in Frankreich, dann bis 1956 in der Sowjetunion, später bis 1968 in Polen.

Dr. Mojzesz Stanislaw Flato, Studium in Paris, 1937-1939 in Spanien, Major, Chefarzt der 35. Division, 1939 Chefarzt der »Agrupacion Internacional«, 1939-1945 in China und Burma, dann in Polen, starb 1972.

Dr. Zdzislaw Fruchter, Hauptmann, Lazarettarzt.

Dr. Anna Gecow, geb. Zylberschatz, Studium in Prag und in der Schweiz, 1936-1937 in Spanien, Ärztin der »Schweizerischen Sanitätseinheit«, nach 1968 in der Schweiz und in Frankreich, 1985 gestorben.

Dr. Jakub Grinsztajn, Studium in Jugoslawien, 1937 in Spanien, Hauptmann, Arzt einer Kavallerieschwadron, degradiert zum einfachen Soldaten, fiel an der Front.

Dr. Ferdynand Grosfeld, 1937-1939 in Spanien, Hauptmann, dann in Frankreich, in Polen, in Israel gestorben.

Dr. Jacques Grunblatt, 1910 geboren, Studium in Marseille, 1936-1939 in Spanien, Arzt einer Kavallerieschwadron, Internierung, 1940 Freiwilliger bei der französischen Armee, flüchtete über Marseille, Algier und Casablanca nach Mexiko, später in die USA. Er starb im Januar 1989 in Mexiko.

Dr. Jozef Gudys, Studium in Paris, 1938 in Spanien, Leutnant, Lazarettarzt, seitdem in Paris.

Dr. Joseph Hauptmann, Studium in Prag, 1937 in Spanien, Chefarzt einer Artillerie-Einheit, Résistance, als Generalmajor der jugoslawischen Armee Alexander Mezic, 1973 dort gestorben.

Dr. Joseph Heller, Studium in Prag, 1937-1939 in Spanien, Hauptmann, Bataillonsarzt der XI. Brigade, 1935-1945 in Frankreich und Algerien, 1945 in Israel, dort 1976 gestorben.

Dr. Wolf Jungerman-Jungery, Studium in Frankreich, Prag und Jugoslawien, 1937-1939 in Spanien, Hauptmann, Bataillonsarzt der XV. Brigade, 1939-1948 in China, bis 1958 in Polen, dann in Israel und den USA, wo er heute lebt.

Dr. Hersz Kac, Studium in Frankreich, 1937 in Spanien, Leutnant, Bataillonsarzt der XIV. Brigade, lebt in Moskau.

Dr. Jan Kamieniecki, 1937-1939 in Spanien, Hauptmann, Bataillonsarzt der 86. Brigade, 1937-1947 in China, dann in der Sowjetunion; unbekannt, ob er noch lebt.

Dr. Jozef Kawa, Studium in der Schweiz, 1937-1939 in

Spanien, Leutnant, Bataillonsarzt der XII. Brigade, 1940-1945 in der Schweiz, 1945-1968 in Polen, zur Emigration nach Schweden gezwungen, wo er starb.

Dr. Jozef Kestenberg, Studium in Frankreich, 1937-1939 in Spanien, Leutnant, Batteriearzt einer Flakeinheit, bis 1941 in Frankreich, 1942-1945 in Mexiko, dann in Frankreich, wo er starb.

Dr. Adolf Kofler, 1937-1939 in Spanien, Hauptmann, Chefarzt der 129. Brigade, 1939-1943 in Frankreich und Algerien, 1945-1968 in Polen, dann nach Schweden vertrieben, wo er heute lebt.

Dr. M. Kreisler, Studium in Prag, 1937-1939 in Spanien, Leutnant, Bataillonsarzt der 129. Brigade, starb 1944 im Lager St. Cyprien in Frankreich.

Dr. Margarita Kutin, Studium in Paris, 1937-1939 in Spanien, Leutnant, Lazarettärztin, dann in Frankreich und Polen.

Dr. Jozef Leitner, 1937-1943 in Spanien, davon fünf Jahre in Francos Gefangenschaft, Leutnant, Bataillonsarzt der XIII. Brigade, 1943-1945 in der Sowjetunion, dann in Polen, wo er gestorben ist.

Dr. Lilker, diente in Spanien, kam in Francos Gefangenschaft, später in Polen und Frankreich.

Dr. Dorota Lorska, geb. Goldszajder, Studium in Prag, 1937-1939 in Spanien, Leutnant, Lazarettärztin, Résistance, Auschwitz, Prag, Gefängnis, Polen, 1965 dort gestorben.

Dr. Andrzej Lorski-Lorbeerbaum, Studium in Paris, 1937-1939 in Spanien, Hauptmann, Bataillonsarzt der XIII. Brigade, 1939-1943 in Frankreich, Résistance, Verhaftung, dann in Deutschland, seit 1945 in Polen; er lebt in Warschau.

Dr. Ochshorn, war in Spanien Frontarzt, fiel in Francos Gefangenschaft und kam dann nach Polen.

Dr. Mieczyslaw Rosenstein, Studium in Paris, 1936-1937 in Spanien, Leutnant, Arzt einer Flakbatterie, 1937-1940 in Frankreich, seit 1941 in Mexico City.

Dr. Leon Samet, Studium in Prag, 1937-1939 in Spanien, Hauptmann, Chefarzt eines Lazaretts, 1939-1943 in Frankreich und Algerien, 1943-1945 in der polnischen Armee in der Sowjetunion, seit 1945 in Polen, Generalarzt der polnischen Armee, 1972 in Warschau gestorben.

Dr. Irena Strozecka, 1937-1939 in Spanien, Chefärztin eines Lazaretts, später in Frankreich.

Dr. Henryk Sternhell, Studium in Polen, 1938-1939 in Spanien, Leutnant, Bataillonsarzt der XIII. Brigade, 1939-

1943 in Frankreich, 1943 in Polen, Kommandant des Widerstands, 1944 von der Gestapo in Warschau erschossen.

Dr. Emanuel Sztokman, 1937-1939 in Spanien, Hauptmann, Bataillonsarzt der 86. Brigade, 1939-1943 in Frankreich und Algerien, ab 1943 in der polnischen Armee in der Sowjetunion, 1944 gefallen.

Dr. Wiktor Taubenfliegel, Studium in Prag und Italien, 1938-1939 in Spanien, Hauptmann, Bataillonsarzt der XIII. Brigade, 1939 in Frankreich, 1939-1945 in China und Burma, 1945-1969 in Polen, emigrierte nach Kanada, wo er heute lebt.

Dr. Saul Trocki, Studium in Frankreich, 1937-1939 in Spanien, Hauptmann, Bataillonsarzt der XIII. Brigade, 1939-1942 in Frankreich, Résistance, Verhaftung und Konzentrationslager in Deutschland, 1944 geköpft.

Dr. Zalman Weinermann, Studium in Prag, 1937-1939 in Spanien, Leutnant, Lazarettarzt, seit 1939 in Frankreich, dort 1978 gestorben.

Dr. Jadwiga Welykanowicz, Studium in Polen, 1937-1939 in Spanien, Leutnant, Lazarettärztin, 1939-1945 in Frankreich, Résistance, bis 1968 in Polen, dann vertrieben, heute in Israel.

Dr. Alie Zajdorf, Studium in Paris, 1937-1939 in Spanien, Hauptmann, Bataillonsarzt der 89. Brigade, 1943 von der Gestapo in Paris erschossen.

Dr. Dorota Zajdorf, Frau von Alie Zajdorf, 1937-1939 in Spanien, Leutnant, Lazarettärztin, 1939 in Frankreich, dort verschollen.

Dr. Ozjasz Zellermeier, 1937-1939 in Spanien, Hauptmann, Chefarzt eines Frontlazaretts, 1939-1942 in Frankreich, 1942 in Paris verhaftet, in Auschwitz umgebracht.

Alle drei polnischen Pharmazeutinnen waren Jüdinnen: Mgr. Rachela Cretien, Leutnant, Mgr. Cecylia Falk, Leutnant, und Mgr. Rachela Gunzig, Chefpharmazeutin des Sanitätsdienstes der Internationalen Brigaden. Zehn der zwölf polnischen Krankenschwestern waren Jüdinnen (siehe Interview mit Adela Botwinska).

Der einzige nichtjüdische Arzt aus Polen war: Dr. Mieczyslaw Domanski Dubois, seit 1925 in Frankreich, 1936-37 in Spanien, Major, Chefarzt der 35. Division, gefallen bei Straßenkämpfen in Quinto am 25. August 1937.

Spendenkarte für die Botwin-Soldaten. Im Kreis: Naftali Botwin, die jiddische Umschrift: »Kompanje vun Naftali Botwin«

Die Organisatoren des »jüdischen« Tages in Madrid 1986. V. l. n. r. Bernard Liebermann, Brüssel, Prof. Albert Prago, New York, und der Autor

Aufruf jüdischer Freiwilliger an die Juden der Welt

An der Estremadura-Front versammelten sich Anfang Februar 1938 jüdische Offiziere, um einen Appell an die jüdische Öffentlichkeit zu richten. Darin heißt es unter anderem:

»Kameraden und Freunde! Helft den jüdischen Freiwilligen und verstärkt unsere Reihen! Unterstützt die jüdischen Kämpfer und ihre Familien! Helft den jüdischen Freiwilligen geistig (mit Büchern und Zeitungen) und materiell (mit Zigaretten, Tabak, Milch, Konserven und anderen Produkten). Übernehmt Patenschaften über die jüdischen Freiwilligen. Jetzt kommt es an den Fronten Spaniens zu entscheidenden Kämpfen. Ganz Spanien ist ein großes Schlachtfeld.

Spanien wird ein freies Volksspanien sein! Es lebe der Sieg der Volksarmee über den Faschismus in Spanien! Es lebe das befrei-

te spanische Volk! Es lebe die vereinigte jüdische antifaschistische Front im Kampf gegen den Faschismus und Antisemitismus!
Im Namen der Freiwilligen in Spanien:

1. Die Botwin-Kompanie, Dombrowski-Brigade, Aragon-Front, Kommandant Gutmann.
2. Die Reservekompanie Botwin, Reservebataillon der Dombrowski-Brigade, Kommandant Mink, Jacques Kaminski, Schlomo Felman.
3. Die jüdischen Artilleristen der republikanischen Artillerie, Politkommissar Katzman.
4. Die jüdischen Verwundeten in Spanien, Faltenberg.
5. Die jüdischen Freiwilligen in anderen militärischen Einheiten, Bogen.

Spanien, Februar 1938.«

Wenige Tage nach der Veröffentlichung dieses Aufrufs fiel am 16. Februar 1938 an der Estremadura-Front der erste Unterzeichner des Manifests, der erste Kommandant der Botwin-Kompanie, Karol Gutmann.

Appell der Botwin-Soldaten an alle Juden

Zum zweiten Jahrestag des Ausbruchs des Bürgerkrieges, im Juli 1938, richteten die Botwin-Soldaten einen Appell an die Juden der Welt. Sie befanden sich mitten in den Vorbereitungen zur Ebro-Offensive im Lager Pradell, eine Woche vor der Überquerung des Ebro. Zwei Monate später waren die meisten Botwin-Soldaten gefallen, verwundet oder nach der Gefangennahme ermordet worden.

Die »Naje Presse« veröffentlichte am 17. Juli 1938 den Text, in dem es unter anderem heißt:

»Der Kampf des spanischen Volkes hat eine besondere Bedeutung für die jüdischen Volksmassen. Das jüdische Volk weiß, daß der Sieg des Faschismus in Europa die vollständige Versklavung der jüdischen Volksmassen, den politischen, materiellen und geistigen Ruin Hunderttausender von Menschen, die Versklavung und den Weg zum Untergang für Millionen und ihre physische Ausrottung bedeuten würde. Die Lage der Juden in Deutschland und Österreich ist eine drohende Warnung für das ganze jüdische Volk. Vom ersten Tag des Kampfes an haben die jüdischen Volksmassen diese Wahrheit verstanden. [...]

Im Laufe der sieben Monate ihres Bestehens hat sich die

Botwin-Kompanie auf allen Gebieten ausgezeichnet, indem sie ein Vorbild an Disziplin, Ergebenheit und Heroismus war. In den Schlachten, an denen sie teilnahmen, erkämpften sich die Botwin-Soldaten durch ihren Mut die Bewunderung und Anerkennung aller. Ihr Ruhm gehört dem ganzen jüdischen Volk.

An den Fronten von Estremadura, Aragon und Katalonien wurde eine demokratische, antifaschistische Volksfront geschmiedet. Für das gleiche Ziel kämpfen und haben ihr Blut vergossen jüdische Arbeiter, Handwerker, Kleinhändler und Intellektuelle aller Richtungen und Schattierungen. [...]

Die historische Stunde der Tat hat geschlagen. Unser Ruf ergeht an die Millionen jüdischer Volksmassen. Laßt uns mit vereinigten Kräften alle Hindernisse auf dem Weg zur Einheit beseitigen. Laßt uns unseren Feinden eine mächtige vereinigte Kraft entgegenstellen. Es lebe die Einheit des jüdischen Volkes gegen die Reaktion, den Faschismus und Antisemitismus! Es lebe die Solidarität des jüdischen Volkes mit der spanischen Republik! Es lebe die spanische Volksarmee, die heldenhaften Verteidiger und Vorposten der fortschrittlichen Menschheit!

Oriente-Front, Juli 1938
Die Botwin-Kompanie«

Jiddisches vom Radiosender Barcelona

Schon vor der Gründung der jüdischen Einheit »Botwin« strahlte Radio Barcelona Sendungen in jiddischer Sprache mit politischen Texten und jiddischen Volksliedern aus. Die Frontzeitung der Botwin-Kompanie druckte den Text der jiddischen Sendung von Radio Barcelona vom 12. März 1938 ab.

»Ein blutrünstiger Wettlauf findet jetzt in der Welt zwischen Faschisten und Antisemiten aller Art statt, dessen Ziel es ist, sich in der Unterdrückung und Vernichtung der Juden zu übertreffen. Diese Henker versuchen, die Juden durch ein Lügengewebe zu verleumden. Die Folterer und Verfolger der jüdischen Volksmassen sind auch die Mörder der spanischen Frauen und Kinder.

Die Juden haben verstanden, daß der Krieg, den das spanische Volk um seine Freiheit führt, auch ein Krieg um die Existenz der Juden ist.

In den republikanischen Schützengräben gibt es einen neuen Namen in der internationalen Freiheitsfamilie. Dieser Name läßt das Herz eines jeden jüdischen Arbeiters mit dem Gefühl von Stolz höher schlagen, der Name Naftali Botwins.

Arbeiter und Sohn des jüdischen Volkes, wo immer du dich befinden magst, in Frankreich, Polen, Rumänien oder Palästina und Amerika, wo immer du auch lebst, arbeitest und leidest, wisse, daß im verbissenen Kampf gegen Hitler und Mussolini auf spanischem Boden deine Hoffnung begründet ist.

Arbeiter, Intellektueller und Sohn des jüdischen Volkes ohne Unterschied der politischen oder gesellschaftlichen Meinung, vergiß alles, was uns trennt und gedenke nur dessen, was uns eint! Gedenke, wie wichtig für uns alle die Einheit ist – in der schweren Lage der Demokratie.

Dem jüdischen Volk rufen wir zu: Möge uns alle das Gefühl der Verantwortung und Verständigung vereinen, das die Besten vereint – die Botwin-Soldaten.

Das von allen Antifaschisten vergossene Blut schreit und fordert: Einheit, Einheit!

Mit und für die spanische Demokratie, denn von ihr hängen unser Schicksal und unsere Freiheit ab!«

Hilfe für die jüdischen Spanienkämpfer

Juden aus aller Welt zeichneten sich durch ihre Opferbereitschaft für das um seine Existenz kämpfende Spanien aus und gehörten zu den Initiatoren und Gründern von Hilfsorganisationen.

Paris war der zentrale Sammelpunkt aller nach Spanien eilenden Freiwilligen. Von hier aus wurden auch die zukünftigen jüdischen Spanienkämpfer versorgt und auf den Weg gebracht. Die große und selbstbewußte jüdische Gemeinschaft Frankreichs, die nach dem Ersten Weltkrieg durch politische Exilanten und emigrierte Arbeiter aus Osteuropa verstärkt wurde, war auf allen Gebieten des sozialen und kulturellen Lebens aktiv. Es gab politische Parteien jeglicher Couleur: Kommunisten, Sozialisten, Bundisten, Anarchisten, Zionisten vieler Schattierungen von rechts bis extrem links sowie die unpolitischen »Landsmannschaften« (Vereine von Landsleuten aus vielen Ländern und Städten Europas). Sogenannte Patronatsvereine boten Schutz und Hilfe für gefährdete Juden, wie zum Beispiel für politische Gefangene. Die breitgefächerte gesellschaftliche Infrastruktur der Juden Frankreichs war bei der Organisation der Hilfsmaßnahmen sehr nützlich. Ähnlich aufgebaut waren die jüdischen Gewerkschaften in Polen, England, den USA, Palästina usw. Obwohl die jüdischen Kommunisten bei der Rekrutierung der Freiwilligen und deren Versorgung eine dominante Rolle spielten, haben sich andere, weniger politisch motivierte gesellschaftliche Gruppen, wie zum Beispiel die Landsmannschaften und die Synagogengemeinden, an der Hilfe beteiligt.

Im Sommer 1937 wurde in Paris das Jüdisch-Spanische Hilfskomitee (JSHK) gegründet. Zu diesem Zeitpunkt gab es schon viele Gefallene, Witwen und Waisen. Jüdische Invaliden und Schwerverwundete wurden nach Frankreich evakuiert und lagen in französischen Krankenhäusern. Sie zu versorgen und außerdem den in Spanien kämpfenden jüdischen Freiwilligen zu helfen war eine gewaltige Aufgabe. Die Gelder wurden durch Herausgabe von Spendenmarken, Sammlungen, Benefizkonzerte, Beiträge von einzelnen und Organisationen aufgebracht.

In vielen Städten Frankreichs hatten sich Lokalorganisationen des JSHK gebildet. In Paris gab es Stadtteilkomitees, für jedes »jüdische« Arrondissement ein Komitee. Die Arrondissementkomitees arbeiteten im 3., 4., 10., 11., 13., 18., 19. und 20. Arrondissement. Das zentrale Gründungskomitee bestand aus sieben Personen. Jüdische Frauen waren in dieser Arbeit besonders aktiv.

Im Dezember 1937 wurde eine Sammelaktion gestartet, deren Ziel es war, dreitausend Pakete für jüdische Interbrigadisten nach Spanien zu schicken. David Diamant berichtet, daß die Resultate der Aktion die Erwartungen übertroffen hätten. Jeder jüdische Spanienkämpfer erhielt ein Paket. Diese Aktion war nicht nur wegen der Versorgung der Freiwilligen wichtig, sondern sie hob die Moral der unter schwersten Bedingungen kämpfenden Soldaten erheblich.

Nachdem diese Aktion so gut gelungen war, ging man daran, Patenschaften für einzelne Freiwillige und auch für Einheiten mit jüdischen Soldaten zu organisieren. Anstatt des anonymen Pakets sollte eine persönliche Verbindung und Bindung hergestellt werden.

Nach den erbitterten Schlachten in Aragon und Katalonien im Frühjahr 1938 erklärte sich die französische Regierung bereit, zweitausend Schwerverwundete aufzunehmen und sie in französischen Krankenhäusern zu pflegen. Viele von ihnen waren Juden. Um ihre Versorgung zu verbessern, startete das JSHK eine besondere Aktion unter den Juden in Paris und in der Provinz. Ziel: fünfzigtausend Franken.

Als die jüdische Einheit »Botwin« nach der langen Verzögerung von anderthalb Jahren endlich im Dezember 1937 gegründet wurde, bot dieses Ereignis Anlaß, die vielen gesellschaftlichen jüdischen Gruppierungen zu einem Einheitskomitee zusammenzufassen, an welchem neben den Kommunisten auch jüdische Sozialisten, Bundisten und Zionisten mitwirken sollten. Man wollte alle zweihundert Botwin-Soldaten mit Pullovern, Mänteln, Lederjacken, Stiefeln, Unterwäsche, Handschuhen etc. versorgen. Dank des allgemeinjüdischen Charakters der Aktion hatten sich alle jüdischen Organisationen, Sportklubs, Kulturvereine, Landsmannschaften und jüdische Gewerkschaften an der Aktion beteiligt. Als das Geld gesammelt und die Ausstattung komplett war, wurde im April 1938 ein großer Lastwagen von einer großen Menschenmenge verabschiedet und auf den Weg nach Spanien geschickt. Er trug ein Transparent: »Die Pariser Bevölkerung für die Botwin-Soldaten, gesammelt durch das Einheitskomitee aller drei Arbeiterrichtungen: jüdische Kommunisten, linke Poale Zion (Zionisten) und Medem-Verband (Bundisten).«

Eine führende Rolle in der Propagierung und Organisierung der Hilfe für Spanien spielte die jiddische Zeitung »Naje Presse«, Organ der jüdischen Sektion der KPF. Sie war damals eine der vielen jiddischen und jüdischen Zeitungen in Frankreich, erschien während des Krieges im Untergrund und begleitete die jüdischen Résistancekämpfer in ihrem Kampf gegen die Besatzungsmacht. Sie existiert noch heute in kleiner Auflage und kleinem Umfang, dem Schwinden der Juden in der KPF entsprechend.

Das JSHK hatte ein eigenes Organ, das jiddische Bulletin »Zuhilf«. Die Ausgabe vom Januar 1939 brachte auf achtzehn Seiten eine Fülle von Informationen.

Auf Seite 2 lesen wir einen Beitrag des Bildhauers Nahum Aronson, der neben dem von ihm geschaffenen Denkmal für Pasteur abgebildet ist:

»Wann immer ich an den unvergeßlichen Abend im Saal ›Mutualité‹ zurückdenke, als Tausende von Menschen den zweihundert jüdischen jungen Männern applaudierten, die noch vor kurzem in den spanischen Schützengräben gegenüber dem größten Feind des jüdischen Volkes, dem Nazismus, lagen, wird mein Herz mit einem Gefühl von Stolz und Freude erfüllt. Als Jude bin ich stolz, weil mein Volk nach zweitausend Jahren der Verfolgung in der heutigen Zeit solche mutigen Kämpfer hervorgebracht hat, für welche die Versklavung schlimmer als der Tod ist. Diese Kämpfer sind für mich diejenigen, die den Freiheitskampf der Makkabäer fortsetzen. In Anwesenheit dieser Helden mit so viel Opferbereitschaft und Mut fühle ich mich klein. Aber es wundert und ärgert mich die unglaubliche Tatsache, daß es noch Juden gibt, deren Verstand noch nicht die Größe der Tat unserer Kämpfer für unser aller Zukunft erfaßt hat.

Welche Pflicht kann heiliger sein, als die, denjenigen zu helfen, die ihr Blut, ihre Arme und Beine für die Würde des jüdischen Volkes geopfert haben.«

In einem anderen Beitrag schildert Waldemar, Mitgründer und Vorsitzender des JSHK, die Entstehungsgeschichte des Komitees und dessen Aktivitäten. Er postuliert das Ziel, demnächst dreitausend Mitglieder mit ständiger Beitragszahlungsverpflichtung werben zu können (bisher gab es eintausendzweihundert Mitglieder in Paris und dreihundertfünfzig in der Provinz).

Schlojme (jiddisch für Salomon) Felman beendet seinen Beitrag »Spanien zu helfen ist die heiligste Aufgabe eines jeden Juden« mit den Worten:

»Die jüdischen Freiwilligen, die in Spanien kämpfen [das Bulletin erschien nach der Auflösung der Interbrigaden – d.A.], verteidigen nicht nur die Demokratie, sondern in erster Linie das Lebensrecht des jüdischen Volkes. Aus diesem Grunde werden sich die jüdischen Volksmassen, die Kampftraditionen des jüdischen Volkes belebend, an der Mobilisierung aller demokratischen Kräfte zur Hilfe für die spanische Republik beteiligen. In der gegenwärtigen schweren Lage der Republik, die im Kampf für Freiheit und Recht steht, stehen die jüdischen Massen ihr bei. Sie werden es mit wirklicher Hilfe beweisen.«

Den größten Beitrag bei der Organisierung der Hilfe leistete Gina Medem. Sie wurde der »jüdische Botschafter« genannt, weil sie von Land zu Land eilte, um Hilfe für die internierten jüdischen Spanienkämpfer zu organisieren und zu koordinieren. In vielen Massenveranstaltungen in New York und anderen amerikanischen Städten organisierte sie gemeinsam mit den jüdischen Gewerkschaften Hilfskomitees. Auch die »Landsmannschaften« beteiligten sich an den Aktionen. Der Bericht von Gina Medem, die als Kriegskorrespondentin jiddischer Zeitungen in den USA von Anfang an in Spanien war, heißt: »Die Hilfstätigkeit für Spanien in jüdischen Wohnvierteln und auf der ganzen Welt«. Sie schieb:

»Die Gründung der jüdischen militärischen Einheit ›Botwin‹ schuf eine enge Beziehung zwischen den jüdischen Volksmassen und der Republik. Natürlich ist das Echo am stärksten in den Städten mit einer großen jüdischen Bevölkerung, wie Paris, New York, Buenos Aires und Antwerpen, die von der jüdischen Arbeiterpresse informiert werden. Die Juden in Holland, Schweden, Dänemark und England beteiligen sich an allgemeinen Aktionen für Spanien und schufen dafür eine eigene Hilfsorganisation.«

Gina Medem erklärt die Schwierigkeiten der jüdischen Spanienhilfe mit der steigenden Zahl der Opfer der Verfolgung deutscher und polnischer Juden, den zahlreichen Flüchtlingen aus Deutschland, Österreich und der Tschechoslowakei und den Opfern der Faschisten in Rumänien und Ungarn, denen geholfen werden mußte.

»Dennoch wurde in London ein Botwin-Hilfskomitee gegründet. Auch in Kopenhagen wurde ein jüdisches Komitee gebildet. Jetzt wartet man auf Ergebnisse in Amsterdam. Belgien versorgt die eigenen Kämpfer in Spanien. Argentinien hat schon gute Arbeit geleistet. Die amerikanischen Juden haben Hunderte jüdischer Lincoln-Brigadisten zu versorgen. Trotzdem werden sie auch uns, dem französischen JSHK, helfen. Die Hilfe muß schnell kommen. Unsere Spanienkämpfer leiden.«

Im Jahr 1938 sammelte das JSHK 690 000 Franken, zwei Drittel der Einnahmen wurden für die Unterstützung der Angehörigen verwendet, 120 000 für die jüdischen Kämpfer in Spanien, 110 000 für das allgemeine Spanien-Hilfskomitee und nur 15 000 für administrative Ausgaben.

Nach dem Fall der Republik am 1. April 1939, als Tausende von jüdischen und anderen Interbrigadisten in Südfrankreich in Internierungslagern unter katastrophalen Bedingungen festgehalten wurden, fiel eine noch schwerere Last auf die Hilfskomitees, besonders die jüdischen. Die große Masse der jüdischen Internierten konnte nach keinem ihrer Heimatländer repatriiert werden. In Deutschland, Österreich, der Tschechoslowakei herrschten die Nationalsozialisten, und in Polen, Rumänien, Ungarn und anderen Ländern hätten faschistoide Regime die Heimkehrer verfolgt.

In Paris wirkte das Zentrale Jüdische Hilfskomitee, in den USA das Botwin-Komitee. Beide Organisationen standen in engster Verbindung untereinander und mit den Internierten in den Lagern Gurs, Vernet, Argelès, Les Milles u.a. Das amerikanische Botwin-Komitee in New York publizierte ein Bulletin in jiddischer Sprache: »Mir gedenken«, mit Berichten, Liedern und Gedichten sowie auch mit dem Text des von Olek Nuss gedichteten Marschliedes der

Botwin-Soldaten. Diese Publikationen: die Botwin-Zeitung mit sechs Ausgaben, die Bulletins »Zuhilf« und »Mir gedenken«, sind wichtige Zeitdokumente des Kampfes der Juden gegen den Faschismus.

Hilfe für Spanien. Zentrum New York. David Dubinsky.

Die Hilfe für das kämpfende Spanien und seine Bevölkerung während des Krieges und für die Flüchtlinge, Internierten, Veteranen und Hinterbliebenen gravitierte um zwei Zentren: Paris und New York. In Paris wirkte das »Comité International de Coordination et d'Information pour l'Aide à l'Espagne Républicaine« (CICIAER) unter der Präsidentschaft von Victor Basch. In den USA gab es eine Fülle von Hilfsorganisationen. Die wichtigste war die »Trade Union Relief for Spain«, die von David Dubinsky, der überragenden Gestalt der amerikanischen Gewerkschaften, gegründet wurde. Basch und Dubinsky waren Juden.

David Dubinsky

David Dubinsky wurde 1892 in Brest Litowsk geboren und verbrachte seine Jugend in Lodsch, wo er als Bäcker arbeitete. Er wurde Revolutionär und Gewerkschafter in den Reihen des »Bundes«. Wegen des von ihm gegen die elterliche Bäckerei organisierten Streiks wurde er verhaftet und später wegen revolutionärer Tätigkeit 1909 nach Sibirien verbannt. Er konnte 1910 entkommen und nach den USA auswandern, wo sein Bruder bereits lebte. Er war Zuschneider-Lehrling in einem Betrieb der Damenbekleidungsindustrie. Er war Funktionär der sozialistischen Partei und der »International Ladies Garment Worker's Union« (IGLWU – Internationale Gewerkschaft der Damenbekleidungsarbeiter), deren Mitglieder zu 95 Prozent Juden waren. Dort schloß er sich der antikommunistischen Mehrheit an und wurde 1923 ins Präsidium gewählt. Er bildete die Klammer zwischen der Sozialistischen Partei und der demokratisch und politisch aktiven IGLWU. Im Jahre 1932 wurde er Präsident der IGLWU und blieb es bis 1966. 1934 wurde er Vizepräsident des Gewerkschaftsbundes »American Federation of Labor« (AFL). Später wirkte er in der »Conference of Industrial Organizations« (CIO). Dubinsky und seine Gewerkschaft bildeten den extremen Gegenpol zu anderen, korrupten und von der Mafia untergrabenen amerikanischen Gewerkschaften.

Dubinsky hielt die Gewerkschaftsbewegung fern von den beiden großen Parteien, half aber Präsident Roosevelt massiv bei den Präsidentschaftswahlen 1932 und 1936, die dieser gewann. Ohne Roosevelts Sieg und das durch ihn bewirkte Eintreten Amerikas in den Krieg wäre die Welt den faschistischen Mächten ausgeliefert gewesen und an sie verlorengegangen.

Dubinsky betrachtete sich als jüdischen Arbeiter und wirkte auf allen Gebieten der Hilfe für die in Deutschland und später in Europa verfolgten Juden. Er war 1933 Gründer des »Jewish Labor Committee« und unterstützte später den israelischen Gewerkschaftsbund Histadruth. Dubinsky, seine IGLWU und AFL unterstützten sowohl den Parteivorstand der Exil-SPD »Sopade« in Paris und London als auch die deutschen Gewerkschafter im amerikanischen Exil »German Labor Delegation« (GLD) und »German Labor Guild«. Rafael Abramowitsch hatte die Verbindungen hergestellt. In der GLD waren unter anderem Max Brauer, Rudolf Katz und Friedrich Stampfer aktiv.

Die »Trade Union Relief for Spain« war ein Zusammenschluß von zehn »jüdischen« Gewerkschaften. Der Präsident Zimmermann, der Sekretär Rose und der Schatzmeister Dubinsky waren Juden, ebenso wie die siebzehn Mitglieder des Komitees. Ende Juni 1937 wurde eine Kampagne zum Sammeln von 250 000 Dollar gestartet.

Die IGLWU stand an der vordersten Front der Hilfe für Spanien, sammelte nicht nur, sondern stellte Mittel aus dem eigenen Budget zu Verfügung. Die ersten Ziele, Gründung von Krankenhäusern in Spanien und eines Kinderlagers in Frankreich für dreitausend spanische Kinder, waren schnell erreicht. Die IGLWU organisierte zur gleichen Zeit die Herstellung von Kleidungsstücken für Spanien. Sie unterstützte spanische Flüchtlinge bis zum Ende der Franco-Diktatur. Sie bot Schutz und Arbeit denjenigen Veteranen des spanischen Bürgerkrieges, die vom McCarthyismus und dem FBI sowie vom Kommunismus verfolgt wurden.

Die Dachorganisation aller Spanien-Hilfskomitees war das »North American Committee to Aid Spanish Democracy« (NACASD), dessen Präsident Bischof Francis McConnell war. Diesem Komitee gehörten weitere christliche und jüdische Geistliche und viele bekannte Persönlichkeiten an, wie zum Beispiel Albert Einstein.

In einem anderen repräsentativen Spanien-Hilfskomitee, dem »American Friends of Spanish Democracy«-Komitee unter der Präsidentschaft des Bischofs Robert Paddock, finden wir unter anderem die evangelischen Theologen Reinhold Niebuhr, Haynes Holmes, John Jones und Bischof L. Parsons, den Führer des amerikanischen Judentums und Freund Roosevelts, Rabbiner Stephen Wise, Rabbiner Edward Israel, die Professoren Cohen, Douglas, Fairchild, Lovett, Morrison, Nussbaum und Schlesinger. Auch die Schriftsteller John dos Passos und Archibald McLeish waren dabei.

Eine weltumfassende Organisation der amerikanischen Arbeiterschaft war das »Labor Chest for the Relief and Liberation of Workers of Europe« – Arbeiterkasse für die Hilfe und Befreiung der Arbeiter Europas. Sie wollte den Arbeiterbewegungen helfen, die von den faschistischen Regimen und Diktaturen Europas verfolgt wurden. Im Oktober 1936 sandte das Komitee N. Nathans, Sekretär der Internationalen Transportarbeitergewerkschaft mit Sitz in Amsterdam, nach Spanien, um Fakten über den Bürgerkrieg festzustellen und zu verifizieren. Sein Bericht und darin das Kapitel »Steuert Spanien auf den Kommunismus zu?« sollten sich widersprechende Meldungen der Tagespresse erklären.

Nach der Niederlage der Republik mußten Tausende von Flüchtlingen in Frankreich und anderen Ländern versorgt werden. Diese Aufgabe übernahm die »Spanish Refugee Aid« (SRA), die Spanische Flüchtlingshilfe, die bis Ende der sechziger Jahre wirkte. Die SRA wurde 1953 als Zusammenschluß des bis dahin wirkenden Spanien-Hilfskomitees gegründet. Präsidentin war Hannah Ahrendt. Die Präsidiumsliste mit 68 Namen liest sich wie ein Who's Who des »schönen« Teils Amerikas. Ehrenpräsidenten waren Pablo Casals und Salvador de Madariaga. Mitglieder waren Alexander Calder, Albert Camus, Erich Fromm, Christopher Isherwood (»Cabaret«), Mary McCarthy, Herbert Read, Ignazio Silone, Alfred Kazin, Reinhold Niebuhr, Mrs. George Orwell. Charles Zimmermann, Meyer Schapiro, Adelaide Schulkind und Daniel Rosenblatt, die Mitgründer der ersten Spanien-Hilfskomitees fast dreißig Jahre früher waren auch dabei.

Große Verdienste um die Spanienhilfe hatte sich das »Unitarian Service Committee«, die Hilfsorganisation der Quäker, erworben. Das USC hatte eigene Büros in Europa, deren Direktor Noël Field war. Es wurde vom »Joint Anti-Fascist Refugee Committee« (Gemeinsames Antifaschistisches Flüchtlings-Komitee) beauftragt, die Geld- und Hilfsmittel des Komitees in Europa an die spanischen Flüchtlinge und Veteranen der Interbrigaden zu verteilen. Die Präsidenten des JAFRC waren Pablo Picasso und die Journalistin Dorothy Parker, die als erste das Konzentrationslager Dachau während dessen Befreiung 1945 betrat. Dr. Edward Barsky war Vorsitzender und Nathan Korshin Direktor des JAFRC.

Die Spanien-Hilfskomitees gründeten das »Spanish Information Bureau«, das Interviews mit aus Spanien zurückkehrenden Freiwilligen veröffentlichte. Im April 1937 wurde Dr. E. Barsky über den Kurzwellensender EAQZ in Madrid interviewt. Zudem publizierte die Botschaft der Republik in Washington das Nachrichtenblatt »News of Spain«.

Am 11. März 1937 organisierte das »North American Committee to Aid Spanish Democracy« (NACASD) eine Massenversammlung mit folgenden Sprechern: dem Schriftsteller und Flieger André Malraux, dem Journalisten Louis Fischer, dem spanischen Arzt Dr. Juan Gonzales, dem jüdischen Gewerkschafter Herman Reissig und dem Rabbiner Ben Goldstein.

Die »Friends of the Abraham Lincoln Brigade« übernahmen die Patenschaft über die amerikanischen Freiwilligen, Veteranen und Verwundeten in Spanien und über ihre Familien und Hinterbliebenen in den USA.

Alle Spanien-Hilfskomitees veröffentlichten regelmäßig eigene Bulletins. Das NACASD, dessen Vorsitzender Bischof Francis McConnell war, gab ein wöchentliches ausführliches Bulletin heraus: »Plans and Results«. In Nr. 7 vom 17 März 1937 wurde an erster Stelle ein kurzer Auszug aus der Rede des Rabbi Stephen Wise, des anerkannten Führers des amerikanischen Judentums, veröffentlicht, die er bei der antinazistischen Massenveranstaltung für die Republik im Madison Square Garden am 15. März 1937 gehalten hatte:

»Was der Nazismus gegen die freien Völker zu tun beabsichtigt, wurde in Spanien klar, in diesem unglücklichen Land, wo die Kräfte des Faschismus und des Nazismus Krieg gegen eine neue Demokratie führen. Was sie in Spanien taten, werden sie in Frankreich zu tun versuchen. Was sie in Spanien gegen die spanische Republik taten, werden sie auch gegen die amerikanische Republik unternehmen, wenn sie die Kraft hätten, wie sie den Willen dazu besitzen, um die demokratischen Völker des Erdballs herauszufordern. Möge Spanien eine Warnung für die freien Völker sein. Hätte sich die Welt vor drei oder vier Jahren in einem moralischen und wirtschaftlichen Boykott gegen die Hitler-Regierung geeinigt, würde sich Spanien heute im Frieden befinden, und sein Volk würde in der ungestörten Schönheit dieses kleinen, braven Landes leben.«

Hilfe für Spanien. Zentrum Paris. Victor Basch

Am 13. August 1936 wurde auf Initiative von Professor Victor Basch das »Comité International de Coordination et d'Information pour l'Aide à l'Espagne Républicaine« mit Sitz in Paris gegründet. Victor Basch wurde Präsident dieses Zentralorgans der Spanienhilfe aus der ganzen Welt. Die erste internationale Konferenz mit Delegierten aus neun Ländern fand am 9. September 1936 in Paris statt. Am 10. und 11. Oktober 1936 folgte in Paris eine europäische Konferenz mit Delegierten aus elf Ländern. Eine weitere internationale Konferenz des Komitees tagte am 16. und 17. Januar 1937 in Paris. Unter anderen berichtete M. Chavet über die »Commission de Solidarité«, die bereits am 1. August 1936 in Paris auf Initiative der »Roten Hilfe« gegründet worden war, und über die Eröffnung eines chirurgischen Hospitals bei Paris für komplizierte Verwundungen, das von »Médicine et Travail« (Medizin und Arbeit) gegründet worden war. Am Schluß der Konferenz wurde das Präsidium gewählt, mit Victor Basch als Präsident und Paul Langevin und Leon Jouhaux, Sekretär des französischen Gewerkschaftsbundes CGT, als Vizepräsidenten. Dem Präsidium gehörten Persönlichkeiten aus siebzehn Ländern an, Deutschland wurde durch Rudolf Leonhard, Präsident des Schutzverbandes deutscher Schriftsteller, Mitglied des Friedenskomitees und Gründungsmitglied der deutschen Volksfront, vertreten. Neben ihm gehörten dem Komitee Rudolf Breitscheid vom Exilvorstand der »Sopade«, Kurt Glaeser, Martha Berg-André und Dr. Fritz Fränkel, der später als Brigadearzt in Spanien wirkte, an. Korporativ waren die SPD und KPD Mitglieder des Komitees sowie dreizehn andere deutsche Exilorganisationen.

Am 12. März 1937 tagte in London die Exekutive des Komitees. Neben den starken Delegationen aus England und Frankreich waren Deutschland, Australien, Belgien, USA, Holland, Norwegen und Palästina durch je einen Delegierten vertreten. Im Namen der Histadruth kam aus Palästina »Goldie Myerson«, die spätere Generalsekretärin des Histadruth und Ministerpräsidentin Golda Meir. Es wurde die Gründung eines internationalen Krankenhauses beschlossen. Es sollte ein Krankenhaus mit eintausend Betten als Patronatsprojekt des Komitees in Paris gegründet werden. Ferner sollte die Kinderverschickung nach Frankreich intensiviert werden.

Am 8. August 1937 reiste eine Delegation des Komitees

nach Spanien, als Gast der spanischen Regierung. Das demokratische Deutschland vertrat Rudolf Leonhard.

Die Internationale Konferenz für die Flüchtlinge und Kinder Spaniens vereinigte am 20. und 21. November 1937 Delegierte aus neunzehn Ländern. Am 10. Februar 1938 kehrten 34 Parlamentarier aus zehn Ländern von einer Cortes-Sitzung in Spanien zurück und fanden sich in Paris zusammen, um über die weitere politische und materielle Hilfe für Spanien zu beraten.

Zum siebten Jahrestag der Republik versammelten sich am 18. März 1938 in Paris einhundert Delegierte, die zwölf Länder und 57 nationale und internationale Organisationen vertraten. Es wurde beschlossen – und sofort ausgeführt – die Entsendung eines internationalen Schiffes mit 71 Tonnen Zucker, 56 Lastwagen mit Lebensmitteln und Sanitätsmaterial, fünf Millionen Zigaretten, vier Ambulanzen, 113 Tonnen Pulvermilch, Seife, Schokolade, Erbsen, Schmalz, 21 000 Dosen Sardinen und Fleisch und anderes zum Gesamtwert von 3,2 Millionen Francs.

Am 11. Mai 1938 fand in Genf eine internationale parlamentarische Konferenz für Spanien statt, und zwar am Rande einer Plenarsitzung des Völkerbundes. Das Komitee veröffentlichte ein zweiwöchentliches Bulletin und viele Broschüren. Für das Buch »Guernica« schrieb Victor Basch das Vorwort.

Victor Basch

Seit Anfang der Gründung des Internationalen Komitees bis zu dessen Ende war *Victor Basch* Präsident. Er wurde 1863 als Sohn eines jüdischen Journalisten in Pressburg geboren. Als sein Vater als Korrespondent der »Wiener Neuen Presse« nach Paris versetzt wurde, war Victor drei Jahre alt. Er studierte in Paris und wurde Literaturwissenschaftler. Er wurde nach Nancy und Rennes berufen, aber die Sorbonne holte ihn mit einem speziell für ihn geschaffenen Lehrstuhl nach Paris zurück. Er wurde Mitgründer und 1926 Präsident der Liga für Menschenrechte und engagierte sich auch in anderen fortschrittlichen Organisationen. Im Sommer 1936 fuhr er nach Barcelona und gründete nach seiner Rückkehr das Internationale Komitee. Nach dem Fall der Republik und der späteren Besetzung Frankreichs durch die Nazis übersiedelte er in die Gegend von Lyon, ins unbesetzte Frankreich, und beteiligte sich an der Résistance durch Verfassen von Aufrufen und Broschüren. Trotz seines Alters von achtzig Jahren stimmte er seiner Wahl als Präsident der illegalen »Nationalen Bewegung gegen den Rassismus« zu. Im Januar 1944 startete Klaus Barbie eine Verfolgungsaktion größten Ausmaßes gegen die Résistance. Victor Basch wurde mit seiner gleichaltrigen Frau von französischen Kollaborateurmilizen entführt und am 10. Januar 1944 ermordet.

Hilfe für Spanien aus England, Belgien, Palästina

Auch in England wirkten starke Spanienhilfe-Organisationen. Über zweihundert Engländer arbeiteten in den Sanitätseinrichtungen der Republik. Hunderte von Lokalgruppen sammelten Geld und Materialien. Die Hilfsarbeit brachte Liberale, Katholiken, Quäker, Kommunisten und Leute der Labour Party zusammen. England nahm viertausend spanische Kinder auf, die von Freiwilligen versorgt wurden.

Die relativ kleine jüdische Gemeinschaft Belgiens, der viele politische Asylanten und emigrierte Arbeiter aus Osteuropa angehörten, war die aktivste unter allen anderen. Dies erklärt sich sowohl aus dem Zusammenhalt der Arbeiterorganisationen, Gewerkschaften und Parteien, als auch aus der Konzentration der Juden in den Städten Brüssel und Antwerpen.

Die ersten internationalen Spanienkämpfer waren Sportkameraden des Jüdischen Arbeitersportklubs (JASK), die zur Arbeiterolympiade nach Barcelona fuhren, wie Emanuel Mink und Abrascha Krasny. Als am 21. Juli 1936 eine Demonstration in Barcelona mit fünfhunderttausend Menschen stattfand, aus der sich fünfzigtausend Freiwillige meldeten, von denen einige tausend sofort an die Front von Zaragoza abmarschierten, wurde ein Sprecher der jüdisch-belgischen Sportler aus Antwerpen, Bernard Liebermann, aufgefordert, auch eine Rede zu halten. Er sagte auf Jiddisch, das ins Katalanische übersetzt wurde, daß die Juden stolz seien, zusammen mit Brüdern aus Spanien und aus der ganzen Welt den Faschismus zu bekämpfen.

Jüdische Frauen aus Belgien ermöglichten die Ausführung des Beschlusses der Sozialistischen Internationale zur Gründung eines großen Lazaretts in Ontoniente. Dr. Marteau, der nach dem Zweiten Weltkrieg kommunistischer Gesundheitsminister in Belgien wurde, organisierte Schnellkurse für freiwillige Krankenschwestern, die danach die Kader für das Lazarett in Ontoniente bildeten.

Die jüdischen Gemeinschaften und Organisationen in Brüssel und Antwerpen verbanden sich im »Vareinigter Jiddischer Hilfs-Komitet far Spanje«. Es gab ständigen Kontakt mit Spanien. Regelmäßig fuhren Lastwagen mit Medikamenten, Hilfsgütern und Lebensmitteln nach Barcelona.

Im August 1936 wandte sich die Gewerkschaftsinternationale an die Kollegen in Palästina mit der Bitte um Hilfe für Spanien. Wenige Tage später fand die erste diesem Thema gewidmete Sitzung des Generalsekretariats des Histadruth statt. Es nahmen teil: Golda Myerson-Meir, Dov Hoss, Eliahu Golomb, Jacob Hasan, David Remez, Israel Marom und Josef Aronowitsch. Als Sofortmaßnahme wurde eine relativ große Geldsumme überwiesen. Dieser Geldsendung folgten Sammlungen in Betrieben, Schulen, Kibbuzim. Arbeiter vieler Betriebe spendeten den Lohn einer Arbeitsstunde.

Der Verband »Antifa« zur Hilfe für die Opfer des Faschismus und Antisemitismus organisierte Massenversammlungen und Sammelaktionen für Spanien. Mitglieder der »Antifa« gründeten im Herbst 1936 ein Komitee für die medizinische Hilfe für Spanien, das Geld und Medikamente sammelte und in welchem Mediziner der Hebräischen Universität in Jerusalem wirkten. Die »Antifa« hatte auch einen Studentenkreis an der Hebräischen Universität. Noch im Juni 1938 organiserte der Kreis eine Konferenz der Studenten Palästinas, die ausschließlich der Hilfe für Spanien gewidmet war. Der Studentenkreis der »Antifa« war Mitglied des »Rassemblement Mondial«, der »Weltstudenten-Bewegung für Frieden, Freiheit und Kultur«, mit Sitz in Paris.

Wie breit die Spanienhilfe in Palästina angelegt war, kann man an der Zahl der Parteien und Organisationen ersehen, die sich in dieser Aufgabe vereinigten. Zur Sitzung am 8. Mai 1938 in Tel Aviv wurden Vertreter folgender Organisationen eingeladen: Arbeiterräte von Jerusalem, Haifa und Tel Aviv, »Arbeiterinnenrat«, »Arbeiterpartei Mapai«, »Poale Zion«, »Antifa«, »Sozialistische Liga« und »Marxistische Kreise«, »Palästina-Arbeiterkreis der Hebräischen Universität«, Studentenkreis der »Antifa« in Jerusalem, »Haschomer Hazair« (linkssozialistisch), »Verband der arbeitenden Mütter«, »Bund der Arbeiterjugend«, »Immigrantenlager«, »Arbeiterseminar«, Arbeiter-Sportverband »Hapoel«.

Kämpfer der Résistance und Partisanen

Das berühmte und spektakuläre rote Plakat, l 'Affiche Rouge

Jüdische Verwundete mit ihrem Arzt, links: A. Szerman, rechts Dr. Goldstreich aus Buenos Aires, Murcia 1937

Spanienkämpfer in der Résistance. Die Gruppe »Manouchian«

Ende Mai 1985 gab es in Frankreich einen Medienskandal. Die für den 2. Juni 1985 im zweiten Fernsehprogramm vorgesehene Ausstrahlung des Dokumentarfilmes »Terroristes en retraite« (Terroristen auf dem Rückzug), einer von dem bekannten Filmemacher Mosco hergestellten Dokumentation über die wenigen, meistens jüdischen Überlebenden der berühmtesten Kampfgruppe der französischen Résistance, der Gruppe »Manouchian«, wurde durch die Intervention der KPF verhindert. Eine daraufhin einberufene Untersuchungskommission der Hohen Behörde des französischen Fernsehens bestätigte die Absetzung, weil in dem Film angeblich die KPF verunglimpft werde. Der daraufhin einsetzende öffentliche Skandal zwang das Staatsfernsehen, den Film am 2. Juli 1985 doch noch zu senden.

In dem Film schildern fünf Überlebende der jüdischen Kampfgruppen in Paris, unter ihnen auch Ilex Beller, Vorsitzender des Verbandes der jüdischen Kriegsveteranen, Résistancekämpfer und Spanienkämpfer, ihre Erlebnisse während der Besatzung und nach der Befreiung. Die tragischen Ereignisse um die Gruppe »Manouchian« teilen noch heute weite Kreise der französischen Öffentlichkeit. Es geht um die Frage, ob und falls ja warum die Leitung der kommunistischen Résistance die Gruppe an die Nationalsozialisten verraten oder ihrem Schicksal überlassen hat. Zu diesem Thema erschienen fünf Bücher und Dutzende von Artikeln. Trotzdem blieben mehr Fragen offen denn je, und auch der Film vermochte die Probleme nicht zu lösen. Simone Signoret, die aus dem Umkreis der jüdischen Résistancekämpfer stammt, äußerte sich in einem Interview verbittert darüber, daß die jüdischen Helden der Résistance, die seit 1943 systematisch vergessen wurden, noch einmal per Filmzensur geopfert werden sollten.

Der Hitler-Stalin-Pakt lähmte weite Teile der KPF zwischen der Kapitulation Frankreichs 1940 und dem Angriff Deutschlands auf die Sowjetunion 1941 in ihrem Widerstand gegen die deutsche Besatzung. Jüdische Spanienkämpfer wie Sewek Kirschenbaum, Abraham Lissner, Leon Pakin, Mayer List und andere ergriffen die Initiative, ohne Direktiven der Partei abzuwarten. Sie gründeten jüdische Widerstandsgruppen innerhalb der Widerstandsorganisation der KPF – »Francs Tireurs Partisans-Main Oeuvre Immigrés«, FTP-MOI (Freischützen, Partisanen, Arbeiterimmigranten).

Sewek Kirschenbaum wurde 1904 in Polen geboren. Er emigrierte nach Frankreich. Im von jüdischen Arbeitern bevölkerten Pariser Vorort Belleville war er Sekretär der Roten Hilfe. Er gehörte zur Gruppe der »36«, der ersten aus Frankreich in Spanien. Er kämpfte in der Miliz »Libertad« und später in der XIII. Dombrowski-Brigade, deren Stabsoffizier als Hauptmann er wurde. Er flüchtete aus dem Lager Gurs und gründete das berühmte 2. jüdische Détachement der FTP-MOI. Er wurde von den Nationalsozialisten verhaftet und nach Auschwitz gebracht, wo er an Typhus starb.

Leon Pakin wurde 1909 in Polen geboren. Er saß viele Jahre in polnischen Gefängnissen, bevor er 1937 nach Spanien kam, wo er in der jüdischen Einheit »Botwin«

kämpfte. Er konnte aus dem Lager Gurs und später aus dem Gefängnis in Pau entkommen und gehörte zum 2. Détachement. Er hatte sich durch unglaublichen Mut und Unerschrockenheit ausgezeichnet. Er wurde im Juni 1942 verhaftet und im Juli 1942 auf dem Mont Valerien füsiliert.

Abraham Lissner, in Polen geboren, beschrieb seine Erlebnisse in Spanien und in der Résistance in einem Erinnerungsbuch. Er ist einer der wenigen überlebenden Gründer der jüdischen Résistance in Frankreich und starb nach dem Kriege. 1944 ging er nach Nordfrankreich, wo er Kommandant der Résistance wurde.

Mayer List wurde 1907 in Polen geboren. Die Familie emigrierte nach Argentinien, wo Mayer revolutionäre Aktivitäten entwickelte. Er wurde von der Polizei per Schiff nach Polen deportiert, konnte aber bei einem Aufenthalt in einem spanischen Hafen flüchten. Er schloß sich den Internationalen Brigaden an. Nach der Internierung gelang ihm die Flucht. Er gehörte zu den Kämpfern des jüdischen Détachements. Er wurde verhaftet und am 1. Oktober 1943 füsiliert.

Der »Schwarze Donnerstag« des französischen Judentums war der 16. Juli 1942, als die französische Polizei auf Anordnung Eichmanns dreizehntausend Juden in Paris verhaftete und im Vélodrome d'Hiver, der großen Radrenn-Sporthalle, konzentrierte, um sie anschließend über das Lager Drancy in die Gaskammern von Auschwitz zu bringen. Die jüdischen Résistancekämpfer konnten nicht verhindern, daß ihre Familien in den Osten deportiert wurden. Der zwanzigjährige Kämpfer *Marcel Rayman* blieb ohne Eltern und mußte mit seinem kleinen Bruder in den Untergrund tauchen. Er wurde der mutigste und verwegenste Kämpfer des jüdischen Détachements. Diese Kampfgruppe führte Angriffe auf Objekte der Gestapo, der Wehrmacht und der Kollaborateure durch. Der jüdische Spanienkämpfer *Paul Silbermann* fiel bei einem Angriff auf das deutsche Soldatenkino »Rex«.

Paris, von den alliierten Luftbombardements verschont, war ein gewaltiges Industriezentrum für die deutsche Kriegswirtschaft. Die vielen Vergnügungsstätten, Hotels, Bordelle etc. machten Paris zu einem sicheren Erholungszentrum für Frontsoldaten der Wehrmacht. Durch Konfiskationen und über den Schwarzmarkt wurde das Land seiner Güter und Schätze beraubt. Die zahlreichen Kollaborateure beteiligten sich daran sowie an der Verfolgung ihrer Landsleute. Die Résistancekämpfer, unter ihnen viele Juden, beendeten diese »Idylle«.

Neben dem 2. jüdischen Détachement der FTP-MOI, operierte noch das 1. ungarisch-rumänische Détachement, dessen Mitglieder zu 90 Prozent Juden waren. Im November 1942 wurden zwanzig Kämpfer des 1. Détachements verhaftet, das Zentrallaboratorium der Gruppe entdeckt und fast alle hingerichtet. Die Überlebenden schlossen sich anderen Détachements an. Die Monate Juni und Juli 1943 waren die tragischsten in der Geschichte des Widerstandes, als siebzig Kämpfer verhaftet, gefoltert und erschossen wurden, unter ihnen der Politkommissar des jüdischen Détachements, Mayer List. Daraufhin wurde das 2. Détachement aufgelöst und die Überlebenden dem 5. Détachement unter dem Armenier Missak Manouchian zugeteilt. Manouchian war ein armenischer Dichter und Überlebender des von den Türken an den Armeniern während des Ersten Weltkrieges verübten Völkermordes. Zu seiner Gruppe gehörte auch Marcel Rayman.

Die Gruppe »Manouchian« versetzte die deutschen Besatzer in Schrecken. Ein Attentat auf den Kommandanten von Groß-Paris, General Schaumburg, mißlang, weil sich der General nicht in seinem Dienstauto befand. Marcel Rayman erschoß den Beauftragten für den französischen Arbeitseinsatz in Frankreich, Dr. Julius von Ritter, der eine halbe Million Franzosen nach Deutschland geschickt hatte.

Die Vichy-Polizei unternahm zusammen mit den deutschen Behörden eine fieberhafte Aktion, um die Résistance zu ersticken. Hunderte von Spitzeln verschiedenster Amtszugehörigkeit wurden auf die Jagd geschickt. Ihnen gelang ein kapitaler Fang: Der Politkommissar der Résistance, Joseph Dawidowicz, wurde am 20. Oktober 1943 verhaftet und verriet viele Kämpfer. Die meisten Kämpfer wurden daraufhin unauffällig observiert, denn man wollte alle bis auf den letzten mit einem Schlag verhaften. Die Kämpfer merkten die Observierung und ahnten, daß ihr Politkommissar, der nach der Verhaftung als Lockvogel freigelassen worden war, sie verraten hatte. Der Kommandant Manouchian bat die Leitung des FTP-MOI, seine Kämpfer für eine gewisse Zeit freizustellen, weil ihnen mit der größten Wahrscheinlichkeit die Verhaftung und der Tod drohte. Die KPF-Führung lehnte das Gesuch ab.

Bereits im März 1943 kam es zu einer großen Verhaftungswelle. Unter den Opfern befand sich auch der junge Jude *Henri Krasucki*, der vierzig Jahre später Generalsekretär des französischen Gewerkschaftsbundes CGT wurde. Trotz der Verluste drängte die KPF auf eine Steigerung der Widerstandsaktionen. Der mutmaßliche Grund:

General de Gaulle bildete in Algier eine Exilregierung als Große Koalition; die Kommunisten wollten beweisen, daß sie aktiver im Widerstand waren als andere Gruppen. Manouchian führte die Befehle aus. Allein im Monat Juli 1943 wurden achtzehn Operationen durchgeführt; noch im Oktober 1943 gab es siebzehn Operationen.

Nach der Verhaftung von Dawidowicz blieb die Gruppe ohne Geld und andere Mittel; sie war vollständig auf sich selbst angewiesen und wurde von den Spitzeln observiert. Manouchian wurde am 16. November in eine Falle auf einem Vorortbahnhof gelockt. Am gleichen Tage schlug die Gestapo zu; es gab sechsundsechzig Verhaftungen. Durch einen Schauprozeß wollten die Vichy-Regierung und die deutsche Besatzungsbehörde den Franzosen vor Augen führen, daß der Terror, wie sie den Widerstand nannten, von Kommunisten und Ausländern verbreitet werde. Zu diesem Zweck wählten sie unter den Verhafteten zweiundzwanzig Männer und eine Frau als Angeklagte im Schauprozeß. Zwölf von ihnen waren Juden: Golda Bancic, Joseph Boczow, Thomas Elek, Maurice Fingercwajg, Jonas Geduldig, Emerich Glass, Leon Goldberg, Szlama Grzywacz, Marcel Rayman, Willi Szapiro, Wolf Wajsbrot und Robert Wichitz. Die Gruppe »Manouchian« wurde beschuldigt, 56 Attentate durchgeführt zu haben, bei denen es 150 Tote und 600 Verwundete gegeben hatte.

Golda Bancic (Olga) war eine rumänische Jüdin. Während des spanischen Bürgerkrieges war sie eines der aktivsten Mitglieder der jüdischen Spanienhilfe. Nachdem sie ihre vierjährige Tochter bei einer befreundeten christlichen Familie in Pflege gegeben hatte, stürzte sie sich in den Kampf. Sie wurde bei der Herstellung und dem Transport von Waffen und Sprengmitteln eingesetzt. Als einzige der dreiundzwanzig wurde sie trotz Todesurteil nicht sofort hingerichtet, sondern nach Stuttgart transportiert, wo sie am 10. Mai 1944 enthauptet wurde, an ihrem 30. Geburtstag.

Joseph Boczow, Jonas Geduldig und Szlama Grzywacz waren ehemalige Freiwillige in den Internationalen Brigaden in Spanien.

Joseph Boczow, 1905 in Baia Mare in Rumänien geboren, beendete seine Studien als Chemie-Ingenieur. Mit dreiundzwanzig Jahren ging er nach Spanien und kämpfte in den Brigaden. Nach Ende des Bürgerkrieges konnte er nicht repatriiert werden, weil die rumänische Regierung die Spanienkämpfer ausbürgerte. Als er vom Lager Argelés, später Gurs, nach Djelfa in der Nordsahara verschickt werden sollte, flüchtete er aus dem Zug. Während der Besatzung wurde er Kommandant des 1. Détachements der FTP-MOI. Er war Spezialist für Zugentgleisungen. Die Anklage beschuldigte ihn der Ausführung von zwanzig Attentaten. Er war einer der zehn Angeklagten, denen die »Ehre« zuteil wurde, auf dem roten Plakat abgebildet zu werden, von welchem noch die Rede sein wird. Joseph Boczow wurde 1947 posthum das »Croix de Guerre avec Etoile de Vermeil« verliehen.

Jonas Geduldig wurde 1918 als Sohn einer Arbeiterfamilie in Polen geboren. Mit sechzehn Jahren wanderte er nach Palästina aus, wo bereits sein Bruder lebte und wo er Arbeit als Schlosser fand. Zwei Jahre später meldete er sich als Freiwilliger in Spanien. Er kämpfte an der Aragon-Front als Artillerist und wurde schwer verwundet. Er wurde später in Argelés und Gurs interniert. 1940 gelang es ihm, aus dem Lager zu fliehen. Er besorgte sich falsche Papiere als nichtjüdischer Pole namens Michel Martiniuk. Er war einer der ersten Kämpfer des FTP-MOI-Détachements »Stalingrad«. Er nahm an vielen Operationen teil, unter anderem an Bahnentgleisungen. Er wurde als der Katholik Martiniuk verhaftet, gefoltert und für den Prozeß der »23« ausgewählt. Er fiel mit fünfundzwanzig Jahren unter den Kugeln der Nationalsozialisten, ohne daß seine wahre Identität aufgedeckt wurde. Er wurde als Michel Martiniuk begraben und nach dem Kriege auf dem Friedhof von Ivry, immer noch als Martiniuk, bestattet. Erst dreißig Jahre später, am 16. Dezember 1973, errichteten seine jüdischen Kameraden aus Spanien einen Grabstein mit seinem richtigen Namen, Jonas Geduldig. Dies geschah am 36. Jahrestag der Gründung der jüdischen Einheit »Botwin« in Spanien. Worte des Gedenkens sprachen David Goldberg, der Vorsitzende des Verbandes der jüdischen Spanienkämpfer in Frankreich, und Emanuel Mink, der letzte Kommandant der Botwin-Soldaten. Warum diese späte Berichtigung? Nach der Befreiung gab es in der KPF die Tendenz, die Résistance zu »nationalisieren«. Der große, wenn nicht entscheidende Anteil von Ausländern an der Résistance sollte minimiert, der französische Anteil maximiert werden. Dies führte zu grotesken Entwicklungen. 1952 erhielten die Brüder Claude und Raymond Levy, zwei Kämpfer der FTP-MOI, in Toulouse den geschätzten »Prix Fenéon« für die historiographische Bearbeitung des Widerstandes in Toulouse. Aragon, der große kommunistische Dichter und Herausgeber, erklärte sich bereit, die Arbeit zu veröffentlichen. Er bat die Brüder Levy um einen kleinen Gefallen: Sie sollten ihren Namen französisch klingend umbenennen, was auch geschah.

Szlama Grzywacz wurde 1909 in Polen geboren. Er arbeitete als Schuhmacher und war in der kommunistischen Jugendorganisation aktiv. Er saß eine fünfjährige Haftstrafe ab und kam anschließend 1936 nach Paris. Er meldete sich bei den Internationalen Brigaden. Nach dem Fall der Republik wurde er in Argelés und Gurs interniert, von wo ihm die Flucht gelang. In Paris eingetroffen, ging er in den Untergrund und wurde Kämpfer des 2. jüdischen Détachements. Im Prozeß wurde seine Identität als Spanienkämpfer bekannt. Er wurde beschuldigt, einen Bombenanschlag auf das Verlagsgebäude der deutschen »Pariser Zeitung« und andere Attentate ausgeführt zu haben.

Vom 19. bis 21. Februar 1944 fand der Schauprozeß im Hotel Continental, heute Intercontinental, unter Beteiligung der deutschen und kollaborationistischen Presse statt. Während der Verhandlung gelang es Manouchian, den zahlreichen im Gerichtssaal versammelten Kollaborateuren zuzurufen: »Wir kämpften für Frankreich, für die Befreiung dieses Landes. Ihr habt euer Gewissen und eure Seele dem Feind verkauft. Ihr habt die französische Nationalität geerbt, aber wir, wir haben sie verdient.«

Am 21. Februar 1944 fielen alle zweiundzwanzig Résistancekämpfer unter den Kugeln der Nationalsozialisten am Mont Valerien. Gleich danach druckte die Besatzungsbehörde ein blutrotes Plakat, daher heißt es die »Affaire d'Affiche Rouge« in Frankreich. Auf ihm wurden Porträts von zehn Hingerichteten mit den Anschuldigungspunkten abgedruckt sowie Fotos von Waffen und Opfern der Attentäter. Die Überschrift lautete: »Befreier? Die Befreiung durch die Armee des Verbrechens«. Unter den zehn Abgebildeten waren sieben als Juden bezeichnete »Terroristen«: Grzywacz – zwei Attentate, Elek – acht Entgleisungen, Wajsbrot – ein Attentat und drei Entgleisungen, Wichitz – fünfzehn Attentate, Fingercweig – drei Attentate und fünf Entgleisungen, Boczow – Chef-Entgleiser und zwanzig Attentate, Rayman – dreizehn Attentate. Die übrigen drei: der Italiener Fontanot – zwölf Attentate, der Spanier Alfonso – sieben Attentate, der Chef der Bande, Manouchian, Armenier – sechsundfünfzig Attentate, einhundertfünfzig Tote, sechshundert Verletzte. Das Plakat sollte den Widerstand als Terrorismus von Ausländern darstellen. Den Dreiundzwanzig widmete das offizielle illegale Organ der KPF, »Humanité«, am 1. März 1944 nur wenige Zeilen ohne Namensnennung. Zwei Tage später brüstete sich die Partei in der Zeitung als »Partei der Füsilierten«, also Partei der Befreiung. Bis zum Februar 1951 veröffentlichte die »Humanité« nicht eine einzige Zeile über die Dreiundzwanzig.

Bereits 1951 erschien in Paris das Buch »Die Ruhmesblätter der Dreiundzwanzig« sowie das Buch »Lettres des fusillés« (Briefe der Füsilierten), wo einige Briefe der Dreiundzwanzig erschienen. Dieses Buch wurde später in einigen Sprachen in Moskau nachgedruckt, aber alle nichtfranzösischen, also FTP-MOI-Kämpfer verschwanden, es werden nur die Franzosen erwähnt. Erst in einer weiteren Ausgabe im Jahre 1985 wurden die Briefe von Spartaco Fontano, Celestino Alfonso und Joseph Epstein nachgedruckt. Auf Seite 58 wird die nationale Zugehörigkeit der dreiundzwanzig Helden aufgeführt: eine Rumänin, zwei Spanier, zwei Armenier, drei Franzosen, drei Ungarn, fünf Italiener und sieben Polen. Die zwölf Juden verschwanden im schwarzen Loch des Internationalismus.

Im Jahre 1962 ließ die jüdische Résistancekämpfer-Organisation UJRE das Buch von David Diamant drucken: »Héros Juifs de la Résistance Française« – Jüdische Helden der französischen Résistance. Die UJRE, die ein Teil der KPF ist, veröffentlichte im Jahre 1983 eine zweite Auflage mit wenig verändertem Inhalt. Auf dem roten Einband lesen wir: »Combattants, Héros et Martyrs de la Résistance« – Kämpfer, Helden und Märtyrer der Résistance. Das Wort »jüdisch« ist verschwunden, obwohl das Buch ausschließlich von Juden handelt.

Joseph Epstein

Joseph Epstein

Joseph Epstein wurde am 16. Oktober 1911 in Zamosc in Polen geboren. Sein Vater war einer der säkularen Führer der aktiven jüdischen Gemeinde von Zamosc, sein Großvater war Rabbiner der Gemeinde. Im Jahre 1918 gab es in der Stadt einen »roten« Aufstand und ein Stadtsowjet wurde proklamierte, an dessen Spitze Epsteins Verwandter Goldstein stand.

Mit fünfzehn Jahren war Joseph Epstein bereits aktiv als links eingestellter Gymnasiast. Im Jahre 1929 wurde er Sekretär der illegalen KPP. Er immatrikulierte sich an der Juristischen Fakultät der Warschauer Universität, wo er kommunistische Agitation unter den Studenten betrieb. 1931 wurde er verhaftet und gegen Kaution entlassen. Er flüchtete in die Tschechoslowakei und setzte seine Studien an der Universität in Prag fort. Aber auch hier hatte er kein Glück, denn er wurde nach Frankreich ausgewiesen. Er wurde Mitglied der KPF und studierte Jura an der Universität von Tours. Bald darauf wurde er Mitglied des Zentralkomitees des Verbandes der kommunistischen Jugend.

Als der spanische Bürgerkrieg ausbrach, gehörte Joseph Epstein zu den ersten, die nach Spanien fuhren. In der Gruppe der »9« gab es zwei Juden: Leon Baum, der bei der Verteidigung von Irun fiel, und Joseph Epstein. Joseph Epstein wurde verwundet und stellte seine Kräfte als Waffenaufkäufer zur Verfügung. In dieser Zeit führte er wichtige Aufträge der Regierung durch. Er ging im Januar 1938 nach Albacete zurück und wurde als Hauptmann André Kommandant der Artillerie-Einheit »Ana Pauker«. Er nahm mit seiner Einheit an der Ebro-Offensive im Sommer 1938 teil. Er erhielt den Befehl, seine Batterie über den Ebro zurückzuziehen, weil eine Einkreisung seiner Einheit drohte. Er verweigerte den Befehl und deckte mit dem Feuer seiner Artillerie den Rückzug des größten Teils der Ebro-Armee. Wegen Insubordination wurde er vor ein Kriegsgericht gestellt, aber die Richter kamen zur Überzeugung, daß der Rückzugsbefehl ein Fehler gewesen war, der zu großen Verlusten der Armee geführt hätte.

Epstein wurde nach der Eroberung Kataloniens durch Franco in einem Lager bei Perpignan in Südfrankreich interniert. Er hätte von dort fliehen können, aber die Partei befahl ihm, im Lager zu bleiben. Eine strengkatholische Studienkollegin setzte sich für ihn beim Erzbischof von Bordeaux ein. Dieser erwirkte seine Entlassung nach Bordeaux.

Als der Zweite Weltkrieg ausbrach, meldete sich Epstein als Freiwilliger bei der französischen Armee. Er wurde einer Einheit der polnischen Armee in Frankreich als Unteroffizier zugeteilt. Die antisemitische Einstellung der polnischen Offiziere störte ihn, und er organisierte eine Gruppe von einhundertfünfzig jüdischen Soldaten, die sich bei der Fremdenlegion meldeten. Als Soldat des 12. Regiments der Fremdenlegion kämpfte Epstein an der Somme. Im Mai 1940 fiel Epstein in deutsche Kriegsgefangenschaft und wurde in ein Kriegsgefangenenlager bei Leipzig gebracht. Im November 1940 gelang es ihm, in die neutrale Schweiz zu entkommen. Er wurde von der Schweizer Polizei verhaftet. Auf dem Weg zur deutschen Grenze, wo er an die Nationalsozialisten ausgeliefert werden sollte, flüchtete er und gelangte zum zweiten Male in die Schweiz.

Im französischen Konsulat fand er für einige Tage Asyl, bis er Papiere als französischer Bürger erhielt. Er kam am 25. Dezember 1940 nach Paris und arbeitete in einer Büromöbelfirma. Mit seinen Papieren und seinem Aussehen als »Arier« mit blonden Haaren und blauen Augen hätte er ein ruhiges Leben führen können.

Epstein organisierte die erste Résistancegruppe, die später aufgefordert wurde, am 20. Juni 1941 legal in die Sowjetunion zu reisen. Epstein wurde als einziger ausgeschlossen und mußte in Frankreich bleiben. Während die Gruppe in einem geschlossenen Transit-Waggon durch Deutschland reiste, brach der deutsch-sowjetische Krieg aus. Alle Mitglieder der Gruppe wurden im Zug verhaftet und erschossen.

Epstein wurde 1942 Chef der Résistance in der Region Paris und organisierte und führte zahlreiche erfolgreiche Operationen durch. Zu ihnen gehörten die Desorganisation der Transportmittel und die Sabotage der Kriegsproduktion. Die Gruppe »Semard« sprengte Waggons mit Munition. Bewaffnete Kampfgruppen des kommunistischen Widerstandes »Francs Tireurs et Partisans« (FTP) griffen Wehrmachtseinheiten mit Feuerwaffen und Granaten an. Die Ausländerabteilung der FTP, die »Main Oeuvre Immigrés« (MOI), bestand aus Spaniern, Italienern, Armeniern und Juden, die die stärkste nationale Gruppe der FTP-MOI waren. Epstein, der als Chef der Résistance den Namen Colonel Gilles führte, gründete Kampfgruppen von zehn, fünfzehn und zwanzig Kämpfern mit der entsprechenden Infrastruktur, und dies alles unter der strengsten Observierung der Gestapo, der deutschen Geheimen Feldgendarmerie, der französischen kollaborationistischen Kriminalpolizei und der geheimen Spitzel der Milice Française, einer SS-ähnlichen französischen Nazi-Truppe. Colonel Gilles war der allseits anerkannte Kommandant der stärksten und effektivsten Verbände der französischen Résistance. Er wurde in einen Hinterhalt gelockt und von der Gestapo verhaftet. Mit achtzehn anderen Kampfgenossen wurde er vor ein Kriegsgericht in Saint-Claude gestellt. Alle neunzehn wurden am 11. April 1944, vier Monate vor der Befreiung Frankreichs, zum Tode verurteilt und auf dem Mont Valerien erschossen. Joseph Epstein wurde auf dem Pariser Friedhof Ivry als Joseph André begraben, denn er konnte seine Identität zum Schutze seiner Frau und seines Sohnes für sich behalten.

Am 26. April 1946 hat das französische Verteidigungsministerium auf Empfehlung der ersten Militärregion (Paris)

Joseph Epstein zum Oberstleutnant der französischen Armee mit Wirkung vom 1. April 1944 ernannt. Der Beschluß wurde von Oberst Kléber – welch seltsame Koinzidenz, es ist der Kriegsname des Generals Manfred Stern in Spanien – unterzeichnet. Mit Beschluß der französischen Regierung, unterzeichnet vom Staatspräsidenten Vincent Auriol, dem Ministerpräsidenten Ramadier und Minister Teitgen wurde Joseph Epstein am 21. November 1947 posthum zum Ritter der Ehrenlegion ernannt.

Marcel Langer

Marcel Langer

Marcel Langer wurde am 13. Mai 1903 in Auschwitz in Polen als Sohn einer Arbeiterfamilie geboren. Sein Vater war aktives Mitglied der jüdisch-sozialistischen Arbeiterpartei »Bund«. Wegen antisemitischer Verfolgungen entschloß er sich, Polen zu verlassen, und wanderte mit seiner Familie, mit der Ehefrau und zwei Söhnen, nach Palästina aus. Marcel Langers Bruder wurde dort ein zionistischer Aktivist, er selbst wurde Mitglied der palästinensischen KP. Somit gehörten drei Mitglieder der Familie drei verschiedenen politischen Gruppierungen an. Die britische Mandatspolizei verfolgte die Mitglieder der PKP, und Marcel Langer wurde oft verhaftet. 1931 wanderte er nach Frankreich aus. Über Paris kam er nach Toulouse, wo er als Fräser in einer Fabrik arbeitete. Er wurde Mitglied der KPF und Aktivist der Arbeiterimmigranten-Sektion der KPF-MOI.

Als der spanische Bürgerkrieg ausbrach, gehörte Marcel zu den Ersten, die in Spanien eintrafen. Er war auch einer der ersten Freiwilligen des polnischen Bataillons und der späteren XIII. Dombrowski-Brigade. Nach dem Besuch der Offiziersschule in Pozoblanco wurde er zum Leutnant und Chef einer MG-Einheit befördert. Er heiratete seine spanische Verlobte Cecilia Molina, mußte sie aber mit der kleinen Tochter nach der Niederlage der Republik in Spanien zurücklassen. Er wurde zunächst in Argelés, später in Gurs interniert, konnte aber nach Toulouse entkommen.

In Toulouse gab es damals viele spanische Flüchtlinge und ehemalige Interbrigadisten. Er fand Arbeit in einer Fabrik der Metallindustrie und nahm Kontakt mit seinen Genossen in der MOI auf. Kurze Zeit später tauchte er zusammen mit dem ganzen Apparat der MOI in den Untergrund. Als Südfrankreich am 11. November 1942 von der Wehrmacht besetzt wurde, wurde die MOI zu einer Organisation des militärischen Widerstandes umgewandelt. Marcel Langer gründete und befehligte die 35. Brigade der Résistance. Der Name wurde gewählt zum Andenken an die 35. Division der republikanischen Armee, in deren Bestand mehrere Internationale Brigaden waren. In der 35. Brigade, die in Südfrankreich operierte, kämpften viele ehemalige Soldaten und Freiwillige der spanischen Armee.

Bereits im November 1942 entwaffneten Kämpfer der Brigade deutsche Soldaten, sabotierten Wehrmachtszüge, zündeten Lkws an. Die Brigade fügte der deutschen Kriegsmaschinerie in Frankreich schwere Schäden zu. Unzählige Züge wurden zum Entgleisen gebracht und in die Luft gesprengt, Wehrmachtskasernen angegriffen, auch eine der russischen Wlassow-Armee. Die Brigade befreite viele Départements noch vor dem Eintreffen der Alliierten. Aber der Preis war hoch, und die Zahl der Opfer unter den Résistancekämpfern sehr groß. Unter ihnen gab es viele französische und ausländische Juden, wie zum Beispiel *Zev Gottesmann* – Capitaine Philippe, der an der Spitze seiner Einheit bei den Kämpfen um die Befreiung von Toulouse fiel.

Am 5. Februar 1943 befand sich Marcel Langer zufällig auf dem Bahnhof St. Agnes in Toulouse. Er hatte sich einen freien Tag genommen und wollte mit seinem Mitkämpfer und Freund *Sewek Michalak* (Simon Gold), mit dem er in der gleichen Kompanie in Spanien gekämpft hatte, ins Kino gehen. Es traf gerade ein Zug aus Marseille ein, und der Bahnhof wurde von starken Einheiten der Polizei und SS abgeriegelt. Plötzlich sahen sie zwei weibliche Kuriere der Brigade, die Koffer mit Sprengstoffen trugen. Sie winkten ihnen zu und bedeuteten ihnen durch Gesten, die Koffer über den Zaun herabzulassen, was auch geschah. Marcel Langer fing die Koffer auf, wurde sofort umzingelt und verhaftet.

Seweryn Michalak, der heute als Direktor eines großen Werkes der Elektroindustrie in Polen arbeitet, schilderte mir den Vorfall während unserer Begegnung in Madrid im Oktober 1986, wohin er als Mitglied der polnischen Delegation kam. Er wurde in Spanien zweimal verwundet und ging später nach Toulouse, wo er Kommandant der technischen Dienste der Brigade wurde. Er wurde am 5. April 1944 verhaftet und gefoltert. Am 2. Juli 1944 gelang es ihm und allen seinen Mitkämpfern der 35. Brigade, aus dem

Deportationszug zu flüchten. Er schloß sich dann der Résistance in der Haute Saône an.

Marcel Langer wurde gefoltert, denn er kannte alle Kämpfer seiner Brigade, aber er verriet niemanden. Am 21. März 1943 wurde er auf Antrag des Vichy-Generalstaatsanwalts Lespinasse zum Tode durch die Guillotine verurteilt. Die Staatsanwaltschaft legte dem Gericht eine siebzigseitige Liste mit der Aufzählung der Waffen und Sprengmittel sowie der Operationen der 35. Brigade vor. Diese Widerstandsaktionen gefährdeten die Sicherheit der deutschen Truppen derart, daß die SS-Panzerdivision »Das Reich« von der Front abgezogen und nach Toulouse verlegt werden mußte.

Die Untergrundzeitung der Bauernsektion der KPF »La Terre« veröffentlichte in der Ausgabe Nr. 68 vom Januar 1944 einen detaillierten Bericht über die letzten Stunden des Lebens von Marcel Langer, die sie als Testament des Genossen Langer bezeichnete. Der bei der Exekution am 23. Juli 1943 von Amts wegen anwesende Rabbiner Nathan Hosanski – auch in Vichy-Frankreich mußte alles seine Richtigkeit haben – war die Quelle für diesen Bericht. Er wurde nach dem Erscheinen des Berichts von den französischen Milizen verhaftet, gefoltert und schließlich in ein Todeslager verbracht. Hier der Bericht:

»Marcel Langer wurde um 3 Uhr morgens von den Wachen geweckt. Der Präsident des Tribunals teilte ihm mit, daß der Vichy-Ministerpräsident Laval eine Begnadigung abgelehnt hat. Der Henker begann mit seinen Vorbereitungen. Er reichte Marcel Langer ein Glas Rum und einige Zigaretten. Als ihm der Präsident des Tribunals ein Gespräch mit dem Rabbiner vorschlägt, erklärt Marcel Langer:

›Ich brauche keine Absolution, denn mein Gewissen ist rein. Wenn ich noch einmal anfangen müßte, würde ich dasselbe tun. Ich sterbe für Frankreich und für eine bessere Menschheit. Ich weiß, daß nicht Frankreich an meinem Tode die Schuld trägt, sondern die Boches. Ich bin sicher, daß man mich rächen wird.‹

Danach wollen ihn der Henker und ein Wächter zur Guillotine führen, aber er will allein gehen. Vor der Hinrichtung schreit er: ›Tod den Boches! Es lebe das freie Frankreich! Es lebe die freie Menschheit! Es lebe die Kommunistische Partei!‹

Alle Anwesenden haben Tränen in den Augen. Der Präsident sagt: ›Niemals habe ich einen Menschen gesehen, der so mutig in den Tod ging. Wenn es viele solcher Menschen gibt, werden sie viel erreichen. Vor Menschen wie ihm muß man sich verneigen.‹

So starb ein Kommunist als legendärer Held. Sein Andenken wird für immer in unseren Herzen eingegraben sein.

Kamerad Langer, wir werden den Kampf fortsetzen, und der Sieg wird unser sein. An Deine Stelle werden Tausende Kämpfer treten, um den Kampf fortzusetzen. Diejenigen, die Deinen Tod verschuldet haben, werden dafür teuer bezahlen. Die Partei ist stolz auf Kämpfer wie Dich. Tod den Boches! Tod den Mördern von Vichy. Es lebe das freie und unabhängige Frankreich.
Region Toulouse der KPF.«

Die Worte des Präsidenten nach der Hinrichtung Langers sollten Konsequenzen haben. Der Chef der 2. Abteilung des Kommandos der »Milice Française« forderte mit Schreiben vom 22. Juni 1944 Vergeltungsmaßnahmen gegen den Präsidenten.

Die überlebenden Mitkämpfer Langers benannten nach dessen Exekution die 35. Brigade in Marcel-Langer-Brigade um. Am 10. Oktober 1943 wurde der Kollaborateur und Vichy-Generalstaatsanwalt Lespinasse, der die Todesstrafe für Langer gefordert hatte, von einem Résistancegericht zum Tode verurteilt und hingerichtet.

Mehrere jüdische Spanienkämpfer waren Mitglieder der 35. Brigade. Zu ihnen zählte *Jakob Insel.* Wie Marcel Langer kam Jakob Insel, 1909 geboren, aus Polen nach Palästina, von wo er mit seiner Frau Fela von den Briten nach Frankreich ausgewiesen wurde. Er war Freiwilliger in den Internationalen Brigaden bis zur Niederlage der Republik. Später wurde er in St. Cyprien, Gurs und Vernet interniert, anschließend im berüchtigten Lager Djelfa in der Sahara. Er war einer der wenigen, denen die Flucht von dort gelang, und er ging nach Toulouse. Er wurde militärischer Chef einer polnischen Résistancegruppe unter Marcel Langer und war Militärchef der Résistance in der Garonne von 1942 bis 1943. Er wurde am 8. Dezember 1943 verhaftet und im Gefängnis St. Michel gefoltert. Ein Fluchtversuch mißlang. Der letzte Deportationszug nach dem Osten vor der Befreiung durch die Alliierten, in welchem sich Jakob Insel befand, wurde von amerikanischen Flugzeugen bombardiert. Bei der Flucht aus dem Zug wurde er von MG-Salven tödlich getroffen.

Ein weiterer Mitkämpfer Langers in der 35. Brigade war der rumänische Jude *Abraham Mitelman*, einer der ersten Spanienkämpfer. Er wurde am 14. April 1944 verhaftet und wenige Tage vor der Befreiung am 1. August 1944 nach Buchenwald deportiert, wo er im April 1945 befreit wurde.

David Kamy

David Kamy

Eines der spannendsten Kapitel in der Geschichte der Militärspionage im Zweiten Weltkrieg ist mit dem Namen der »Roten Kapelle« und ihres Gründers, des Grand Chef Leopold Trepper, verbunden. Mehr als die Hälfte der Mitglieder dieser wirkungsvollsten antifaschistischen Spionagegruppe waren, wie Trepper selbst, Juden, die aus idealistischen Gründen zusammen mit ihren belgischen, französischen und deutschen Kampfgenossen der Sowjetunion unschätzbare Dienste in ihrem Ringen um das Überleben im Krieg gegen das nationalsozialistische Deutschland leisteten.

Einige der jüdischen Mitglieder der Gruppe waren auch Spanienkämpfer. Der bekannteste unter ihnen war David Kamy. Er wurde am 10. März 1911 in Warschau geboren. Er und sein Bruder Ben-Josef lebten in Petrograd als Kinder einer reichen, privilegierten jüdischen Bankiersfamilie. Die russische Revolution vertrieb die großbürgerliche Familie in den Fernen Osten. Sie kamen zunächst nach Schanghai und später nach Japan. Von dort übersiedelte die immer noch vermögende Familie nach Palästina. Ben-Josef Kamy, der ältere Bruder, beendete das Gymnasium in Tel Aviv und ging nach Belgien, wo er in Gent studierte. Hier schloß er sich einer linken Studentenorganisation an. Der jüngere Bruder David folgte ihm bald nach Gent, wo er auch studierte. David war ein Sprachgenie. Er sprach fließend Russisch, Jiddisch, Hebräisch, Arabisch, Englisch, Französisch und Spanisch.

Als der spanische Bürgerkrieg ausbrach, war David Kamy bald zur Stelle. Er ging am 13. Januar 1937 nach Albacete. Später wurde Hauptmann David Kamy Adjutant des General Copic, des Kommandeurs der XV. Lincoln-Brigade. Auch sein Bruder Ben-Josef Kamy war in Spanien. Szurek schildert die Begegnung beider Brüder an der Front:

»Ben-Josef kam als einer der letzten Freiwilligen 1938 nach Spanien, als die Rekrutierungsbüros bereits geschlossen waren, weil man den Abzug aller Internationalen erwartete. An einer unserer Fronten stand auf der Chaussee General Gal mit seinem Adjutanten David Kamy. Ein Lkw mit Soldaten hielt an. Als die Soldaten vom Lkw heruntersprangen, erkannte David seinen Bruder Ben-Josef. Die Brüder fielen sich in die Arme. General Copic sagte dem Lkw-Fahrer, daß Ben-Josef auf seinen Befehl zur XV. Brigade ›desertierte‹. Ben-Josef wurde Soldat der Stabskompanie der XV. Brigade. Hauptmann Kamy erhielt von General Copic den Befehl, Freiwillige für eine Erkundungspatrouille zusammenzustellen. Unter den Freiwilligen war auch Ben-Josef. David konnte ihn nicht davon abhalten. Von dieser Gruppe kamen nur zwei Freiwillige lebend zurück. Ben-Josef fiel.«

Luba Trepper, die Witwe des Grand Chef, teilte mir mit, daß Ben-Josef verheiratet war. Er kam spät nach Spanien, weil seine Frau schwanger war. Seine Tochter wurde nach seinem Tode geboren.

David Kamy überschritt als Freiwilliger der »Agrupacion Internacional« die französische Grenze und wurde in Südfrankreich interniert. Als der deutsch-französische Krieg ausbrach, meldete er sich als einfacher Soldat bei der französischen Armee, wo er Korporal wurde. Er nahm 1940 an der Aisne-Schlacht teil. Als Leopold Trepper die »Rote Kapelle« aufbaute, konnte er David Kamy dafür gewinnen.

Mitte 1941 fehlte es der Gruppe an »Solisten«, begabten Funkern – eine überlebenswichtige Funktion. Der Deutsche Wenzel war der »Professor« der Funkerausbildung. Sophie Posnanska und David Kamy wurden ihm als Studenten geschickt. Beide waren Juden, die aus Palästina gekommen waren. Leopold Trepper schreibt:

»Kamy ist der Prototyp eines Revolutionärs, eines Kämpfers, für den es keine Grenzen gibt. Er wurde mir von Hillel Katz vorgestellt [Treppers rechte Hand und ebenfalls palästinensischer Jude – d.A.]. Sie kannten sich von der Sektion des 5. Pariser Bezirks der Kommunistischen Partei in Paris. Er lebte als junger Mann in Palästina und kämpfte dann in Spanien, wie so viele andere Mitglieder der Roten Kapelle. Bevor er zu mir stieß, arbeitete er in der technischen Abteilung der KPF. Als leidenschaftlicher Funker und guter Chemiker organisierte er ein kleines geheimes Laboratorium, in dem er Spezialgeräte herstellte: unsichtbare Tinte, Dokumente, die sich selber vernichten, und anderes mehr. Er ist vor allem unser Spezialist für Mikrofilme, ein Gebiet, auf dem er ein Meister ist.«

Kamy wohnte bei dem Agenten Alamo in Brüssel, der ein unvorsichtiger Lebemann war und die ganze Gruppe gefährdete. Trepper holte deshalb Kamy nach Paris. Inzwischen hatte der Wehrmachtshauptmann Piepe von der Abwehr die Jagd auf die Gruppe begonnen. Mit Spezialortungsfahrzeugen sollten die geheimen Sender aufgespürt werden. Während des Funkens hörte Kamy die Deutschen heranfahren, denen es gelungen war, seinen Sender zu orten. Er lief auf die Straße und versuchte zu entkommen.

Nach einer Verfolgungsjagd wurde er am 13. Dezember 1941 festgenommen. Er konnte seine Identität verschleiern und wurde als Albert Desmet inhaftiert. 1942 wurde die wahre Identität von Sophie Posnaska enthüllt. Kamy, dieser staatenlose Jude, »gestand« nach einem Verhör mit Folterungen, daß er in Wirklichkeit Anton Danilow heiße und Leutnant der sowjetischen Armee sei. Seine guten Russisch-Kenntnisse kamen ihm zugute. Er erzählte beim Verhör, daß er bei der sowjetischen Botschaft in Vichy diene und 1941 nach Brüssel geschickt worden sei. Die Abwehr kaufte ihm diese Version ab.

Inzwischen verschaffte sich der Kriminalrat Giering durch intelligente Ermittlungen die Gewißheit, daß die meisten Mitglieder der Gruppe ehemalige Spanienkämpfer waren und sich schon von früher kannten, was sie bisher abgestritten hatten. Kamy und Posnanska wurden verdächtigt, falsche Aussagen gemacht zu haben. Sie wurden auf die Festung Breendonk in Belgien gebracht und über lange Zeit hinweg gefoltert, aber sie verrieten niemanden. Diese Spur half der Abwehr nicht, sie führte ins Leere.

David Kamy wurde am 18. Februar 1943 vor ein deutsches Militärgericht gestellt, das ihn zum Tode verurteilte. Er wurde am 30. April 1943 in Breendonk erschossen. Sophie Posnanska erhängte sich in ihrer Zelle am 28. September 1942, da sie die Folterungen nicht mehr aushalten konnte.

Neun Funker und Chiffrierer der »Roten Kapelle«, die verhaftet wurden, opferten ihr Leben, um den Code nicht zu verraten, fünf von ihnen waren Juden. Die Chiffriererin der Gruppe, Vera Akkermann, ist von der Gestapo unentdeckt geblieben und überlebte den Krieg.

Marcel Sterenzi

Marcel Sterenzi wurde 1914 in Kielce/Polen als Sohn einer gemäßigt-orthodoxen Kaufmannsfamilie geboren. Er besuchte eine Schule der religiöszionistischen Bewegung »Misrachi«. In Polen herrschten zur damaligen Zeit Antisemitismus, oft klerikal gefärbt, wirtschaftlicher Boykott, Diskriminierungen jeder Art, Massenarmut und soziale Mißstände. Die sozialen Bewegungen führten einen Kampf um die jungen aufgeklärten Juden – die Kommunisten, Sozialisten, das heißt Bundisten und zionistischen Sozialisten, wie die linkssozialistische Bewegung »Haschomer Hazair«.

Marcel Sterenzis Bruder Leon war in der KP Polens und schmuggelte Propagandamaterial über die tschechoslowakische Grenze nach Polen. Er wurde verhaftet, ebenso Marcel Sterenzi. Gegen eine hohe Kaution wurden beide freigelassen und emigrierten nach Frankreich. Als der Bürgerkrieg in Spanien ausbrach, meldeten sie sich als Freiwillige bei den Internationalen Brigaden. Im Sommer 1937 überschritten sie zu Fuß die Grenze und gelangten nach Figueras, von dort in die Nähe von Albacete, wo eine neue MG-Einheit als Teil des 15. Armeekorps gebildet wurde. Im Juli 1938 gingen beide Brüder an die Ebro-Front. Leon Sterenzi wurde an der Schulter verwundet, sein Bruder schleppte ihn zum Verbandsplatz, von wo er in ein Lazarett transportiert wurde. Marcel Sterenzi kämpfte an der Ebro-Front bis zum Abzug der Brigaden im Oktober 1938. Im Dorf Calelia del Mas fanden sich beide Brüder im Demobilisierungslager wieder. Im Januar begann die Evakuierung nach Frankreich. Über Port Vendres kamen sie im Februar ins Internierungslager St Cyprien. Später wurden die Brüder Sterenzi ins Lager Gurs überstellt. In Marcel Sterenzis Baracke lebte auch Dr. Frantisek Kriegel.

Als der Zweite Weltkrieg ausbrach, wurden die Internierten zum Eintritt in die Fremdenlegion geworben, aber die KPF war dagegen, denn inzwischen war der Hitler-Stalin-Pakt unterzeichnet worden. Die wenigen, die sich gemeldet hatten, wurden als Verräter betrachtet. Im Herbst 1939 flüchteten die Brüder aus dem Lager und versteckten sich mit Hilfe spanischer Flüchtlinge in Perpignan. Sie arbeiteten in der dortigen Großmarkthalle und schliefen in abgestellten Waggons. Dann schmuggelten sie sich nach Marseille durch. Als sie bei einer Ausweiskontrolle keine Papiere vorweisen konnten und deshalb festgenommen wurden, gaben sie sich für Spanier aus, denen die Dokumente gestohlen worden waren. Sie wurden in ein Lager für Spanier gebracht, nach Les Garrigues bei Nîmes, darauf in das Lager St. Marthe bei Marseille. 1940 kamen sie ins Lager Jemenoz, wo die Gefangenen Wälder roden mußten. In der Stadt Jemenoz wohnte eine gebürtige Deutsche, Greta Bittner, deren französischer Ehemann deportiert worden war; sie war die Kontaktperson der KPF. In Jemenoz trafen sie auch Henryk Torunczyk, Zofja Szleyen, die Historikerin der Internationalen Brigaden, die in Spanien die Feldzeitung der Dombrowski-Brigade redigierte, und Dr. Jadwiga Welykanowicz, die Ärztin in

Spanien gewesen war. Dr. Sichon, der Arzt in der republikanischen Armee gewesen war, wohnte ebenfalls dort in einem Heim, in dem seine Frau als Köchin arbeitete. In Jemenoz wurde Kontakt mit der Résistance-Organisation FTP-MOI geknüpft. Dr. Sichon erhielt von der Partei den Auftrag, unter den polnischen ehemaligen Interbrigadisten eine Widerstandsorganisation der ausländischen Arbeiter zu gründen. Marcel Sterenzi und sein Bruder Leon flüchteten aus dem Lager und gingen nach Marseille mit dem Auftrag, dort den Widerstand zu organisieren.

1941 wurde Marcel Sterenzi die wichtige Aufgabe übertragen, ein umfangreiches Funknetz mit Moskau herzustellen und zu betreiben. Die erste Funkstation wurde in Cassis bei Marseille errichtet, betrieben von der polnisch-jüdischen Genossin Dorka und dem Spanier Julian. Später wurde die Station nach Grasse an der Riviera verlegt. Marcel Sterenzi erhielt und sendete verschlüsselte Texte für die sowjetische Militärspionage. Er errichtete für das Netz auch mehrere »Briefkästen«, wobei ihm der aus dem Bürgerkrieg bekannte Spanier Benito half, der im Hafenviertel von Marseille eine kleine Bar betrieb.

Dr. Sichons engster Mitarbeiter war bis 1943 *Heniek Sternhell*, ein polnisch-jüdischer Spanienkämpfer. Sternhell wurde 1943 nach Polen geschickt, wo er Kommandant einer großen Einheit der Volksarmee wurde, der sozialistischen Partisanen. Heniek Sternhell war offenbar für die konspirative Arbeit nicht gut geeignet, denn er offenbarte leichtsinnigerweise einem Freund seine Privatadresse. Dieser Freund war ein Gestapospitzel, der ihn verriet. Nach seiner Verhaftung wurde Heniek Sternhell in Warschau gefoltert und im Februar 1944 erschossen. In polnischen Geschichtsbüchern wird er als Nationalheld gefeiert.

Marcel Sterenzi fand endlich einen optimalen Ort für die Funkstation in einem reichen Vorort von Cannes. Dort konnte er fast unbehelligt arbeiten, da die Riviera unter italienischer Militärbesatzung stand. Das Netz litt unter Geldnot, denn aus Moskau kamen nur Instruktionen und Funksprüche. Die Funkstation wurde von Bauern verraten. Dr. Sichon und Heniek Sternhell wurden verhaftet. Seit der Verhaftung von Dr. Sichon war Marcel Sterenzi die einzige Verbindung des Netzes zur Außenwelt. Dr. Elbaum, ein jüdischer Brigadearzt aus Spanien, spritzte ein Mittel, mit dem Krankheit simuliert werden konnte. Die Gefangenen wurden ins Lazarett überstellt, aus dem sie flüchten konnten.

Im November 1942 wurde nach der Landung der Alliierten in Nordafrika auch Südfrankreich von der Wehrmacht besetzt. Die Station in Cannes wurde aufgegeben und eine neue in Fontaine bei Grenoble eingerichtet. Inzwischen war die Funkleitzentrale in Marseille so gefährdet, daß sie nach Lyon verlegt werden mußte.

In Grenoble wurde Marcel Sterenzi bei einer Razzia verhaftet. Die Polizei mißhandelte ihn, aber sie konnte aus ihm nichts herausholen. Auf Intervention von »Rochette« von der Résistancezentrale wurde Marcel Sterenzi schließlich gegen Kaution freigelassen. Er ging nach Perpignan. Dort nahm er Kontakt auf mit einem jüdisch-polnischen Kameraden aus Spanien, Louis Königsberg, der dort mit seiner österreichischen Frau und zwei Kindern lebte. Er arbeitete auf dem Flughafen von Perpignan.

Nach dem Krieg fanden sich die beiden Brüder in Paris wieder. Sie hatten inzwischen erfahren, daß sie die einzigen Überlebenden ihrer Familie waren. Marcel Sterenzi fuhr 1948 nach Polen. Er lernte dann Miriam kennen, polnisch-jüdischer Herkunft, die Mitglied der kommunistischen Jugend in Antwerpen gewesen war und als Résistancekämpferin in einem deutschen Zuchthaus überlebt hatte.

Aufgrund seiner militärischen Erfahrung in Spanien und in der Résistance in Frankreich wurde Marcel Sterenzi als Major in eine Sondereinheit der polnischen Armee aufgenommen. Antisemitismus war in Polen zwar gesetzlich verboten, aber dieses Gesetz blieb zunehmend unbeachtet. So wurde Marcel Sterenzi zum Beispiel bei Amtsantritt nahegelegt, seinen Namen zu ändern, weil er zu »jüdisch« klänge.

Als im Herbst 1953 die Einheit plötzlich fünf ihrer Offiziere, alle Juden und die meisten Spanienkämpfer, ohne die geringste Begründung entließ, ergriff Marcel Sterenzi die Gelegenheit und bat um seine Entlassung. Er fand Arbeit beim polnischen Rundfunk, als politischer Redakteur der für Spanien und Frankreich bestimmten Sendungen. Im Juli 1954 war das Genfer Friedensabkommen für Indochina unterzeichnet worden. Außer Indien und Kanada wurde auch Polen im Rahmen dieses Abkommens Mitglied der Abrüstungkontrollkommission. Marcel Sterenzi wurde Mitglied der polnischen Delegation dieser Kommission in Kambodscha, wo er fast das ganze Jahr 1956 blieb.

Von 1957 bis 1959 war Marcel Sterenzi Kultur- und Presseattachée der polnischen Botschaft in Hanoi, Vietnam. Mitte 1959, als er wieder nach Polen abberufen wurde,

wurde er, weil Jude, aus dem Außenministerium entlassen und erhielt das Abteilungsleiteramt für internationale Beziehungen beim polnischen Roten Kreuz. 1965 quittierte Marcel Sterenzi seinen Dienst beim Roten Kreuz.

Als 1967 der Sechstagekrieg im Nahen Osten ausbrach und erneut politische Judenhetze in Polen eingeleitet wurde, faßten Marcel und Miriam Sterenzi den Entschluß, sich aus Polen abzusetzen. Nach unglaublichen Abenteuern mit vertauschten und gefälschten Pässen gelang ihnen die Flucht aus Polen über Jugoslawien und Italien nach Israel. Die Familie kam in Haifa wohlbehalten an. Marcel Sterenzi nahm seinen jüdischen Namen wieder an und begann mit sechzig Jahren, eine neue Existenz aufzubauen. Im Dezember 1983 starb er im Kreise seiner Familie.

Bernard Volkas

Bernard Volkas

Unter den vielen jüdischen Spanienkämpfern, denen ich im Laufe der Recherchen für dieses Buch begegnet bin, machte Bernard Volkas auf mich den stärksten und nachhaltigsten Eindruck. Ich stellte bei ihm eine seltene Konstellation charakterlicher Eigenschaften fest, die sich auf den ersten Blick zu widersprechen scheinen. Der abenteuerliche Draufgänger und militärische Held ist ein äußerst empfindsamer Romantiker und Menschenfreund, der seine Emotionen mit größter Mühe zu verbergen sucht, meistens jedoch ohne Erfolg.

Bernard Volkas wurde am 20. Mai 1916 in Jonawa bei Kaunas in Litauen geboren. Er besuchte dort ein jüdisches Gymnasium mit Hebräisch als Unterrichtssprache. Nach dem 1934 bestandenen Abitur wollte er nach Palästina auswandern, um der die Juden bedrückenden Atmosphäre Litauens zu entgehen. Da Bernard 1934 im Musterungsalter war, erhielt er keine Ausreisegenehmigung. Er schloß sich einer Gruppe von Sportlern an, die in Palästina an den internationalen jüdischen Spielen, der Makkabiade in Tel Aviv, teilnehmen sollten. Er blieb in Palästina und nahm das Studium an der Technischen Hochschule in Haifa auf. Aber bald mußte er es abbrechen, weil die nicht vermögenden Eltern die Studiengebühren und den Aufenthalt nicht finanzieren konnten. Er wurde Landarbeiter in Rechovot und in Rischon le Zion. Später war er in Tel Aviv

Zimmermann beim Bau. Sein Freundeskreis stammte aus dem linken Spektrum der zionistischen Bewegung.

Bernard Volkas berichtet:

»Als ich die Entscheidung traf, nach Spanien zu fahren, um mich bei den Internationalen Brigaden zu melden, war es schon Februar 1937. Ich fühlte mich als Mensch und als Jude aufgefordert, gegen die Pläne von Nazi-Deutschland zur Eroberung der Welt zu kämpfen.

Mit zwei anderen Kameraden buchte ich einen Platz auf einem Schiff in Haifa, und wir fuhren nach Marseille und von dort nach Paris.

Wir waren eine Gruppe von zehn Männern, mit einem Führer in Marseille. Am Abend gingen wir an Bord eines spanischen Schiffes. Es war vereinbart, daß wir einer großen Gruppe von Freiwilligen aus vielen Ländern zugeteilt werden. Der Name des Schiffes war ›Ciudad Barcelona‹. Auf dem Schiff durften wir nicht von der französischen Polizei entdeckt werden. Zu dieser Zeit galt schon die Nichteinmischungspolitik.

Um Mitternacht segelten wir davon, und jeder trat hinaus auf das Deck. Welch ein Sprachengewirr! Einhundertzwanzig Freiwillige, ich weiß nicht aus wie vielen Ländern, waren an Bord. Auf dem Schiff befand sich auch Kriegsmaterial. Mit Hilfe der französischen Parteien, vor allem der Gewerkschaften, war es trotz des Embargos gelungen, Kriegsmaterial an Bord zu schaffen. Wie auch immer, dieses Schiff war unterwegs nach Barcelona.

Die Entfernung Marseille-Barcelona ist nicht groß, aber bei allem, was vor sich ging, und weil die Spionagedienste mehrerer Länder in Marseille konzentriert waren, hatte der Schiffskapitän Anweisungen, Route und Fahrplan geheimzuhalten. Bei Sonnenaufgang kam ein Flugzeug und funkte dem Kapitän die Warnung, daß das Schiff von einem italienischen U-Boot verfolgt würde. Daraufhin wurden alle Freiwilligen unter Deck geschickt.

Gegen ein Uhr nachmittags am 30. Mai 1937, als wir schon sehr nahe an der spanischen Küste waren, in spanischen Territorialgewässern, hörten wir, die wir uns auf dem Zwischendeck befanden, auf einmal eine Riesenexplosion. Das Schiff hielt an und kielte nach einer Seite über. Die Menschen verstanden sofort, daß ein Unglück passiert war, und flüchteten zum Oberdeck. Ich war unten, und irgendwie gelang es mir, ins Freie zu kommen. Ich sah viele Leute, die die Rettungsboote zu erreichen versuchten. Es herrschte Chaos. Die Leute bekamen keinerlei Anweisung, wie sie sich retten sollten. Sie drängten sich eng aneinander.

Ich sah, wie das Schiff kenterte und die Leute ertranken. Ich sprang ins Wasser, um so schnell und so weit wie möglich vom Schiff wegzuschwimmen. Es war mein Glück, daß ich ein großes Holzstück fand. Als ich nach einiger Zeit zum Schiff zurückblickte, da war es schon mehr als halb unter Wasser. Die Leute, die nicht den Mut hatten, sich zu retten, fingen an zu schreien. Im letzten Moment gab es einen Riesenlärm: Als das Schiff unterging, fing das Wasser rundherum an zu kochen, wie in einem Kessel. Und dann wurde alles still. Es gab Leute, die herumschwammen, tote Körper trieben auf dem Wasser.

Ich sah in der Ferne einige überlastete Rettungsboote. Mit letzter Anstrengung klammerte ich mich an mein Stück Holz fest. Dann hörte ich das Geräusch eines Wasserflugzeuges. Es war ein republikanischer Flieger, der geschickt worden war, um uns zu retten. Ich sah das Flugzeug aus der Ferne, und später spürte ich, wie zwei starke Hände mich ergriffen – in diesem Moment verlor ich das Bewußtsein. Als ich die Augen wieder öffnete, befand ich mich in einem Krankenhaus in Parafrugal, sechzig Kilometer von Barcelona entfernt.

Nur drei Freiwillige überlebten: Isaac Kupietz, ich und der amerikanische Jude Abraham Oscheroff, der nach dem Bürgerkrieg Aktivist des Veteranenverbandes der Lincoln-Brigade wurde und 1984 den schönen und mutigen Film über amerikanische Interbrigadisten ›The good fight‹ machte. Von Parafrugal gingen wir nach Albacete. Alle Freiwilligen wurden nach Herkunftsländern eingeteilt und nach Sprachen. Ich konnte etwas Polnisch und Russisch, aber es gab dort keine Russen, daher wählte ich eine deutsch sprechende Einheit, die XI. Thälmann-Brigade. [...] Ins Freie hinausgehen und die Faschisten angreifen: Ich erinnere mich an den Tag, als ich mit dem Tod konfrontiert wurde. Es hinterließ einen starken Eindruck, um so mehr als ich sah, was um mich herum geschah. Es war nicht leicht, es zu akzeptieren, aber das war die Wirklichkeit. Ich wußte, daß wir an die Front ziehen mußten, daß dieser Krieg ausgekämpft werden mußte.

Die ersten vier Tage sah es nicht schlecht aus. Am fünften Tag wurde ich unweit von Escorial verwundet, eine Knie- und Handwunde. Verwundet lag ich auf offenem Feld unter Beschuß. Nach einer Stunde wurde ich von Sanitätern geholt. Sie brachten mich mit einer Ambulanz nach Escorial, wo sich ein Erste-Hilfe-Krankenhaus für Verwundete befand. In Escorial blieb ich zwei Tage. Dann wurde ich nach Madrid transportiert, in das ehemalige Hotel Palacio, welches in ein Krankenhaus umgebaut worden war. Meine Wunden heilten, ich konnte wieder gehen, meine Kräfte kehrten zurück. Von Madrid wurde ich nach Albacete geschickt, zur Basis der Brigaden. Dort stand ich vor einer Kommission, die fand, daß ich kampffähig war. Meine Hand war gut geheilt, aber Fuß und Knie waren den Anstrengungen des Marschierens in der Infanterie nicht mehr gewachsen. Sie beschlossen, mich auf die Artillerieschule in Almansa zu schicken. Sie waren dabei, eine Artillerie-Einheit der Internationalen Brigaden zu organisieren. In dieser Gruppe gab es keine Spanier. Sie wurde in drei Artillerie-Batterien aufgeteilt: in einer waren die deutsch, in der zweiten die polnisch und in der dritten die französisch sprechenden Freiwilligen. Diese drei Batterien sollten der Armee zur Verfügung gestellt werden, wo immer man sie brauchte. Ich kam zur polnischen Wróblewski-Batterie. Die meisten Ausbilder waren Polen mit gründlichen militärischen Kenntnissen. Es dauerte noch rund zwei Monate, bis wir den Marschbefehl erhielten. Wir kamen an die Front von Granada in Andalusien, das damals von den Faschisten besetzt war. An dieser Front war ich bis September 1938, als der Völkerbund und die Nichteinmischungspolitiker eine Kommission schickten, da alle Ausländer und Internationalen Brigaden zurückgezogen werden sollten. Mitten in der Nacht kam der Befehl, uns von der Südfront abzuziehen. Wir wurden auf Lastwagen nach Andujar gefahren, und dort warteten wir tagelang auf den Zug nach Valencia. Man fürchtete, daß die Faschisten die Stadt bombardieren würden, falls sie erführen, daß es hier dreitausend Internationale gab. Wir waren hilflos, wir hatten keine Waffen mehr. Wir wurden deshalb auf kleine Städte verteilt, etwa zwanzig Kilometer von Valencia entfernt. Nach vier bis fünf Wochen fuhren wir zurück nach Valencia, zum Hafen. Auf zwei großen Schiffen wurden wir in aller Eile eingeschifft. Sie fuhren schnell auf hohe See. Wir mußten einen riesigen Umweg machen. Normalerweise hätte die Reise Valencia-Barcelona drei, vier Stunden gedauert. Die Küste war aber in faschistischen Händen, und so fuhren wir einen halben Tag und eine Nacht bis nach Barcelona.

Barcelona war halb zerbombt. Wir wurden in einer großen Kaserne untergebracht, drei Tage nach der großen Parade mit Dolores Ibarruri. Die Interbrigadisten wurden nach Nationalität in Lagern eingeteilt, gruppiert und registriert. Man erzählte, daß Züge nach Mexiko vorbereitet würden. Die Amerikaner waren schon weg. Die Skandinavier, die Briten, Angehörige verschiedener Länder konnten einfach einen Zug zur Grenze nehmen. Fünftausend Brigadisten blieben zurück, denn sie konnten nicht nach Polen, Deutschland, Litauen, der Tschechoslowakei, Rumänien fahren.

Wir wurden in Alarmzustand versetzt, denn es wurde gemeldet, daß die Faschisten sich Barcelona näherten. Die Lage hatte sich geändert. Wir als Internationale konnten nicht dastehen und nichts unternehmen. Wir hätten zur Grenze gehen können, aber wir bildeten Kampfgruppen. Teilweise waren wir bewaffnet. Im Januar 1939 verließen wir die Kaserne zu Fuß. Wir wußten nicht, was wir eigentlich taten. Wir waren nicht genau über die Vorgänge informiert. Doch wir marschierten und marschierten. In dem Moment, als wir Barcelona hinter uns ließen, wurde Barcelona von den Faschisten besetzt. Wir erreichten die Stadt Gerona. Uns wurde klar, daß es zu Ende war. Am 9. Februar erreichten wir die französische Grenze in Port-Bou. So erschöpft wir auch waren, der Befehl lautete, jenseits von Figueras die Grenze zu überschreiten. Ich erinnere mich noch, wie André Marty dort an der Seite stand, als wir durchkamen. Die französischen Gardes mobiles schrien ihr berühmtes ›Allez-y, allez vous, allez-y vous‹. Das war das erste, was wir von den Franzosen hörten, das war unser erster Kontakt mit der französischen Republik.

Wir marschierten Kilometer um Kilometer, Massen von Flüchtlingen überschritten die Grenze. Wir erreichten das Lager Argelés-sur-Mer. Keine Zelte, nur Strand, Kälte, kein Essen, keine Kleidung, kein Abort. Das war die erste Nacht. Es dauerte wohl drei, vier Tage, bis wir etwas zu essen bekamen. Argelés-sur-Mer und Saint Cyprien lagen nahe aneinander. Wir, die Internationalen, wurden von den Spaniern getrennt. Das war der Anfang eines Dramas, welches ungefähr zweieinhalb Jahre dauerte, bis ich aus dieser Schweinerei herauskam.

Nach sechs Wochen brachte man uns nach Gurs. Die Franzosen waren offensichtlich nicht vorbereitet auf diesen massiven Grenzübertritt. Sie hatten in Gurs ein Lager aufgestellt, und dort nahmen sie etwa zwanzigtausend bis dreißigtausend Menschen auf. Alle Internationalen waren dort. Für denjenigen, der nach Paris Verbindung hatte, war es leicht, rauszukommen, wenn man einen Ort hatte, wo man hingehen konnte, oder wenn man etwas Geld hatte oder Kleidung. Manche legale oder illegale Ausländer, die vorher in Frankreich gelebt hatten, nahmen mit Paris Kontakt auf, und es kamen Genossen, um sie rauszuholen.

Wir fingen an, uns zu reorganisieren, und teilten uns nach Nationalitäten ein. Ich war aus Litauen, und man brachte Litauer, Letten, Esten mit den russischen Emigranten zusammen. Für die echten Russen, die direkt aus der Sowjetunion gekommen waren, war die Grenze nicht geschlossen. Sie wurden über Frankreich heimgeschickt, repatriiert, so wie die anderen, die Skandinavier usw.

Ich war in Gurs von 1939 bis Oktober 1940. Inzwischen war der Krieg mit Deutschland ausgebrochen. Die Franzosen versuchten, uns in Arbeitskompanien zu pressen, auch in die Fremdenlegion, doch wir widersetzten uns, denn wir waren sehr gut organisiert. Was die Organisation anbetrifft, hatten wir langjährige Erfahrung aus anderen Ländern und aus Spanien. Als das Deuxième Bureau des Geheimdienstes sah, daß wir nicht die richtigen für diese Arbeit waren, versuchten sie etwas anderes. Sie holten die Aktivisten, die Führer heraus. Ich wurde mit vierhundert anderen nach Vernet in ein Lager gebracht, in der Nähe von Toulouse. Dort wurden wir wie Verbrecher behandelt. Ich war annähernd sechs Monate in diesem Lager. Einige Leute konnten entkommen.

Als die französische Regierung zusammengebrochen war und die sowjetische Regierung die Bürger ihres Territoriums anfordern konnte, kamen sowjetische Funktionäre nach Vernet und wählten an die einhundertzwanzig Insassen unterschiedlicher Nationalität aus. Sie sagten, daß sie uns, Bürger der baltischen Staaten, nunmehr als Sowjetbürger betrachten. Sie brachten uns nach Les Milles bei Marseille. Wir warteten drei Monate, bis wir in die Sowjetunion fahren konnten.

In Moskau wurden wir wie Helden geehrt. Im Mai 1941 ging ich mit einigen Kameraden nach Litauen. Fünf Tage blieb ich bei meiner Familie, ich sah meine Geschwister und meine Freunde. Es sollte das letzte Mal sein, daß ich sie lebend sah. Dann wurde ich nach Wilna geschickt. Ich erhielt einen wichtigen Posten im Ministerium für Bauwesen.

Am 22. Juni 1941 griffen die Deutschen die Sowjetunion an.«

Bernard Volkas meldete sich in Moskau freiwillig zu einer Spezialtruppe, die Fallschirmspringen, Funken, Sprengen usw. lernte. Diese Freiwilligen sollten hinter den feindlichen Linien abspringen, Partisanengruppen bilden und diese kommandieren. Bernard sprang im Herbst 1941 in Weißrußland ab und organisierte eine Partisaneneinheit, die zwei Jahre lang für die deutsche Wehrmacht verlustreiche Operationen durchführte. In einem der zahlreichen Gefechte wurde Bernard Volkas verwundet und während der Rekonvaleszenzzeit von ukrainischen Kollaborateuren an die Deutschen verraten. Bei der Verhaftung gelang es ihm, seine Identität und seine kämpferische Vergangenheit zu verheimlichen. Er wurde im April 1943 nach Auschwitz deportiert. In Auschwitz fand er viele Mitkämpfer aus den Interbrigaden, wie Emanuel Mink (Mundek), den letzten Kommandanten der Botwin-Kompanie, der Mitglied des Internationalen Widerstandskomitees in Auschwitz war, und Sewek Kirschenbaum, Hauptmann bei den Interbrigaden.

Bernard Volkas arbeitete in Auschwitz in einem Arbeitskommando in der Nähe der SS-Baracken. Er entwarf einen phantastisch anmutenden Fluchtplan für zwei Kameraden, die nach London und Moskau gehen sollten, um die Wahrheit über Auschwitz bekannt zu machen. Zuvor hatte David Szmulewski, auch ein Veteran der Interbrigaden, heimlich Fotos vom Lager, der Rampe, den Gaskammern und Krematorien angefertigt. Bernard Volkas besorgte die für die Flucht erforderlichen Sachen, Kleidung, Geld, kurzum alles. Er versteckte zunächst die Flüchtlinge Zajdorff und Meisel drei Tage lang. Die großangelegte Suchaktion nach zahllosen Appellen führte zu keinem Ergebnis. Zwanzigtausend Häftlinge wurden gezählt und wieder gezählt. Erst nachdem der Alarmzustand aufgehoben worden war, konnte die Flucht beginnen. Meisel schlug sich nach der UdSSR durch und wurde Sprecher der deutschsprachigen Sendungen von Radio Moskau.

Während seiner Haft in Auschwitz konnte Bernard Volkas vielen Häftlingen durch Kleidung aus den Kleiderkammern helfen. Seine besondere Sorge galt den Frauen, die von Mengele selektioniert und durch unmenschliche Experimente und Operationen in Block 10 gequält wurden. Zu diesen gehörte *Celina Perla*, eine Heldin des jüdischen Widerstandes in Paris. Sie war Kurier, transportierte Waffen und Munition für ihre männlichen Waffenkameraden der jüdischen Sektion der Widerstandsgruppe »Manouchian«. Sie wurde im Juli 1943 verhaftet und nach Auschwitz geschickt, wo sie Mengele »auswählte«. Zu ihrem Glück war im Block 10 die ehemalige Ärztin bei den Internationalen Brigaden, die polnische Jüdin Dr. Dora Lorska, als Häftlingsärztin beschäftigt. Sie hatte von

Mengele die Anweisung, an Celina Perla Operationen durchzuführen. Sie hat es verstanden, ihren Chef hinters Licht zu führen und Celina Perla vor Operationen zu schützen, bis zur Befreiung des Lagers im Januar 1945.

Als sich die Rote Armee Auschwitz näherte, wurden die meisten Häftlinge auf den Todesmarsch geschickt. Auch der Autor nahm an diesem Marsch teil. Ich marschierte mit Bernard zusammen, wenn auch in anderen Kolonnen. Viele erfroren; wer nicht marschieren konnte, wurde erschossen. Nur ein Viertel erreichte Groß Rosen lebend.

Bernard Volkas berichtet:

»Nach der Befreiung ließ ich mich nach Paris repatriieren. Im Hotel Lutetia, dem früheren Hauptquartier der Gestapo, gab es eine Empfangsstelle für überlebende Konzentrationslagerhäftlinge. Dort bekam man Essen, Kleidung und suchte in Listen von Überlebenden nach Familienangehörigen. Ich hatte den Entschluß gefaßt, nicht mehr nach Litauen zurückzukehren, denn niemand von meiner Familie hatte überlebt. Alle waren umgebracht worden. Ich suchte Freunde und vor allem Celina. Ich ging zur Redaktion der jiddischen Zeitung ›Naje Presse‹, die wir auch in Spanien gelesen hatten, und erkundigte mich nach ihr. Man gab mir eine Adresse, aber ich fand sie dort nicht.

Eines Tages war ich in einem Restaurant, wo Überlebende aus Spanien, aus dem Widerstand, aus den Konzentrationslagern sich trafen. Da hörte ich plötzlich, daß jemand nach meinem Namen fragte. Es war Celina, die mich suchte. Wir haben geheiratet. Wir hatten keine Wohnung und waren nicht legal. Ich hatte Unannehmlichkeiten, weil ich Spanienkämpfer war, und Celina, die Heldin des Widerstandes von Paris, konnte keine Unterkunft bekommen, und das alles, weil wir keine französischen Staatsbürger waren. Wir verloren die Lust, bei – vielleicht ehemaligen Kollaborateuren – zu antichambrieren. Meine einzigen am Leben gebliebenen Verwandten lebten in Kalifornien. Trotzdem blieben wir noch neun Jahre in Paris. Ich lernte Sattlerei bei einem Kameraden aus Spanien, Marcel Sterenzi, und eröffnete eine Polsterwerkstatt. 1954 verließen wir endlich Paris und Europa, um uns in Kalifornien anzusiedeln.«

Fotografen

H. Szulevic und der Autor bei La Pasionaria in Madrid, März 1988

Jüdische Fotoreporter des Bürgerkrieges: Robert Capa, Gerta Taro, David Seymour »Chim«, Georg Reisner, Hans Schaul

André Friedmann, das ist Robert Capa, wurde am 22. Oktober 1913 in Budapest als Sohn eines jüdischen Schneiders geboren. Dort absolvierte er das Abitur. Als André Friedmann kam er 1931 nach Berlin. Er wollte Politik studieren und jobbte bei der Fotopresse-Agentur »Dephot«, wo Pioniere des Fotojournalismus arbeiteten. Die »Berliner Illustrirte Zeitung« druckte das erste Foto Friedmanns ab, Trotzki in Kopenhagen zeigend. André emigrierte nach der Machtübernahme durch Hitler nach Paris, wo er viele Landsleute traf, die als Künstler Karriere machten. Er fotografierte das einfache Leben, die fröhlichen Menschen, die den Sieg und die sozialen Errungenschaften der Volksfront unter Léon Blum genossen.

In Paris lernte er *Gerta Pohorylle* kennen, die 1911 als Tochter einer jüdischen Kaufmannsfamilie bei Lemberg in Polen geboren wurde. Gerta Pohorylle kam mit ihren Eltern als Kind zuerst nach Stuttgart und später nach Leipzig, wo sie sich mit ihren Brüdern der Revolutionären Gewerkschaftsopposition (RGO) anschloß. Als Hitler zur Macht kam, wurde die linke jüdische Familie verfolgt. Gerta Pohorylle gelang es, nach Paris zu flüchten, ihre Eltern emigrierten nach Jugoslawien.

Gerta Pohorylle und André Friedmann waren beide gute Fotografen. Sie nannte sich Gerta Taro, für ihren Freund erfand sie den Namen Robert (nach dem Filmstar Robert Taylor) Capa (nach dem Hollywood-Regisseur Frank Capra). Gerta verkaufte Roberts Fotos und textete die Bildlegenden.

Als der spanische Bürgerkrieg ausbrach, eilten beide mit ihren Kameras nach Spanien, um das Geschehen im Bild festzuhalten. Die französischen Illustrierten »Vu« und »Regards« sowie das amerikanische Magazin »Life« veröffentlichten ihre Fotos.

Robert Capa und Gerta Taro schufen neue Maßstäbe für die Fotoreportage, indem sie das aufnahmen, was der Soldat in der ersten Linie erlebte. Am 25. September 1936 veröffentlichte die Zeitschrift »Vu« das Foto Capas von der Córdoba-Front, das in die Geschichte der Fotografie einging und einen Milizionär zeigt, von einer Kugel getroffen, im Augenblick des Falls. Gerta Taros Mut beeindruckte viele in Spanien, so auch Alfred Kantorowicz, der ihr achtungs- und liebevolle Worte in seinem »Spanischen Kriegstagebuch« widmete:

»Sie glaubte wohl, daß ihr Erscheinen an der Front während der gefährlichen Stunden der faschistischen Gegenangriffe auf unsere erschöpften Männer wie eine Fahne wirken müsse, daß ihr lieblicher Anblick, ihre Kühnheit, ihr Dabeisein anfeuern und mit dazu beitragen würde, die dünnen, wankenden Sperrketten der abgekämpften Internationalen, für die es keine Reserven mehr gab, noch ein äußerstes Mal zusammenzureißen. Mag auch ein wenig Romantik im tödlichen Spiel gewesen sein, niemand tadle sie ihres großherzigen leidenschaftlichen Gefühls wegen.«

Während der faschistischen Gegenoffensive bei Brunete war Gerta Taro in der ersten Linie. Als die Front zusammenbrach, flüchtete sie auf dem Trittbrett eines Autos. Ein außer Kontrolle geratener Panzer rammte den Wagen und verletzte Gerta Taro schwer. Sie starb fünf Tage vor ihrem sechsundzwanzigsten Geburtstag, am 26. Juli 1937. Ihre

Beerdigung in Paris am 2. August 1937 auf dem Friedhof Père Lachaise wurde zu einer ergreifenden Demonstration gegen den Faschismus und für Spanien.

Capa gab noch 1937 ein Buch heraus, das Bilder von ihr und ihm enthielt: »Death in the making« – Der Tod im Werden.

Robert Capa hat Gerta Taros Tod nie überwunden. Für die Zeitschrift »Life« ging er 1938 in den Fernen Osten, wo er den chinesisch-japanischen Krieg fotografierte. Ende 1938 kam er nach Spanien zurück und fotografierte das bittere Ende, die Flucht und Internierung der Interbrigadisten in Frankreich. Im Oktober 1939 ging er in die USA, wohin seine Mutter und sein Bruder Cornell geflohen waren. Capa wurde als einziger Ausländer als Kriegsreporter bei der US-Armee akkreditiert. Mit seiner Kamera begleitete er die GIs nach Tunesien, Italien und England, nahm an der Invasion der Normandie teil, war bei den Résistancekämpfern und fotografierte die Befreiung von Paris, die Siegesparade mit de Gaulle und den Krieg in Deutschland. Er marschierte mit der US-Armee nach Leipzig, wo der Krieg für ihn und für Europa 1945 endete. Capa dokumentierte das Leben im zerstörten Berlin und kam noch einmal dorthin, um den ersten jüdischen Gottesdienst am Rosch-Haschana-Tag am 7. September 1945 in der noch nicht geteilten Stadt zu fotografieren. Am 9. September 1945 fotografierte er die große antifaschistische Kundgebung, die den Opfern des Nazismus gewidmet war; die Reportage erschien in »Life«. 1947 gründete er in New York und Paris mit seinen Freunden aus Spanien, David Seymour und Henri Cartier-Bresson, die berühmteste Foto-Agentur der Geschichte, »Magnum«.

Später reiste er nach Polen, nach der Sowjetunion und nach Israel, wo er den Unabhängigkeitskrieg fotografierte. 1954 ging er in den Fernen Osten, um den französischen Indochina-Krieg zu fotografieren. Das FBI verfolgte ihn wie alle linkseingestellten Journalisten, und er brauchte deshalb das Geld. Am 25. Mai 1954 ereilte auch ihn das Schicksal. Er trat auf eine Mine, die ihn in Stücke riß, als bereits Waffenstillstandsverhandlungen geführt wurden.

Gerta Taro und Robert Capa waren nicht die einzigen berühmten Reporter des spanischen Bürgerkrieges. Zu ihnen zählten auch David Seymour, »Chim«, Georg Reisner, Hans Schaul und Hans Namuth. Hans Namuth, der kein Jude ist, lebt heute in New York, Hans Schaul, fast erblindet, in der DDR. David Seymour und Georg Reisner leben nicht mehr.

David Szymin, später David Seymour (»Chim«), wurde 1911 als Sohn jüdischer Eltern in Polen geboren. Während des Ersten Weltkrieges übersiedelte die Familie von Warschau nach Rußland. Von 1929 bis 1931 studierte David an der Kunstakademie in Leipzig und von 1931 bis 1933 an der Sorbonne in Paris. Er wurde 1933 Fotograf und arbeitete von 1936 bis 1938 in Spanien als Fotoreporter »Chim«. Er war auch in Nordafrika und in der Tschechoslowakei. Er flüchtete 1939 zusammen mit spanischen Flüchtlingen nach Mexiko, um später nach den USA zu übersiedeln. Wie sein Freund aus Spanien, Capa, begleitete er von 1942 bis 1945 die US-Armee als Kriegsfotoreporter. 1947 gründete er mit Capa die Agentur »Magnum«. Im Sinai-Feldzug der israelischen Armee wurde er 1956 am Suez-Kanal tödlich verwundet.

Georg Reisner wurde 1911 als Sohn einer jüdischen Familie in Breslau geboren. Er wurde Mitglied einer sozialistischen Studentengruppe und schrieb Musikkritiken für die Zeitung der linkssozialistischen SAP. Er emigrierte 1933 nach Paris und lernte dort Hans Namuth kennen, der ihm das Fotografieren beibrachte. Sie wurden Freunde fürs Leben. Der Bürgerkrieg überraschte die beiden Freunde im Juli 1936 auf Mallorca, wo sie sich mit dem Fotografieren von Touristen durchschlugen. Sie fotografierten den Krieg für die Illustrierte »Vu« in Paris. Das SAP-Mitglied Reisner war Sympathisant der POUM und wurde als solcher in Barcelona 1937 verhaftet. Beide Freunde kehrten 1937 nach Paris zurück. Georg Reisner wurde 1940 als Deutscher im Lager Les Milles in Südfrankreich interniert, wo auch Lion Feuchtwanger und Walter Hasenclever ihr Leben fristeten. Hans Namuth erzählte mir über die letzten Tage und Stunden seines Freundes Georg:

»Wir waren beide in Marseille. Georg gelang die Flucht aus Les Milles. Kurz vor Weihnachten 1940 erfaßte ihn die Vorahnung, daß er entdeckt und nach Les Milles zurückgebracht werde. Er erzählte mir, in welchem schrecklichen Zustand sich Walter Hasenclever befand. Er konnte seine Angst vor dem Lager nicht überwinden und nahm sich mit Veronaltabletten das Leben.«

Hans Namuth meldete sich zur Fremdenlegion und konnte auf diese Weise nach Nordafrika und später in die USA entkommen. Er wurde 1943 US-Soldat und kam mit der Armee nach Europa. Er lebt und arbeitet heute in New York.

Hans Schaul wurde als Sohn einer jüdischen Familie

1905 in Frankfurt an der Oder geboren. Er heiratete 1929 die jüdische Schriftstellerin Ruth Rewald. Als die Nationalsozialisten die Macht übernahmen, wurde er durch das Berufsverbot als Rechtsanwalt betroffen. Er emigrierte mit seiner Frau nach Paris. Bei Robert Capa lernte er das Fotografieren, ging 1936 nach Spanien und wurde Redakteur der Frontzeitung »Tschapajew«, die von Alfred Kantorowicz herausgegeben wurde. Im Auftrag der KP porträtierte er fast alle Kämpfer der XI. Thälmann-Brigade für eine spätere Publikation. Die Fotos landeten im Militärarchiv in Moskau. Die Aufnahmen im Buch von A. Kantorowicz stammen von Hans Schaul. Er wurde in verschiedenen Lagern in Frankreich und zum Schluß mit vielen anderen Spanienkämpfern im Lager Djelfa in der Sahara interniert. Nach der Landung der Alliierten ging er mit anderen Freiwilligen über Palästina, Irak und Persien in die Sowjetunion. Er wurde Politkommissar und später Lehrer an einer Antifa-Schule der Komintern. Er kam 1948 in die DDR und wurde 1956 Chefredakteur des SED-Organs »Einheit«. Er lebt heute in Ost-Berlin.

Seine Frau *Ruth Rewald* war auch in Spanien und schrieb dort 1938 den Jugendroman »Vier spanische Jungen«, der erst 1987 erschien. Er beruht auf einer wahren Begebenheit: 1937 tauchten in den Schützengräben der XIII. Brigade vier spanische Jungen auf, die aus dem Franco-Gebiet übergelaufen waren und sich als Freiwillige bei den Internationalen Brigaden meldeten. Ruth Rewald wurde mit ihrer Tochter Anja am 17. Juli 1942 von der Gestapo in Frankreich verhaftet, nach Auschwitz deportiert und dort ermordet.

Nachwort

Mehrere tausend Menschen kamen im Oktober 1986 in Madrid zusammen, um eine Woche lang der Gründung der Internationalen Brigaden vor fünfzig Jahren zu gedenken. Es waren ehemalige Freiwillige, die aus vielen Ländern der Welt kamen, manche zum ersten Mal seit damals, um Freunde wiederzusehen, die Schlachtfelder zu besichtigen, mit Spaniern zusammenzukommen und den Tausenden ihrer gefallenen Brüder, vielleicht zum letzten Male, die Ehre zu erweisen.

Im Lauf der Recherchen für dieses Buch traf ich mich mit über fünfzig von ihnen, den jüdischen Spanienkämpfern, und studierte anhand dürftiger Quellen die Biographien von über hundert von ihnen. Bernard Liebermann, der beim Ausbruch des Krieges in Barcelona war und dort bei einer Massenversammlung für die Republik die Spanier der Solidarität der jüdischen Arbeiter aus aller Welt auf Jiddisch versicherte, hatte die Idee, anläßlich des Treffens in Madrid einen »jüdischen Tag« zu organisieren, eine Versammlung der jüdischen Veteranen des Bürgerkrieges. Prof. Albert Prago, Historiker und jüdischer Spanienkämpfer, hat bereits vor langer Zeit über die Juden im Bürgerkrieg recherchiert und geschrieben. Liebermann, Prof. Prago und der Autor organisierten dieses Treffen, das an einem »Schabbes«, am 18. Oktober 1986, im Hotel »Convencion« stattfand.

Einige jüdische Interbrigadisten polemisierten mit uns, weil sie der Meinung waren, daß sie nicht als Juden nach Spanien gegangen waren. Wir verwiesen auf die Worte von Luigi Longo vom Jahre 1937, die in der schriftlichen Einladung zum Treffen zitiert waren.

Am Präsidiumstisch saßen neben den Vorsitzenden der Spanienkämpfer-Verbände aus den USA, Frankreich und Belgien die Kommandanten der Einheit »Botwin« sowie die drei Organisatoren des Treffens. Es kamen fast dreihundert Männer und Frauen, die entweder Englisch, Französisch oder Jiddisch sprachen. Die Verständigungsschwierigkeiten wurden beseitigt, indem der Autor, der diese Sprachen spricht, per Akklamation zum Vorsitzenden gewählt wurde. Zu unserer großen Überraschung fanden sich alle Kritiker des Treffens trotzdem ein. Großen Applaus erntete der Kommandant des Lincoln-Bataillons, Milton Wolff, der legendäre »El Lobo«.

In dieser Versammlung bekam ich die Bestätigung für die Wichtigkeit des Anliegens, die Kämpfe und Opfer der jüdischen Spanienkämpfer der gewollten oder zufälligen Vergessenheit zu entreißen. In Madrid wurde die Wichtigkeit dieses Buchprojekts auch von nichtjüdischen Veteranen anerkannt, wie von Santiago Alvarez, dem Kommissar des V. Armeekorps der Republik, und vom General der sowjetischen Luftwaffe und »Held der Sowjetunion« Alexandr Ossipenko, der unter Jakob Smuschkewitsch die Republik verteidigt hatte. Auch in den nachfolgenden Treffen jüdischer Spanienkämpfer in Tel Aviv, Brüssel und Paris, zu denen auch nichtjüdische Mitstreiter eingeladen waren und gekommen sind, wurde die Wichtigkeit dieser Arbeit festgestellt.

Während der Recherchen habe ich eine Fülle von Berichten aus der jüdischen Presse der damaligen Zeit gesammelt, die viele Bände füllen würden. Nur einen Bruchteil konnte ich aus Platzgründen übersetzen und veröffentlichen. Alle Interviewpartner, unterstützten das Vorhaben aus vollem Herzen. Kurt Goldstein war der einzige von mir angesprochene Zeitzeuge, der eine andere Meinung hatte. Aus diesem Grunde habe ich seine Stellungnahme im Buch wiedergegeben.

Seitdem ich für dieses Buch im Jahre 1984 zu recherchieren anfing, gab es in der Sowjetunion und in der Welt des Kommunismus eine wahre Revolution. Sowjetische Historiker leuchten mit bewundernswertem Mut und Entschlossenheit die schwarzen Löcher der eigenen Geschichte aus. Wir hoffen, daß in der nächsten Zeit die Umstände des Todes vieler in diesem Buch beschriebenen Persönlichkeiten bekannt werden. Ich habe das Privileg, der einzige (Kurz-)Biograph von mehreren von ihnen zu sein.

Dieses Buch ist ohne die Hilfe institutioneller oder akademischer Einrichtungen geschrieben worden. Dies gab mir die Möglichkeit, unabhängig und ohne Rücksicht oder Angst vor ideologischen Minenfeldern meine eigene Meinung zu den Ereignissen zu beschreiben. Lücken und Fehler bitte ich zu entschuldigen, denn ich stand im Rennen um die Zeit, die den Zeitzeugen hoffentlich noch lange verbleiben möge.

Wenn Sie, verehrter Leser, heute mehr als früher von den Kämpfen und dem Ringen einer Generation jüdischer Idealisten wissen, die auszogen, um die Welt zu verbessern – Tikun Olam heißt dieses Postulat in hebräischen Quellen –, dann hat sich meine Mühe gelohnt. Viele von ihnen fanden nach Jahrzehnten der Wanderungen durch Erdteile und Ideologien ihre endgültige Heimat im Staate Israel.

Bibliographie

Ich danke hiermit den Direktionen und Mitarbeitern der nachstehenden Institutionen, in deren Archiven und Bibliotheken ich für dieses Buch recherchieren durfte, bzw. deren Archivalien mir zur Verfügung standen.

Yivo Institute, New York
Central Bund Archives, New York
New York Public Library, New York
Library of Congress, Washington
Brandeis University, Waltham, Mass.

Centre de Documentation Juif Contemporaine, Paris
Bibliothèque Nationale, Paris
Bibliothèque de Documentation Internationale Contemporaine, Paris-Nanterre
Biblitheque Yiddich Medem, Paris

Centre de Histoire de la Seconde Guerre Mondiale, Brüssel

Marx Memorial Library, London

Dokumentationsarchiv des österreichischen Widerstandes, Wien

National and University Library, Jerusalem
Central Library, Tel Aviv University
Archiv des Diaspora Museums, Tel Aviv
Lavon Institut zur Geschichte der Arbeiterbewegung, Tel Aviv

Deutsche Bibliothek, Exil-Archiv, Frankfurt
Stadt- und Universitäts-Bibliothek, Frankfurt
Archiv des deutschen Widerstandes, Frankfurt
Hauptstaats-Archiv, Düsseldorf
Archiv der Friedrich Ebert Stiftung, Bonn
Jevrejski Istorijski Muzej, Belgrad

Bibliographie über die jüdischen Freiwilligen im spanischen Bürgerkrieg

Avi-Schaul, Mordechai: Kazin Ivri beSefarad haLochemet (hebräisch), Tel Aviv 1945 (Jüdischer Hauptmann im kämpfenden Spanien)

Centner, Israel: MeMadrid ad Berlin (hebräisch), Tel Aviv 1966 (Von Madrid nach Berlin)
Diamant, David: Jidn in spanischn Krieg (jiddisch), Warschau 1967 (Juden im spanischen Krieg)
Diamant, David: Combattants Juifs dans l'Armée Républicaine Espagnole (französisch), Paris 1979 (Jüdische Kämpfer in der spanisch-republikanischen Armee)
Dua-Bogen, Gerschon: Ojf di Spurn vun Gewure (jiddisch), Warschau 1965 (Auf den Spuren des Heldentums)
Elski, T. (d.i. Leibl Trojanowski): Ojf di Frontn vun Spanje (jiddisch), Paris 1939 (An den Fronten von Spanien)
Friedman, Bibi (Hrsg.): Lebns farn lebn – Studie iber Jidn in spanischn Birgerkrieg (jiddisch), New York 1939
Kowalski, Artur: Kochalem ja nad zycie (polnisch), San José 1986 (Ich liebte sie über alles)
Levin, Ruth: Hajescharim haju ita-Sefarad 1936-1939 (hebräisch), Tel Aviv 1987 (Die Gerechten waren mit Spanien)
Lissner, Abraham: Un Franc-Tireur Juif Raconte (französisch), Paris 1969 (Ein jüdischer Résistancekämpfer erzählt)
Lubelski, Benjamin: Jidn in spanischn Birgerkrieg (jiddisch), Jerusalem 1984 (Juden im spanischen Bürgerkrieg)
Medem, Gina: Los Judíos Luchadores de la Libertad (spanisch), Madrid 1937 (Jüdische Kämpfer für die Freiheit)
Medem Gina: Lender, Velker, Kamfn (jiddisch), New York 1963
Szurek, Alexander: Wspomnienia (polnisch), Manuskript Paris (Erinnerungen)
Silmanowitsch, Dimitrij J.: Na orbitje bolschoj schisni (russisch), Vilnius 1971 (Auf der Bahn eines großen Lebens)
Silmanowitsch, Dimitrij J.: General Douglas (jiddisch), Moskau 1986
Stein, Siegmund: Der Birgerkrieg in Spanje (jiddisch), Paris 1961 (Der Bürgerkrieg in Spanien)
Wuzek, Efraim: Sichrojnes vun a Botwinist (jiddisch), Warschau 1964 (Erinnerungen eines Botwin-Soldaten)

Allgemeine Bibliographie über den spanischen Bürgerkrieg

Abramowicz, Aron: W reschejuschtschej wojne (russ.), Tel Aviv 1981
Alexander, Bill: British Volunteers for Liberty, London 1983
Alvarez, Santiago: Homenaje a las Brigadas Internacionales, Madrid 1986
Avni, Haim: Spain, the Jews and Franco, Philadelphia 1982

Balk, Theodor: Das verlorene Manuskript, Frankfurt 1983
Beevor, Antony: The Spanish Civil War, London 1982
Bernecker, Walter: Der spanische Bürgerkrieg, Frankfurt 1968

Bloch, Jean-Richard: Espagne, Espagne, Paris 1936
Bolschaja Sowjetskaja Enzyklopedia 1., 2. u. 3. Ausgabe, Moskau 1932-1978
Bolloten, Burnett: The Spanish Revolution, Chapel Hill 1979
Borkenau, Franz: Kampfplatz Spanien, Stuttgart 1986
Boyd, Alexander: The Soviet Air Force, London 1972
Brandt, Willy: Ein Jahr Krieg und Revolution, 1937
Brandt, Willy: Draußen, München 1966
Brandt, Willy: Links und frei, Hamburg 1982
Brandt, Willy: Krieg und Revolution in Spanien, Paris 1937
Bredel, Willi: Begegnungen am Ebro, Berlin 1948
Brenan, Gerald: Spanische Revolution, Berlin 1973
Brigada Internacional ist unser Ehrenname, Berlin 1986
Brossat, Alain/Klingberg, Sylvia: Le Yiddisland Révolutionnaire, Paris 1983
Broué, Pierre/Témine, Emile: Revolution und Krieg in Spanien, Frankfurt/Main 1986
Busch, Ernst: Lieder der Internationalen Brigaden, Madrid 1938

Capa, Robert: Fotografien, Köln 1985
Capa, Robert: Das Gesicht des Krieges, Düsseldorf 1965
Christink, Susanne: Es klingt ein Ton wie geschliffener Stahl, München 1986
Colodny, Robert G.: El asedio de Madrid, Paris 1970
Cotic, Meir: The Prague Trial, New York 1987

Dahlem, Franz: Der Freiheitskampf des spanischen Volkes, Berlin 1953
Das Rotbuch über Spanien, Berlin-Leipzig 1937
Degen, Hans-Jürgen/Ahrens, Helmut (Hrsg.): »Wir sind es leid, Ketten zu tragen«, Berlin 1979
Delaprée, Louis: Das Martyrium von Madrid, Paris 1937
Delperrie de Bayac, Jacques: Les Brigades Internationales, Paris 1968
Deutsch, Julius: Ein weiter Weg, Zürich-Leipzig-Berlin 1960

Ehrenburg, Ilja/Kolzow, Michail u.a.: Guadalajara. Eine Niederlage des Faschismus, Straßburg 1937
Ehrenburg, Ilja: Was der Mensch braucht, Berlin 1959
Enzensberger, Hans Magnus: Der kurze Sommer der Anarchie, Frankfurt/Main 1972

Falcon, Irene de (Hrsg.): Spanien, Paris 1938
Ferrer, Rai: 100 Españoles, Barcelona 1986
Fraser, Ronald: Blood of Spain, New York 1981

Ganier, Raymond Pf.: L'Affiche Rouge, Paris 1975
Garcia, Duran Juan: La guerra civil española: Fuentes, Barcelona 1985
Gates, John: The Story of an American Communist, New York 1958
Garassi, John: The Premature Antifascists, New York 1986

Hackl, Erich/Solinis, C. Timon: Geschichten aus der Geschichte des Spanischen Bürgerkriegs, Neuwied 1986
Härtling, Peter: Der spanische Soldat, Darmstadt 1984

Interbrigadisten, Berlin 1966

Jackson, Gabriel: Annäherung an Spanien, Frankfurt/Main 1981
Jackson, Gabriel (Hrsg.): The Spanish Civil War, Chicago 1972
Jackson, Robert: The Red Falcons, Brighton
Jaenecke, Heinrich: Es lebe der Tod, Hamburg 1980
Jangusow, S.S.: Komissari naschenskowo kraje (russ.), Moskau 1975
Johnston, Verle B.: Legions of Babel, London

Kantorowicz, Alfred: Tschapajew. Das Bataillon der 21 Nationen, Madrid 1938
Kantorowicz, Alfred: Spanisches Tagebuch, Berlin 1948
Kast, Peter: Juanita-Turai, Un año de las Brigadas Internacionales, Madrid 1937
Kirsch, Hans-Christian (Hrsg.): Der spanische Bürgerkrieg in Augenzeugenberichten, Düsseldorf 1967
Kisch, Egon Erwin: Soldaten am Meeresstrand, Valencia 1936
Kisch, Egon Erwin: Unter Spaniens Himmel, Berlin 1961
Koestler, Arthur: Menschenopfer unerhört. Ein Schwarzbuch über Spanien, Paris 1937
Koestler, Arthur: Ein spanisches Testament, Zürich 1938
Koestler, Arthur: Ein spanisches Tagebuch, Zürich 1938
Kolzow, Michail: Spanisches Tagebuch, Berlin 1986
Kurzman, Dan: Das November-Wunder, München 1980
Kühne, Horst: Revolutionäre Militärpolitik 1936-1939, Berlin 1969
Kwiet, K./Eschwege, H.: Selbstbehauptung und Widerstand, Hamburg 1986

Landauer, Hans (Hrsg.): Für Spaniens Freiheit, Wien 1986
Langbein, Hermann: Pasaremos: Wir kommen durch, Köln 1982
Las Brigadas Internacionales, Barcelona o.J. (1939)
Landis, Arthur H.: The Abraham Lincoln Brigade, New York 1967
Leneman, Leon: La Tragédie des Juifs en URSS, Paris 1959
London, Artur: Ich gestehe, Hamburg 1970
Longo, Luigi: Die Internationalen Brigaden in Spanien, Berlin 1958
Lustiger, Arno: Dem Vergessen entreißen, Katalog, Frankfurt 1986

Madariaga, Salvador de: Spanien, München 1979
Mark, Berl: Powstanie w getcie warszawskim (poln.), Warschau 1963
Marquine, Antonio/Ospina, Gloria Ines: España y los Judíos en el siglo XX, Madrid 1987
Merin, Pet: Spanien zwischen Tod und Geburt, Zürich 1937
Modern the, Encyclopedia of Russian and Soviet History, London 1984
Mühlen, Patrick von zur: Spanien war ihre Hoffnung, Berlin 1985

Namuth, Hans/Reisner, Georg: Spanisches Tagebuch 1936, Berlin 1986
Nelson, Steve: Die Freiwilligen, Berlin 1955

Orwell, George: Mein Katalonien, München 1964

Pasaremos. Deutsche Antifaschisten im nationalrevolutionären Krieg des spanischen Volkes, Berlin 1966
Poplawskij, S.G.: Bajewje Djestwa Narodnowo Wojska Polskowo (russ.), Moskau 1961
Prago, Albert/Bessie Alva (Hrsg.): Our Fight, New York 1987

Rajsfus, Maurice: L'An prochain la révolution, Paris 1985
Regler, Gustav: Das Ohr des Malchus, Köln 1958
Regler, Gustav: Das große Beispiel, Frankfurt/Main 1976
Renn, Ludwig: Im spanischen Krieg, Berlin 1955
Robrieux, Philippe: L'Affaire Manouchian, Paris 1986
Rocker, Rudolf: Die spanische Tragödie, Berlin 1976
Das Rotbuch über Spanien, Berlin 1937
Rubin Cabeza, Manuel: Diccionario de la Guerra Civil Española, Barcelona 1987
Ruhl, Klaus-Jörg: Der Spanische Bürgerkrieg, Düsseldorf 1982
Schapira, Gerschon: Jewrej-geroj sowjetskowo sojusa (russ.), Tel Aviv 1982
Schingarew, Sergej: »Tschatos« idut w ataku (russ.), Moskau 1971
Schmigalle, Günther (Hrsg.): Der Spanische Bürgerkrieg, Frankfurt 1986
Silberner, Edmund: Kommunisten zur Judenfrage, Opladen 1983
Sowjetskaja Wojennaja Enzyklopedia (russ.), Moskau 1980
Sowjetskij Enzyklopeditscheskij Slowar (russ.), Moskau 1983
Spanien 1936-1939. Erinnerungen von Interbrigadisten aus der BRD, Frankfurt/Main 1976
Spaniens Himmel, Berlin 1986
Spielmann, Peter (Hrsg.): Für Spanien, Bochum 1986
Strauss, Herbert A./Röder, Werner (Hrsg.): Biographisches Handbuch der deutschsprachigen Emigration, München 1980
Szinda, Gustav: Die XI. Brigade, Berlin 1956
Szleyen, Zofia (Hrsg.): Ochotnicy Wolnosci (poln.), Warschau 1957

Telge, Oskar (d.i. Zwetan Kristanow): Ispania, Ispania (bulg.), Sofia 1968
Terkel, Studs (Hrsg.): The Good War, New York 1984
Theweleit, Horst L. (Hrsg.): No Pasaran! Romanzero aus dem Freiheitskampf des spanischen Volkes, Berlin 1959
Thomas, Hugh: Der spanische Bürgerkrieg, Berlin-Frankfurt 1961
Torunczyk, Romana/Góra, Wladyslaw (Hrsg.): Kazetemowcy (poln.), Warschau 1963
Trepper, Leopold: Die Wahrheit, München 1975

Virabeau, Georges: Du Sang sur la Cité, Paris o.J. (1943)
Die Völker an der Seite der spanischen Republik, Moskau 1957

Weinert, Erich: Camaradas, Kiel
Wieworka, Annette: Ils étaient juifs, résistants, communistes, Paris 1986
Wodopianow, M.: Letat roschdeny (russ.), Moskau 1969
Wyszczelski, Lech (Hrsg.): Hiszpanska Wojna Narodowo-Rewolucyjna (poln.), Warschau 1986
Wyszczelski, Lech: Dabrowszczacy (poln.), Warschau 1986

Zalcman, Moshe: Joseph Epstein, Paris 1984

Henri Szulevic verliest eine Botschaft der jüdischen Spanienkämpfer bei der Enthüllung der Gedenktafel für die gefallenen jüdischen Verteidiger Madrids auf dem Friedhof Fuencarral im März 1988, v. l. n. r.: B. Liebermann, S. Salzmann, der Vorsitzende des Verbandes der Spanienkämpfer in Israel, ein Ehrengardist, der israelische Botschafter in Spanien, Prof. S. Ben Ami, verdeckt: ein Vertreter der spanischen Regierung.